Susanne Gry Troll

die auslandsreise
2018

ARBEITEN, STUDIEREN UND LERNEN IM AUSLAND

Alles über Arbeitsaufenthalt, Au-pair, Sprachschulen, Praktikum, Studienaufenthalt, Homestay, Erlebnisreisen im Ausland und vieles mehr.

ST

Titel:
Susanne Gry Troll
die auslandsreise 2018

ISBN 978-3-937094-15-1

Verlag:
Susanne Troll Verlag
Von-Kling-Straße 2
83109 Großkarolinenfeld

Herausgeber:
Susanne Gry Troll

www.dieauslandsreise.de
info@dieauslandsreise.de

Wie organisiert man einen Auslandsaufenthalt und welche Möglichkeiten gibt es für Schüler und Studenten, aber auch für alle, die Inspiration für eine Auszeit im Ausland suchen. Im Nachschlagewerk „die auslandsreise" sind alle wichtigen Informationen übersichtlich dargestellt. „die auslandsreise" ist damit eine ideale Entscheidungshilfe für den richtigen Auslandsaufenthalt und das zukünftige Berufsleben.

„die auslandsreise" erscheint jährlich in aktualisierter Auflage.
16. Jahrgang

© Copyright 2018 Susanne Gry Troll

Alle Rechte vorbehalten. Nachdruck, auch auszugsweise, nur mit schriftlicher Genehmigung des Verlages. Das gesamte Werk oder Teile daraus dürfen nicht ohne schriftliche Zustimmung des Herausgebers auf Datenträger jeder Art gespeichert werden, bzw. über Informationsnetze Dritten zur Verfügung gestellt werden.

Alle Informationen und Adressen wurden mit größter Sorgfalt recherchiert. Dennoch übernehmen Autorin und Verlag keine Gewähr für die Richtigkeit der Daten, insbesondere der Daten, die durch die Organisationen zur Verfügung gestellt wurden.

Pressestimmen

„Das Buch informiert über unterschiedliche Angebote, stellt Organisationen vor und beantwortet die wichtigsten Fragen. Dabei öffnet die Autorin auch den Blick für Auslandsaufenthalte, auf die man vielleicht nicht selbst gekommen wäre: Wie wäre es zum Beispiel mit einem Karrieretraining in Washington? Oder dem Ausgraben von Dinosaurierüberresten in Yorkshire? Auch ein Salsakurs auf Kuba ist möglich. Die Angebote lassen sich hier gut miteinander vergleichen und sind zudem aktuell..."

WDR-Schulfernsehen

„Dieses Buch ist ein Muss für jeden, der mit dem Gedanken spielt, sich im Ausland fortzubilden. „die auslandsreise. Arbeiten, Studieren und Lernen im Ausland" gehört an jede Schule, an jede Universität, in jede Bibliothek und in jede Arbeitsagentur..."

stellenboersen.de / ausland-sprachreisen.de

„So kompakt wie in diesem Buch finden Jugendliche und junge Erwachsene, an die das Buch sich vorwiegend wendet, keine Informationen über die verschiedenen Angebote für Auslandsaufenthalte, seien es Arbeitsaufenthalte, interkulturelle Begegnungen, Freiwilligenarbeit und -dienste oder Weiterbildungs- bzw. Schul- und Studienmöglichkeiten..."

ekz-Rezension (ID bzw. IN 2013/31)

„Wer die Zeit nach dem Abi im Ausland verbringen möchte, ist mit dem Nachschlagewerk „die auslandsreise" bestens bedient .. „

High potential CHANCES

„Für alle, die es während der Schulzeit, vor, während oder nach dem Studium in die Ferne zieht, ist das Buch „die auslandsreise" von Susanne Gry Troll ein hilfreicher Ratgeber..."

abimagazin sowie unimagazin, Bundesagentur für Arbeit

„Menschen haben unterschiedliche Gründe, beruflich ins Ausland zu gehen. Aber eines haben alle gemeinsam: Sie benötigen umfassende Informationen für den Start im Ausland...Susanne Troll weiß wovon sie spricht..."

stern, Campus&Karriere

„Mit Ihrem Buch „die auslandsreise" hat sie ein Nachschlagewerk verfasst, das seinesgleichen in der Branche sucht....bietet die Autorin einen hervorragenden und vor allem wertungsfreien Leitfaden für einen perfekten, individuell ausgearbeiteten Auslandsaufenthalt..."

Ausbildung und Beruf, Bremer Tageszeitungen

Liebe Leserinnen und Leser,

die Gründe für eine Auslandsreise sind zeitlos: andere Länder, andere Sitten kennen lernen, Sprachkenntnisse verbessern, berufliche Orientierung, Lebenserfahrung sammeln oder einfach nur eine Auszeit, ein Gap Year...

Die 16. Ausgabe des Ratgebers „die auslandsreise" ist in vielen Kapiteln aktualisiert und erweitert worden. Die wichtigsten Fragen bleiben:

Warum soll ich ins Ausland gehen?
Wann ist der beste Zeitpunkt für einen Auslandsaufenthalt?
Welcher Auslandsaufenthalt ist der beste?
Was erwartet mich dort?
Wer hilft mir bei der Organisation des Auslandsaufenthaltes?
Wo finde ich weiterführende Informationen?
Was kostet so ein Aufenthalt?
Wie finanziere ich diesen?

Das aktuelle Nachschlagewerk „die auslandsreise 2018" beantwortet genau diese Fragen. Die große Resonanz zeigt mir, wie hilfreich und nützlich das Buch bei der Orientierung und Wahl der richtigen Auslandsreise geworden ist.
Immer häufiger wird die persönliche Ausbildung mit der Auslandserfahrung verbunden. Die Ausbildungssysteme konkurrieren im europäischen Vergleich. Auch im Handwerk lebt die alte Tradition der binationalen Ausbildung wieder auf. Das bringt vor allem neue Chancen und zeigt, wie wichtig interkulturelle Kommunikation ist.

Wie immer gilt ein besonderer Dank allen Schülern und Jugendlichen, die ihre Erfahrungsberichte hier für alle Leser zur Verfügung gestellt haben. Ein Dank gilt auch meinem Vater Georg Harmsen, der die dänische Ausgabe Rejsebogen bereits 1983 startete und mir immer Inspiration und eine große Unterstützung ist.

Na dann, nix wie weg!

Ihre
Susanne Gry Troll

Susanne Gry Troll ist die Herausgeberin und Autorin der auslandsreise. Als gefragte Referentin hält sie Vorträge auf vielen Messen und Veranstaltungen rund um das Thema Weiterbildung im Ausland und ist als Übersetzerin tätig.

Die Diplom-Kauffrau studierte an der Universität Odense in Dänemark Economics and Modern Languages. Nach dem Abitur machte die Dänin einen Kibbuzaufenthalt in Israel und während des Studiums weitere Auslandsaufenthalte: unter anderem Homestay, einen Sommerjob in der Schweiz sowie ein Volontariat an der königlich dänischen Botschaft in Berlin. Susanne Gry Troll war neben dem Studium außerdem Interviewerin von zukünftigen USA-Au-pairs.

INHALT

DIE AUSLANDSREISE - EINFÜHRUNG	7
ARBEITSAUFENTHALT IM AUSLAND	15
Au-pair, Demi-pair	15
Praktikum	35
Work & Travel	61
Camp Counselor	75
Tourismus	79
Jobsuche im Ausland	89
Arbeitsagentur	101
FREIWILLIGENARBEIT- UND DIENSTE	105
Soziale Arbeit/Dienste im Ausland	105
Ökologische Arbeit/Dienste, Farmstay, Wildlife Experience	135
weltwärts, kulturweit	149
Kibbuz und Moschaw	165
Archäologische Ausgrabungen	171
SCHULE, STUDIUM UND WEITERBILDUNG	177
Schulaufenthalt im Ausland	177
Aus- und Weiterbildung im Ausland	205
Studium im Ausland	217
SPRACHEN LERNEN IM AUSLAND	243
Sprachreisen und Sprachschulen	243
Summer School	263
HOMESTAY / INTERKULTURELLE BEGEGNUNGEN	273
ERLEBNISREISEN	283
FINANZIERUNG UND EU-FÖRDERUNG	295
VERSICHERUNG, REISE, TRANSPORT UND CHECKLISTEN	309
WICHTIGE KONTAKTE	319
REGISTER	331

Ich bin mal weg.

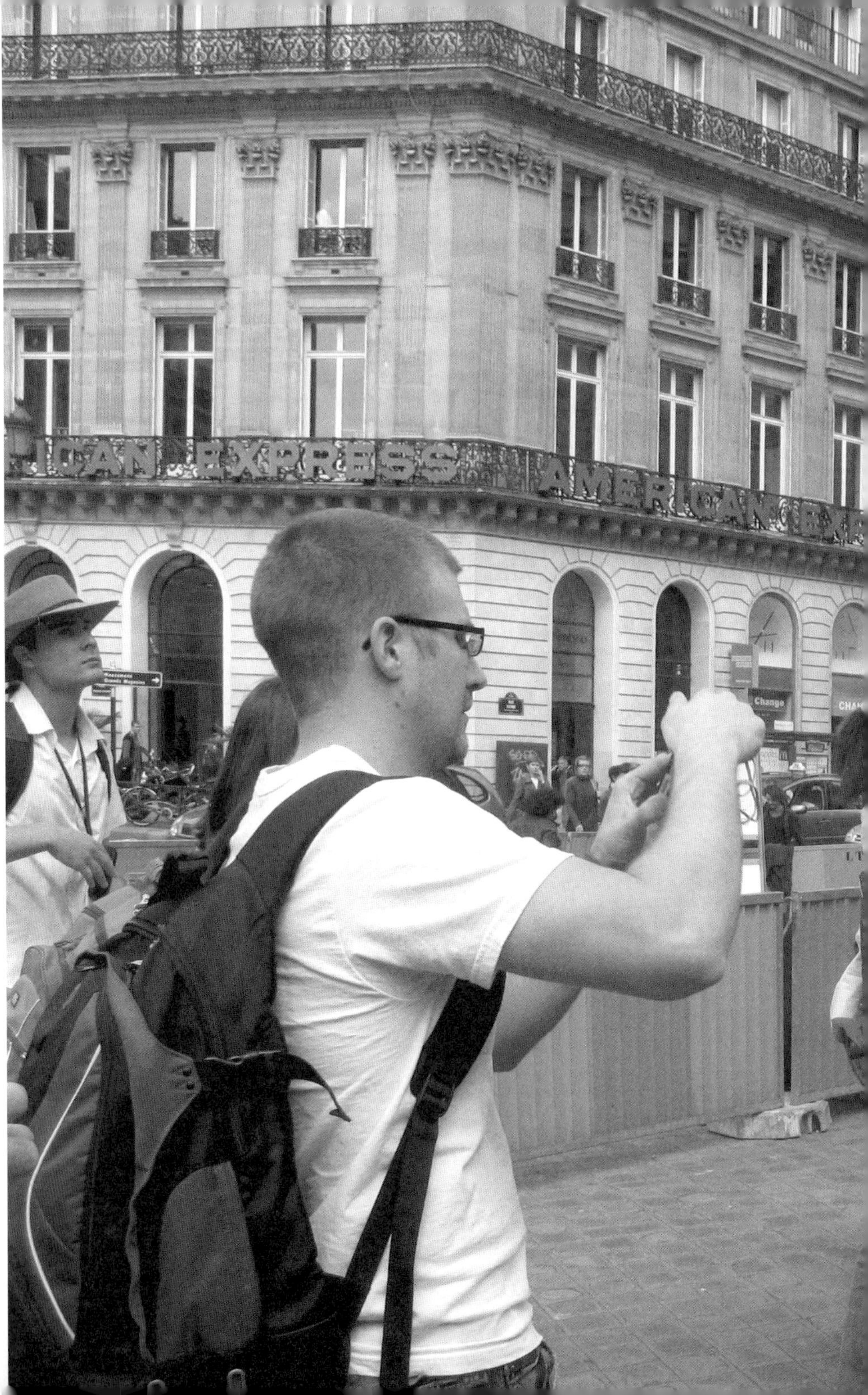
ICAN EXPRESS
AMERICAN
Change

Erläuterungen zum Darstellungsschema

Alle im Buch dargestellten Organisationen werden nach dem gleichen Schema strukturiert. Unter Punkt 17 ist immer das Reiseziel aufgeführt, auch wenn die Punkte 15 und 16 keine zusätzlichen Informationen enthalten und daher ausgelassen wurden. Punkt 1 ist die einleitende Darstellung einer Organisation. Deshalb wurde hier auf die Nummerierung verzichtet.

Folgende Informationen werden dargestellt:

1. Die Firma / der Verein / die Organisation / die Einzelperson veranstaltet oder vermittelt:
Themenschwerpunkte
Worum geht es, was wird gemacht

2. Name:
Ggf. Abkürzung, der volle Name,
sowie die internationale Bezeichnung

3. Anschrift:
Kontaktanschrift

4. Telefon / Telefax / E-Mail / Homepage:
Kontaktdaten, Öffnungszeiten

5. Kontakt:
Ansprechpartner

6. Altersbegrenzung:
Mindest- oder Höchstalter

7. Spezielle Voraussetzungen:
Z.B. nur für Personen mit einer näher beschriebenen Ausbildung, speziellen Sprachkenntnissen oder mit Kenntnissen zur Kinder- und Jugendarbeit

8. Dauer des Aufenthalts:
Zeitraum und Informationen bezüglich des Aufenthalts

9. Abreisezeitpunkt:
Reisebeginn, konkrete Reisedaten

10. Anmeldefrist oder Bewerbungsfrist:
Zeitpunkt oder Empfehlung für die Bewerbung
Begrenzte Kontingente

11. Kosten:
Preisbeispiel für die Angebote
(Reisekosten, An- und Abreise, Unterbringung, Vermittlung)

12. Lohn während des Aufenthalts:
Z.B. „Kost und Logis frei"

13. Kosten während des Aufenthalts:
Zusätzliche Kosten, die der Reisende selbst tragen muss,
z.B. Taschengeld und Versicherungen

14. Finanzielle Förderung:
Finanzielle Unterstützung des Aufenthalts sowohl von der Organisation selbst, als auch von anderen (Stipendien, Studienförderung)

15. Träger von FSJ, DJiA, FÖJ, EFD, IJFD u.ä.:
Ist die Organisation beispielsweise Träger von freiwilligem sozialen / diakonischem / ökologischem Jahr / vom europäischen Freiwilligendienst, Internationaler Jugendfreiwilligendienst u.ä.

16. Bestimmte Staatsangehörigkeit vorausgesetzt:
Können z.B. auch Schweizer, Österreicher oder andere EU-Bürger bzw. Nationalitäten teilnehmen?

17. Länder / Gebiete des Aufenthalts:
Reiseziele für den Aufenthalt. Auch für kürzere Aufenthalte in Verbindung mit einer Durchreise

Auslandsaufenthalt, aber wann, wo und wie?

DREI FRAGEN

Im Alltag und in der Schule setzt sich heute jeder mit den unterschiedlichsten Kulturen und Sprachen auseinander und natürlich kann man über das Internet fast alles über andere Länder erfahren. Aber der Fremdsprachenunterricht in der Schule und der kulturelle Austausch über das Fernsehen kommt doch schnell an seine Grenzen. Und die Neugier wächst, den eigenen Horizont zu erweitern, eigene Kontakte und persönliche Erfahrungen zu machen und neue Herausforderungen zu meistern. Es gibt viele Gründe und Möglichkeiten mal eine Zeit im Ausland zu verbringen. Die ersten Gedanken und Überlegungen sind gemacht. Allerdings ist es schwierig einen Überblick über den Markt zu bekommen und sich für den passenden Auslandsaufenthalt zu entscheiden. Wie kommt man zu der richtigen Entscheidung? Um diese Frage zu beantworten ist es hilfreich, die unterschiedlichen Aspekte einmal genauer zu betrachten.

Die Erfahrung hat gezeigt, dass es sich bei der Planung und der Entscheidung für einen Auslandsaufenthalt wie bei vielen anderen Dingen im Leben verhält. Je früher man mit der Planung anfängt, desto besser. In der Regel ist 1 Jahr Vorlauf ideal, die Zielsetzung der Reise, die Auswahl des Reiseortes und die Organisation der Reise zu planen. Es kann aber auch Gründe geben, wie z.B. das Warten auf einen Studienplatz, die kurzfristig einen Auslandsaufenthalt ermöglichen, und dann nur 1-3 Monate für die Vorbereitung verbleiben. Auch in solchen Fällen gibt es viele Möglichkeiten für Kurzentschlossene, wie sich unter dem Punkt Anmeldefrist (Pkt. 10) bei den unterschiedlichen Organisationen nachlesen lässt.

Der wichtigste Aspekt ist die eigene Motivation für einen Auslandsaufenthalt. Der Sprachkurs oder ein Praktikum als Vorbereitung auf eine bestimmte Berufsausbildung erfordert eine andere Vorbereitung als ein soziales oder ökologisches Jahr im Ausland. Sprachliche Vorkenntnisse, persönliches Organisationstalent und die, vor allem altersbedingte, Selbständigkeit sollten bei der Wahl der richtigen Unterstützung durch eine Organisation berücksichtigt werden. Und wieviel „Organisation" brauche ich eigentlich?

Bei den Kosten sind neben den Reisekosten für An- und Abreise sowie für den Aufenthalt vor Ort auch die Organisations- und Betreuungskosten zu berücksichtigen. Dabei entstehen Organisationskosten und Organisationsaufwand auch bei selbst organisierten Reisen. Viele Länder haben Arbeits- und Aufenthaltsbestimmungen, die zu beachten sind. Organisationen haben hier Ansprechpartner und Kontakte vor Ort, die bei der Betreuung von Schülern und Jugendlichen immer für Fragen zur Verfügung stehen, auch wenn es zwischendurch einmal nur um Heimweh geht.

Hier also die wichtigsten Fragestellungen und Antworten:

1. Warum, wann und welcher Auslandsaufenthalt ?

2. Wer hilft mir und wo finde ich Informationen ?

3. Was erwartet mich im Ausland ?

WARUM IST EINE AUSLANDSREISE SINNVOLL?

...Weil man ein Land, eine Kultur oder ein Sprachgebiet kennenlernt

Die ersten Kontakte mit fremden Kulturen sind meist die persönlichen Eindrücke aus den Ferien mit der Familie. Oder man ist gefangen von der Geschichte eines Kinofilms oder eines spannenden Buches. Seitdem es die Bücher von Tolkien als Filme gibt, sind alle fasziniert von Neuseeland. Und viele wollen unbedingt dorthin. Andere Kulturen kennen lernen und verstehen erweitert den Horizont und fördert Toleranz.

Eine Auslandsreise verbindet immer mehrere Aspekte miteinander wie Kultur, Sport, Sprache und die Lebensweise. Zum Beispiel das Leben auf einer Farm in Lateinamerika und die Portugiesische Sprache. So ergeben sich die unterschiedlichsten Facetten. Portugiesisch zu können ist super. Gut in Portugal, klar. Aber die Portugiesische Sprache ist ja auch die Amtssprache in Brasilien, Äquatorialguinea, Mosambik und Macau (gehört zur Volksrepublik China).

Sprachen lernt man am besten, und schnellsten, im jeweiligen Land. Es gibt ja auch Länder, in denen mehrere unterschiedliche Sprachen gesprochen werden. In Kanada die Sprachen Englisch und Französisch. Sollte Kanada also das Traumziel sein, muss überlegt werden, welcher Teil bereist werden soll.

Unter dem Punkt Länder / Gebiete des Aufenthalts. (Pkt. 17) werden alle Sprachgebiete für die jeweiligen Angebote aufgeführt, die auch im Index zu finden sind. Somit lassen sich gezielt Angebote in dem jeweils gewünschten Sprachgebiet oder Land finden.

...Weil man eine bestimmte Studienrichtung oder ein bestimmtes Berufsziel verfolgt

Wenn es um Auslandsreisen geht ist es eigentlich gut zu wissen, dass es nicht die richtige oder die falsche Entscheidung gibt. Egal für welche Variante man sich entscheidet, man kommt immer mit ganz besonderen Fähigkeiten und Erfahrungen nach Hause, die man sonst nirgendwo bekommen hätte. Die Frage, ob ein Betriebspraktikum nach dem Abitur sinnvoller für ein Studium ist als ein Au Pair- oder Work & Travel-Aufenthalt ist also eher zweitrangig.

Es geht um die sogenannten „Soft Skills". Neben dem Erwerb einer neuen Sprache lernt man ganz nebenbei Durchalte- und Durchsetzungsvermögen, Flexibilität, Orientierungs- und Anpassungsfähigkeit, Toleranz, interkulturelle Kommunikation und vieles mehr. Alles was ein künftiger Arbeitgeber zu schätzen weiß. Also warum nicht mal über einen Freiwilligendienst in einem Kinderdorf nachdenken.

...Weil man mal eine Auszeit, Denkpause, Spaß braucht und sich orientieren möchte

In Skandinavien und Großbritannien hat ein GAP- oder Sabbat-Jahr lange Tradition. Typisch als Überbrückung zwischen Schule und Studium oder Berufsausbildung. Ein Auslandsaufenthalt ist immer ein toller Rahmen für eine Auszeit, Denkpause oder als Orientierung in Bezug auf die weitere Ausbildungs- und Lebensplanung. Und da eine Auszeit im Ausland immer auch Selbständigkeit, Toleranz und neuer Horizont bedeuten, ist der schöne Nebeneffekt gleichzeitig ein positiver Eintrag im Lebenslauf.

WANN IST EINE AUSLANDSREISE SINNVOLL?

...Während der Schulzeit

Die ersten Auslandserfahrungen lassen sich idealerweise in der Schulzeit machen. Natürlich gibt es altersbezogene Einschränkungen. Auslandsreisen für Schüler sind meistens auf die Ferien begrenzt. Aber es bieten sich viele tolle Möglichkeiten an: Homestay, Summer School, oder Schülerpraktika. Und soll es für längere Zeit sein, ist der Schulaufenthalt wie z.B. an einer High School die Lösung.

...Zwischen Abi und Studium, zwischen Schule und Berufsausbildung

Der perfekte Zeitpunkt eine Auslandsreise für längere Zeit zu machen ist nach dem Abitur. Es gibt genügend Zeit, sich in eine andere Kultur zu vertiefen. Nicht nur für 2-3 Wochen. Man ist noch nicht auf einen Beruf festgelegt und daher offen für Erlebnisse, für die Orientierung und für die persönliche Entwicklung. Für diejenigen, die mit 18 Jahren den Schulabschluß haben, steht die Welt offen. Für 17-Jährige Schulabgänger gibt es leider noch einige Begrenzungen in Bezug auf Arbeitsaufenthalte, bei denen im Ausland die Volljährigkeit Voraussetzung für Arbeitsverträge ist. Über den Punkt Altersbegrenzung (Pkt. 6) lassen sich aber bei einigen Organisationen interessante Angebote finden.

...Während des Studiums – oder danach

Spätestens im Studium sollte ein Auslandsaufenthalt eingebaut werden. Besonders wenn sich vorher noch nicht die Möglichkeit geboten hat. Während des Studiums muss sehr viel in sehr kurzer Zeit gelernt werden. Darum ist es eine gute und effektive Lösung, die Praxis im Ausland zu erleben - Sprachkenntnisse und „Soft Skills" sind heute im Berufsleben unabdingbar. Ab dem 2-4 Semester ist die beste Zeit, einen Auslandsaufenthalt einzubauen, beispielsweise in Form von einem Praktikum oder Auslandssemester. Informationen zur Finanzierung gibt es im Kapitel Finanzierung und EU-Förderung.

WELCHER AUSLANDSAUFENTHALT IST DER RICHTIGE?

Das Buch schaff einen guten Überblick über die verschiedenen Möglichkeiten ins Ausland zu gehen. Die verschiedenen Kapitel sind nach der jeweiligen Zielsetzung in einzelne Themenschwerpunkte eingeteilt, um die Wahl des richtigen Aufenthalts zu erleichtern.

Arbeitsaufenthalte im Ausland:
Es gibt viele Angebote, bei denen man sich das Geld für die Reise vor Ort verdienen kann. Wieviel man verdient hängt natürlich sehr stark von den eigenen Vorkenntnissen und Fähigkeiten ab. Aber es ist für jeden etwas dabei: Au-pair/Demi-pair, Praktikum, Work & Travel, Camp Counselor, Tourismus und eigene Jobsuche.

Freiwilligenarbeit- und Dienste:
Soziales Engagement und kultureller Austausch stehen im Vordergrund. Der Einsatz ist meist ehrenamtlich, aber ein wichtiger Beitrag vor allem auch für die Entwicklungshilfe in vielen Ländern: Soziale Arbeit/Dienste, Ökologische Arbeit/Dienste, Farmstay, Wildlife Experience.

Schule. Studium und Weiterbildung:
In diesem Abschnitt steht die Ausbildung im Vordergrund. Umso wichtiger ist die Wahl der passenden Schule, Universität und Sprachregion. Vorkenntnisse der Sprache werden bereits auf unterschiedlichem Niveau vorausgesetzt, je nach Schulaufenthalt, Aus- und Weiterbildung oder Studium. Im Kapitel Finanzierung und EU-Förderung gibt es nützliche Hinweise für bestimmte Bildungswege.

Sprachen lernen im Ausland:
Der klassische Weg eine Sprache zu lernen und zu vertiefen sind: Sprachreisen, Sprachschulen oder Summerschool. Ein Intensivkurs nur für die Sprache. Ein Tipp: besser ohne Freunde von zuhause anreisen, sonst ist die sprachliche Ablenkung größer als der Lernerfolg.

Homestay / Interkulturelle Begegnungen / Erlebnisreisen
In diesem Kapitel finden sich viele Anregungen auch in Kombination mit anderen Angeboten, um ein Land intensiver kennen zu lernen. Homestay ist dabei der intensivste Weg Kultur und Leben in einem fremden Land zu erleben.

DIE AUSLANDSREISE

Die Frage nach dem richtigen Auslandsaufenthalt ist vor allem eine persönliche Entscheidung, die von vielen Faktoren abhängt. Deshalb ist der Fragebogen für die Organisationen gleichzeitig auch eine Checkliste für die Wahl des richtigen Aufenthaltes. Die Sprachkenntnis gibt sicher das Wunschreiseziel/-Sprachgebiet (Pkt. 17) vor, weitere Rahmenbedingungen wie das Alter des Reisenden (Pkt. 6) sind ebenfalls zu beachten. Folgende Fragen werden daher in den einzelnen Kapitel beantwortet:

Gibt es spezielle Voraussetzungen (Pkt. 7), die erfüllt werden müssen, um teilnehmen zu können?

Wie lange dauert der Aufenthalt (Pkt. 8)? Ist man rechtzeitig zum neuen Schuljahr oder Studium zurück?

Liegt der Abreisezeitpunkt (Pkt. 9) nach dem Schulabschluss bzw. in den Schulferien?

Gibt es eine Anmelde- oder Bewerbungsfrist (Pkt. 10)?

Wie hoch sind die Kosten (Pkt. 11), befinden sie sich innerhalb des Budgetrahmens?

Gibt es bei Arbeitsaufenthalten einen Lohn während des Aufenthalts (Pkt. 12)?:

Fallen zusätzliche Kosten während des Aufenthalts (Pkt. 13) an, wie z.B. Taschengeld und Versicherungen?

Gibt es eine finanzielle Förderung (Pkt. 14) wie Stipendium oder Studienförderung?

Welche Träger von Freiwilligendiensten wie FSJ, DJiA, FÖJ, EFD, IJFD gibt es (Pkt. 15)?

Ist eine bestimmte Staatsangehörigkeit vorausgesetzt (Pkt. 16), oder kann jeder teilnehmen?

WER HILFT UND WO GIBT ES INFORMATIONEN ?

Bundesweit gibt es viele informative (Ausbildungs-)Messen für Schüler und Jugendliche (siehe Kapitel wichtige Kontakte). Ein idealer Marktplatz für erste Informationen, da auf den Messen viele unterschiedliche Organisationen vertreten sind. Die Ansprechpartner haben meist persönliche Erfahrungen mit und im Ausland gesammelt und können individuell beraten und daher auch gute Tipps geben. Ganz wichtig ist: nicht nur die Eltern sollten sich hier einen Eindruck von den Leistungen machen, sondern vor allem die Reisenden selbst müssen für sich herausfinden, wieviel Unterstützung und Beratung benötigen sie im Vorfeld und dann vor Ort und was kann man selbst organisieren. Im Kapitel Jobsuche im Ausland wird an drei Beispielen die eigenorganisierte Jobsuche dargestellt. Ein guter Einblick, was es alles zu beachten gilt, oder von einer Organisation übernommen werden soll.

Weitere Anlaufstellen sind die Beratungslehrer an den Schulen und die Berufs- und Informationscentren (BIZ) bei der Arbeitsagentur oder eine der über 50 Beratungsstellen von eurodesk in Deutschland. Hier gibt es kostenlose, neutrale und trägerübergreifende Beratung. Neben weiterführender Literatur zu den einzelnen Themen werden Informationsveranstaltungen und Vorträge angeboten. Auf der Suche nach dem Wunschstudium und der richtigen Universität helfen die Berater in den Akademischen Auslandsämtern. Dort kann man erfahren, welche Partneruniversitäten und Teilstudiengänge es gibt.

Zum Einlesen in das Thema und zur Vorbereitung findet man natürlich online zahlreiche Internetportale wie www.rausvonzuhaus.de/Wege-ins-Ausland

WAS ERWARTET MICH IM AUSLAND ?

Sprache

Schon zwei Sekunden nach Ankunft im Land wird klar: der Alltag findet auf einer anderen Sprache statt und die Urlaubsbetreuung fällt weg. Je nach Vorkenntnissen führt das zu interessanten Herausforderungen im alltäglichen

Leben. In der Schule, am Arbeitsplatz und in der Freizeit muss man sich auf einer anderen Sprache durchsetzen und sich verständlich machen. Es dauert aber in der Regel nicht lange, bevor man vergisst, dass man sich auf einer anderen Sprache unterhält. Die ersten „Soft Skills" sind somit bereits erworben und das aufkommende Heimweh ist bald überwunden.

Kultur(-Schock)

Jede Kultur hat seine Besonderheiten, und selbst in Nachbarländern kann man erleben, dass Dinge ganz anders laufen als gewohnt. Der kleine Kulturschock lauert an jeder Ecke und mit ein bisschen Neugier und Toleranz gibt es viel zu entdecken. Wir Dänen tanzen an Weihnachten um den Christbaum und es mag etwas befremdlich wirken wieviel Senf, Ketchup und Remoulade auf einen Hotdog passen. In China gibt es exotische Speisen, die Engländer fahren auf der „falschen" Seite mit dem Auto und und und... Der Erfahrungsaustausch mit anderen, vor allem über das menschliche Miteinander im Reiseland kann sehr von Vorteil sein. Chat-Gruppen im Internet bei einer von den vielen „Expat"-Portalen und persönliche Treffen vor Ort (offline!) helfen bei der Verständigung.

Wettbewerb

Farmstay und der Pferdehof. Mädchen möchten gerne Reiten und die Natur geniesen. Das Erwachen auf einem australische Reiterhof kommt schnell. Die Anforderungen an die Mitarbeit sind hoch und der Wettbewerb auf die begehrten Stellen ist ebenso hoch und vor allem international. Volontäre aus Ländern wie Irland werden oft bevorzugt, da die Vorkenntnisse und persönlichen Fähigkeiten wie Motorradfahren und Traktor lenken schon von Kindesbeinen trainiert wurden und die Sprache kein Hindernis darstellt. Wichtigster Rat: Die eigenen Stärken und Schwächen ehrlich einschätzen und bei der Reisewahl berücksichtigen.

Better safe than sorry!,

Ausweis, Arbeitspapiere, Kontaktadressen und Ansprechpartner für den Notfall bereithalten. Wenn mehrere Länder bei einer Work & Travel-Rundreise nach Fernost eingeplant werden, muss es vorher sicher sein, ob Visum, und Impfungen vorhanden sind und die Sicherheit gewährleistet ist. Daher ist ein Besuch auf der Website des Auswärtigen Amtes immer eine gute Idee. Am besten die Kopien aller Unterlagen bei der Heimatadresse hinterlegen, falls doch etwas in 2.000 km Entfernung verloren geht.

„Sag einfach Prinzessin zu mir"

AU-PAIR / DEMI-PAIR

Au-pair oder Demi-pair bietet 3 in 1: Familie, Kultur und Sprache

Der Aufenthalt über mehrere Monate als Au-pair ist eine hervorragende Möglichkeit für junge Menschen mit kleinem Budget, in einem anderen Sprach- und Kulturraum zu leben, um die jeweilige Sprache, Kultur und Lebensgewohnheiten kennen zu lernen. Einigen dient die Au-pair-Zeit bereits als Vorbereitung auf einen längeren Aufenthalt im Ausland, z.B. für Studium und/oder Beruf.

Die Gastfamilie übernimmt die Kosten für Unterkunft und Verpflegung des Au-pairs und zahlt zusätzlich ein Taschengeld. Begleitet wird der Aufenthalt durch den Besuch einer Sprachschule, in der an Grammatik und Aussprache etc. gefeilt wird. Die Aufgaben eines Au-pairs liegen hauptsächlich in der Kinderbetreuung. Fälschlich wird das Au-pair gelegentlich als Haushaltshilfe bezeichnet, was es jedoch nicht ist. Erwartet wird eine ausschließlich kindbezogene leichte Mithilfe im Haushalt. Die überwiegende Mehrzahl macht auf Anhieb gute Erfahrungen mit der Gastfamilie und bleibt ihr über Jahre hinweg verbunden.

Es gibt jedoch auch Fälle, in denen die Integration nicht gelingt. Wenn man sich mit anderen Vorstellungen auf den Weg gemacht hat oder tatsächlich ausgenutzt worden ist, dann gibt es über die vermittelnde Organisation den Weg zurück oder einen neuen Start.

Demi-pair bedeutet halb Schüler und halb Au-pair: Wer an der Kinderbetreuung interessiert ist und gleichzeitig die Sprache unter professioneller Anleitung lernen oder perfektionieren möchte, kann an einem Demi-pair Programm teilnehmen. Man arbeitet halbtags als „Nanny" und verbringt zusätzlich einige Stunden am Tag in einer Sprachschule.

Als Demi Pair in Neuseeland

Als ich nach Neuseeland kam, wusste ich am Anfang nicht, was mich hier erwartet, wie mir Neuseeland gefällt, wie das Leben hier ist und wie ich mit meiner Familie zurechtkomme. Die Entscheidung nach Neuseeland gegangen zu sein habe ich nie bereut. Neuseeland ist wunderschön und ich bin bei einer super tollen Familie mit super lieben Gasteltern und zwei süßen Mädels mit denen ich super klar komme. Bei ihnen fühle ich mich wie ein weiteres Familienmitglied.

Mein Sprachkurs war super und die Schule hat sehr gute Lehrer. Ich bin sehr froh darüber, dass ich drei Monate lang den Sprachkurs gemacht habe, da ich durch die Schule auch viele andere Au Pairs kennengelernt habe, mit denen ich an den Wochenenden viel unternommen habe. Mit Freunden und mit meiner Gastfamilie habe ich viele Ausflüge gemacht. Im April war meine Gastfamilie mit mir ein Wochenende in Waiheke Island, was sehr schön war. Ein anderes Wochenende war ich mit Freunden in Tongariro das Tongariro alpine crossing machen, was beeindruckend war und ich trotz der zehnstündigen Wanderung sehr begeistert war.

Über Ostern habe ich meine Schwester in Australien besucht und als nächstes ist ein Urlaub mit einer Freundin auf Fiji geplant, worauf ich mich auch schon sehr freue.

Letzte Woche war ich mit einer Freundin im Zoo in Auckland, was mir gut gefallen hat, vor allem weil wir dort auch die Gelegenheit hatten, einen Kiwi zu sehen. Ich genieße meine Zeit in Neuseeland sehr und bin schon jetzt ein bisschen traurig darüber, meine Freunde und meine Gastfamilie bald verlassen zu müssen, um zurück nach Deutschland zu fliegen, aber ich hoffe, dass ich eines Tages wiederkommen und sie besuchen kann.

Laura Baur, Au Pair in Neuseeland mit active abroad

Erfahrungsbericht von Lisa, Au Pair in den USA

Es war schon immer mein Traum nach dem Abitur als Au Pair nach Amerika zu reisen, da ich Kinder sehr liebe und mich auch das Land, die Menschen und die Kultur schon immer fasziniert haben.

Ich lebe in Bernardsville/ New Jersey in einer Gastfamilie, die mich super nett aufgenommen hat. Die Kinder sind wundervoll und ich habe sie sofort in mein Herz geschlossen. Der Kleinste ist 15 Monate alt und heißt Cooper. Die Zwillinge Ellie und Caroline sind 8 Jahre alt und Lily, die Älteste ist 10 Jahre alt. Zurzeit haben die Kinder Sommerferien und wir unternehmen jeden Tag etwas Neues. Letztes Wochenende waren wir für ein paar Tage in Vermont zum Angeln und haben dort einen Abenteuerpark für Kinder besucht, was uns allen super viel Spaß gemacht hat. Ansonsten gehen wir ins Kino, verbringen die heißen Tage am Pool oder am Strand oder wir treffen Freunde mit denen wir Eis essen gehen.

Mein Au Pair Aufenthalt endet nach einem Jahr Ende September und ich werde in meinem Reisemonat für ca. 14 Tage nach Los Angeles fliegen um dort in einigen berühmten Tanzstudios zu tanzen. Schon seit ich in New Jersey wohne, habe ich jede Woche meine freien Tage genutzt um nach New York zu fahren um dort am Broadway Dance Center zu tanzen. Da ich nach meinem Au Pair Jahr mein Hobby Tanzen auch zu meinem Beruf machen möchte, hat mich diese Zeit hier in Amerika auf jeden Fall auch tänzerisch sehr viel weiter gebracht.

Ich habe als Au Pair in Amerika so viele Dinge erlebt, viele wundervolle Menschen kennen gelernt, viele Erfahrungen gesammelt und auch meine Sprachkenntnisse in Englisch sehr gut verbessern können. Das Auslandsjahr war für mich auf jeden Fall die richtige Entscheidung und ich kann es jedem weiterempfehlen.

Lisa, Au Pair in den USA mit active abroad

Au Pair Chile: Eine Geschichte von Straßenhunden, Au Pairs und anderen Streunern

Ab in den Süden ... aber NICHT der Sonne hinterher! Das war mein Motto, als ich Anfang Juli meine Reise nach Chile antrat: vom 30° warmen Deutschland ging es in das winterliche und verregnete Araukanien - eine Region in Chile, die auch als Seen- und Vulkanland bekannt ist. Dass es eine Umstellung wird, war mir von Anfang an klar, doch an manche chilenischen Gegebenheiten werden sich wahrscheinlich die wenigsten sofort Europäer gewöhnen: - Klopapier gehört nicht in die Toilette, sondern in den Mülleimer. - An jeder Ecke wartet (mindestens) ein Straßenhund - immer auf der Suche nach einer Person, der er für den Rest des Tages folgen kann. - Ein Tag ohne „Palta" (Avocado) oder „Completo" (Hot Dog mit Palta) ist ein verlorener Tag. - Das einzige auf was man sich bei einer Verabredung mit einem Chilenen verlassen kann, ist das „Tiempo Chileno" - wenn er kommt, dann mindestens eine halbe Stunde zu spät. - Wer kein Feuer machen kann (wie ich zu Beginn), outet sich sofort als „Gringo".

Jedoch ist es unmöglich die Chilenen nicht liebzugewinnen, deren Lebensstil sich in so vielen Punkten von dem Deutschen unterscheidet - kurzum: weniger Planung, mehr Leben. Die Gegenwart ist das, was zählt und nicht die Zukunft. Und wer sich darauf einlässt, wird viel über sich lernen können. Weniger gewöhnungsbedürftig ist hingegen meine neue Heimat, „Pucón", in die ich mich umgehend verliebt habe. Dominiert beim aktiven Vulkan Villarica und bekannt als Outdoor-Paradies zieht er tausende Touristen an und bietet zahlreiche Möglichkeiten für alle sport- und naturbegeisterten Menschen (Skifahren auf dem Vulkan, Kayaking, Rafting, Horse-Back-Riding, Wandern, ...).

Zwar ist es schwieriger neue Kontakte zu knüpfen, wenn man in einem vergleichsweise kleinen Ort wohnt, doch das Warten zahlt sich aus. Außerdem war mein Spanisch zu Beginn auf „Hola" und „Ciao" begrenzt, was die Unterhaltungen gezwungenermaßen schnell beendete und die Tiefgründigkeit einschränkte. Doch viele Chilenen ließen sich nicht von meinen sprachlichen Barrieren abhalten und dank Händen, Füßen und ihren paar Bröckchen Englisch konnten sie mir von ihrem Leben hier erzählen. Jetzt, nach 85 Tagen hier, gehört diese Art der Unterhaltung schon beinahe der Vergangenheit an. Egal ob Verkäufer, Teammitglieder in meinem Verein oder zufällige Begegnungen - mit ein wenig Geduld und mehrmals wiederholten „Puedes hablar un poco mas lento por favor?" (Kannst du bitte ein bisschen langsamer sprechen?) steht einem Gespräch nichts mehr im Wege.

So kam es mir anfangs auch noch unmöglich vor, mich mit meinem Au Pair-Kind (Nayeli, 4 Jahre), welches zweisprachig aufgewachsen ist, in Spanisch zu unterhalten, während ich mich jetzt teilweise zwingen muss Deutsch zu sprechen. Nur ein Kind? Klingt wie ein Paradies! Oft ist es dies auch: So habe ich jeden Morgen (Kindergarten) zu meiner freien Verfügung und kann mich auch ansonsten ganz auf sie konzentrieren. Andererseits können mich Regentage, die man „nur" zu 2 im Haus verbringt in die Länge ziehen. Aus diesem Grund sind wir meistens bis abends unterwegs: machen Spielplätze unsicher, besuchen Freunde (meine oder ihre), gehen spazieren oder liegen einfach faul am Strand rum. Um es auf den Punkt zu bringen: Nayeli ist meine kleine Schwester geworden und kein Blut kann das ändern. Und wenn sie abends mit den Worten „ich hab dich lieb, große Schwester" an mich gekuschelt einschläft, weiß ich genau, dass ich mich richtig entschieden habe. Dann bin ich mir sicher, dass mein Jahr in Chile eine einmalige Erfahrung ist, die ich trotz mancher Tiefen und Herausforderungen für nichts in der Welt eintauschen würde.

Die Teilnehmerin war mit TravelWorks unterwegs.

Als Au-pair ins Ausland
von Susanne Caudera-Preil

Warum entscheiden sich so viele junge Leute dafür einen Abschnitt ihres Lebens als Au Pair im Ausland zu verbringen? Und das seit mehr als hundert Jahren!

Au-Pair ist eines der attraktivsten und gleichzeitig kostengünstigsten Auslandsprogramme um intensive interkulturelle Erfahrungen zu sammeln. Den Alltag inmitten der Gastfamilie zu erleben ermöglicht ein unverfälschtes Eintauchen in die Kultur und Lebensweise des Gastlandes sowie das praktische Erlernen der Landessprache.

Das Au-pair-Konzept ist wohl das Programm mit der längsten Tradition und hat sich so bewährt, dass die Zahl der Au-pair-Aufenthalte ständig ansteigt. Eingebunden in die Struktur und den Rückhalt einer Familie lernt man hier die Welt aus einem neuen Blickwinkel kennen und eröffnet sich neue Horizonte. Au-pair ist jedoch kein Urlaub und kein Schüleraustausch. Andererseits sind Au-pairs keine Hausangestellten und keine Kindermädchen. Das Prinzip „Auf Gegenseitigkeit" sollte von beiden Seiten erkannt und praktiziert werden. Wenn dies gelingt, wird der Au-pair-Aufenthalt eine nachhaltige positive Wirkung auf die persönliche Entwicklung des jungen Menschen und dessen Lebenskonzept haben.

Ein Au-pair-Aufenthalt im Ausland ist nicht nur eine ideale Überbrückungsmöglichkeit zwischen Schulabschluss und Berufsausbildung bzw. Studium, er bietet auch jungen Berufstätigen im Alter zwischen 18 und 30 Jahren (je nach Gastland) die Möglichkeit, sich noch mal ganz neu zu orientieren und mit nahezu perfekten Sprachkenntnissen ihres Gastlandes und dem Bonus der Auslandserfahrung bessere Chancen für eine erstrebenswerte Berufskarriere wahrzunehmen.

Allerdings sollte sich jeder, der einen Au-pair-Aufenthalt anstrebt, vorher fragen, ob er sich dem verantwortungsbewussten und liebevollen Umgang mit Kindern und deren selbständiger, aktiver Betreuung gewachsen fühlt und bereit ist, sich in eine zunächst fremde Kultur und Familie zu integrieren sowie eigene Lebensgewohnheiten teilweise aufgeben und durch neue Alltagsstrukturen zu ersetzen.

Europa – Kulturvielfalt ohne Visum und lange Anreise
Im Europäischen Ausland sind die Au-pair-Richtlinien im „Europäischen Au-pair-Abkommen" verankert. Nicht alle Länder haben dieses Abkommen ratifiziert, die Rahmenbedingungen gelten jedoch europaweit als Standard. Im April 2006 wurde das European Comitee of Au Pair Standards (ECAPS) gegründet. Mitglieder sind unter anderen nationale Verbände aus Großbritannien, Frankreich, Spanien, den Niederlanden und Deutschland. Das Komitee hat im September 2008 Definitionen für Au-pair-Aufenthalte herausgegeben, die europaweit als Standard gelten.

Voraussetzungen für die Bewerberinnen und Bewerber:
- Alter: 18 bis 27
(je nach Gastland ggf. auch bis 30 Jahre)
- Ledig und kinderlos
- Grundkenntnisse der Landessprache des Gastlandes (nicht unbedingt immer Voraussetzung)
- Nachweisliche Erfahrungen in der Kinderbetreuung

Die Leistungen der Gastfamilie:
- Freie Verpflegung und Unterbringung im eigenen, möblierten und beheizten Zimmer mit Tageslicht innerhalb der Gastfamilienwohnung
- Monatliches Taschengeld 220 bis 330 EUR (je nach Gastland)
- Kranken-, Haftpflicht- und Unfallversicherung (in den meisten Ländern)
- Integration in die Familie
- Mindestens ein Tag in der Woche frei (muss mindestens einmal im Monat ein Sonntag sein)
- Möglichkeit zum Besuch eines Sprachkurses sowie kultureller Veranstaltungen
    Die Gegenleistung des Au-pairs:
- Mithilfe bei der Kinderbetreuung und im Haushalt
- Wöchentliche Arbeitszeit 25 (GB) bis 30 Stunden sowie gelegentliches Babysitten am Abend

USA – Immer noch der große Traum!

Das Au-pair-Programm in den USA ist in allen Einzelheiten staatlich geregelt. Die Bedingungen wie z.B. Arbeitszeit, Taschengeld, Teilnahme an Weiterbildungskursen, etc. sind immer gleich und müssen von allen Vermittlungsagenturen in diesem Rahmen angeboten werden. Eine Au-pair-Tätigkeit in den USA darf nur mit gültigem „J-1 Visum" aufgenommen werden. Dieses Visum erhält man ausschließlich über eine der, vom „Department of State" zugelassenen, Organisationen. Nach erfolgter Vermittlung stellt die US-Organisation für die Au-pair-Bewerberin bzw. den Bewerber das Zertifikat DS 2019 aus, das zur Antragstellung des Visums bei der US-Botschaft bzw. Konsulat berechtigt. Über den genauen Ablauf der Antragstellung und die dafür erforderlichen Dokumente informieren die Vermittlungsagenturen. In den USA ist der Au-pair-Aufenthalt zunächst für 12 Monate festgelegt. Eine Verlängerung um 6, 9 oder weitere 12 Monate ist möglich, wenn die dafür erforderlichen Visumsformalitäten rechtzeitig erledigt wurden. Au-Pair in den USA ist nur über designierte Vermittlungsagenturen möglich!

Voraussetzungen für die Bewerberinnen und Bewerber:
- Alter: 18 bis 26 Jahre
- Ledig und kinderlos
- Gute Englischkenntnisse
- Führerschein
- Nachweisliche Erfahrungen in der Kinderbetreuung (Mindestens 250 Stunden, besser mehr)
- Guter Gesundheitszustand

Die Leistungen der Gastfamilie:
- Freie Verpflegung und Unterbringung im Einzelzimmer
- Wöchentliches Taschengeld in Höhe 195,75 US
- Freier Hin- und Rückflug (bei manchen Agenturen mit geringer Selbstbeteiligung)
- Basis-Krankenversicherung
- Zuschuss zu Weiterbildungskursen in Höhe von 500 USD

Gegenleistung des Au-pairs:
- Alleinverantwortliche Kinderbetreuung an 45 Stunden pro Woche

Kanada – wie schön wäre das?

Kanada hat derzeit kein ausgesprochenes Au-pair-Programm. Mit dem Working Holiday Visum ist es jedoch möglich als Au-Pair legal in Kanada bei einer Gastfamilie zu leben und zu arbeiten. Allerdings sind die Kontingente für diese Visumsart sehr begrenzt und in der Regel bereits in den ersten Wochen eines Kalenderjahres erschöpft. Man muss also das Visum beantragen und nur wenn man zu den Glücklichen gehört, die ein Working Holiday Visum erhalten, kann man sich um eine Au-Pair Stelle bewerben.

Voraussetzungen für die Bewerberinnen und Bewerber:
- zwischen 18 und 35 Jahre alt
- 200 Stunden Kinderbetreuungserfahrung innerhalb der letzten 3 Jahre (davon 150 außerhalb der eigenen Familie)
- gute Englischkenntnisse
- ledig und kinderlos
- Schulabschluss oder abgeschlossene Ausbildung
- einen noch mindestens 2 Jahre gültigen Reisepass
- finanzielle Mittel in Höhe von CAD 2500 Barvermögen + Flugkosten, Visums- und Vermittlungsgebühren, Krankenversicherung, etc.

Eine zweite Option ist das „Live-in Care-Giver Program".. Die Regelungen für dieses Angebot sind mit dem Berufsbild eines Kindermädchens zu vergleichen. Die Arbeitsbedingungen sind tariflich geregelt und vom Arbeitgeber (der Familie) sind alle Sozialabgaben abzuführen.

Voraussetzungen für die Bewerberinnen und Bewerber:
- Alter: ab 19 Jahre
- Schulbildung: mindestens 12 Schuljahre äquivalent zum „Grade 12" des kanadischen Schulsystems.
- Ausbildung in einem pädagogischen oder pflegerischen Beruf oder mindestens 6 Monate Vollzeitbetreuung von Kindern im Alter der Gastfamilienkinder.
- Gute Englisch- bzw. Französischkenntnisse
- Ledig und kinderlos
- Guter Gesundheitszustand

Die Leistungen der Gastfamilie:
- Freie Verpflegung und Unterbringung im Einzelzimmer
- Tarifliche Gehaltszahlung (abhängig von den Tarifbestimmungen der jeweiligen Provinz)
- Krankenversicherung nach 3 Monaten

Gegenleistung des Care-Givers:
- Alleinverantwortliche Betreuung der Kinder
- Arbeitszeit je nach Provinz zwischen 40 und 46 Wochenstunden

Down Under – voll im Trend

Australien

Mit dem „Working Holiday Visum" kann man in Australien ganz legal eine Au-pair-Tätigkeit ausüben. Das Visum ist für 12 Monate gültig. Mit einer guten Portion Mut und Engagement ist es möglich, auf eigene Faust nach Australien zu reisen und dort vor Ort bei einem der Jobvermittlungsbüros eine geeignete Position zu suchen. Das erfordert allerdings sehr viel Flexibilität und Selbständigkeit und mündet häufig darin, dass man keine Stelle findet und sich aus eigenen Mitteln über Wasser halten muss. Angenehmer und sicherer ist es dagegen, wenn man bei einer Agentur in Deutschland das Komplettprogramm bucht. Es beinhaltet die Vermittlung vor Einreise, manchmal auch den Flug, Hilfe bei der Antragstellung des Visums, eine Rundumbetreuung durch Partnerorganisationen vor Ort sowie optional Versicherungen. Das Visum wird ausschließlich online beantragt. Einzelheiten über die genaue Abwicklung erfährt man von seiner Agentur oder man arbeitet sich durch die Homepage der Australischen Botschaft. In Australien ist jeder, der mit Kindern arbeitet, verpflichtet den „Working with children check" zu absolvieren. Jeder australische Bundesstaat hat dafür eine andere Vorgehensweise. Agenturen informieren darüber und stellen die entsprechenden Testunterlagen zur Verfügung.

Neuseeland

Wie in Australien gibt es auch in Neuseeland die Möglichkeit mit einem speziellen „Working Holiday Visum" einzureisen und als Au-pair bei einer Gastfamilie zu leben und zu arbeiten. Man kann das gesamte Jahr bei der gleichen Gastfamilie verbringen. Auch für Neuseeland gilt die Empfehlung, sich bei einer Agentur zu bewerben, die die Vermittlung, Abwicklung, Koordination und Betreuung vor Ort organisiert. In den letzten beiden Jahren sind die Länder Australien und Neuseeland zu regelrechten Trend-Destinationen geworden. Es gab mehr Bewerberinnen und Bewerber für Au-pair-Stellen als Gastfamilien. Das hat dazu geführt, dass manche ihre Suche nach einer Au-pair Position aufgegeben haben und sich für einen vorübergehenden Job in einem Restaurant, Büro, einer Werkstatt oder Baustelle entschieden haben. Auch hier helfen Organisationen im Rahmen des Work & Travel Programms bei der Suche nach Unterkunft, Job, Anmeldung einer Steuernummer, Eröffnung eines Bankkontos und so weiter. Wer sicher sein will eine Au-pair-Stelle eine geeignete Gastfamilie zu finden und Wert auf geregelte Rahmenbedingungen legt, sollte seinen Au-pair-Aufenthalt unbedingt über eine der größeren Organisationen buchen. Bei der Familiensuche über Selbstvermittlungsportale im Internet fehlt die Gastfamilienprüfung und Betreuung durch eine Agentur vor Ort. Deshalb ist die Inanspruchnahme einer Deutschen Agentur vorzuziehen.

Die Voraussetzungen, Rahmenbedingungen, Leistungen der Gastfamilien und Gegenleistungen der Au Pairs sind nicht gesetzlich geregelt, orientieren sich jedoch an den europäischen Standards.

Insgesamt ist der finanzielle Aufwand für die Au-pair Aufenthalte in Australien und Neuseeland höher als in den anderen Ländern, denn neben der Finanzierung des Fluges, der Visumgebühren, der Versicherung und ggf. des Sprachunterrichts müssen Sie bei Einreise auch einen Geldbetrag in Höhe von EUR 2.500-3.500 als Reisebudget vorweisen.

Australien und Neuseeland sind inzwischen, zusammen mit den USA, die beliebtesten Zielländer für Au Pairs. Die Zahl der BewerberInnen übersteigt das Angebot an Gastfamilien so dass man davon ausgehen muss, dass nicht für jede/jeden eine Au-Pair-Stelle verfügbar sein wird. Gerade deshalb ist es wichtig, den Aufenthalt rechtzeitig mit Hilfe einer Organisation zu planen. Wer lieber auf eigene Faust reisen möchte, sollte flexibel genug sein möglicherweise vor Ort von der Au-Pair-Idee abzurücken um eine andere Art von Arbeit und Unterbringung einzugehen.

Für alle Gastländer gilt, dass die sicherste und zuverlässigste Methode eine geeignete Gastfamilie zu finden und über alle Formalitäten und Rahmenbedingungen informiert zu sein, die Bewerbung bei einer der Au-pair-Agenturen einzureichen. Um sicher zu gehen, dass die Agentur seriös und zuverlässig arbeitet, sucht man am besten auf den Seiten der Verbände Au Pair Society e.V. (www.au-pair-society.org) oder Gütegemeinschaft Au Pair e.V. (www.guetegemeinschaft-aupair.de).
(Stand: Februar 2018)

Susanne Caudera-Preil, Autorin des Buches
Als Au-pair ins Ausland, Calypso-Verlag, ISBN 978-3-940291-01-1

AbroadConnection
München und Bremen

AbroadConnection vermittelt Au-Pair-, High School- und Sprachtutoren-Programme Siehe auch unter „Schulaufenthalt im Ausland"

2. Name:
AbroadConnection

3. Anschrift:
Dachauer Str. 173, 80636 München
Beethovenstr. 27, 28209 Bremen

4. Telefon / Telefax / E-Mail / Homepage:
Tel.: München: 089 379 48 283
Fax: München: 089 379 45850
Tel.: Bremen: 0421 2237218
E-Mail: caudera@abroadconnection.de
www.abroadconnection.de, www.aupair-amerika.de

5. Kontakt:
Susanne Caudera-Preil, Saskia Nunes, Bettina Schoeps

6. Altersbegrenzung:
18-27 Jahre

7. Spezielle Voraussetzungen:
Sprachkenntnisse des Gastlandes. Erfahrungen in der Kinderbetreuung (z.B. durch Babysitten). Nichtraucher

8. Dauer des Aufenthalts:
6 bis 12 Monate

9. Abreisezeitpunkt:
Jederzeit

10. Anmeldefrist oder Bewerbungsfrist:
USA: spätestens 4 Monate vor der geplanten Abreise
Europa: spätestens 2 Monate vor der geplanten Abreise

11. Kosten:
Servicepaket + Vermittlungsgebühr: 150 – 260 EUR

12. Lohn während des Aufenthalts:
Taschengeld: USA: USD 195,75 pro Woche. Europa: 220 bis 330 EUR je nach Gastland. Freie Kost und Logis

13. Kosten während des Aufenthalts:
Evtl. Aufstockung der Krankenversicherung, ggf. Visumgebühren

17. Länder / Gebiete des Aufenthalts:
USA, Großbritannien, Irland, Frankreich, Spanien

Mitglied im Bundesverband Au Pair Society e.V.
Mitglied bei der Gütegemeinschaft Au Pair e.V.
RAL-Gütezeichen Incoming und Outgoing

active abroad
Freising/München

active abroad wurde 1998 gegründet und bietet in Zusammenarbeit mit ausgewählten Partnern weltweit eine zuverlässige Vermittlung und Betreuung an. Wir helfen abenteuerlustigen, jungen Menschen mit einer individuellen und persönlichen Beratung bei der Auswahl des passenden Programmes. Im Sommer 2012 wurde uns als einer der ersten deutschen Au Pair Agenturen das RAL-Gütezeichen Outgoing verliehen, welches sicherstellt, dass die von der Gütegemeinschaft Au Pair e.V. vorgegebenen Qualitätsstandards eingehalten werden. Wir vermitteln junge Leute als Au Pair/ Demi Pair/ Au Pair Plus/ Nanny/ Mothers Help in die USA, nach Kanada, Australien, Neuseeland, China, Chile, Südafrika und in viele europäische Länder. Das Demi Pair Programm mit Sprachunterricht am Vormittag und Mithilfe in der Gastfamilie am Nachmittag bieten wir in Irland, England, Frankreich, Spanien, Italien, Australien, Neuseeland, Kanada und Südafrika an. Weitere Programme, die wir anbieten: „Praktikum", „Work & Travel", „Soziale Arbeit im Ausland", „Ökologische Arbeit im Ausland, Farmstay, Wildlife Experience „und „Sprachreisen".

2. Name:
active abroad

3. Anschrift:
Obere Hauptstr. 8, 85354 Freising

4. Telefon / Telefax / E-Mail / Homepage:
Tel: 08161-40288-0, Fax: 08161-40288-20
contact@activeabroad.net / www.activeabroad.de

5. Kontakt:
Maria Riedmaier, Franziska Hanisch, Theresa Scheil

6. Altersbegrenzung:
Teilweise schon ab 17 Jahren

7. Spezielle Voraussetzungen:
Kinderbetreuungserfahrung, Liebe zu Kindern, Bereitschaft auch Hausarbeiten zu erledigen, ausreichende Kenntnisse der Landessprache (Au Pair/ Demi Pair in Spanien, Italien und Skandinavien auch ohne Kenntnisse der Landessprache möglich), je nach Zielland ist ein Führerschein erforderlich, bei Professional Au Pair bzw. Nanny ist eine kinderbezogene Ausbildung bzw. eine einjährige Erfahrung als Au Pair Voraussetzung

8. Dauer des Aufenthalts:
Abhängig vom Gastland ab drei Monaten (Europa Sommer Au Pair, späteste Abreise: Anfang - Mitte Juli) bis zwölf Monate, je nach Land ggf. verlängerbar. Demi Pair: ab drei Monaten, Au Pair USA: mindestens zwölf Monate; Au Pair Australien, Neuseeland, Kanada sechs bis zwölf Monate; China: ab drei Monaten

9. Abreisezeitpunkt:
Ganzjährig möglich

10. Anmeldefrist oder Bewerbungsfrist:
Je nach Zielland ein bis sechs Monate vor Abreisetermin

11. Kosten:
Vermittlungsgebühr Au Pair ab 150 EUR zzgl. MwSt. Bei Demi Pair abhängig von Dauer und Länge des Sprachkurses bzw. Aufenthaltes

12. Lohn während des Aufenthalts:
Au Pair: Unterkunft und Verpflegung sowie monatliches Taschengeld: Europa ca. 300 – 500 EUR, USA ca. 780 USD, Australien ca. 700 – 1.100 AUD, Neuseeland ca. 680 - 940 NZD, Südafrika ca. 2500 - 3500 ZAR;
Demi Pair: Unterkunft und Verpflegung, sowie in manchen Städten ein wöchentliches Taschengeld (z.B.: Sydney 120 AUD, Spanien 50 EUR, Neuseeland 70 NZD), teilweise werden von der Gastfamilie die Transportkosten zur Sprachschule übernommen.

13. Kosten während des Aufenthalts:
Abhängig von Land und persönlichen Ausgaben: Anreisekosten, Kranken-, Haftpflicht- und Unfallversicherung, evtl. Kosten für Sprachkurse, Visagebühren, evtl. Kosten für Programm-Package inkl. Unterkunft in der ersten Woche nach Anreise

16. Bestimmte Staatsangehörigkeit vorausgesetzt:
EU Staatsangehörigkeit, bzw. für Länder mit Working Holiday Visa Abkommen (AUS, NZ, KAN)

17. Länder / Gebiete des Aufenthalts:
Au Pair: Europa, USA, Kanada, Australien, Neuseeland, China, Chile, Südafrika. Demi Pair: Irland, England, Frankreich, Spanien, Italien, Australien, Neuseeland, Kanada, Südafrika

AIFS
American Institute For Foreign Study
Bonn

AIFS ist eine der ältesten und größten Organisationen für kulturellen Austausch weltweit und ein führender Anbieter im Bereich Jugend- und Bildungsreisen. AIFS vermittelt Au Pair Aufenthalte in den USA sowie Kanada, Australien, Neuseeland und China. In den USA, Australien und Neuseeland gibt es neben Au Pair Classic auch das Programm Au Pair For Professionals – ein spezielles Programm für junge Frauen (für Australien, Neuseeland, Kanada und China auch Männer), die über eine abgeschlossene Ausbildung im Bereich der Kinderbetreuung verfügen sowie das Programm EduCare (USA), bei dem die Kinderbetreuung mit einem Schnupperstudium kombiniert werden kann. Siehe auch unter „Work & Travel", „Camp Counselor", „Soz. Arbeit/Dienste", „Schule", „Studium", „Sprachreisen" und „Erlebnisreisen".

2. Name:
AIFS (American Institute For Foreign Study)

3. Anschrift:
Friedensplatz 1, 53111 Bonn

4. Telefon / Telefax / E-Mail / Homepage:
Tel.: +49 (0)228/95730-0, Fax: +49 (0)228.95730-110; E-Mail: info@aifs.de; www.aifs.de/www.aifs.at/www.aifs.ch

5. Kontakt:
Daria Bitniok, Meike Burschkies, Teresa Hoffmann

6. Altersbegrenzung:
USA: 18 bis 26 Jahre; Australien und Neuseeland: 18 bis 30 Jahre; Kanada und China: 18 bis 29 Jahre

7. Spezielle Voraussetzungen:
Erfahrung in der Kinderbetreuung (je nach Land mind. 50 bis 200 Stunden in den letzten 3 Jahren), Führerschein (USA, Kanada, Australien, Neuseeland), Englischkenntnisse, Grundkenntnisse Mandarin (China), abgeschlossene Schulausbildung, kinderlos und nicht verheiratet, keine medizinischen Einschränkungen, Visumsbestimmungen der einzelnen Länder.

8. Dauer des Aufenthalts:
USA: 12 Monate (um weitere 6, 9 oder 12 Monate verlängerbar); Kanada 9 oder 12 Monate; Australien: 8 Monate (Aufenthalt im Land bis zu 12 Monate: 6 oder 9 Monate); Neuseeland: 6, 9 oder 12 Monate (Aufenthalt im Land bis zu 12 Monate); China: 3 oder 6 Monate (vor Ort auf 12 Monate verlängerbar)

9. Abreisepunkt:
monatlich

10. Anmeldefrist oder Bewerbungsfrist:
USA: 3-6 Monate vor Ausreise; Kanada, Australien, China: max. 12 Monate vor Ausreise; Neuseeland: 4 Monate vor Ausreise

11. Kosten:
Au Pair Classic (USA): 990 EUR; Au Pair For Professionals (USA): 790 EUR; EduCare: 1.090 EUR; Au Pair Classic (Kanada): ab 1.890 EUR, Au Pair Classic oder Au Pair For Professionals (Australien, Neuseeland): ab 1.890 EUR, Au Pair Classic (China): ab 890 EUR. Im Preis u. a. enthalten: Hin-und Rückflug (Rückflug bei USA und China nur bei erfolgreichem Abschluss des Au Pair Programms im Preis enthalten, Betreuung vor der Ausreise und vor Ort; Vorbereitungstreffen (gegen geringen Aufpreis), AIFS Handbuch, Orientation-Days vor Ort inkl. Übernachtung und Verpflegung, Transfer zur Gastfamilie, Unterkunft und Verpflegung sowie ein wöchentliches bzw. monatliches Taschengeld in der Gastfamilie; bei USA: umfangreiches Versicherungspaket während des Aufenthaltes. Die im AIFS Au Pair Package enthaltenen Leistungen werden teilweise von der Gastfamilie erbracht.

12. Lohn während des Aufenthalts:
Au Pair Classic (USA): 195,75 USD pro Woche sowie 500 USD Studiengeld pro Jahr; Au Pair For Professionals (USA): 250 USD pro Woche sowie 500 USD Studiengeld pro Jahr; EduCare: 146,81 USD sowie 1.000 USD Studiengeld pro Jahr; Au Pair Classic (Kanada): 190 bis 350 CAD pro Woche; Au Pair Classic (Australien) 195 bis 290 AUD pro Woche; Au Pair For Professionals (Australien): 220 bis 375 AUD; Au Pair Classic (Neuseeland): 180 bis 203 NZD; Au Pair For Professionals (Neuseeland): 270 bis 330 NZD; Au Pair Classic (China): 1.500 RMB pro Monat. In Kanada, Australien, Neuseeland und China gibt es zusätzlich einen Completion-Bonus.

13. Kosten während des Aufenthalts:
private Ausgaben während des Aufenthaltes

16. Bestimmte Staatsangehörigkeit vorausgesetzt:
USA, China: Deutschland, Österreich, Schweiz; Kanada: Deutschland; Australien: Deutschland (weitere Länder auf Anfrage; Neuseeland: Deutschland, Österreich

17. Länder / Gebiete des Aufenthalts:
USA, Kanada, Australien, Neuseeland, China

ASSE Germany GmbH
Köln

ASSE (ASSE International Student Exchange Programs) ist eine der größten und renommiertesten Schüleraustauschorganisationen weltweit. Seit den Anfängen, die bis ins Jahr 1938 zurückreichen, hat ASSE seine Angebotspalette erweitert und bietet neben Austauschprogrammen für Sekundarschüler auch Austauschmöglichkeiten für Au Pairs, Abiturienten, Studierende, Work & Travel Teilnehmer, Praktikanten und Trainees an. Im Jahr 1988 rief ASSE, als eine der ersten von der amerikanischen Regierung zugelassenen Austauschorganisationen, das EurAupair Au Pair Programm ins Leben. Die jungen Frauen leben für mindestens ein Jahr in einer amerikanischen Gastfamilie und betreuen die Kinder der Familie. So verbessern sie nicht nur ihre Sprachkenntnisse, sondern lernen auch die amerikanische Kultur und das Familienleben kennen. Seit der Gründung des Programms im Jahr 1988 haben bereits tausende Au Pairs aus Deutschland über den Partner iSt – Internationale Sprach- und Studienreisen die Möglichkeit genutzt, ein Jahr als EurAupair Au Pair in Amerika zu verbringen. Anfang 2016 wurde ASSE Germany als Geschäftsstelle in Deutschland eröffnet, um den deutschen Teilnehmern die verschiedenen Austauschprogramme nun auch direkt anbieten zu können. Siehe auch unter: „Schule" und „Studium im Ausland".

2. Name:
ASSE Germany GmbH
3. Anschrift:
Gürzenichstr. 21 a-c, 50667 Köln
4. Telefon / Telefax / E-Mail / Homepage:
Tel: 0221 – 5481 4500, Fax: 0221 – 5481 4499
E-Mail: info@assegermany.de, www.assegermany.de
5. Kontakt
Michelle Thum (E-Mail: mthum@assegermany.de)
6. Altersbegrenzung:
18 - 26 Jahre (Au Pair Regular) bzw.
20 - 26 Jahre (Au Pair par Expérience)
7. Spezielle Voraussetzungen:
Au Pair (Regular): mind. 200 Stunden Kinderbetreuungserfahrung (müssen durch Referenzen nachgewiesen werden); einen Schulabschluss, eine abgeschlossene Ausbildung oder einen Hochschulabschluss; Schulenglischkenntnisse; Nichtraucher/in; Führerschein Klasse B gesund und verantwortungsbewusst
Au Pair (par Expérience): mind. 2 Jahre Vollzeitberufserfahrung mit Kindern oder eine abgeschlossene Ausbildung im pädagogischen oder pflegerischen Bereich (Erzieherin, Grundschullehrerin, usw.)
8. Dauer des Aufenthalts:
Ein Jahr (12 Monate + optional einen Monat zum Reisen). Die Au Pairs haben ein eigenes möbliertes Zimmer im Haus der Gastfamilie. Die Gasteltern erwarten eine liebevolle, sichere, zuverlässige Unterstützung für ihre Kinderbetreuung an bis zu 45 Stunden pro Woche. Bei Fragen oder Problemen steht vor Ort ein Betreuer mit Rat und Tat zur Seite. Ein weiterer Bestandteil des Au Pair Programmes ist der Besuch von Kursen an einem College oder einer Universität, um so einen noch besseren Einblick in das amerikanische Leben zu erhalten. Diese Kurse werden von der Gastfamilie mit bis zu 500 US-Dollar bezuschusst.
9. Abreisezeitpunkt:
monatlich (Januar bis November)

10. Anmeldefrist oder Bewerbungsfrist:
mind. 3-4 Monate vor der gewünschten Ausreise
11. Kosten:
550 EUR für Au Pairs mit Erfahrung in der Kleinstkinderbetreuung (mind. 200 Stunden Erfahrung mit unter 2jährigen Kindern), die 19 Jahre alt sind und Kinder unter 24 Monaten betreuen möchten; 770 EUR für Au Pairs ohne Erfahrung in der Kleinstkinderbetreuung
12. Lohn während des Aufenthalts:
Freie Kost und Logis bei der Gastfamilie; Freizeit: 1 freies Wochenende pro Monat und 1,5 aufeinanderfolgende Tage pro Woche frei; 2 Wochen bezahlter Urlaub und einem „13. Reisemonat" am Programmende; Taschengeld: 195.75 USD als Au Pair und 250 USD als Au Pair Par Expérience; bis zu 500 USD Schulgeld für deine Collegekurse. Als Au Pair Par Expérience erhältst du nach erfolgreichem Programmabschluss einen Bonus in Höhe von 600 USD
13. Kosten während des Aufenthalts:
Ausgaben für den persönlichen Bedarf (Kleidung, Kosmetika etc.); Ausflüge/Reisen, Freizeitgestaltung; evtl. anfallende zusätzliche Kosten für deine Collegekurse; Anreise zum Rückflughafen in den USA; evtl. anfallende zusätzliche Gepäckkosten; evtl. anfallende Flugzuschläge; amerikanische Steuern (auf das Taschengeld)
14. Finanzielle Förderung:
Finanzielle Unterstützung des Aufenthalts sowohl von der Organisation selbst, als auch die von anderen. Ein Teil der Programmleistungen wird von der Gastfamilie erbracht.
16. Bestimmte Staatsangehörigkeit vorausgesetzt:
Neben deutschen Staatsbürgern, nehmen wir auch Schweizer und Österreicher in unsere Programme auf, sowie Bewerberinnen mit unbefristeter Aufenthaltsgenehmigung.
17. Länder / Gebiete des Aufenthalts:
USA

Siegel/Listings: International Au Pair Association (IAPA), Council on Standards for International Educational Travel (CSIET), WYSE Travel Confederation, Alliance for International Exchange

Cultural Care Au Pair
Cultural Care Germany GmbH
Berlin

Das Cultural Care Au Pair Programm in den USA ist der günstigste Weg, im Ausland Berufserfahrungen zu sammeln und fließend Englisch zu lernen. Das Besondere an diesem kulturellem Austauschprogramm ist, dass es im Rahmen der Arbeit mit Kindern stattfindet. Du lebst bei einer sorgfältig ausgesuchten Gastfamilie, die Dir ein neues Zuhause bietet und Dich den „American Way of Life" erleben lässt. Im Gegenzug passt Du auf die Kinder der Gastfamilie auf und bringst ihnen die deutsche Kultur näher. Das Au Pair Programm wird gesetzlich vom amerikanischen Außenministerium geregelt und ist der einzig legale Weg, mit einem J-1 Visum als Au Pair in Amerika zu arbeiten. Cultural Care Au Pair ist die größte Organisation, die Au Pairs in die USA vermittelt. Wir haben die meisten amerikanischen Gastfamilien zur Auswahl und das größte Netzwerk an lokalen Mitarbeitern vor Ort. Der Rundumschutz und die persönliche Betreuung sind jederzeit gewährleistet. Cultural Care Au Pair bietet in ca. 40 Städten deutschlandweit jede Woche kostenlose Informationstreffen an. (www.culturalcare.de/Infotreffen)

2. Name:
Cultural Care Germany GmbH

3. Anschrift:
Friedrichstr. 155/156
10117 Berlin

4. Telefon/E-Mail/Homepage:
Tel: 030-20347400,
Mo-Fr 09:00 – 19:00 Uhr, Sa 10:00 – 17:00 Uhr
E-Mail: aupair.de@culturalcare.com
Website: www.culturalcare.de
Facebook: www.facebook.com/aupairusa

6. Altersbegrenzung:
18 - 26 Jahre

7. Spezielle Voraussetzungen:
200 Stunden Kinderbetreuungserfahrung, Führerschein, Englischkenntnisse, Abitur/Fachabitur, Realschulabschluss oder abgeschlossene Ausbildung,
kinderlos und nicht verheiratet

8. Dauer des Aufenthalts:
Mindestens 1 Jahr, Verlängerung möglich

9. Abreisezeitpunkt:
Jeden Montag im Jahr

10. Anmeldefrist oder Bewerbungsfrist:
Idealerweise 6 Monate vor der geplanten Abreise, mindestens 12 Wochen vorher

11. Kosten:
575 EUR Programmgebühr, 560 EUR Krankenversicherung, Rabatte für Repeat Au Pairs und Professional Au Pairs

12. Lohn während des Aufenthalts:
Kost und Logis frei, kostenlose Flüge und Transfers
ca. 200 USD pro Woche, 500 USD Studiengeldzuschuss, 2 Wochen bezahlten Urlaub

16. Bestimmte Staatsangehörigkeit vorausgesetzt:
keine amerikanische Angehörigkeit erlaubt

17. Länder / Gebiete des Aufenthalts:
USA

Experiment e.V. Bonn

Experiment e.V.
THE EXPERIMENT IN INTERNATIONAL LIVING

Experiment e.V. ist eine gemeinnützige Organisation mit Sitz in Bonn, die sich seit über 85 Jahren den Austausch zwischen Menschen aller Kulturen, Religionen und Altersgruppen zum Ziel gesetzt hat. Der Verein bietet eine große Bandbreite an interkulturellen Programmen in über 70 verschiedenen Ländern an, u. a., Schüleraustausche, Freiwilligendienste, Ferienprogramme, Praktika und Sprachreisen. Experiment e.V. ist Gründungsmitglied des „Arbeitskreises gemeinnütziger Jugendaustauschorganisationen" (AJA) und legt großen Wert auf die Qualität der Austauschprogramme.

Demi Pair: Die Teilnehmenden besuchen halbtags einen Sprachkurs, den sie auf Wunsch mit einem internationalen Zertifikat abschließen können. Sie wohnen in einer Gastfamilie und helfen für 15 bis 25 Stunden in der Woche bei der Kinderbetreuung und im Haushalt mit. Der Aufenthalt wird durch ein ausführliches Vor- und Nachbereitungsseminar in Deutschland von Experiment e.V. begleitet. Siehe auch unter „Soziale Arbeit", „weltwärts", „Schulaufenthalt" und „Homestay / Interkulturelle Begegnungen".

2. Name:
Experiment e.V. – The Experiment in International Living

3. Anschrift:
Gluckstraße 1, 53115 Bonn

4. Telefon / Telefax / E-Mail / Homepage:
Tel.: 0228 95722-0, Fax: 0228 358282
E-Mail: info@experiment-ev.de,
Internet: www.experiment-ev.de
Gesonderte Notrufnummer für aktive Teilnehmende

5. Kontakt:
Ana Klähn, klaehn@experiment-ev.de

6. Altersbegrenzung:
18 bis 30 Jahre

7. Spezielle Voraussetzungen:
Erfahrung in Kinderbetreuung und Haushalt, Grundkenntnisse der jeweiligen Landessprache. In Ecuador auch Anfänger.

8. Dauer des Aufenthalts:
3 bis 9 Monate, je nach Programm

9. Abreisezeitpunkt:
Ganzjährig möglich

10. Anmeldefrist oder Bewerbungsfrist:
Mind. 12 Wochen vor der gewünschten Ausreise

11. Kosten:
2.240 bis 5.290 EUR, inkl. aller Transfers, Kranken-, Unfall- und Haftpflichtversicherung, Sprachkurs, Betreuung vor Ort, freie Kost und Logis, Vor- und Nachbereitungsseminar

12. Lohn während des Aufenthalts:
Taschengeld: Nur in Neuseeland 70 NZD pro Woche (ca. 40 EUR). In Irland und Großbritannien wird ein Monatsticket für den Transport gestellt.

13. Kosten während des Aufenthalts:
Flüge, Visum, Taschengeld. In Australien, Irland und Neuseeland sind mit dem Working-Holiday-Visum bezahlte Nebenjobs möglich.

14. Finanzielle Förderung:
Teil- und Vollstipendien möglich. Weiterzahlung des Kindergeldes.

15. Träger von FSJ, DJiA, FÖJ, EFD, IJFD u.ä:
Europäischer Freiwilligendienst (EFD), Internationaler Jugendfreiwilligendienst (IJFD), weltwärts

16. Bestimmte Staatsangehörigkeit vorausgesetzt:
Alle Staatsangehörigen, deren Staaten Abkommen für Working-Holiday-Visa haben.

17. Länder / Gebiete des Aufenthalts:
Australien (Brisbane), Ecuador (Quito), Großbritannien (Manchester), Irland (Dublin), Kanada (Toronto), Neuseeland (Auckland, Wellington)

Hallo AuPair
Nürnberg

Du möchtest als Au-Pair ins Ausland reisen und dort eine tolle Zeit verbringen, sowie wichtige Erfahrungen für Dein weiteres Leben sammeln? Du lebst bei einer sorgfältig ausgesuchten Gastfamilie, die Dich in ihr Familienleben integriert und Dir ihr Land nahebringt. Du erhältst Unterkunft, Verpflegung und ein Taschengeld von Deiner Gastfamilie. Als Gegenleistung unterstützt Du Deine Gastfamilie bei der Kinderbetreuung und bei leichter Hausarbeit. Während Deines Aufenthaltes im Gastland wirst Du: Deine Sprachkenntnisse verbessern. Gute Sprachkenntnisse einer europäischen Fremdsprache sind ein Muss für Uni, Ausbildung und Beruf! Ein fremdes Land und seine Kultur kennenlernen. Selbstbewusster und erfahrener sein. Der Au-Pair Aufenthalt ist ein wichtiger Teil Deiner persönlichen Entwicklung und ein Meilenstein in Deiner Karriere. Neue Menschen treffen und Freundschaften schließen, ins Land reisen und einfach eine gute Zeit in Deinem Gastland verbringen. Ein Au-Pair Aufenthalt ist ein Kulturaustausch, daher solltest Du die Zeit auch aktiv nutzen und Dir das Land durch Kurzreisen, Besichtigungen, Teilnahme an kulturellen Veranstaltungen erschließen. Nutze die freien Wochenenden und lokalen Feiertage und lerne neue Städte kennen.

2. Name:
Hallo AuPair UG (haftungsbeschränkt)

3. Anschrift:
Radolfzeller Str 65a, 78467 Konstanz

4. Telefon / Telefax / E-Mail / Homepage:
Telefon: 07531 - 38 12 177
E-Mail: info@halloaupair.com
Homepage: www. halloaupair.com

6. Altersbegrenzung:
18-30 Jahre

7. Spezielle Voraussetzungen:
Du solltest Freude daran haben, Zeit mit den Kindern zu verbringen, mit ihnen zu spielen, zu basteln oder sie zu Freizeit-Aktivitäten zu begleiten. Du solltest offen auf andere Menschen zugehen, aber auch eine ernsthafte und verantwortungsvolle Person sein. Erste Kinderbetreuungserfahrungen (z.B. Babysitter oder Nachhilfe) und erste Sprachkenntnisse des Gastlandes sind vorteilhaft.

8. Dauer des Aufenthalts:
Aufenthalte von 6-12 Monaten sind jederzeit möglich; Kurzzeitaufenthalten (weniger als 6 Monate) vor allem in den Sommer-Monaten
9. Abreisezeitpunkt:
Ganzjährig möglich

10. Anmeldefrist oder Bewerbungsfrist:
1-3 Monate vor dem gewünschten Abreisetermin; gerne auch früher

11. Kosten:
Hin- und Rückreise ins Gastland
Vermittlungsgebühr

12. Lohn während des Aufenthalts:
Unterkunft und Verpflegung frei
Taschengeld mindestens 260 EUR
i.d.R. kleiner Zuschuss zu Sprachkurs und Fahrten zur Sprachschule je nach Gastland

13. Kosten während des Aufenthalts:
Persönliche Ausgaben, Ausflüge in andere Städte
Eventuell Versicherung

14. Finanzielle Förderung:
Kindergeld kann bei Besuch eines Sprachkurses während der Au-Pair Zeit weiterbezahlt werden.

16. Bestimmte Staatsangehörigkeit vorausgesetzt:
Europäische Staatsangehörigkeit

17. Länder / Gebiete des Aufenthalts:
Spanien, Frankreich, Irland, Italien, England, Irland, Schottland, Neuseeland und Australien

IN VIA Deutschland e.V
Freiburg (Sitz der Bundeszentrale)

Der Zusammenschluss der katholischen Au-pair Beratungsstellen in Deutschland vermittelt Au-pair Aufenthalte in Europa. IN VIA ist Ansprechpartner für Au-pairs und Gastfamilien. Die Mitglieder der Au-pair-BAG IN VIA (Adressen siehe: www.aupair-invia.de) bieten Au-pair Treffen, Ausflüge und Au-pair Seminare an. In London hat IN VIA eine eigene Anlaufstelle, den German YMCA. Dort werden regelmäßig Au-pair Treffen angeboten. Für Gastfamilien in Deutschland stellen wir Bewerberinnen zur Auswahl vor, beraten Gastfamilien in allen administrativen Fragen (Ausländerbehörden, Arbeitsamt, Botschaften) und unterstützen die Familien und Au-pairs während des Aufenthaltes. IN VIA vermittelt Au-pairs aus der ganzen Welt. Die meisten Bewerbungen kommen aus Mittel- und Osteuropa. Au-pairs sind eine Unterstützung, eine Bereicherung, aber auch eine Herausforderung für jede Gastfamilie: Heimweh, Schwierigkeiten mit der Fremdsprache und das Eingewöhnen in die neue Umgebung und Kultur - dabei müssen Gastfamilien erst einmal behilflich sein (Familienanschluss bieten und Kontakte vermitteln). Au-pairs sind keine billigen Arbeitskräfte, sondern junge Menschen, die sich in einer Familie engagieren und gleichzeitig für ihr Leben lernen möchten. Au-pair-Aufenthalte basieren auf einem Geben und Nehmen. Die in der Au-pair-BAG IN VIA zusammengeschlossenen Au-pair-Agenturen betreuen bundesweit kompetent und zuverlässig ausländische Au-pairs, Gastfamilien und deutsche Au-pairs während des Aufenthaltes. Rechtsträger der Au-pair-BAG ist IN VIA Deutschland (Fachverband im Deutschen Caritasverband und Mitglied im Internationalen Verband ACISJF-IN VIA). IN VIA unterstützt die Ziele der Gütegemeinschaft Au pair im Hinblick auf die Qualitätssicherung in der Au-pair-Arbeit."
Siehe auch unter „Soziale Arbeit".

2. Name:
Au-pair-Bundesarbeitsgemeinschaft IN VIA
c/o IN VIA Katholischer Verband für Mädchen- und Frauensozialarbeit – Deutschland e.V.

3. Anschrift:
Karlstr. 40, 79104 Freiburg

4. Telefon / Telefax / E-Mail / Homepage:
Telefon: 0761 200-206,
Dienstag 10.00 h – 12.00 h, 13.30 – 15.30 h
Donnerstag 14.00 – 16.00 h
Fax: 0761 200-638
www.aupair-invia.de
au-pair.invia@caritas.de

5. Kontakt:
Sachbearbeitung Au-pair, Frau Wacker

6. Altersbegrenzung:
Mindestalter: 18 Jahre, Höchstalter: 27 Jahre

7. Spezielle Voraussetzungen:
Grundkenntnisse der Landessprache, kinderlos, physisch und psychisch gesund und belastbar, konkrete Erfahrungen und Freude im Umgang mit Kindern, gute Erfahrungen in hauswirtschaftlichen Tätigkeiten und Bereitschaft zur Mithilfe bei täglich anfallenden Hausarbeiten. Bereitschaft, sich in die Familie zu integrieren. Selbständigkeit, Eigenverantwortung und Flexibilität.

8. Dauer des Aufenthalts:
6-12 Monate

9. Abreisezeitpunkt:
Individuell zu vereinbaren.

10. Anmeldefrist oder Bewerbungsfrist:
Ca. 8 Wochen vor dem gewünschten Beginn des Aufenthaltes.

11. Kosten:
Reisekosten (Hin- und Rückreise), Vermittlungsgebühr

12. Lohn während des Aufenthalts:
Freie Unterkunft und Verpflegung
Taschengeld ca. 260 EUR im Monat, je nach Gastland unterschiedlich, in Irland z.B. 320 EUR.

13. Kosten während des Aufenthalts:
Sprachkursgebühr, ggf. private Unfall- und Haftpflichtversicherung, Verkehrsmittel im Land ggf. Übernachtung und Verpflegung für die Tage der Vermittlung im German YMCA (London).

16. Bestimmte Staatsangehörigkeit vorausgesetzt:
nein

17. Länder / Gebiete des Aufenthalts:
Frankreich, Großbritannien, Irland, Italien, Spanien, italienischsprachige und französischsprachige Schweiz, USA und weitere Länder auf Anfrage.

Stepin GmbH Bonn

Stepin — Student Travel & Education Programmes International

Stepin verfügt über 20 Jahre Erfahrung im Kulturaustausch und in der erfolgreichen Vermittlung von Au-pair-Aufenthalten und sorgt zusammen mit handverlesenen Kooperationspartnern in den USA, Australien, Neuseeland, Irland, England, Norwegen, Spanien, Island und Chile für eine optimale Rundum-Betreuung während der gesamten Programmdauer. Neben den klassischen Au-pair-Programmen, bei denen die Kinderbetreuung im Vordergrund steht, ist in Australien und Neuseeland auch die Programm-Variante wie Demi-pair möglich. Hier steht vormittags ein Englischsprachkurs auf dem Programm, nachmittags können die frisch erworbenen Sprachkenntnisse dann gleich beim Job in der Familie angewendet werden. Auch im EduCare-Programm USA sind 180 Stunden am College Teil des Programmes.

Siehe auch unter „Work & Travel", „Praktikum", „Soziale Arbeit im Ausland", „Schulaufenthalt im Ausland" und „Sprachreisen"

2. Name:
Stepin GmbH
(Student Travel & Education Programmes International)

3. Anschrift:
Kaiserstraße 19, 53113 Bonn

4. Telefon / Telefax / E-Mail / Homepage:
Tel. 0228 / 71 005 200 Fax: 0228 / 71005 999
E-Mail: info@stepin.de, Internet: www.stepin.de
Beratungszeiten: montags bis freitags von 09:00-18:00 Uhr

5. Kontakt:
Leonie Corsten, Katharina Schönert
(Programmberatung Au-pair & Demi-pair)

6. Altersbegrenzung:
18 bis 30 Jahre (USA, Norwegen: bis 26 Jahre; Irland: bis 27 Jahre!)

7. Spezielle Voraussetzungen:
Nachweis über ausreichend Erfahrung in der Kinderbetreuung, mind. mittlere Englisch- oder Spanischkenntnisse

8. Dauer des Aufenthalts:
Au-pair oder EduCare USA: 12 Monate (verlängerbar um weitere 6 bis 12 Monate); Au-pair Australien: 6 bis 12 Monate; Au-pair Neuseeland: 6 bis 12 Monate; Au-pair Irland: 6 bis 12 Monate; Au-pair England: 6 bis 12 Monate; Au-pair Norwegen: 6 bis 12 Monate; Au-Pair Spanien: 4 bis 12 Monate; Au-pair Island: 6 bis 12 Monate; Au-pair Chile: 3 bis 12 Monate; Demi-pair Australien: 12 bis 26 Wochen; Demi-pair Neuseeland: 12 oder 24 Wochen

9. Abreisezeitpunkt:
Ganzjährig

10. Anmeldefrist oder Bewerbungsfrist:
Mindestens 4-5 Monate vor Ausreise

11. Kosten:
Au-pair oder EduCare USA: EUR 490,- (inkl. Flug); Au-pair Australien: EUR 550,- (o. Flug); Au-pair Neuseeland: EUR 550,- (o. Flug); Au-pair Irland: EUR 450,- (o. Flug); Au-pair England: EUR 450,- (o. Flug); Au-pair Island: EUR 450,- (o. Flug); Au-pair Norwegen: EUR 450,- (o. Flug); Au-pair Spanien: EUR 450.- (o. Flug); Au-pair Chile: EUR 650,- (o. Flug) Demi-pair Australien ab EUR 1.990,- (o. Flug); Demi-pair Neuseeland: ab EUR 2.690,- (o. Flug)
Im Programmpreis enthaltene Leistungen sind je nach Land und Programm unterschiedlich.
Beispiel Demi-pair Neuseeland: u.a. ausführliche Beratung und Informationen vor Ausreise, Unterstützung bei Visumsbeantragung, Vermittlung in eine sorgfältig ausgesuchte Gastfamilie, Flughafenabholung, Einführungswoche je nach Standort, Sprachkurs, Unterkunft und Vollverpflegung in der Demi-pair-Familie, persönliche Betreuungsperson vor Ort

12. Lohn während des Aufenthalts:
Freie Kost und Logis, festgelegtes Taschengeld (unterschiedlich je nach Land und Region)

13. Kosten während des Aufenthalts:
Je nach Land und Programm unterschiedlich. U.a. Flug, Visumsgebühren, Reiseversicherung, persönliche Ausgaben (u.a. Verkehrsmittel), ggf. Kursmaterial, Sprachkurs.

16. Bestimmte Staatsangehörigkeit vorausgesetzt:
Australien, Neuseeland: Dt. Staatsbürgerschaft oder eine der Abkommen-Länder (Working-Holiday-Visum); Irland, England, Norwegen, Island: EU-Staatsbürgerschaft; USA: keine Einschränkung (keine US-Staatsbürgerschaft); Chile: Dt. Staatsbürgerschaft (Touristenvisum oder Work Permit)

17. Länder / Gebiete des Aufenthalts:
USA, Australien, Neuseeland, Irland, England, Norwegen, Spanien, Island und Chile

**TravelWorks
Münster**

Au Pair
Siehe auch unter „Praktikum", „Work & Travel", „Soz. Arbeit", „Schule", „Sprachreisen", „Summer School", „Studium" und „Erlebnisreisen".

2. Name:
TravelWorks

3. Anschrift:
Münsterstr. 11, 48155 Münster

4. Telefon / Telefax / E-Mail / Homepage:
Tel: 02506-8303-100, Fax: 02506-8303-230
E-Mail: aupair@travelworks.de
Homepage: www.travelworks.de
Öffnungszeiten: 09:00 Uhr bis 18:00 Uhr

5. Kontakt:
Frau Vanessa Wimmer, Frau Jana Averdieck

6. Altersbegrenzung:
Ab 18 Jahren, je nach Land Altersbegrenzung (bis 30 Jahre: Großbritannien, Spanien, Australien, Neuseeland, bis 28 Jahre: Chile, bis 26 Jahre: Norwegen, USA).

7. Spezielle Voraussetzungen:
Gute bis sehr gute Englischkenntnisse. Spanien: Spanischkenntnisse von Vorteil, aber nicht notwendig. Chile: Gute Spanisch- und/oder Englischkenntnisse (ggf. Sprachkurs erforderlich). Norwegen: Bereitschaft, Norwegisch zu lernen. Mind. 200 Stunden nachgewiesene Erfahrung in der Kinderbetreuung bzw. -fürsorge außerhalb des eigenen Familienkreises sowie mind. 2 Kinderbetreuungsreferenzen. Je nach Land und Programm ist ggf. auch eine Charakterreferenz notwendig. Erweitertes polizeiliches Führungszeugnis, ärztliche Gesundheitsbescheinigung, PKWFührerschein, Nichtraucher, Kochkenntnisse sind von Vorteil, Liebe und Begeisterung für Kinder, Toleranz, Anpassungsfähigkeit und Eigeninitiative, Australien/Neuseeland: Kostenpflichtiges Working Holiday-Visum und Nachweis über genügend finanzielle Mittel (ca. 5.000 AUD bzw. 4.200 NZD) bei Einreise.

8. Dauer des Aufenthalts:
3 bis 12 Monate, je nach Land und Programm. Verlängerung ggf. möglich. In Spanien 1 Monat als Sommer-Au Pair möglich.

9. Abreisezeitpunkt:
Ganzjährig, in Absprache mit der Gastfamilie.

10. Anmeldefrist oder Bewerbungsfrist:
Je nach Land mindestens 3-4 Monate vor Abreise, gerne früher.

11. Kosten:
Großbritannien: ab 320 EUR, Norwegen: ab 320 EUR, Spanien: ab 330 EUR, Chile: ab 660 EUR, USA: ab 490 EUR, Australien: ab 440 EUR, Neuseeland: ab 330 EUR.
Enthaltene Leistungen z.B. USA: Online-Vorbereitung, Hilfe bei der Visumsbeantragung inkl. SEVIS-Gebühr, Hin- und Rückflug, 3 Orientierungstage in New York City, Weiterflug zur Gastfamilie, Platzierung in einer sorgfältig ausgewählten Gastfamilie, Unterkunft und Verpflegung, wöchentliches Taschengeld von 195,75 USD, 500 USD Bildungszuschuss für Collegekurse, US-amerikanische Kranken- und Unfallversicherung, 11 Tage bezahlter Urlaub, 30 Reisetage nach erfolgreichem Programmende, Zugang zur TravelWorksCommunity, 24-Stunden-Notrufnummer, Betreuung durch eine feste Programmkoordinatorin während der Vorbereitungen und vor Ort uvm. Alle enthaltenen Leistungen, Programmvarianten und Details siehe www.travelworks.de.

12. Lohn während des Aufenthalts:
Großbritannien: 80-110 GBP pro Woche (i.d.R. 25-35 Stunden pro Woche, 2-3 Abende pro Woche, ggf. am Wochenende, 4 Wochen bezahlter Urlaub pro 12 Monate Arbeit). Norwegen: 5.600 NOK pro Monat, abzüglich Steuern (i.d.R. 30 Stunden pro Woche, ggf. 2-3 Abende pro Woche. am Wochenende, 4 Wochen bezahlter Urlaub pro 12 Monate Arbeit, Zuschuss zum NorwegischSprachkurs in Höhe von 8.400 NOK pro Jahr). Spanien: 70-80 EUR pro Woche (i.d.R. 30 Stunden pro Woche, ggf. am Wochenende, 1 Woche bezahlter Urlaub pro 6 Monate Arbeit). Chile: 150.000-200.000 CLP pro Monat (i.d.R. 35-45 Stunden pro Woche, 1 Tag Urlaub pro gearbeitetem Monat). USA: 195,75 USD pro Woche (max. 45 Stunden bzw. 5,5 Tage pro Woche, ggf. am Wochenende, mind. 1 freies Wochenende pro Monat, 11 Tage bezahlter Urlaub pro 12 Monate Arbeit zzgl. 30 Reisetage am Programmende). Australien: 200-255 AUD pro Woche (i.d.R. 25-30 Stunden pro Woche, ggf. am Wochenende, Bonus von 500 AUD bei Programmende, 2 freie Tage pro Woche, oft am Wochenende). Neuseeland: 165-230 NZD (i.d.R. 30-45 Stunden pro Woche, ggf. am Wochenende, 4 Wochen bezahlter Urlaub bei 12 Monate Arbeit, 2 freie Tage pro Woche, mind. 1 freies Wochenende pro Monat, Bonus von 10 NZD pro Woche bei Programmende).

13. Kosten während des Aufenthalts:
Richten sich nach den individuellen Bedürfnissen (für Freizeitaktivitäten).

16. Bestimmte Staatsangehörigkeit vorausgesetzt:
Je nach Land deutsche, italienische, Österreicher, Schweizer oder EU-Staatsangehörigkeit.

17. Länder / Gebiete des Aufenthalts:
USA, Australien, Neuseeland, Großbritannien, Norwegen, Spanien, Chile.

vij
Verein für internationale Jugendarbeit
Bundesverein e.V.
Stuttgart

Als Fachverband der Diakonie arbeitet der vij gemeinnützig und steht für langjährige Erfahrung und professionelle Vermittlung in der Au-pair-Arbeit. Unsere 12 Beratungsstellen in Deutschland gewährleisten sichere Au-pair-Aufenthalte, die der beruflichen und persönlichen Qualifikation von jungen Menschen dienen. Interkulturelle Kompetenz und Fremdsprachenkenntnisse verbessern sich durch einen Auslandsaufenthalt. In Paris haben wir ein eigenes Büro, ansonsten kooperieren wir mit anerkannten Agenturen in Europa, Neuseeland und Russland/St.Petersburg.

2. Name:
vij
Verein für Internationale Jugendarbeit Bundesverein e.V.

3. Anschrift:
Wagenburgstr. 26-28
70184 Stuttgart
Deutschland

4. Telefon / Telefax / E-Mail / Homepage:
Tel: 0711 5188 5875
E-Mail: au-pair@vij.de
Homepage: www.au-pair-vij.org

Öffnungszeiten: Mo – Do 9.00 – 13.00 Uhr

6. Altersbegrenzung:
Je nach Gastland, zwischen 18 und 30 Jahren

7. Spezielle Voraussetzungen:
Gute Grundkenntnisse der Landessprache, nachweisbare Erfahrungen in der Kinderbetreuung

8. Dauer des Aufenthalts:
6 oder 12 Monate

9. Abreisezeitpunkt:
Jederzeit, bevorzugt jedoch in den Sommermonaten

10. Anmeldung oder Bewerbungsfrist:
10 – 12 Wochen vor dem gewünschten Antrittstermin

11. Kosten:
An- und Abreise / Zug- bzw. Flugkosten, je nach Anbieter unterschiedlich
Beratungs- und Vermittlungsentgelt 150 EUR

12. Lohn während des Aufenthalts:
Freie Unterkunft und Verpflegung im Haus der Gastfamilie
Monatliches Taschengeld zwischen 270 und 350 EUR

13. Kosten während des Aufenthaltes:
Private Kranken-, Unfallversicherung,
ca. 35 EUR / Monat
Kosten für einen Sprachkurs

16. Bestimmte Staatsangehörigkeit vorausgesetzt:
Wir vermitteln alle Nationalitäten, sofern es die Einreisegesetze des Ziellandes zulassen

17. Länder / Gebiete des Aufenthalts:
Frankreich, Großbritannien, Irland, Italien, Neuseeland, Niederlande, Schweden, Spanien

Allgemeine Au-Pair Verbände und weitere Adressen:

Die Gütegemeinschaft Au pair e.V.
Die Gütegemeinschaft Au pair e.V. wurde im November 2004 gegründet, um eine Verbesserung der Qualität und eine Transparenz für Gastfamilien wie Bewerber und Bewerberinnen im Au-pair-Wesen zu erreichen. Ziel ist die Überprüfung und Kennzeichnung einer Güte in der Au-pair-Vermittlung und -Betreuung, die durch das anerkannte RAL-Gütezeichen und die Güte- und Prüfbestimmungen von einer neutralen Zertifizierungsinstanz den Verbrauchern eine klar definierte Qualität garantieren. Die Gütegemeinschaft Au pair ist ein eingetragener Verein, in dem alle Organisationen und Agenturen Mitglied werden können, die Au-pairs nach Deutschland vermitteln. Die Mitgliedschaft ist freiwillig. Das Ziel ist eine Regulierung des Au-pair-Wesens in Deutschland auf Basis einer freiwilligen Zertifizierung. Wir wollen Qualität in der Vermittlung und Betreuung überprüfbar und sichtbar machen, um Familien wie Au-pairs ein sicheres, seriöses Jugendaustauschprogramm und interkulturelle Familienmitgliedschaft auf Zeit gewährleisten zu können.

Weitere Informationen:
Gütegemeinschaft Au pair e.V.
c/o Calypso Verlag
Eisenerzstr. 34, 53819 Neunkirchen-Seelscheid
Tel.: 02247 9194-942, Fax: 02247 9194-82
info@guetegemeinschaft-aupair.de
www.guetegemeinschaft-aupair.de

Aupair World
www.aupair-world.net
Internetportal für Familien und Au-Pairs, die ohne Agentur zueinander finden möchten.

Au-Pair Wizard
www.au-pair.com
Service für Au-Pairs, Familien und Vermittler

Au-pair-Agenturen.de
www.au-pair-agenturen.de
Ein kostenloser Service für Au-pairs und Gastfamilien mit dem Ziel, ein möglichst aktuelles und vollständiges Verzeichnis deutscher Au-pair Agenturen anzubieten.

Bundesverband der Au-pair-Vermittler, Gasteltern und Au-pairs: Au-pair Society e.V.
www.au-pair-society.org
Der Au-pair Society e.V. (Satzung) ist der Bundesverband für Au-Pair-Agenturen, Gastfamilien und Au-pairs in Deutschland und besteht seit nunmehr über 10 Jahren. Die dem Verband angeschlossenen Mitgliedsorganisationen sind seit vielen Jahren in der Vermittlung und Betreuung von Au-pairs tätig und verpflichten sich dabei zur Einhaltung hoher Qualitätsstandards. Die Mitgliedsagenturen des Au-pair Society e.V. arbeiten in einem bundesweiten Netzwerk zusammen und unterstützen sich gegenseitig. Der Au-pair Society e.V. ist ein vom Bundestag akkreditierter, gemeinnütziger Verein, der die Verbesserung des Au-Pair-Wesens in Deutschland, aber auch innerhalb der EU und in Zusammenarbeit mit Partnern weltweit zum Ziel hat. Der Verband vertritt die Bundesrepublik Deutschland nicht nur als Mitglied in ECAPS, dem European Committee for Au-Pair Standards, dessen Ziel die Definition und Einführung europaweiter Qualitätsstandards für das Au-Pair-Programm ist, sondern auch in der IAPA (International Au Pair Association).

International Au Pair Association (IAPA)
Internet: www.iapa.org

Literaturtipps

Caudera-Preil, Susanne:
Als Au-pair ins Ausland
Calypso-Verlag. 2008.

Beckmann, Georg:
Das Au-Pair Handbuch: Europa und Übersee. Aupairs, Gastfamilien, Agenturen. Interconnections. 2009.

Kurz, Carmen:
Au-pair Guide: Der Wegbegleiter für deine Zeit im Ausland
flyOUT. 2011

ARBEITSAUFENTHALT IM AUSLAND

PRAKTIKUM

„Supporting an upcoming talent, right?"

PRAKTIKUM

Mit einem Praktikum sammelt man die besten Erfahrungen

Ein Praktikum ist eine hervorragende Möglichkeit, Einblicke in das Berufsleben zu gewinnen oder sich darüber Klarheit zu verschaffen, wo die berufliche Entwicklung langfristig hingehen soll. Zusätzliche Vorteile bergen dabei Praktika, die im Ausland absolviert werden (engl.: traineeship oder internship, frz.: stage, span.: practicas). Denn Auslandserfahrung, interkulturelle Kompetenz und Fremdsprachenkenntnisse sind heute wichtige Faktoren für die Einstellung gerade in international ausgerichteten Unternehmen.

Es gibt drei Grundtypen: In einem „Schnupper-Praktikum" kann man erfahren, ob der Wunschberuf tatsächlich der richtige ist und den Fähigkeiten und Neigungen entspricht. Eine interessante Möglichkeit ist das Kombi-Jahr. Die Kombination aus Schule und Praktikum. Das Praktikum im Studium (akademisches Praktikum) vermittelt praktische Fähigkeiten und Kenntnisse als Ergänzung zu Studium und Ausbildung. Das Berufspraktikum schließlich dient der Weiterbildung oder vermittelt Zusatzqualifikationen.

Es gibt zwei Wege, einen Praktikumsplatz im Ausland zu bekommen: Durch die direkte Kontaktaufnahme zu den Firmen oder durch Organisationen, die sich darauf spezialisiert haben, Praktika zu vermitteln. Die Organisationen können in zwei Kategorien eingeteilt werden: Fachspezifische und fachübergreifende Organisationen. Eine weitere Möglichkeit an Auslandspraktika zu kommen sind Work & Study-Aufenthalte. Hier geht es darum, einen Sprach-, Studien- oder Schulaufenthalt im Ausland mit einem Praktikum zu verbinden. Für Fachpraktika in sozialen und naturwissenschaftlichen Bereichen siehe auch in den Kapiteln unter „Freiwilligenarbeit".

Grundsätzlich gilt: Der Umgang mit anderen Kulturen und die Selbstorganisation vor Ort erweitern den eigenen Horizont enorm und stärken die Persönlichkeit. Der Lebenslauf wird zudem durch ein Auslandspraktikum stark aufgewertet. Internationale Verflechtungen, interkulturelles Team-Building, vertriebliche Tätigkeiten auch über die Landesgrenzen hinaus machen nicht nur fremdsprachliche Kenntnisse immer elementarer für das berufliche Fortkommen, sondern fordern auch das Verständnis für andere Kulturen und Verhaltensweisen.

Work Experience Spanien

Vor drei Monaten hieß es für mich: aus der Schule raus und rein ins spanische Arbeitsleben auf Mallorca. Ich war in einem Hotel der Hotelgruppe Roc für die Arbeit als Rezeptionistin angestellt und wohnte zusammen mit anderen Praktikanten aus der ganzen Welt in Zimmern für Angestellte direkt im Hotel. Die ersten Tage in der fremden Umgebung waren zwar nicht einfach, aber durch die Freundlichkeit und Offenheit aller meiner Kollegen fand ich schnell Anschluss und gewöhnte mich sehr schnell an den spanischen Alltag, in dem alle Dinge - egal ob Arbeit oder Freizeit – viel gelassener und positiver angegangen werden als in Deutschland: Es wird weniger geplant und dafür mehr im Hier und Jetzt gelebt.

Zu meinen täglichen Aufgaben gehörten die gewöhnlichen Rezeptionstätigkeiten wie Check-in und Check-out der Hotelgäste sowie Telefonate und der Verkauf von Ausflügen, Schmuck, Leihautos und weiteren vom Hotel angebotenen Produkten und Dienstleistungen. Was mir an der Arbeit am meisten gefallen hat war der Kontakt zu Leuten aus den verschiedensten Ländern, von Europa über die USA bis hin zu Lateinamerika. Während ich meine Sprachkenntnisse sowohl in Englisch als auch in Spanisch verbessern konnte, erhielt ich also auch Einblicke in unterschiedliche Kulturen.

Meine freien Tage verbrachte ich mit Freunden, die ich bestimmt bald wieder besuchen gehe, denn der Abschied von dort war nicht einfacher als der Abschied hier in Deutschland vor drei Monaten.

Während der gesamten Zeit hatte ich vor Ort Ansprechpartner einer spanischen Partnerorganisation von meiner Entsendeorganisation, an die ich mich jederzeit hätte wenden können.

Die Zeit verging so wahnsinnig schnell und seit ein paar Tagen hat mich nun der deutsche Alltag wieder. Mein Fazit: Ich konnte erste Einblicke ins Arbeitsleben bekommen, meine Sprachkenntnisse verbessern und neue Freundschaften schließen. Die Erfahrungen eines solchen Auslandsaufenthalts machen einem selbständiger, weltoffener und sie sind einfach unvergesslich. Deshalb kann ich wirklich jedem nur empfehlen den Mut zu haben solche Erfahrungen zu sammeln. Es lohnt sich!

Svenja, Work Experience Spanien mit active abroad

Praktikum in Alicante

Im Rahmen meines Wirtschaftsstudiums entschied ich mich für ein Auslandspraktikum in Spanien. Gleich nach den letzten Prüfungen sollte es Anfang März auch schon losgehen. Am 5.3. setzte ich mich also in den Flieger, der mich vom verschneiten Deutschland in das 16 Grad warme Alicante brachte. Am Flughafen angekommen war ich gleich total glücklich, als ich das Meer und die Palmen sah und natürlich die warme Sonne zu spüren bekam. Das war für mich ein perfekter Start in das nächste halbe Jahr. In Alicante selbst habe ich in einer WG gewohnt, die ich mir selbst organisiert hatte und mit welcher ich sehr zufrieden war.

Vor Beginn meines Praktikums absolvierte ich einen zweiwöchigen Sprachkurs in Alicante. Das war ein sehr guter Anfang, um sich mehr und mehr in die spanische Sprache einzufinden. Die Lehrer waren alle super nett und immer freundlich. Natürlich war der Besuch der Sprachschule auch deswegen wichtig für mich, weil ich so gleich Kontakte knüpfen konnte. Der Sprachkurs verging sehr schnell und so war er gekommen - mein erster Praktikumstag. Empfangen wurde ich von meiner Betreuerin, die mich meinem Chef vorstellte. Anfangs war ich schon aufgeregt, aufgrund der noch vorhandenen Sprachprobleme, jedoch legte sich meine Anspannung bald, da ich sofort merkte, dass ich mich in einem sehr netten Unternehmen befand. Meine Kollegen waren immer freundlich, hilfsbereit und vor allem geduldig, wenn es mit der Sprache mal nicht so klappte. Das Unternehmen war auf Marketing, Kommunikation und Design spezialisiert. Meine Aufgaben umfassten unter anderem Recherchieren und die Erstellung von Marktstudien. Die Arbeit war nicht langweilig und wurde ständig durch viele Witze aufgelockert.

In meiner Freizeit verbrachte ich viel Zeit mit Freunden am Strand. Ich war natürlich zu der perfekten Jahreszeit in Spanien, denn es wurde jeden Tag heißer. Am Wochenende machten wir auch viele Ausflüge, wie z.B. in die Küstenstädte Calpe, Denía oder Altea. Am Abend kochten wir oft gemeinsam und gingen anschließend in das Barrio – einem Kneipenviertel, in dem man sich trifft um den einen oder anderen Sangría zu trinken. Danach ging es meist noch in den Hafen, in dem sich viele Clubs und Discotheken befanden.

Alles in allem verging mein halbes Jahr in Spanien viel zu schnell. Es war eine tolle Zeit, aus der ich sehr viele positive Erfahrungen mitnehmen konnte, denn neben der Verbesserung meiner Sprachkenntnisse habe ich auch eine andere Kultur sowie viele nette Menschen kennengelernt. Ein Auslandspraktikum in Alicante – ich würde es wieder tun!!!!

(Katharina F. Auslandspraktikum in Spanien organisiert von der PractiGo GmbH)

active abroad
Freising/München

active abroad wurde 1998 gegründet und bietet in Zusammenarbeit mit ausgewählten Partnern weltweit eine zuverlässige Vermittlung und Betreuung an. Wir helfen abenteuerlustigen Menschen mit einer individuellen und persönlichen Beratung bei der Auswahl des passenden Programmes. Im Sommer 2012 wurde uns als einer der ersten deutschen Au Pair Agenturen das RAL-Gütezeichen Outgoing verliehen, welches sicherstellt, dass die von der Gütegemeinschaft Au Pair e.V. vorgegebenen Qualitätsstandards eingehalten werden. Wir vermitteln Praktika in den verschiedensten Fachbereichen wie z.B. Medien, Journalismus, Tourismus, Architektur, Finanzwesen, IT-Bereich u.v.m. Hier werden wertvolle Praxiserfahrungen gesammelt, Fachkenntnisse im beruflichen Umfeld verbessert und selbstständiges Arbeiten gefördert. Weitere Programme, die wir anbieten: „Au Pair", „Praktikum", „Soziale Arbeit im Ausland", „Ökologische Arbeit, Farmstays, Wildlife Experience" und „Sprachreisen".

2. Name:
active abroad

3. Anschrift:
Obere Hauptstr. 8, 85354 Freising

4. Telefon / Telefax / E-Mail / Homepage:
Tel: 08161-40288-0, Fax: 08161-40288-20
contact@activeabroad.net / www.activeabroad.de

5. Kontakt:
Maria Riedmaier, Theresa Scheil

6. Altersbegrenzung:
18 - 30 Jahre

7. Spezielle Voraussetzungen:
Mittlere bis gute Englisch- bzw. Spanischkenntnisse,
Mittlere Reife, Abiturienten/-innen, Studenten,
Auszubildende oder abgeschlossene Berufsausbildung

8. Dauer des Aufenthalts:
Ab sechs Wochen – zwölf Monaten

9. Abreisezeitpunkt:
Ganzjährig, Hotelpraktika abhängig von der Saison

10. Anmeldefrist oder Bewerbungsfrist:
Zwei bis sechs Monate vor Praktikumsbeginn. Ein Sprachkurs kann vor Praktikumsbeginn, bzw. auch während des Praktikums besucht werden.

11. Kosten:
Je nach Programm und Land unterschiedlich. Preise auf Anfrage.

12. Lohn während des Aufenthalts:
Programmabhängig, es werden unbezahlte Fachpraktika in England, Neuseeland, Australien und Südafrika sowie bezahlte Praktika im Hotel- und Gastronomiebereich in Großbritannien und Spanien angeboten.

13. Kosten während des Aufenthalts:
Programmabhängig

16. Bestimmte Staatsangehörigkeit vorausgesetzt:
EU Staatsangehörigkeit, bzw. für Länder mit Working Holiday Visa Abkommen (AUS, NZ, KAN)

17. Länder / Gebiete des Aufenthalts:
England, Irland, Australien, Neuseeland, Spanien, Südafrika.

AIESEC
Deutsches Komitee der AIESEC e.V.
Bonn

Mit weit über 800 Lokalkomitees in 100 Ländern ist AIESEC die größte internationale Studentenorganisation. Seit ihrer Gründung 1948 verfolgt AIESEC ein klares Ziel: Die Ausbildung von verantwortungsbewussten jungen Menschen, die heute und in ihren zukünftigen Führungspositionen einen Beitrag zur positiven Gestaltung der Gesellschaft leisten. Unsere internationale Plattform bietet Studierenden weltweit jährlich 5.500 intensive Auslandserfahrungen, über 7.700 herausfordernde Führungsaufgaben und die Möglichkeit, bereits während des Studiums ein weltumspannendes Netzwerk zu anderen Studierenden, Young Professionals, Unternehmen und Organisationen zu knüpfen. AIESEC verfolgt dabei mit der Kombination der drei Elemente „Leadership Development", „internationale Praktika" und „Lernen in einem globalen Umfeld" einen einmaligen und ganzheitlichen Ansatz. Die drei Elemente sind integraler Bestandteil der Gesamterfahrung, die Studierende bei AIESEC durchlaufen. So bietet die Organisation Studierenden eine soziale und praxisbezogene Zusatzausbildung neben dem Studium.

2. Name:
AIESEC (Eigenname)
Deutsches Komitee der AIESEC e.V.

3. Anschrift:
Deutsches Komitee der AIESEC e.V.
Bonner Talweg 8
53113 Bonn

4. Telefon / Telefax / E-Mail / Homepage:
Tel: 0228 / 28980 - 0
Fax: 0228 / 28980 – 10
E-Mail: info@aiesec.de
Homepage: www.aiesec.de
Öffnungszeiten: 9.00 – 18.00 Uhr

5. Kontakt:
Bundesvorstand Internationaler Praktikantenaustausch

6. Altersbegrenzung:
keine

7. Spezielle Voraussetzungen:
Bewerber müssen an einer deutschen Hochschule/ Universität immatrikuliert sein.
Haupt- oder zumindest Nebenfach mit wirtschaftswissenschaftlicher Belegung (BWL, VWL, Wirtschaftswissenschaften, Wirtschaftsinformatik o.ä.)
sehr gute Kenntnisse der englischen Sprache. Kenntnisse einer weiteren Sprache (französisch, spanisch von Vorteil)

8. Dauer des Aufenthalts:
6 bis 12 Monaten
10. Anmeldefrist oder Bewerbungsfrist:
Bewerbungen am besten zum Semesterbeginn bei unseren Lokalkomitees. Vorlaufzeit: 3-6 Monate

11. Kosten:
Insgesamt: 500 EUR. Hiervon 40 EUR– obligatorisches Vorbereitungsseminar inklusive Verpflegung und Übernachtung, 10 EUR -Rückkehrerevent oder -gespräch, 425 EUR – Vermittlungsgebühr und Administrationskosten, 25 EUR International SOS – 24h Notfallservice

12. Lohn während des Aufenthalts:
Die von AIESEC vermittelten Praktika sind alle bezahlt.
Das Gehalt deckt die Lebenshaltungskosten, außer bei Development Traineeships

14. Finanzielle Förderung:
Fahrtkosten werden von AIESEC nicht erstattet.
Auslandsaufenthalte (Fachpraktika, Famulaturen, Abschnitte des praktischen Jahres) können durch den DAAD gefördert werden

17. Länder / Gebiete des Aufenthalts:
Wir vermitteln weltweit in rund 100 Länder

Adressen von weiteren Organisationen, die Fach- und Praxisbezogene Auslandspraktika vermitteln
auf Seite 58-59

Carl Duisberg Centren Köln

Die Carl Duisberg Centren organisieren weltweit Praktika und Freiwilligenarbeit
- *Sprachkurs mit Praktikum: Vermittlung eines Arbeitspraktikums mit oder ohne vorgeschaltetem Sprachkurs (auch für Abiturienten, z. T. ab 17 Jahre)*
- *Kurzstudiengänge in wirtschaftsorientierten Themenfeldern, optional mit anschließendem Business-Praktikum*
- *Freiwilligenarbeit im sozialen oder ökologischen Bereich oder im Tierschutz, teilweise mit vorgeschaltetem Sprachkurs*
- *Work und Travel: Jobben im Ausland*

Siehe auch unter „Work & Travel", „Schulaufenthalt im Ausland" und „Summer School".

2. Name:
Carl Duisberg Centren gemeinnützige GmbH
Abt. Sprachreisen

3. Anschrift:
Hansaring 49-51
50670 Köln

4. Telefon / Telefax / E-Mail / Homepage:
Tel: 0221 / 16 26 204, Fax 0221 / 16 26 225
E-mail: praktika@cdc.de
Internet: www.carl-duisberg-auslandspraktikum.de

5. Kontakt:
Laura Brausen

6. Altersbegrenzung:
18 - ca. 30 Jahre, teilweise ohne obere Altersbegrenzung, teilweise bereits ab 17 Jahre

7. Spezielle Voraussetzungen:
Gute Sprachkenntnisse bei Praktikumsbeginn; für einige Programme sind Vorerfahrungen im gewünschten Arbeitsbereich erforderlich.

8. Dauer des Aufenthalts:
Praktikumsdauer je nach Land und Programm zwischen 1 und 6 Monaten, je nach vorhandenen Sprachkenntnissen vorgeschalteter Sprachkurs von 2 bis 12 Wochen Dauer. Freiwilligenarbeit ab 2 Wochen.

9. Abreisezeitpunkt:
Ganzjährig

10. Anmeldefrist oder Bewerbungsfrist:
Keine festen Fristen, in der Regel Vorlaufzeit von 2-3 Monaten

11. Kosten:
4 Wochen Sprachkurs und 4 Wochen Praktikum (Vermittlung und Betreuung) inklusive 8 Wochen Unterkunft / Verpflegung, ab ca. 3.200 EUR.
Preise variieren je nach Programmdauer und Land.

12. Lohn während des Aufenthalts:
Praktika sowie Freiwilligenarbeit sind in der Regel unbezahlt. (Ausnahme: Fachpraktika von Teilnehmern mit Vorkenntnissen)

13. Kosten während des Aufenthalts:
Es entstehen Kosten für Anreise, Reiseversicherungen, öffentliche Verkehrsmittel, Taschengeld, Reisen im Land, ggf. Visum.

16. Bestimmte Staatsangehörigkeit vorausgesetzt:
Die Angebote stehen allen EU-Bürgern offen, soweit nicht einzelstaatliche Visabestimmungen dem entgegenstehen.

17. Länder / Gebiete des Aufenthalts:
Praktika:
Australien, Neuseeland, Großbritannien, Irland, Chile, Argentinien
College Programs / Kurzstudiengänge:
Kanada,
Volunteer Work / Freiwilligenarbeit:
Kanada, USA, Südafrika, Indien, Thailand, Vietnam, Sri Lanka, Neuseeland, Chile, Argentinien

Die Carl Duisberg Centren sind Mitglied im Fachverband Deutscher Sprachreiseveranstalter (FDSV) und durch die Landes-Verbände ausgezeichnet als Canada Specialist / Aussie Specialist / NZ Specialist / SA Specialist.

Deutsch-Kanadische Gesellschaft e.V. Köln

In Kooperation mit der kanadischen Botschaft in Berlin vermittelt die DKG studiennahe Praktika in Kanada für eine limitierte Anzahl überdurchschnittlicher Studierender aus Deutschland. Rechtsreferendare erhalten die Möglichkeit, im Rahmen der Wahlstation juristische Praxiserfahrung bei renommierten Wirtschaftskanzleien in Kanada zu sammeln. Zu diesem Zweck arbeitet die DKG mit namhaften in Kanada ansässigen kanadischen und deutschen Unternehmen, Beratungsfirmen und Institutionen zusammen, die ein Interesse daran haben, überdurchschnittliche Studierende in der Praxis kennen zu lernen. Die DKG vermittelt die Praktikantenplätze und trifft als Talent Scout eine Vorauswahl unter den Bewerbern. Maßgeblich für ein Matching von Angebot und Nachfrage sind die individuellen Vorgaben der kanadischen Arbeitgeber. Die DKG unterstützt die Praktikanten / Rechtsreferendare darüber hinaus bei der Beantragung des Visums, der Arbeitsgenehmigung und der Sozialversicherungsnummer.

2. Name:
DKG, Deutsch-Kanadische Gesellschaft e.V.
German Canadian Association

3. Anschrift:
Innere Kanalstr. 15, 50823 Köln

4. Telefon / Telefax / E-Mail / Homepage:
Tel: 0221-257 6781, Fax: 0221-257 7236
E-Mail: info@dkg-online.de
Für Bewerbungen: wsp@dkg-online.de
Homepage: www.dkg-online.de

6. Altersbegrenzung:
maximal 35 Jahre

7. Spezielle Voraussetzungen:
Angesprochen sind in erster Linie Studierende wirtschaftsnaher und politischer Fachrichtungen sowie angehende Ingenieure. Zusätzlich können wir für Juristen einige wenige Praktika bei führenden Wirtschaftskanzleien als Wahlstation im Rahmen der Referendarzeit vermitteln. Wir erwarten in jedem Fall von den DKG-Praktikanten: überdurchschnittliche Leistungen in Studium bzw. Referendariat, hohe Einsatzbereitschaft und Zuverlässigkeit, sehr gute Englisch- und/oder Französisch-Kenntnisse, die Bereitschaft und das Potential, Führungsverantwortung zu übernehmen, über-zeugendes Interesse an Kanada, soziales Engagement

8. Dauer des Aufenthalts:
Etwa 6 Monate

10. Anmeldefrist oder Bewerbungsfrist:
Bewerbungen werden entgegengenommen, solange noch Arbeitsgenehmigungen bei der Botschaft zur Verfügung stehen; bei Rücktritt vom Programm nach Einreichung der Unterlagen bei der Botschaft kann keine Erstattung erfolgen.

11. Kosten:
Die Bearbeitungsgebühr der DKG für die Vermittlung des Praktikumsplatzes und die Hilfestellung bei der Beschaffung der Arbeitsgenehmigung beträgt zurzeit 200 EUR und wird nur fällig bei erfolgreicher Vermittlung eines Praktikums. Die Praktikanten / Rechtsreferendare werden mit der Vermittlung des Praktikums Mitglied der DKG. Der Mitgliedsbeitrag beträgt 40 EUR jährlich (als Spende steuerlich absetzbar). Die Praktikanten / Referendare tragen darüber hinaus die Kosten für An- und Abreise, die Gebühren der kanadischen Behörden für Visa und Arbeitserlaubnis (derzeit 250 CAD) sowie die Krankenversicherung und die Lebenshaltungskosten in Kanada (einschließlich Wohnung). In vielen Fällen hilft der Arbeitgeber bei der Wohnungssuche oder bietet selbst eine Unterbringung an. Auch die DKG hilft mit Vermieterlisten.

12. Lohn während des Aufenthalts:
Eine Vergütung der Praktikantentätigkeit wird gegebenenfalls zwischen dem Arbeitgeber und dem Praktikanten abgesprochen.

13. Kosten während des Aufenthalts:
Kost und Logis, Taschengeld, Freizeitaktivitäten, Ausflüge

14. Finanzielle Förderung:
Stiftungen wie zum Beispiel die Studienstiftung des Deutschen Volkes und die Stiftung der Deutschen Wirtschaft, unterstützen Auslandspraktika ihrer Stipendiaten.

17. Länder / Gebiete des Aufenthalts:
Kanada

Europäische Kommission
Brüssel und Luxembourg

Als Praktikant (stagiaires) Berufserfahrung in einer der Kommissionsdienststellen sammeln. In der Regel verrichten sie die Arbeit jüngerer Beamter des höheren Dienstes, d. h. sie verfassen Sitzungsprotokolle, führen Recherchen zu einem bestimmten Thema durch, bewerten Projekte oder Programme zur wirtschaftlichen, finanziellen und technischen Zusammenarbeit, prüfen Beihilferegelungen oder Fälle von Vertragsverletzungen usw.

2. Name:
Europäische Kommission

3. Anschrift:
Generalsekretariat - Praktikantenbüro
68, rue Belliard, 1049 Brüssel

4. Telefon / Telefax / E-Mail / Homepage:
Tel: 0032 2 299 11 11, Fax: 0032 2 295 01 38
Homepage: http://ec.europa.eu/stages/index_de.htm

6. Altersbegrenzung:
Die Bewerber dürfen bei Ablauf der Bewerbungsfrist nicht älter als 30 Jahre sein

7. Spezielle Voraussetzungen:
Die Bewerberin/der Bewerber muss zum Zeitpunkt der Bewerbung ein abgeschlossenes Hochschulstudium nachweisen können und eine Gemeinschaftssprache gründlich und eine weitere zufrieden stellend beherrschen.

8. Dauer des Aufenthalts:
5 Monate

9. Abreisezeitpunkt:
März oder Oktober

10. Anmeldefrist oder Bewerbungsfrist:
Dreistufiges Einstellungsverfahren:

1. Bewerbung.
Für die im Oktober beginnenden Praktika:
Bewerbung im Januar.
Für die im März beginnenden Praktika:
Bewerbung im Juli/August.

2. Vorauswahl
Alle Bewerbungen werden einzeln nach folgenden Gesichtspunkten geprüft: akademisches Profil, Sprachkenntnisse und weitere Befähigungen. Daraufhin wird eine Rangliste erstellt, und die 2.800 Bewerberinnen und Bewerber mit der höchsten Punktzahl kommen in die engere Wahl. Bewerbungen, die den formalen Voraussetzungen nicht entsprechen, bleiben unberücksichtigt.

3. Einstellung
Die Kommissionsdienststellen wählen anhand ihrer spezifischen Erfordernisse und Kriterien (Sprachen, Studiengang, Berufserfahrung usw.) Kandidatinnen und Kandidaten aus. In jeder Runde werden ca. 650 Praktikantinnen und Praktikanten eingestellt. Die Bewerbungen sind via Internet einzureichen. Nur die in die Vorauswahl aufgenommenen Bewerber/-innen für das virtuelle blaue Buch werden im weiteren Verlauf aufgefordert, die nötigen Unterlagen vorzulegen, z.B.:
- Kopien des Personalausweises/Reisepasses,
- Kopien der Hochschulzeugnisse,
- Belege zum Nachweis angegebener Sprachkenntnisse (Kurse, Auslandsaufenthalte usw.),
- gegebenenfalls Belege zum Nachweis angegebener Berufserfahrung

12. Lohn während des Aufenthalts:
Sie erhalten eine monatliche Vergütung von 1176,83 EUR sowie Reisespesen und können über die Kommission eine Unfall- und Krankenversicherung abschliessen

14. Finanzielle Förderung:
Alle Bewerber kommen für ein Stipendium entsprechend der Regelung für die Praktika in Betracht; auch die Reisekosten werden (bis zu einer bestimmten Höhe) erstattet. Um behinderten Praktikanten eine gleichberechtigte Teilnahme zu erleichtern, können diese ein um 50% höheres Grundstipendium erhalten

17. Länder / Gebiete des Aufenthalts:
Brüssel und Luxembourg

GLS Sprachenzentrum Berlin

Seit 1995 vermittelt GLS Auslandspraktika, länger als jede andere nicht-staatliche Praktikumsvermittlung in Deutschland. Rund 500 Praktikanten gehen jährlich mit GLS ins Ausland. Wir organisieren Schnupperpraktika für Abiturienten, Schülerpraktika für die Ferien sowie Pflicht-, Fach- und Vorpraktika für viele Studiengänge. Mögliche Branchen sind u.a. Accounting, Architektur, Biologie/Chemie, Erneuerbare Energien, Finanzen, Grafik & Design, Import / Export, Ingenieurwesen, Journalismus, Teaching Assistance, Medien, Mode, Natur- und Umweltschutz, Personalwesen, Sport und Freizeit, Tourismus, Verwaltung und Werbung. Siehe auch unter „Schulaufenthalt" und „Sprachreisen".

2. Name:
GLS Sprachenzentrum

3. Anschrift:
Kastanienallee 82, 10435 Berlin

4. Telefon / Telefax / E-Mail / Homepage:
Tel: 030 - 780 089 - 30, Fax: 030 - 780 089 - 894
E-Mail: praktikum@gls-sprachenzentrum.de
Homepage: www.gls-sprachenzentrum.de
Öffnungszeiten: Mo. - Fr. 09:00 - 18:00 Uhr

5. Kontakt:
Miriam Walter (Programmverantwortung Praktikum)
miriam.walter@gls-sprachenzentrum.de

6. Altersbegrenzung:
17 bis 30 Jahre (abhängig von den Visabestimmungen des Ziellandes).

7. Spezielle Voraussetzungen:
Abitur oder Berufsausbildung. In einigen Destinationen auch Schülerpraktika ohne Schulabschluss möglich. Gute Sprachkenntnisse in der jeweiligen Landessprache erforderlich (Ausnahme China; Hier sind englischsprachige Praktika möglich).

8. Dauer des Aufenthalts:
4 – 24 Wochen (ggf. auch länger)

9. Abreisezeitpunkt:
Anreise in der Regel jede Woche möglich, keine speziellen Starttermine.

10. Anmeldefrist oder Bewerbungsfrist:
Je nach Zielland (siehe Homepage), Mindestvorlaufzeit 10 – 12 Wochen. Kurzfristige Anmeldungen auf Anfrage möglich.

11. Kosten:
Abhängig von Zielland und Aufenthaltsdauer, siehe Homepage www.gls-sprachenzentrum.de.
Unser Leistungspaket umfasst:

- Praktikum im gewünschten Berufsfeld
- Unterstützung bei der Erstellung der Bewerbungsunterlagen
- Unterstützung bei der Visumsbeantragung (sofern nötig)
- Praktikumszertifikat vom Arbeitgeber
- Buchung eines Sprachkurses, falls gewünscht
- Vermittlung einer Unterkunft, falls gewünscht
- GLS Infoset vor Abreise
- Zugang zur GLS Community zum Austausch mit anderen Praktikanten

Preisbeispiele:
Praktikum ohne Sprachkurs in Dublin (4 Wochen)
Praktikumsvermittlung: 805,- EUR
Unterkunft im Privathaushalt (EZ, HP): 880,- EUR
Gesamtkosten: 1.685,- EUR

Praktikum mit Sprachkurs in Costa Rica (8 Wochen)
Sprachkurs und Praktikumsvermittlung: 1.530,- EUR
Unterkunft im Wohnheim (EZ, SV): 1.160,- EUR
Gesamtkosten: 2.690,- EUR

13. Kosten während des Aufenthalts:
Taschengeld und Lebensunterhalt; Kosten variieren je nach Destination.

14. Finanzielle Förderung:
Verschiedene Fördermöglichkeiten über z. B. ERASMUS+ und AuslandsBAföG. Weitere Informationen auf der GLS Homepage unter:
http://www.gls-sprachenzentrum.de/1594_auslandspraktikum.html.

16. Bestimmte Staatsangehörigkeit vorausgesetzt:
Die Angebote gelten für alle Nationalitäten, jedoch müssen die Visabestimmungen des jeweiligen Landes beachtet werden.

17. Länder / Gebiete des Aufenthalts:
Argentinien, Australien, Chile, China, Costa Rica, Ecuador, Frankreich, Indien, Irland, Italien, Japan, Malta, Kanada, Neuseeland, Russland, Spanien, Südafrika, USA.

GO International
Work and Travel Providers
Vancouver, British Columbia, Kanada

GO International ist eine kanadische Organisation, die im Rahmen des Canadian Internship Program Praktika für junge Erwachsene in Kanada vermittelt. Vorteile des Canadian Internship Program: Teilnehmer haben die Möglichkeit Auslandserfahrung in ihrem Fachgebiet zu sammeln, neue Fähigkeiten zu erlernen und Erfahrungen im Umgang mit verschiedenen Kulturen und Wertvorstellungen in einem G8-Land zu machen. Zudem haben sie Gelegenheit sich für das weltweit anerkannte Univ of Cambridge Work Experience Certificate zu qualifizieren. Das Programm beinhaltet: Eingehende Beratung, Vermittlung eines Jobs mit einer Laufzeit von min. 3 Monaten in Kanada noch vor der Anreise, Orientierungstreffen mit dem Berater von Go International vor Ort zur Besprechung aller Fragen rund um die Jobsuche und den Aufenthalt in Kanada. Freizeitaktivitäten in Vancouver vom Nachtclub bis zum Skitrip. Optionale Englischkurse durch die GI Partnerschulen, Tamwood International College in Vancouver oder Whistler.
Siehe auch unter "Work & Travel"

2. Name:
GO international Work and Travel Providers,
a division of Tamwood International College Ltd.

3. Anschrift:
200-889 W Pender Street
Vancouver, British Columbia, Canada
V6C 3B2

4. Telefon / Telefax / E-Mail / Homepage:
Telefon: 001 604 899 4480, Fax: 001 604 899 4481
Email: info@gointernational.ca
Web: www.gointernational.ca

6. Altersbegrenzung:
Alter von 18-35 Jahren

7. Spezielle Voraussetzungen:
Berufsausbildung oder Universitätsabschluss.
Arbeitsbereiche richten sich nach Fachbereichen der Bewerber

8. Dauer des Aufenthalts:
3 - 18 Monate

9. Anreisezeitpunkt:
Jederzeit

10. Anmeldefrist oder Bewerbungsfrist:
Bis spätestens 12 Wochen vor Anreise

11. Kosten:
Angebote über GO International

12. Lohn während des Aufenthalts:
Die meisten Praktika sind unbezahlt, einige Arbeitgeber bezahlen ein Stipendium oder bieten die Unterkunft

13. Kosten während des Aufenthalts:
Kost und Logis, Aktivitäten und Transport

16. Bestimmte Staatsangehörigkeit vorausgesetzt:
Das Programm ist nur für junge Erwachsene aus Ländern die ein Bilateral Gouverment Visa Agreement haben: z.Zt. Deutschland, Österreich, Finnland, Frankreich, Niederlande und die Schweiz

17. Länder / Gebiete des Aufenthalts:
Vancouver und Umland, Kanada

ARBEITSAUFENTHALT IM AUSLAND

Horizon international e.V.
Belm

Horizon International
Vermittlung von Praktika im Ausland
www.Horizoninternational.de

Du suchst ein Praktikum im Ausland. Ein Sozialpraktikum, ein Betriebspraktikum, in England, Schottland, Irland, in Frankreich, Kanada, Spanien oder Südafrika, im sozialen, handwerklichen, gastronomischen Bereich, in der Landwirtschaft, im Kindergarten, im Camphill. Du willst Englisch, Französisch oder Spanisch sprechen in einem kleinen oder mittleren Betrieb, in einer Gastfamilie oder im Familien-Unternehmen untergebracht sein. Du bist 16 Jahre alt oder 18, oder 23. Du bist Schüler, Schülerin im Gymnasium, in der Waldorfschule, in der BBS, Auszubildende/r, Studentin, Student. Du setzt auf Auslandserfahrung. Dann bist du hier richtig.

2. Name:
Horizon international e.V.

3. Anschrift:
Ringststr.69, 49191 Belm

4. Telefon / Telefax / E-Mail / Homepage:
Tel.05406 899117 Fax 05406 898474.
Horizon.international@t-online.de
www.horizoninternational.de

5. Kontakt:
Gabriele Ould-Ali

6. Altersbegrenzung:
Ab 16, ab Klasse 10

7. Spezielle Voraussetzungen:
Schulkenntnisse in der Fremdsprache

8. Dauer des Aufenthalts:
Mindestens 4 Wochen.

9. Abreisezeitpunkt:
Das ganze Jahr über, z.B. während der schulischen Praktikumszeit, während der Ferien

10. Anmeldefrist oder Bewerbungsfrist:
Am besten 6 Monate vorher

11. Kosten:
Reise selbst organisieren. Für die Vermittlung in einen Betrieb, der die Kosten für deine Unterkunft und Verpflegung übernimmt, ist - unabhängig von der Dauer des Aufenthalts - ein einmaliger Betrag von 300 EUR in den Sozial- und Entwicklungsfonds des Vereins zu überweisen.

12. Lohn während des Aufenthalts:
Gelegentlich Kost und Logis frei

13. Kosten während des Aufenthalts:
Reisekosten, Taschengeld

14. Finanzielle Förderung:
Bei Bedürftigkeit ggfs. Sozialfonds des Vereins

16. Bestimmte Staatsangehörigkeit vorausgesetzt:
Jeder kann teilnehmen

17. Länder / Gebiete des Aufenthalts:
Frankreich, England, Spanien, Südafrika, Schottland, Irland, sowie Israel und Kanada

INTERSWOP Hamburg

INTERSWOP
AUSLANDSAUFENTHALTE

Fachpraktika, Pflichtpraktika u. Vorpraktika in allen Fachbereichen in Australien, Neuseeland, USA, Kanada, Südafrika, Lateinamerika und China. Bezahlte Fachpraktika in USA, Südafrika, Mauritius, Europa und Shanghai.
Siehe auch unter „Work & Travel" und „Ökologische Arbeit, Farmstay, Wildlife Experience".

2. Name:
INTERSWOP
Interswop Auslandsaufenthalte Sprach- und Bildungsreisen GmbH

3. Anschrift:
INTERSWOP
Osterstrasse 42
D-20259 Hamburg

4. Telefon / Telefax / E-Mail / Homepage:
Tel.: 040-410 80 28
info@interswop.com
www.interswop.de

5. Kontakt:
Marion Priess

6. Altersbegrenzung:
18 - 35

7. Spezielle Voraussetzungen:
Abiturienten, Studenten, Absolventen und junge Berufstätige

8. Dauer des Aufenthalts:
2 – 12 Monate

9. Abreisezeitpunkt:
Flexibel

10. Anmeldefrist oder Bewerbungsfrist:
Ca. 4 – 6 Monate vor Programmbeginn

11. Kosten:
Ab ca. 2.000 EUR, je nach Zielland und Aufenthaltsdauer.
Für Praktikumsplatzierung, Unterkunft, Ansprechpartner vor Ort

16. Bestimmte Staatsangehörigkeit vorausgesetzt:
Für alle.

17. Länder / Gebiete des Aufenthalts:
Australien, Neuseeland, USA, Canada, Südafrika, Argentinien, Costa Rica, Indien, Kambodscha, China u.a.

PASANTIAS ARGENTINAS
Die ohne Vermittlungsgebühren

**Pasantias Argentinas
Córdoba
Argentina**

Fachpraktikum, Pflichtpraktikum, Vorpraktikum, Farmstays, Work & Travel, Volunteering in Argentinien.

2. Name:
Pasantias Argentinas

3. Anschrift:
Pasantias Argentinas
Antonio del Viso 32
C. P. 5001 Córdoba, Argentina

4. Telefon / Telefax / E-Mail / Homepage:
Tel.: 0054 – 351 – 474 59 47
info@pasantias-argentinas.com
www.pasantias-argentinas.com

5. Kontakt:
Kai-Peter Weers

6. Altersbegrenzung:
18 – 48

7. Spezielle Voraussetzungen:
Auch für Sprachanfänger geeignet, da ein Spanischkurs belegt werden kann

8. Dauer des Aufenthalts:
1 - 12 Monate.

9. Abreisezeitpunkt:
Flexibel

10. Anmeldefrist oder Bewerbungsfrist:
Ca. 4 Wochen vor Programmbeginn

11. Kosten:
Teilnehmer zahlt nur für Unterkunft und Sprachkurs.
Ca. 85 EUR / Woche Unterkunft, ca. 140 EUR / Woche Sprachkurs

16. Bestimmte Staatsangehörigkeit vorausgesetzt:
Für alle.

17. Länder / Gebiete des Aufenthalts:
Argentinien

PractiGo GmbH
Bremen

PractiGo® Sprachen erleben

PractiGo vermittelt bereits seit 2001 weltweit maßgeschneiderte Praktika und Sprachreisen sowie die Programme Work & Travel und Hotelarbeit. Auf Wunsch werden Unterkunft, Sprachkurs, Transfer und Versicherungen mit organisiert. Über den Starttermin und die Dauer des Aufenthalts kann jeder Teilnehmer selbst bestimmen. Dank unseres weltweiten Koordinatoren-Netzwerks und unserer langjährigen Erfahrung haben wir eine außergewöhnlich hohe Vermittlungsquote. Zusätzlich zu einer ausführlichen Beratung vorab ist auch die Betreuung der Teilnehmer vor Ort für uns selbstverständlich. Siehe auch unter „Work & Travel" und „Tourismus".

2. Name:
PractiGo GmbH – Sprachen erleben

3. Anschrift:
PractiGo GmbH
Neidenburger Str. 9
28207 Bremen

4. Telefon / Telefax / E-Mail / Homepage:
Tel: 0049 (0) 421 408977 - 0
Fax: 0049 (0) 421 408977 - 60
E-Mail: info@practigo.com
Homepage: www.practigo.com

5. Kontakt:
Das gesamte PractiGo-Team steht Dir für Fragen zur Verfügung.

6. Altersbegrenzung:
Mindestalter für maßgeschneiderte Praktika: 18 Jahre (in manchen Ländern schon mit 17 Jahren möglich)

7. Spezielle Voraussetzungen:
Sprachlich: Gute Kenntnisse der Landessprache oder Teilnahme an einem Sprachkurs vor Ort und vor Beginn des Praktikums. Fachlich: Keine speziellen Voraussetzungen erforderlich. Einschränkungen bei bestimmten Praktikumsbereichen möglich.

8. Dauer des Aufenthalts:
4 bis 52 Wochen, evtl. Ausnahmen durch Visavorgaben.

9. Abreisezeitpunkt:
Das ganze Jahr über. Starttermine können individuell festgelegt werden.

10. Anmeldefrist oder Bewerbungsfrist:
Mind. 2-3 Monate vor gewünschtem Abreisedatum. Auf Anfrage jedoch auch kurzfristiger möglich.

11. Kosten:
Abhängig vom Reiseziel. Vermittlungskosten Praktikum ab 400 EUR. Optional buchbar: Unterkunft, Sprachkurs, Flughafentransfer und Versicherung.
Auf www.practigo.com kann man sich mithilfe des Preiskalkulators auch den kompletten Preis ausrechnen lassen.

12. Lohn während des Aufenthalts:
Praktika sind i. d. R. unvergütet. Vergütete Alternativen sind Work & Travel oder Hotelarbeit.

13. Kosten während des Aufenthalts:
Je nach Land unterschiedlich.

14. Finanzielle Förderung:
Unsere Programme sind kombinierbar mit Fördermaßnahmen. Details unter www.practigo.com.

16. Bestimmte Staatsangehörigkeit vorausgesetzt:
Auslandspraktika sind in der Regel für alle EU-Bürger, Ausnahmen sind jedoch möglich.

17. Länder / Gebiete des Aufenthalts:
Argentinien, Australien, Chile, China, Deutschland, England, Frankreich, Irland, Italien, Japan, Kanada, Malta, Neuseeland, Peru, Schottland, Spanien und USA. In jedem Land stehen meist verschiedene Städte zur Wahl. In allen Zielen sind auch Sprachreisen ab einer Woche möglich.

PRAKTIKAWELTEN
Freiwilligenarbeit • Work & Travel • Praktika • High School
München

Praktikawelten bietet dir die Möglichkeit, eine **Freiwilligenarbeit** oder ein **Praktikum** in **Afrika, Asien, Latein-, Nordamerika, Europa, Australien** und **Neuseeland** zu absolvieren. Mit vielen Projekten in den unterschiedlichsten Bereichen hat Praktikawelten für deinen individuellen Bedarf das richtige Praktikum im Land deiner Träume. Bei allen Programmen in **Lateinamerika** ist sogar ein **Spanischsprachkurs** im Zielland in der Programmgebühr enthalten. Dieser ermöglicht dir eine Teilnahme an fast allen Programmen in Lateinamerika auch ohne vorherige entsprechende Sprachkenntnisse. Auch in Südafrika, Australien, Neuseeland, USA und Kanada können wir gerne einen Englisch-Sprachkurs zur Vorbereitung auf das Praktikum für dich organisieren. **Lass dich durch uns beraten oder besuche eine Infoveranstaltung in deiner Nähe!** Siehe auch unter „Work & Travel", „Soziale Arbeit im Ausland" und „Ökologische Arbeit, Farmstay, Wildlife", „High School"

2. Name:
PRAKTIKAWELTEN
Freiwilligenarbeit • Work & Travel • Praktika • High School

3. Anschrift:
Nymphenburger Str. 113, 80636 München, Deutschland

4. Telefon / Telefax / E-Mail / Homepage:
Tel:+49 (0)89–28 67 51-0, Fax:+49 (0)89–28 67 51-29
Email: info@praktikawelten.de
Homepage: www.praktikawelten.de

6. Altersbegrenzung:
Mindestalter 16 Jahre

7. Spezielle Voraussetzungen:
je nach Zielland und Programm, oft auch ohne Vorkenntnisse

8. Dauer des Aufenthalts:
Ab 2 Wochen und bis zu einem Jahr

9. Abreisezeitpunkt:
Starttermine jederzeit; meist ganzjährig

10. Anmeldefrist oder Bewerbungsfrist:
Ca. 2 bis 3 Monate vor geplantem Reisebeginn; Teilnahme kann ggf. auch kurzfristiger ermöglicht werden

11. Kosten:
Z.B. 8 Wochen Aufenthalt in Ecuador im Bereich Humanmedizin als anerkanntes Pflegepraktikum für 1.970 EUR (inkl. 4 Wochen Spanischsprachkurs, Unterkunft, Flughafenabholung, Einführungsveranstaltung, medizinischer Einführungskurs, Betreuung vor Ort, 24h-Notfallnummer, optimale Reisevorbereitung, Teilnahmezertifikat u.v.m.); oder z.B. 4 Wochen Aufenthalt in Ghana im Bereich Unterrichten für 990 EUR (inkl. Unterkunft im Praktikawelten Haus, Verpflegung, Flughafenabholung, 2 Tages Ausflug & Einführungsveranstaltung, u.v.m.) oder z.B. 2 bis 6 Monate Praktikum in Australien für 920 EUR (inkl. optimale Reisevorbereitung, Bewerbungsunterlagen- Check, Platzierung in einem mit dir abgestimmten Praktikumsplatz vor Abreise, Betreuung vor Ort, Praktikumszeugnis, 24h-Notfallnummer, Flughafentransfer, Unterkunft & Sprachkurs zusätzl. buchbar, u.v.m.)

16. Bestimmte Staatsangehörigkeit vorausgesetzt:
Je nach Visumsart

17. Länder/ Gebiete des Aufenthalts:
Südafrika, Ghana, Sansibar, Namibia, Guatemala, Costa Rica, Mexiko, Ecuador, Peru, Argentinien, Chile, USA, Kanada, Australien, Neuseeland, Fidschi, Thailand, Sri Lanka, Indien, Bali, Südengland, Irland, Spanien

Bereiche: Sozialarbeit mit Kindern, Unterrichten, Humanmedizin (auch Pflegepraktikum und Famulatur möglich), Physiotherapie, Psychologie, Reittherapie, Umweltschutz, Meeresschildkröten-Projekt, Wildlife, Tierschutz, Farmstay, Building, Touristik, Hotellerie, Journalismus, Event Management, Marketing, Finanzwesen, Personalwesen, Jura, Kommunikation, IT, Ingenieurswesen, Betriebswirtschaft, Immobilien- Management u.v.m.

Projects Abroad | Projekte weltweit
Berlin

Projects Abroad ist einer der weltweit führenden Anbieter für internationale Freiwilligenarbeit & Praktika für TeilnehmerInnen ab 16 Jahren (in Schulferien-Specials bereits ab 15) nach oben gibt es keine Altersgrenze. Unsere Projekte finden in 30 spannenden Destinationen statt – engagiere dich also in der Karibik, in Lateinamerika, in einem unserer afrikanischen Länder, in Asien oder im Südpazifik. In Europa haben wir einen Standort in Rumänien und ein spannendes Flüchtlingshilfe-Projekt in Italien. Wir bieten flexible Praktika an, die meist das ganze Jahr über angeboten werden und arbeiten in Bereichen wie Medizin & Gesundheitswesen (auch als anerkanntes Krankenpflegepraktikum möglich), Sozialarbeit, Unterrichten, Wirtschaft, Journalismus und vielen mehr und können dir ein individuelles Praktikum organisieren, das den Anforderungen deiner Uni entspricht. Melde dich dazu einfach bei uns mit deinen Vorgaben und wir prüfen, in welchem Projekt wir diese umsetzen können! Ob als Vorpraktikum ohne Vorkenntnisse oder als Pflichtpraktikum im Rahmen einer Ausbildung oder des Studiums, wir organisieren den passenden Einsatz in einem internationalen Umfeld für dich!
Siehe auch unter „Soziale Arbeit im Ausland"

2. Name:
Projects Abroad | Projekte weltweit

3. Anschrift:
Torstr. 83, 10119 Berlin, Deutschland

4. Telefon / Telefax / E-Mail / Homepage:
Tel: +49 (0)30 23457223, Fax: +49 (0)30 23457311
E-Mail: info@projects-abroad.de, www.projects-abroad.de
Öffnungszeiten: Mo-Fr 09:00-17:30 Uhr

6. Altersbegrenzung:
Mindestalter für Schulferien-Specials: 15 Jahre
In anderen Projekten ab 16 Jahren – keine Altersgrenze

7. Spezielle Voraussetzungen:
Referenzschreiben (Charakterreferenz) für die Teilnahme an allen Projekten; Polizeiliches Führungszeugnis in allen sozialen Projekten ab 21 Jahren (in einigen bereits früher, auch für andere Bereiche teilweise Führungszeugnis erforderlich); Englischkenntnisse bereits ab der Planung und für den Einsatz im Zielland (bzw. Spanisch- oder Französischkenntnisse); in der Regel keine fachlichen Vorkenntnisse vorausgesetzt, falls erforderlich Info auf der Projektseite

8. Dauer des Aufenthalts:
Zwischen 2 bzw. 4 Wochen und einem Jahr planbar (einige Projekte sind bereits ab 1 Woche planbar und können z.B. mit anderen Einsätzen kombiniert werden)

9. Abreisezeitpunkt:
Starttermine jederzeit, meist ganzjährig

10. Anmeldefrist oder Bewerbungsfrist:
In der Regel ca. 2 bis 3 Monate vor dem geplanten Starttermin, häufig auch kurzfristiger

11. Kosten:
Wir organisieren den kompletten Aufenthalt. Im Projektpreis enthalten sind Unterbringung, Verpflegung, ein Versicherungspaket, Betreuung & Einführung vor Ort, Abholung vom Flughafen und Transportkosten zwischen Unterbringung und Projektstandort während der Arbeitswoche. Bei unseren Specials (Schulferien, 19+, 50+, etc. sind ebenfalls gemeinsame Ausflüge inkludiert). Der Flug ist (außer beim Global Gap Programm) nicht im Preis inkludiert, kann aber über uns gebucht werden. Projektpreise beginnen ab 1465 EUR für 2 Wochen. Preisbeispiele: 4 Wochen Medizin-Praktikum (anerkanntes Krankenpflegepraktikum) in Sri Lanka: 2355 EUR; 4 Wochen soziales Praktikum in einer Kindertagesstätte in Bolivien: 2205 EUR; 4 Wochen Naturschutz-Praktikum in Thailand (inkl. Tauchschein): 3430 EUR

12. Lohn während des Aufenthalts:
Keine Vergütung oder Taschengeld

15. Träger von FSJ, DJiA, FÖJ, EFD, IJFD u.ä:
Nein – keine staatliche oder kirchliche Förderung

16. Bestimmte Staatsangehörigkeit vorausgesetzt:
Nein – im Büro in Berlin werden alle deutschsprachigen Freiwilligen beraten, in den Destinationen kommen Freiwillige aus der ganzen Welt zusammen

17. Länder / Gebiete des Aufenthalts:
Afrika: Äthiopien, Ghana, Kenia, Madagaskar, Marokko, Senegal, Südafrika, Tansania, Togo
Lateinamerika & Karibik: Argentinien, Bolivien, Costa Rica, Ecuador, Mexiko, Peru, Belize, Jamaika
Asien: China, Kambodscha, Mongolei, Myanmar, Nepal, Philippinen, Sri Lanka, Thailand, Vietnam
Südpazifik: Fidschi-Inseln & Samoa
Europa: Italien & Rumänien

Bereiche: Sozialarbeit, Medizin & Gesundheitswesen, Unterrichten, Sport, Wirtschaft, Naturschutz, Jura- und Menschenrechte, Hausbau, Kunst & Kultur, Archäologie, Tiermedizin & Tierpflege u.v.m

Stepin GmbH
Bonn

Immer mehr Unternehmen setzen bei Mitarbeitern nicht nur fachliche, sondern auch interkulturelle Kompetenz sowie hervorragende Sprachkenntnisse voraus. Ein Auslandspraktikum ist das Ticket in die Welt der international tätigen Unternehmen. Stepin verfügt über 20 Jahre Erfahrung im Kulturaustausch und vermittelt maßgeschneiderte Praktikumsstellen in Kanada, England, Irland und Malta, die speziell auf die Bedürfnisse des Bewerbers ausgerichtet sind. In Australien, Neuseeland und Chile vermittelt Stepin im Tourismuspraktikum gezielt Platzierungen in Hostels, B&B, Tourismusagenturen. Außerdem übernimmt die Organisation auf Wunsch die Flugplanung sowie die Buchung von Unterkünften.

Siehe auch unter „Au-pair", „Work & Travel", „Soziale Arbeit im Ausland", „Schulaufenthalt im Ausland" und „Sprachreisen"

2. Name:
Stepin GmbH
(Student Travel & Education Programmes International)

3. Anschrift:
Kaiserstraße 19, 53113 Bonn

4. Telefon / Telefax / E-Mail / Homepage:
0228 / 71 005 200 Fax: 0228 / 71 005 999
E-Mail: info@stepin.de, Internet: www.stepin.de
Beratungszeiten: montags bis freitags von 9.00 - 18.00 Uhr

5. Kontakt:
Marina Skaletz, Regina Kruse
(Programmberatung Auslandspraktikum)

6. Altersbegrenzung:
ab 18 Jahren

7. Spezielle Voraussetzungen:
Gute Sprachkenntnisse (mind. Niveau B1)

8. Dauer des Aufenthalts:
Je nach Land unterschiedlich. Mindestens 4 Wochen, maximal 52 Wochen

9. Abreisezeitpunkt:
Ganzjährig

10. Anmeldefrist oder Bewerbungsfrist:
Mindestens 2-5 Monate vor geplanter Ausreise

11. Kosten:
England: ab EUR 790,-; Malta: ab EUR 690,-; Irland: ab EUR 870,-; Kanada: ab EUR 1.290,-; Australien: ab EUR 990,-; Neuseeland: ab EUR 990,-; Chile: ab EUR 690.-
Im Programmpreis enthaltene Leistungen (Beispiel Auslandspraktikum Kanada): u.a. ausführliche Beratung und Informationen vor Ausreise, Unterstützung bei Visumsbeantragung und der Zusammenstellung der Bewerbungsunterlagen, telefonisches Auswahlgespräch, Vermittlung eines Praktikumsplatzes, Betreuung durch Partnerbüro, Supervisor am Arbeitsplatz, organisierte Freizeitangebote

12. Lohn während des Aufenthalts:
Ohne Vergütung in Kanada, England, Irland, Malta. Im Tourismuspraktikum in Australien, Neuseeland und Chile erhalten die Teilnehmer freie Unterkunft & Verpflegung.

13. Kosten während des Aufenthalts:
An- und Abreise, Reiseversicherung, Visumgebühren, Unterkunft (bei Tourismuspraktikum inklusive), persönliche Ausgaben (u.a. Verkehrsmittel)

16. Bestimmte Staatsangehörigkeit vorausgesetzt:
Für Australien, Neuseeland, Kanada und Chile müssen die Teilnehmer die deutsche Staatsangehörigkeit oder die Staatsangehörigkeit der Abkommen-Länder besitzen, für England, Irland oder Malta müssen sie EU-Staatsbürger oder Schweizer sein.

17. Länder / Gebiete, des Aufenthalts:
Kanada, England, Irland, Malta, Tourismuspraktikum: Australien, Neuseeland, Chile

Study Nelson Ltd - Auszeit Neuseeland
Nelson und Wellington
Neuseeland

Unter dem Motto „Jobben, Lernen, Reisen" vermittelt Auszeit Neuseeland verschiedene Auslandsaufenthalte für über 18-Jährige. Wir sind Spezialisten für Neuseeland und unterstützen unsere Teilnehmer mit jeder Menge Insidertipps und Know How. Ein Praktikum in Neuseeland ist ein dickes Plus für jeden Lebenslauf und sichert entscheidende Vorteile auf dem Arbeitsmarkt. Wir vermitteln hochwertige Praktika, die auf die individuellen Wünsche und Bedürfnisse unserer Teilnehmer zugeschnitten sind. Unser Team ist direkt in Neuseeland vor Ort, daher können wir eine persönliche und individuelle Betreuung garantieren.

2. Name:
Study Nelson Ltd - Auszeit Neuseeland

3. Anschrift:
PO Box 1282, Nelson 7040, Neuseeland

4. Telefon / Telefax / E-Mail / Homepage:
Tel: 0064 3 546 6338, Fax: 0064 3 545 9227
E-Mail: auszeit@studynelson.com
Homepage: www.auszeitneuseeland.com
Öffnungszeiten: 8.30 bis 17.30 Uhr (neuseeländischer Zeit)

5. Kontakt:
Birgit Neumann

6. Altersbegrenzung:
Ab 18 Jahren

7. Spezielle Voraussetzungen:
Gute Englischkenntnisse. Bereits gesammelte Arbeitserfahrungen im gewünschten Praktikumsbereich sind von Vorteil. Bewerber sollten offen für neue Erfahrungen und tolerant gegenüber fremden Kulturen sein

8. Dauer des Aufenthalts:
Die Dauer des Praktikums wird individuell vom Teilnehmer festgelegt, jedoch empfehlen wir, mindestens 2-3 Monate einzuplanen

9. Abreisezeitpunkt:
Jederzeit – Datum wird von Teilnehmer festgelegt

10. Anmeldefrist oder Bewerbungsfrist:
Die Anmeldung sollte mindestens 3-4 Monate vor dem gewünschten Praktikumsstart bei uns eingehen. Nach Absprache sind auch kurzfristigere Anmeldungen möglich

11. Kosten:
790 EUR
Im Programmpreis enthalten sind: persönliche Betreuung vor Ort, Vermittlung eines Praktikumsplatzes in der gewünschten Branche, Praktikumsvertrag, Unterstützung bei der Beantragung des Visums, Hilfe bei der Zusammenstellung der Bewerbungsunterlagen sowie Prüfung der Dokumente, Einführungsmeeting in Neuseeland, u.v.m

12. Lohn während des Aufenthalts:
Obwohl Praktika in Neuseeland in der Regel unbezahlt sind, können wir in manchen Branchen bezahlte Praktika vermitteln oder als Gegenleistung die Bereitstellung von Kost und Logis vereinbaren

13. Kosten während des Aufenthalts:
Taschengeld, Unterkunft, Verpflegung, Versicherung

16. Bestimmte Staatsangehörigkeit vorausgesetzt:
Keine Einschränkungen

17. Länder / Gebiete des Aufenthalts:
Wir sind auf Praktika in Neuseeland spezialisiert und mit unserem Hauptsitz direkt in Neuseeland vor Ort

Terre des Langues e.V.
Regensburg

Schnupper-Praktikum in England. Jugendliche haben die Möglichkeit, ein zwei- oder dreiwöchiges Praktikum in England (unentgeltlich) in Betrieben verschiedener Branchen zu absolvieren, z.b. in den Bereichen Hotel, Tourismus, Gastronomie, Sportzentren, Medien, Handel, bei Tierärzten oder im Rathaus. Die gewünschte Branche wird auf dem Anmeldebogen angegeben - um den Praktikumsplatz kümmern sich unsere Kollegen. Nachdem in vielen Schulen Praktika verlangt werden, bieten wir den Jugendlichen die einzigartige Möglichkeit des sog. Schnupperpraktikums in England. Selbstverständlich haben wir auch das passende Praktikum für Erwachsene. Jugendliche von 15-16 Jahren haben die Möglichkeit in einem Kindergarten oder in einer Vorschule ein Praktikum zu absolvieren und zu hospitieren und ab 17 Jahren auch in anderen Bereichen. Durch den Kontakt mit ihren englischen „Arbeitskollegen" verbessern die Praktikanten ihre Sprachkenntnisse mühelos von selbst, was eine interessante Alternative zu einem normalen Sprachkurs darstellt. Zusätzlich gewinnt der „Schnupper-Praktikant" Einblick in die englische Arbeitswelt.
Siehe auch unter „Homestay / Interkulturelle Begegnungen".

2. Name:
Terre des Langues e.V.

3. Anschrift:
Pflanzenmayerstr. 16
93049 Regensburg

4. Telefon:
Tel: 0941 / 56 56 02
Fax: 0941 / 56 56 04
E-mail: Terre-des-Langues@t-online.de
Internet: www.Terre-des-Langues.de

5. Kontakt:
Frau Petra Schmidt

6. Altersbegrenzung:
ab 15 Jahren

7. Spezielle Voraussetzungen:
Die Teilnehmer sollten freiwillig den Entschluss fassen, eine zeitlang bei einer ausländischen Familie zu leben, sich dort als Mitglied der Familie zu fühlen und alles mitzumachen, was von den Gasteltern angeboten wird. Sie sollten Interesse haben, andere Kulturen kennen zu lernen, Offenheit und Toleranz zeigen. Sprachkenntnisse sind erforderlich. Die Bereitschaft, sich in einen Betrieb einzufügen und die Neugierde auf die Arbeitswelt im Ausland

8. Dauer des Aufenthalts:
2 - 4 Wochen, auch längere Aufenthalte für Schüler und Studenten möglich

9. Abreisezeitpunkt:
Ein Praktikum kann während des ganzen Jahres gebucht werden

10. Anmeldefrist oder Bewerbungsfrist:
Die Besorgung eines passenden Praktikumplatzes kann einige Zeit in Anspruch nehmen, deshalb bitten wir um eine Anmeldung ca. 3 Monate vor Reiseantritt

11. Kosten:
2 Wochen: 1.240 EUR
3 Wochen: 1.480 EUR
4 Wochen: 1.720 EUR
8 Wochen: 2.680 EUR
12 Wochen: 3.660 EUR
16 Wochen: 4.660 EUR

13. Kosten während des Aufenthalts:
Taschengeld

17. Länder / Gebiete des Aufenthalts:
England (West Midlands)

**TravelWorks
Münster**

Praktikum

Siehe auch unter „Au Pair", „Work & Travel", „Soz. Arbeit", „Schule", „Sprachreisen", „Summer School", „Studium im Ausland" und „Erlebnisreisen".

2. Name:
TravelWorks

3. Anschrift:
Münsterstr. 111, 48155 Münster

4. Telefon / Telefax / E-Mail / Homepage:
Tel: 02506-8303-500, Fax: 02506-8303-230
E-Mail: praktikum@travelworks.de
Homepage: www.travelworks.de
Öffnungszeiten: 09:00 Uhr bis 18:00 Uhr

5. Kontakt:
Frau Daniela Bornträger, Frau Jana Haaße

6. Altersbegrenzung:
Je nach Land ab 17, 18 oder 20 Jahren, je nach Land bis 30 oder 40 bzw. ohne Begrenzung.

7. Spezielle Voraussetzungen:
- Gute bis sehr gute Englischkenntnisse. - ggf. polizeiliches Führungszeugnis. - Abschluss einer weiterführenden Schule, teilweise eingeschriebener Student bzw. Absolvent. - Vorherige Arbeitserfahrung gern gesehen, teilweise Voraussetzung. - Motivation, Selbstständigkeit, Flexibilität, Anpassungsvermögen. - Australien/Neuseeland/Kanada: Kostenpflichtiges Working Holiday-Visum und Nachweis über genügend finanzielle Mittel (ca. 5.000 AUD, 4.200 NZD bzw. 2.500 CAD) bei Einreise. Kanada: zusätzlich über das C50 Charitable Work Permit möglich. - USA: J1-Visum.

8. Dauer des Aufenthalts:
Zwischen 4 Wochen und 20 Monaten, je nach Programm.

9. Abreisezeitpunkt:
I.d.R. ganzjährig, in Absprache mit dem Praktikumsgeber.

10. Anmeldefrist oder Bewerbungsfrist:
I.d.R. mindestens 4 Monate vor Programmbeginn.

11. Kosten:
Großbritannien: ab 840 EUR, Irland: ab 830 EUR, USA: ab 880 EUR, Kanada: ab 995 EUR, Australien: ab 860 EUR, Neuseeland: ab 840 EUR.

12. Lohn während des Aufenthalts:
I.d.R. sind die Praktika unbezahlt. In den USA sind die über uns vermittelten Praktika ab 6 Monaten bezahlt (durchschnittlich ca. 1500 USD pro Monat, variiert je nach Branche und Qualifikation).

13. Kosten während des Aufenthalts:
Abhängig vom Programm und den individuellen Bedürfnissen; ca. 300 EUR pro Woche sind ein realistischer Durchschnittswert (Unterkunft, Verkehrsmittel, Ausflüge, Mahlzeiten etc.).

16. Bestimmte Staatsangehörigkeit vorausgesetzt:
Je nach Land deutsche, österreichische, italienische, Schweizer oder EU-Staatsangehörigkeit.

17. Länder / Gebiete des Aufenthalts:
USA, Kanada, Australien, Neuseeland, Großbritannien, Irland.

einstieg

Deine Zukunft.
Dein Ding.

→ Lerne, dich selbst besser einzuschätzen.

→ Entwickle dein persönliches Stärkenprofil.

→ Finde Berufsideen, die zu dir passen.

Einstieg GmbH
Köhlstraße 10
50827 Köln

Tel. 0221.39809-65
beratung@einstieg.com

Wir helfen dir dabei!
Mit Einzelcoachings und Workshops
zur Berufsorientierung.

einstieg.com

Informationsbroker für selbstorganisierte Praktika:

Tageszeitungen bieten die aktuellsten Informationen über Jobangebote und Möglichkeiten. Viele Zeitungen sind online bequem von zuhause erreichbar. So lassen sich bereits vor der Reise Kontakte knüpfen und Möglichkeiten klären.

In den meisten größeren Städten in der Bundesrepublik kann man IHK und Bibliotheken (Stadt, Universitäten und Fachhochschulen) besuchen, um Nachschlagewerke zu nutzen, wie:

Kompass (als CD-ROM, im Internet: www.kompass.com oder als Buch):
Kompass ist eine internationale B2B-Datenbank mit mehr als 5 Millionen Firmen, Namen von Führungskräften, Internationale Klassifikation mit über 23 Mio. Produkten / Dienstleistungen

Damit können Anschriften, Ansprechpartner (z.B. Personal, Vertriebs- oder Marketingleiter) gezielt gesucht werden.

Wer liefert Was, www.wlw.de:
Bei Interesse an besonderen Branchen hilfreich.
Informationsanbieter für Firmen, Produkte und Dienstleistungen.

Deutscher Industrie- und Handelskammertag (DIHK)
Breite Str. 29, 10178 Berlin
Tel.: 030 20308-0, Fax: 030 20308-1000
E-Mail: infocenter@berlin.dihk.de
Homepage: www.diht.de

Auswärtiges Amt
Praktikum an einer deutschen Auslandsvertretung
Auswärtiges Amt, Akademie Auswärtiger Dienst
Werderscher Markt 1, 10117 Berlin
Tel.: (030)-1817 -0 / -2000
Fax: (030)-1817 3402
E-Mail: 1-ak-010@auswaertiges-amt.de
Homepage: www.auswaertiges-amt.de

Weitere Adressen zu fach- und praxisspezifischen Praktika

Berufs- und Werkstudententätigkeit im Ausland, Praktika:

Bundesagentur für Arbeit
Zentrale Auslands- und Fachvermittlung (ZAV)
Internationale Arbeitsvermittlung
Villemombler Straße 76
53123 Bonn
Tel: 0228-713-13 13, Fax: 0228-713-27 01 111
Email: zav-auslandsvermittlung@arbeitsagentur.de
Homepage: www.arbeitsagentur.de
www.ba-auslandsvermittlung.de

Praktika für Hochschulstudenten:
Akademische Auslandsämter der Hochschulen
Homepage: www.hochschulkompass.de
(Link: Hochschulen).

Geoökologie:
VGöD e.V. Umweltbüro,
Alexanderstraße 9, 95444 Bayreuth
Tel: 0921/72 15 92 15, Fax: 0921/85 14 97
E-Mail: vgoed@geooekologie.de
Homepage: www.geooekologie.de

Hauswirtschaft:
Internationaler Verband für Hauswirtschaft
Kaiser-Friedrich-Str. 13
53113 Bonn
Tel: 0228/9212590
Fax: 0228/9212591
E-Mail: office@ifhe.org
Homepage: www.ifhe.org

Landwirtschaft / Agrarbereich:
Schorlemer Stiftung des DBV e.V.
„Internationaler Praktikantenaustausch"
Godesberger Allee 66
53175 Bonn
Tel: 0228/ 92657 - 21/22/23,
Fax: 0228/ 92657 -15
E-Mail: dbv-praktika-international@bauernverband.net
Homepage: www.bauernverband.de
(Link:: Service, Praktikantenaustausch)

Medizin (Human –und Zahnmedizin) sowie Pharmazie:
Humanmedizin:
(auch für Fahrtkostenzuschüsse)
Bundesvertretung der Medizinstudierenden in
Deutschland e.v. (bvmd)
Robert-Koch-Platz 7, 10115 Berlin
Telefon: 030-9560020-3, Telefax: 030-9560020-6
E-Mail: austauschbuero@bvmd.de
Homepage: www.bvmd.de
(Link: Austausch)

Pharmazie:
Bundesverband der Pharmaziestudierenden in
Deutschland e.v., Deutsches Apothekerhaus
Jägerstraße 49/50, 10117 Berlin
Telefon: 030/400 04-0, Telefax: 030/400 04-598
E-Mail: ipsf@bphd.de
Homepage: www.bphd.de oder www.ipsf.org

Zahnmedizin:
(auch für Fahrtkostenzuschüsse)
Zahnmedizinischer Austauschdienst
Mallwitzstraße 16, 53177 Bonn
Tel: 0228/85 57 44, Fax: 0228/34 06 71
E-Mail: db@fvdz.de
Homepage: www.zad-online.com

Nützliche internationale Adresse zu Medizinpraktika:
International Federation of Medical Students'
Associations - IFMSA
IFMSA International Secretariat, c/o Academic
Medical Center, Meibergdreef 15 1105AZ
Amsterdam, Niederlande
E-Mail: gs@ifmsa.org
Homepage: www.ifmsa.org

Lehramt und Soziales:
Moderne Sprachen (vorzugsweise Lehramt)
Kultusministerkonferenz, Pädagogischer Austauschdienst
Graurheindorfer Straße 157
Tel: 0228 / 501-0, Fax: 0228 / 501-333
Fremdsprachenassistenten und Comenius
E-Mail: pad@kmk.org
Homepage: www.kmk-pad.org

Sozialpädagogik, Sozialarbeit, Heilpädagogik:
Deutscher Berufsverband für Soziale Arbeit e.V.
Michaelkirchstraße 17/18, 10179 Berlin
Tel.: +49 (0)30 2887563-10
Fax: +49 (0)30 2887563-29
E-Mail: info@dbsh.de
Homepage: www.dbsh.de

Rechtswissenschaften:
el§a - European Law Students' Association
STEP - Student Trainee Exchange Programme
Rohrbacher Straße 20, 69115 Heidelberg
Tel: 06221/60 14 58, Fax: 06221/60 14 59
E-Mail: info@elsa-germany.org
Homepage: www.elsa-germany.org

Wirtschaft:
Volks- und Betriebswirtschaft
Bundesverband Deutscher Volks- und Betriebswirte e.V. (bdvb), Florastraße 29, 40217 Düsseldorf
Tel: 0211/ 37 10 22, Fax: 0211/ 37 94 68
E-Mail: info@bdvb.de
Homepage: www.bdvb.de
(Link:: Karriere - bdvb Firmenkontaktforum)

Wirtschaftsingenieurwesen:
Deutsches Komitee der IAESTE im DAAD
Referat 514 , Kennedyallee 50, 53175 Bonn
Tel: 0228-882-0
E-Mail: iaeste@daad.de
Homepage: www.iaeste.de

Literaturtipps

Tepelea, Aladár:
Das Insider-Dossier: Praktikum bei Top-Unternehmen: Die besten Praktika im In- und Ausland: Finden, bewerben, rocken!
Campus Verlag. 2012.

Hesse, Jürgen und Schrader, Hans Christian:
Beruf & Karriere Bewerbungs- und Praxismappen: Praxismappe für Praktikanten, Volontäre, Trainees: Mit der optimalen Bewerbung zum erfolgreichen Berufseinstieg
Stark Verlagsgesellschaft mbH & Co. KG. 2011.

Informationen zu Förderprogrammen von Auslandspraktika im Kapitel „Finanzierung und EU-Förderung" auf Seite 294.

WORK & TRAVEL

„Und so sieht die Welt da draußen aus!"

WORK & TRAVEL

Work & Travel - die beliebteste Reisekombi

Work & Travel, auch Working Holidays genannt, sind kombinierte Reise- und Arbeitsaufenthalte im Ausland. In der Regel wird die gewünschte Rundreise durch Gelegenheitsjobs in den jeweiligen Ländern finanziert. Das ist die ideale Lösung, wenn man einen längeren Aufenthalt plant, um Land und Leute kennen zu lernen, aber nur wenig Geld zur Verfügung hat.

Die Bedingungen für Work & Travel sind von Land zu Land verschieden. In den USA und Australien gibt es beispielsweise sehr strenge Richtlinien bezüglich Aufenthalts- und Arbeitsgenehmigungen. Dennoch gibt es Organisationen, die Work & Travel in diesen Ländern ermöglichen. Grundsätzlich ist es wichtig, sich genaue, landesspezifische Informationen zu holen. Mit welchen Lebenshaltungskosten muss man rechnen? Welche Aufenthaltsbedingungen gibt es und welcher Job ist für mich der Richtige? Diese Fragen werden von den Organisationen in diesem Kapitel beantwortet.

Weitere Ideen für Reisen nach einem Arbeitsaufenthalt finden sich im Kapitel „Erlebnisreisen". Einige Organisationen bieten z.B. für den Zeitraum zwischen Arbeit und Ablauf der Aufenthaltsgenehmigung Touren durch Amerika an.

Literaturtipp

Albert, Alexandra:
Work and Travel in Australien und Neuseeland: Reisen und Arbeiten mit dem Working Holiday Visum
Mana-Verlag. 2012.

Link zum Thema

Auslandsjob.de ist kein Reiseveranstalter, sondern ein unabhängiges Informationsportal. Mit den Infos auf unserer Seite helfen wir Menschen, das richtige Land bzw. das richtige Programm für ihr Work and Travel Abenteuer zu finden.
Internet: www.auslandsjob.de

Working Holiday in Australien – Dominiks Zeit als Backpacker

Was muss ich mitnehmen? Was lasse ich besser zuhause? Habe ich mich ausreichend informiert? Wie plane ich meine Route? Wohin will ich zuerst? Auto kaufen, ja nein? Wanderschuhe? Isomatte? Warme Kleidung? Was wenn…!? Und und und… Fragen über Fragen…Natürlich muss man sich auf so ein Work and Travel-Jahr entsprechend vorbereiten, aber Leute, bitte macht nicht den gleichen Fehler wie ich, und plant alles zu sehr ins Detail, wie wir Deutschen es ja nun einmal mögen ;-). Macht euch nicht verrückt, wie ich es getan habe! Vergesst nicht, ihr habt euch für ein Auslandsjahr entschieden, um einmal etwas komplett Anderes zu erleben. Als Backpacker genießt man die Freiheit durch und durch – der tägliche Stress, die Hektik und der Alltagstrott wird hinter sich gelassen und man schaltet einfach mal ab… wie ich damals! :-) Alles Andere ergibt sich vor Ort von ganz allein! G'day mate! Willkommen im Land der „no worries"!
Dominik in Australien

Getreu dem Motto, „Don't worry, be happy!" liegt der Fokus der Australier darin, ein erfülltes Leben zu führen. Der Spruch „Arbeiten um zu leben und nicht Leben um zu arbeiten" passt hier sehr gut! Die Gelassenheit à la „no worries" – eine tolle Erfahrung! Nicht umsonst zählt Australien zu dem beliebtesten Ausgangspunkt eines Work and Travel-Abenteurers.
Dominik bei seinem Job als Kamel-Guide: Work hard, travel far!

Als Backpacker behaupte ich, es ist kein Meisterwerk zügig einen Job zu finden, egal wo man sich befindet, solange man den Willen zeigt und sich bemüht – denn Arbeit gibt es in OZ reichlich – für diejenigen, die sie finden wollen. Seien wir ehrlich, Däumchen drehen und hoffen, hat noch keinen von uns weit gebracht. Hier heißt es, das Glück selbst in die Hand nehmen und handeln! Wenn man sich die Bezahlung eines Mindeststundenlohns von 21 Dollar/h (je nach Staat gibt es Abweichung von 1-2 Dollar) vor Augen führt, sollte das Motivation genug sein, die Reisekasse aufzustocken, um sich danach voll und ganz auf das Reisen konzentrieren zu können. Ich spreche hier von „einfachen" Jobs ohne besondere Skills wie z.B. „Fruit-Picking", Kellnern, „Fund-Raising" oder die Arbeit als Kurier.

Wenn ihr dazu noch ein bisschen Glück habt, dann könnt ihr sogar als Tour-Guide bei DER Touristen-Attraktion schlechthin, Reisende am Strand während des Sonnenuntergangs bei einem Ritt auf dem Rücken eines Kamels betreuen ;-) – Great Fun! Welcher Job es auch letztendlich sein wird, es sind Erfahrungen, die euch prägen und wachsen lassen werden, glaubt mir. Nachdem also fleißig gearbeitet wurde, sollte dem eigentlichen Abenteuer, dem Reisen, dann nichts mehr im Wege stehen. Ob im eigenen Van, per Mitfahrgelegenheit, im Bus oder als Tramper. Es ist ein Abenteuer! Leute trifft man überall, sodass neue Kontakte und Freundschaften unumgänglich sind. Wer also von Natur aus eher extrovertiert ist, wird sich hier gewiss wohlfühlen. Aber auch für diejenigen, denen es vielleicht noch etwas schwerer fällt, auf Menschen zuzugehen, werden gerade in diesem Bereich einiges dazu lernen. Intensive Gespräche während des Lagerfeuers am Strand oder beim traditionellen „Aussie BBQ" sind keine Seltenheit. Als reisender Backpacker genießt man die vollkommene Freiheit! Du lebst in den Tag hinein, jeder Tag ist ein neues spannendes Abenteuer, weil du nicht weißt, was dich erwartet! Wo treibt dich die Wanderlust als nächstes hin? Sorgenlos! Ein Leben, wie du es in der Art und Weise wahrscheinlich noch nicht kennst. Und es ist großartig!

Fazit: Insgesamt war die Reise eine wirkliche Bereicherung in jeder Hinsicht. Ich habe viel erlebt und unzählige Freundschaften knüpfen können, wofür ich unheimlich dankbar bin. Ich kann nur jedem wärmstens ans Herz legen, sich auf ein Abenteuer im Ausland einzulassen, denn die Erfahrungen die man macht sind unbezahlbar. Ein anderes Land, eine andere Kultur – du verlässt automatisch deine Komfortzone und bekanntermaßen fängt doch so das Leben erst richtig an.

Dominik war mit Stepin (www.stepin.de) unterwegs

active abroad
Freising/München

active abroad wurde 1998 gegründet und bietet in Zusammenarbeit mit ausgewählten Partnern weltweit eine zuverlässige Vermittlung und Betreuung an. Wir helfen abenteuerlustigen Menschen mit einer individuellen und persönlichen Beratung bei der Auswahl des passenden Programmes. Im Sommer 2012 wurde uns als einer der ersten deutschen Au Pair Agenturen das RAL-Gütezeichen Outgoing verliehen, welches sicherstellt, dass die von der Gütegemeinschaft Au Pair e.V. vorgegebenen Qualitätsstandards eingehalten werden. Wir bieten Work & Travel Programme in Australien, Neuseeland, Kanada und Island an, bei denen der Aufenthalt und das Reisen durch die Arbeit finanziert werden. So werden nicht nur Sprachkenntnisse gefördert, sondern auch internationale Arbeitserfahrung gesammelt. Weitere Programme, die wir anbieten: „Au Pair", „Praktikum", „Soziale Arbeit im Ausland", „Ökologische Arbeit, Farmstays, Wildlife Experience" und „Sprachreisen"

2. Name:
active abroad

3. Anschrift:
Obere Hauptstr. 8, 85354 Freising

4. Telefon / Telefax / E-Mail / Homepage:
Tel: 08161-40288-0, Fax: 08161-40288-20
contact@activeabroad.net / www.activeabroad.de

5. Kontakt:
Maria Riedmaier, Franziska Hanisch, Theresa Scheil

6. Altersbegrenzung:
18 - 30 Jahre (NZ), 18 - 35 Jahre (AUS & KAN), 18 - 30 Jahre (Island)

7. Spezielle Voraussetzungen:
Mittlere bis gute Englischkenntnisse, Island: Praxiserfahrung durch Praktika oder Nebenjobs von mind. 12 Monaten

8. Dauer des Aufenthalts:
Bis zu 12 Monate

9. Abreisezeitpunkt:
Ganzjährig

10. Anmeldefrist oder Bewerbungsfrist:
1 - 3 Monate im Voraus (Neuseeland, Australien und Island), für Kanada muss das Working Holiday Visum rechtzeitig beantragt werden.

Work and Travel Australien, Neuseeland oder Kanada: ab 609 EUR . Bei den Work and Travel Programmen in Australien/ Neuseeland und Kanada ist ein Servicepaket mit Flughafentransfer, Einführungsseminar, Jobberatung, Unterstützung bei Steuerregistrierung und Bankkontoeröffnung, Betreuung vor Ort, Übernachtungen nach Ankunft im Youth Hostel und viele weitere Leistungen im Preis enthalten. Work and Travel Island: 930,00 EUR

12. Lohn während des Aufenthalts:
Abhängig von Fähigkeiten, Arbeit und Land: Mindeststundenlohn.
Weitere Möglichkeit: Wwoofing, drei bis vier Stunden Mithilfe täglich gegen Unterkunft und Verpflegung

13. Kosten während des Aufenthalts:
Australien, Kanada, Neuseeland: Unterkunft, Verpflegung, Transport, persönliche Ausgaben
Island: Unterkunft und Verpflegung vergünstigt bei Arbeit auf Farm

16. Bestimmte Staatsangehörigkeit vorausgesetzt:
EU Staatsangehörigkeit, bzw. für Länder mit Working Holiday Visa Abkommen (AUS, NZ, KAN)

17. Länder / Gebiete des Aufenthalts:
Australien, Neuseeland, Kanada und Island

AIFS
American Institute For Foreign Study
Bonn

AIFS ist eine der ältesten und größten Organisationen für kulturellen Austausch weltweit und ein führender Anbieter im Bereich Jugend- und Bildungsreisen. Neben Aufenthalten in Australien, Neuseeland, Kanada, Argentinien und Japan werden im Rahmen von Work and Travel auch Freiwilligenprojekte in Australien, Neuseeland, Thailand, Südafrika, Nepal, Kanada, Peru, Sri Lanka, Sansibar, Fidschi auf Bali und auf Mauritius, Farmwork and Travel in Australien, Neuseeland, Japan, Irland und Kanada sowie das Programm Camp America in den USA und Internship and Travel in Neuseeland angeboten.
Siehe auch unter „Au Pair", Camp Counselor", „Soz. Arbeit/Dienste", „Schule", „Studium", „Sprachreisen" und „Erlebnisreisen".

2. Name:
AIFS (American Institute For Foreign Study)

3. Anschrift:
Friedensplatz 1, 53111 Bonn

4. Telefon / Telefax / E-Mail / Homepage:
Tel.: +49 (0) 228 957 30-0; Fax: +49 (0) 228 957 30-110,
E-Mail: info@aifs.de; www.aifs.de/www.aifs.at/www.aifs.ch

5. Kontakt:
Kristina Winter

6. Altersbegrenzung:
Australien, Neuseeland (auch: Farmwork and Travel in Neuseeland), Japan: 18 bis 30 Jahre; Work and Travel Kanada: 18 bis 35 Jahre; alternativ ist Farmwork and Travel Australien bzw. Kanada ohne Altersbegrenzung möglich

7. Spezielle Voraussetzungen:
Visumbestimmungen: Einreise ohne Kinder, gültiger Reisepass, Nachweis über genügend finanzielle Mittel (ca. 2.000 - 3.000 EUR) bei der Einreise, polizeiliches Führungszeugnis (Kanada), Farmwork and Travel in Australien und Kanada nur mit Touristenvisum möglich

8. Dauer des Aufenthalts:
bis zu 12 Monate; Farmwork and Travel Australien: bis zu 3 Monate; Farmwork and Travel Kanada: bis zu 6 Monate

9. Abreisezeitpunkt:
mehrmals im Monat

10. Anmeldefrist oder Bewerbungsfrist:
spätestens 7 Wochen vor der gewünschten Ausreise

11. Kosten:
Work and Travel Australien: ab 1.830 EUR; Work and Travel Neuseeland: ab 1.840 EUR Work and Travel Kanada: ab 1.520 EUR; Work and Travel Japan: ab 1.720 EUR; Im Preis u. a. enthalten: Hin- und Rückflug, Betreuung vor der Abreise und während des gesamten Aufenthaltes vor Ort, Vorbereitungstreffen, Transfer vom Flughafen; 3 Übernachtungen mit Frühstück im Hostel nach Ankunft (7 bei Japan), Einführungsworkshop vor Ort
Farmwork and Travel Australien: ab 2.010 EUR;
Farmwork and Travel Kanada: ab 1.910 EUR

12. Lohn während des Aufenthalts:
Der Lohn unterscheidet sich je nach Tätigkeit vor Ort.

13. Kosten während des Aufenthalts:
Unterkunft, Verpflegung und private Ausgaben während des Aufenthalts

16. Bestimmte Staatsangehörigkeit vorausgesetzt:
Australien, Kanada: Deutschland; Neuseeland und Japan: Deutschland, Österreich

17. Länder / Gebiete des Aufenthalts:
Australien, Neuseeland, Kanada, Argentinien, Irland und Japan

Carl Duisberg Centren Köln

Die Carl Duisberg Centren organisieren weltweit Praktika und Work Experience Programme. In Kanada, Australien und Neuseeland gibt es eine Vielzahl bezahlter Jobs für arbeitswillige Reisende. Die möglichen Arbeitsfelder reichen von Gastronomie und Hotels über Einzelhandel bis zu Fabriken und Farmen. Damit der Einstieg in den Job leichtfällt, bieten wir umfangreiche Servicepakete vor Ort an. Ein fakultativer Sprachkurs vorab sorgt außerdem für einen erfolgreichen Start. Neben diesen klassischen Work & Travel-Programmen bieten wir auch Praktikumsvermittlungen, Freiwilligenarbeit und Kurzstudiengänge (Kanada) an.
Siehe auch unter „Praktikum", „Schulaufenthalt im Ausland" und „Summer School".

2. Name:
Carl Duisberg Centren gemeinnützige GmbH
Abt. Sprachreisen

3. Anschrift:
Hansaring 49-51
50670 Köln

4. Telefon / Telefax / E-Mail / Homepage:
Tel: 0221 / 16 26 204
Fax 0221 / 16 26 225
E-mail: praktika@cdc.de
Internet: www.carl-duisberg-auslandspraktikum.de

5. Kontakt:
Laura Brausen

6. Altersbegrenzung:
18 – 30 bzw. in Kanada 35 Jahre

7. Spezielle Voraussetzungen:
Gute Sprachkenntnisse bei Aufnahme der Arbeit; Berufserfahrungen in Tourismus oder Gastronomie sind von Vorteil. Besitz des Working Holiday Visums für das Zielland. Für Kanada begrenzte Verfügbarkeit der entsprechenden Visa.

8. Dauer des Aufenthalts:
3 -12 Monate

9. Abreisezeitpunkt:
Ganzjährig, aber bevorzugt passend zu den jeweiligen Sommer- oder Wintersaisonzeiten im Zielland.

10. Anmeldefrist oder Bewerbungsfrist:
Ganzjährig ohne feste Fristen; in der Regel Vorlaufzeit von 2-3 Monaten

11. Kosten:
Servicepaket mit Jobangeboten nach Verfügbarkeit, Ansprechpartnern vor Ort sowie zahlreichen weiteren Leistungen ab 595 EUR.

12. Lohn während des Aufenthalts:
Der Stundenlohn liegt je nach Zielland, Arbeitsbereich und Qualifikation bei umgerechnet ca. 6 bis 16 EUR.

13. Kosten während des Aufenthalts:
Es entstehen Kosten für Anreise, Reiseversicherungen, Visum, Unterkunft, Verpflegung, Taschengeld und Reisen im Land.

16. Bestimmte Staatsangehörigkeit vorausgesetzt:
Das Angebot steht deutschen Staatsangehörigen offen. Mit anderen europäischen Staaten haben die Zielländer teilweise eigene Visa-Vereinbarungen.

17. Länder / Gebiete des Aufenthalts:
Kanada, Neuseeland, Australien

Die Carl Duisberg Centren sind Mitglied im Fachverband Deutscher Sprachreiseveranstalter (FDSV) und durch die Canadian Tourist Commission bzw. die Australian Tourist Commission ausgezeichnet als Canada Specialist / Aussie Specialist.

GO International
Work and Travel Providers
Vancouver, British Columbia, Kanada

Es gibt generell zwei Möglichkeiten in Kanada zu arbeiten und reisen: Im Rahmen des Working Holiday Visa (beschränkte Visazahl) im Zusammenhang mit dem Canadian Working Holiday Program oder im Rahmen des English Co-op Programs (keine Visabeschränkung). Das Canadian Working Holiday Program wiederum bietet zwei Programmoptionen: Die Standard Program Option und die Full Service Option. Die Standard Program Option ist für Teilnehmer, die Hilfe bei der Jobsuche möchten, aber gleichzeitig die größtmögliche Flexibilität bei der Jobsuche vor Ort bewahren möchten. Die Full Service Option bietet feste Jobs bereits vor der Anreise. Die meisten Jobs werden in den Bereichen Gastwirtschaft, Tourismus, Service und Einzelhandel angeboten. Andere Jobs sind je nach Ausbildung und Berufserfahrung möglich. Das English Co-op Program bietet dieselben Jobs wie das Canadian Working Holiday Program, jedoch ohne Working Holiday Visa. Stattdessen wird ein normales Arbeitsvisa beantragt. Einzige Bedingung: Gleichzeitiger Besuch eines Englischkurse von gleicher Länge, dessen Zeitplanung jedoch flexibel sein kann. Hiermit lässt sich der Aufenthalt in Kanada zumindest teilfinanzieren.
Siehe auch unter „Praktikum"

2. Name
Canadian Working Holiday Program – provided by: GO international Work and Travel Providers, a division of Tamwood International College Ltd.

3. Anschrift:
200-889 W Pender Street
Vancouver, British Columbia, Canada
V6C 3B2

4. Telefon / Telefax / E-Mail / Homepage:
Telefon: 001 604 899 4480
Fax: 001 604 899 4481
Email: info@gointernational.ca
Web: www.gointernational.ca

6. Altersbegrenzung:
18-35 Jahre für Canadian Working Holiday Program; min. 18 Jahre für English Co-op Program (keine obere Altersbegrenzung)

7. Spezielle Voraussetzungen:
Für Canadian Working Holiday Program: Qualifikation für Working Holiday Visa. Für English Co-op Program: Keine

8. Dauer des Aufenthalts:
12 Monate für Canadian Working Holiday Program;
36 Monate für English Co-op Program.

9. Anreisezeitpunkt:
jederzeit

10. Anmeldefrist oder Bewerbungsfrist:
mind. 12 Wochen bevor Anreise. Anträge für das Working Holiday Visa werden i.d.R. ab Dezember für das Folgejahr entgegengenommen. Das Kontingent ist i.d.R. Ende Januar / Mitte Februar vergeben

11. Kosten:
Kontaktieren Sie GO International für eine komplette Preisliste

12. Lohn während des Aufenthalts:
Alle Jobs sind bezahlt. Die Bezahlung liegt zwischen 7 CAD und 15 CAD pro Stunde. Viele Arbeitgeber bieten vergünstigste Unterkünfte an. In einigen Fällen werden Mahlzeiten bereitgestellt

13. Kosten während des Aufenthalts:
Kost und Logis, Aktivitäten und Transport

16. Bestimmte Staatsangehörigkeit vorausgesetzt:
Das Working Holiday Program ist nur für junge Erwachsene aus Ländern die ein Bilateral Gouvernent Visa Agreement haben: z.Zt. Deutschland, Österreich, Schweiz, Dänemark, Niederlande, Schweden, Norwegen, Tschechien, und Frankreich. Das English Co-op Program hat keine Beschränkungen

17. Länder / Gebiete des Aufenthalts:
Vancouver, Whistler, Banff, Jasper, Toronto, Muskoka, Quebec, New Brunswick. Kanada

INTERSWOP Hamburg

Work & Travel und Volunteering in Übersee
Siehe auch unter „Praktikum" und „Ökologische Arbeit, Farmstay, Wildlife Experience".

2. Name:
INTERSWOP
Interswop Auslandsaufenthalte Sprach- und Bildungsreisen GmbH

3. Anschrift:
INTERSWOP
Osterstrasse 42
D-20259 Hamburg

4. Telefon / Telefax / E-Mail / Homepage:
Tel.: 040-410 80 28
info@interswop.com
www.interswop.de
www.farmstays.org
www.rancharbeit.com

5. Kontakt:
Marion Priess

6. Altersbegrenzung:
18 – 30 für Work & Travel
18 – 48 für Volunteering

7. Spezielle Voraussetzungen:
Keine Sprachkenntnisse notwendig, da ein Intensivsprachkurs im Zielland vorweggeschaltet ist.

8. Dauer des Aufenthalts:
1 - 12 Monate

9. Abreisezeitpunkt:
Flexibel
10. Anmeldefrist oder Bewerbungsfrist:
Ca. 6 Wochen vor Programmbeginn.

11. Kosten:
Ab ca. 1.000 EUR je nach Zielland, Projekt und Aufenthaltsdauer.

12. Lohn während des Aufenthalts:
Bezahlte Rancharbeit in Australien.
Je nach Programm Taschengeld, Lohn, Kost und Logis.

16. Bestimmte Staatsangehörigkeit vorausgesetzt:
Zum Teil für alle ja, hängt vom Visum ab

17. Länder / Gebiete des Aufenthalts:
Argentinien, Australien, Neuseeland, Südafrika, Costa Rica, Canada, Kambodscha, Indien, Nepal, USA, Chile, Mauritius und Thailand.

PractiGo GmbH
Bremen

PractiGo
Sprachen erleben

Was hältst Du davon, einmal im Ausland zu leben und zu arbeiten? PractiGo organisiert für Dich Work & Travel-Aufenthalte von 12 Monaten bis zu einem Jahr. Wie wäre es mit Japan? Oder doch lieber London? In London bieten wir sogar eine Jobgarantie! Vielleicht reizen Dich auch Australien, Neuseeland oder Kanada? Ganz egal, ob Du gerade mit der Schule fertig bist oder ob Du eine Auszeit von Ausbildung, Studium oder Job nehmen willst - Work & Travel richtet sich an alle Weltentdecker zwischen 18 und 35 Jahren.
Siehe auch unter „Praktikum" und „Tourismus".

2. Name:
PractiGo GmbH - Sprachen erleben

3. Anschrift:
PractiGo GmbH
Neidenburger Str. 9
28207 Bremen

4. Telefon / Telefax / E-Mail / Homepage:
Tel: 0049 (0) 421 408977 - 0
Fax: 0049 (0) 421 408977 - 60
E-Mail: info@practigo.com
Homepage: www.practigo.com

5. Kontakt:
Das gesamte PractiGo-Team steht Dir für Fragen zur Verfügung.

6. Altersbegrenzung:
18 – 35 Jahre. Je nach Land können Mindest- und Maximalalter variieren.

7. Spezielle Voraussetzungen:
Keine speziellen Voraussetzungen notwendig. Für Australien, Neuseeland und Japan müssen die Voraussetzungen für das Working-Holiday-Visum erfüllt werden.

8. Dauer des Aufenthalts:
12 bis 52 Wochen. Je nach Land können Mindest- und Maximaldauer variieren.

9. Abreisezeitpunkt:
Das ganze Jahr über. Starttermine können individuell festgelegt werden.

10. Anmeldefrist oder Bewerbungsfrist:
Mind. 2-3 Monate vor gewünschtem Abreisedatum.

11. Kosten:
Japan: 695 EUR; Im Preis enthalten:
Orientierungsseminar (u.a. Erstellen von Bewerbungsunterlagen, Infos zum Leben & Reisen in Japan), Betreuung vor Ort, Postweiterleitungsservice, einjähriger Internetzugang im Partnerbüro. London: 695 EUR (mit Jobgarantie). Australien: 595 EUR (Leistung ähnlich wie Japan). Neuseeland: 495 EUR (Leistungen ähnlich wie Australien). Optional buchbar: Sprachkurs, Versicherung und Unterkunft (in London u. Japan).

12. Lohn während des Aufenthalts:
Abhängig von der Tätigkeit und dem Land.

13. Kosten während des Aufenthalts:
Die Kosten für Verpflegung und Unterkünfte lassen sich normalerweise durch das verdiente Geld decken. Taschengeld sollte eingeplant werden.

16. Bestimmte Staatsangehörigkeit vorausgesetzt:
Australien, Neuseeland, Kanada und Japan: nur für deutsche Staatsbürger (Working Holiday Visum). London: EU-Bürger. Infos zum Visum unter www.practigo.com

17. Länder / Gebiete des Aufenthalts:
Australien, Neuseeland, London, Japan und Kanada

PRAKTIKAWELTEN
Freiwilligenarbeit • Work & Travel • Praktika • High School
München

Deine Betreuer bei Praktikawelten haben alle selbst Work & Travel gemacht, und wir bringen dich schnell in gut bezahlte Jobs. Unsere umfassenden Work & Travel - Programme in Australien, Neuseeland und Kanada beinhalten die **ausführliche Beratung und Betreuung** vor deiner Abreise, und vor Ort unterstützen dich unsere Partner bei allen wichtigen Fragen und helfen dir bei Job- und Unterkunftssuche, bei der Eröffnung deines Bankkontos, der Beantragung deiner Steuernummer und du lernst bei **gemeinsamen Events** vor Ort viele Mitreisende kennen! *Lass dich durch uns beraten oder besuche eine Infoveranstaltung in deiner Nähe!* Siehe auch unter „Praktikum", „Soziale Arbeit im Ausland" und „Ökologische Arbeit, Farmstay, Wildlife", „High School"

2. Name:
PRAKTIKAWELTEN
Freiwilligenarbeit • Work & Travel • Praktika • High School

3. Anschrift:
Nymphenburger Str. 113, 80636 München, Deutschland

4. Telefon / Telefax / E-Mail / Homepage:
Tel:+49 (0)89–28 67 51-0, Fax:+49 (0)89–28 67 51-29
Email: info@praktikawelten.de
Homepage: www.praktikawelten.de

6. Altersbegrenzung:
Mindestalter 18 Jahre, Höchstalter 30 Jahre bei Visumsbeantragung (Australien/Neuseeland). 35 Jahre bei Kanada

7. Spezielle Voraussetzungen:
i.d.R. keine

8. Dauer des Aufenthalts:
Ab 6 Wochen und bis zu 12 Monate (empfehlenswert ab mehreren Monaten)

9. Abreisezeitpunkt:
Ganzjährig

10. Anmeldefrist oder Bewerbungsfrist:
Anmeldung mindestens 5-8 Wochen vor Abreise

11. Kosten:
All-In-Pakete: Australien ab 1.540 EUR, Neuseeland ab 1.690 EUR, Kanada ab 1.390 EUR.
Enthaltene Leistungen Australien: Jahresticket Deutschland-Australien-Deutschland (inkl. Flughafensteuern, Sicherheitsgebühr und Kerosinzuschlag), große Auswahl möglicher Flugrouten, Flughafentransfer, 2 Hostel-Übernachtungen, ausführlicher Infoworkshop zum Arbeiten und Reisen in Australien, umfangreiches Willkommenspaket, spannender Tagesausflug, Hilfe bei der Beantragung des Visums, der australischen Steuernummer und der Eröffnung eines australischen Bankkontos, 12 Monate individuelle Betreuung und Beratung bei der Jobsuche, regelmäßige E-Mail-Newsletter mit Jobangeboten, Internetzugang, Hostel-Mitgliedschaft, garantierte Jobangebote, Mitreisendenliste, SIM-Karte, Telefonkarte und noch vieles mehr…
Starter-Paket ohne Flug z. B. Australien: ab 390 EUR.
Alle enthaltenen Leistungen findest du auf www.praktikawelten.de oder in der aktuellen, kostenlosen Info-Broschüre.

12. Lohn während des Aufenthalts:
Abhängig vom Programm

13. Kosten während des Aufenthalts:
Abhängig vom Programm

16. Bestimmte Staatsangehörigkeit vorausgesetzt:
Voraussetzung ist die deutsche Staatsangehörigkeit

17. Länder / Gebiete des Aufenthalts:
Neuseeland (verschiedene Flugrouten möglich),
Australien (verschiedene Flugrouten möglich),
Kanada (verschiedene Flugrouten möglich)

STA Travel GmbH

Unterwegs sein, Land und Leute kennenlernen und nebenbei jobben, um sich vielleicht das Weiterreisen zu finanzieren – das ermöglichen dir die STA Travel Work & Travel Programme. Bis zu zwölf Monate kannst du dabei in Australien, Neuseeland oder Kanada reisen und jobben. STA Travel bietet Work & Travel-Interessierten verschiedene Leistungspakete an: Alle Packages beinhalten einen ausführlichen Workshop vor Ort und Tipps für den Job und unterwegs, einen Ansprechpartner bei Fragen sowie Hilfe und Unterstützung während des gesamten Aufenthalts und Transfer zur Unterkunft für die ersten Tage. Finde STA Travel auch unter „Soziale Arbeit/Dienste" und „Sprachreisen".

2. Name:
STA Travel GmbH

3. Anschrift:
Über 70 Shops in Deutschland, Österreich und der Schweiz. Adressen und Telefonnummern siehe Homepage des jeweiligen Landes.

4. Telefon / Telefax / E-Mail / Homepage:
Deutschland:
Telefon: +49 (0)69 – 255 15 0000 zum Ortstarif
E-Mail: info@statravel.de, Homepage: www.statravel.de

Österreich:
Telefon: +43 (0)1 – 267 53 600 zum Festnetz-Tarif
E-Mail: info@statravel.at, Homepage: www.statravel.at

Schweiz:
Telefon: +41 (0)43 – 550 0010 zum Festnetz-Tarif
E-Mail: info@statravel.ch, Homepage: www.statravel.ch

6. Altersbegrenzung:
Für Australien und Neuseeland: 18 bis 30 Jahre
Für Kanada: 18 bis 35 Jahre

7. Spezielle Voraussetzungen:
Working Holiday Visum des Reiselandes erforderlich.

8. Dauer des Aufenthalts:
Bis zu 2 Jahre.

9. Abreisezeitpunkt:
Je nach Programm unterschiedliche Abreisetermine.

10. Anmeldefrist oder Bewerbungsfrist:
Wir empfehlen eine Reisebuchung bis spätestens 60 Tage vor Programmbeginn. Bitte informiert euch rechtzeitig bezüglich Visa, beispielsweise sind die Visa für Kanada in der Anzahl limitiert.

11. Kosten:
Der Preis hängt vom jeweiligen Programm und der Destination ab.

z.B. Australien: Startpaket Australien, inklusive Flughafentransfer, Unterkunft für 3, 5 oder 7 Nächte, inkl. Frühstück, umfassendes Work & Travel Paket, 12 Monate Zugang zu einer Jobdatenbank, Hilfe bei Beantragung einer Steuernummer und bei der Eröffnung eines Bankkontos, Sim Karte, Workshop u.v.m., ab 266 EUR p.P.

13. Kosten während des Aufenthalts:
Unterkünfte, Lebensmittel, Taschengeld, öffentliche Verkehrsmittel, Ausflüge etc.

16. Bestimmte Staatsangehörigkeit vorausgesetzt:
Du musst aus einem Land stammen, mit dem ein Working Holiday-Abkommen besteht, z.B. Deutschland. Seit kurzem gibt es auch das Working Holiday-Abkommen zwischen Österreich und Neuseeland bzw. Australien..

17. Länder / Gebiete des Aufenthalts:
Kanada, Australien, Neuseeland

Stepin GmbH
Bonn

Stepin — Student Travel & Education Programmes International

Mal für ein paar Wochen auf einer Farm in Australien Schafe scheren? Oder in Kanadas bezaubernder Metropole Montréal in einem eleganten Hotel an der Rezeption arbeiten? Oder in Irland hinter dem Tresen eines Pubs stehen und Guinness zapfen? Ganz nebenbei die eigenen Sprachkenntnisse verbessern und das Gastland authentisch erleben. Ein Work & Travel-Aufenthalt ist eine Erfahrung, die einen persönlich weiterbringt und neue Perspektiven eröffnet. Stepin verfügt über 20 Jahre Know-how bei der Organisation von Work & Travel-Aufenthalten und bietet ein umfassendes Leistungspaket. Von der Flugbuchung über die Unterstützung bei der Visumsbeantragung bis zur Jobvermittlung vor Ort kannst du immer auf kompetente Ansprechpartner vertrauen. Siehe auch unter „Au-pair", „Praktikum", „Soziale Arbeit im Ausland", „Schulaufenthalt im Ausland" und „Sprachreisen"

2. Name:
Stepin GmbH
(Student Travel & Education Programmes International)

3. Anschrift:
Kaiserstraße 19, 53113 Bonn

4. Telefon / Telefax / E-Mail / Homepage:
0228 / 71 005 200 Fax: 0228 / 71 005 999
E-Mail: info@stepin.de, Internet: www.stepin.de
Beratungszeiten: montags bis freitags von 9.00 - 18.00 Uhr

5. Kontakt:
Leonie Corsten, Marina Skaletz, Regina Kruse, Katharina Schönert (Programmberatung Work & Travel)

6. Altersbegrenzung:
18 bis 30 Jahre (in Kanada 35 Jahre)

7. Spezielle Voraussetzungen:
Mindestens durchschnittliche Englischkenntnisse (B1 – B2); Staatsangehörigkeit (s. Punkt 16), ausführliche Informationen zu den einzelnen Programmen auf www.stepin.de/work-and-travel

8. Dauer des Aufenthalts:
Min. 3 bis max. 12 Monate

9. Abreisezeitpunkt:
Ganzjährig

10. Anmeldefrist oder Bewerbungsfrist:
Mindestens acht Wochen vor Ausreise, (teilweise begrenzte Plätze bzw. Visa, deshalb frühzeitige Anmeldung empfohlen)

11. Kosten:
Work & Travel Australien: ab EUR 1.570,- (inkl. Flug); ab EUR 490,- (o. Flug); Farmarbeit Australien: ab EUR 1.790,- (o. Flug); Farm Experience Australien: ab 850,- (o. Flug); Work & Travel Neuseeland: ab EUR 1.620,- (inkl. Flug); ab EUR 490,- (o. Flug); Farm Experience Neuseeland: ab EUR 850,- (o. Flug); Work & Travel Kanada: ab EUR 690,- (o. Flug); Farm Experience Kanada: ab EUR 795,- (o. Flug); Farm Experience Chile: ab EUR 695,- (o. Flug); Work & Travel England: ab EUR 795,- (o. Flug); Hotelarbeit England: ab EUR 1.110,- (o. Flug); Work & Travel Irland: ab EUR 850,- (o. Flug); Farmarbeit Norwegen: ab EUR 790,- (o. Flug); Farmarbeit Island: ab EUR 990,- (o. Flug); Hotelarbeit Island: ab EUR 990,- (o. Flug); Teach & Travel China: EUR 2.145,- (o. Flug).
Zusätzliche nicht im Programmpreis enthaltene Kosten: Je nach Land Visumgebühren, Sicherheitskapital, Reiseversicherung, ggf. Kosten für Impfungen
Im Programmpreis enthaltene Leistungen (Beispiel Work & Travel Australien): Vor Ausreise: u.a. ausführliche Beratung und Informationen, komplette Flugorganisation + Jahresflugticket (bei Programm mit Flug), Unterstützung bei Visumbeantragung, Work & Travel Handbuch, Mitreisendenliste, Lonely Planet Reiseführer, Vor Ort: u.a. Flughafentransfer zum Hostel, 3 Hostelübernachtungen am gewählten Startort (Sydney, Brisbane oder Melbourne), Einführungsseminar im Partnerbüro, Zugang zur umfassenden Jobdatenbank für 12 Monate, Hilfe bei Beantragung der australischen Lohnsteuernummer, Eröffnung des Bankkontos, Betreuung durch Partnerbüro vor Ort

12. Lohn während des Aufenthalts:
abhängig von Art der Tätigkeit und Land

13. Kosten während des Aufenthalts:
Unterkunft und Verpflegung (mit Ausnahme der 3 Hostelübernachtungen und der Farm Experience Programme bei Aufenthalt auf einer Farm), Taschengeld, Transferkosten (mit Ausnahme des Flughafentransfers nach Ankunft in Australien, Neuseeland und Kanada)

16. Bestimmte Staatsangehörigkeit vorausgesetzt:
Für die Work & Travel, Farmarbeit und Farm Experience-Programme in Australien, Neuseeland und Kanada müssen die Teilnehmer die deutsche Staatsangehörigkeit oder die Staatsangehörigkeit der Abkommen-Länder besitzen, für England, Irland, Island, Norwegen oder China, EU-Staatsbürger oder Schweizer sein.

17. Länder / Gebiete, des Aufenthalts:
Australien, Neuseeland, Kanada, China, Chile, England, Irland, Island und Norwegen.

TravelWorks Münster

Work and Travel

Siehe auch unter „Au Pair", „Praktikum", „Soz. Arbeit", „Schule", „Sprachreisen", „Summer School", „Studium im Ausland" und „Erlebnisreisen".

2. Name:
TravelWorks

3. Anschrift:
Münsterstr. 111,
48155 Münster

4. Telefon / Telefax / E-Mail / Homepage:
Tel: 02506-8303-400, Fax: 02506-8303-230
E-Mail: info@travelworks.de Homepage: www.travelworks.de
Öffnungszeiten: 09:00 Uhr bis 18:00 Uhr

5. Kontakt:
Carina Zölzer, Kathryn Voigt,
Natascha Demant, Christina Gebhardt

6. Altersbegrenzung:
Australien, Neuseeland, Norwegen, Portugal: 18-30 Jahre (Farmarbeit Australien: 18 bis 40 Jahre). Kanada: 18-35 Jahre (Farmarbeit bis 40 Jahre). Großbritannien und Chile: ab 18 Jahren (Hotelarbeit Großbritannien: 18-30 Jahre).

7. Spezielle Voraussetzungen:
Je nach Land und Programm ggf. gute bis sehr gute Englischkenntnisse. Ggf. polizeiliches Führungszeugnis. Chile: je nach Programmdauer Spanischkenntnisse ggf. notwendig. Motivation, Selbstständigkeit, Flexibilität, Anpassungsvermögen, Eigeninitiative. Großbritannien: bei den meisten Stellen nicht notwendig, teilweise erste Arbeitserfahrung erforderlich (z.B. als Activity Instructor im Adventure Camp). Norwegen: I.d.R. ist Erfahrung in der Landwirtschaft Voraussetzung. PKWFührerschein ist von Vorteil. Chile: Bei Platzierung auf einem Pferdegestüt oder in einem Reitzentrum sind gute Reitkenntnisse und Erfahrung im Umgang mit Pferden notwendig. Australien/Neuseeland/Kanada: Kostenpflichtiges Working Holiday-Visum und Nachweis über genügend finanzielle Mittel (ca. 5.000 AUD, 4.200 NZD bzw. 2.500 CAD) bei Einreise.

8. Dauer des Aufenthalts:
Australien, Neuseeland, Kanada bis zu einem Jahr (Australien verlängerbar um ein weiteres Jahr). Norwegen, Portugal, Chile: bis zu 6 Monate. Großbritannien: bis zu 10 Monate.

9. Abreisezeitpunkt:
I.d.R. ganzjährig.

10. Anmeldefrist oder Bewerbungsfrist:
Mind. 6-8 Wochen vor Abreise. Europa-Programme: mind. 3-4 Monate vor Abreise.

11. Kosten:
Australien 680 EUR (Start & Fun-Paket ohne Flug), ab 1.530 EUR (Start & Study-Paket ohne Flug), ab 1.520 EUR (Basic-Paket mit Flug), ab 1.670 EUR (Premium-Paket mit Flug) bzw. ab 860 (Farmarbeit). Neuseeland ab 1.330 EUR (Start & Study-Paket ohne Flug), ab 820 EUR (Start & Discover-Paket ohne Flug), ab 1.570 EUR (Basic-Paket mit Flug) bzw. ab 1.720 EUR (Premium-Paket mit Flug). Kanada 720 EUR (Farmarbeit), ab 530 EUR (Starterpaket ohne Flug) bzw. ab 1.730 EUR (Komplettpaket mit Flug). Großbritannien ab 350 EUR. Norwegen ab 740 EUR. Portugal ab 720 EUR. Chile ab 1.020 EUR. Enthaltene Leistungen, z.B. Australien Premium-Paket: u.a. Flugticket Deutschland – Sydney/Brisbane/Melbourne – Deutschland (gültig für 12 Monate), große Auswahl an Flugterminen, routen und -zwischenstopps; detaillierte Hilfestellung bei der Visumsbeantragung; Hilfe bei der Beantragung der Steuernummer und der Eröffnung eines Bankkontos; Transfer vom Flughafen zum Hostel; 2 Hostelübernachtungen mit Frühstück; Job- und Infoworkshop; Beratung und Hilfe bei der Jobsuche; Hilfe beim Erstellen des Lebenslaufs; Zugang zur Jobdatenbank; Nutzung und Hilfe der Partnerbüros in Australien (Internet, Postaufbewahrung uvm.); Mitgliedschaft im YHA-Hostelverband; SIM-Karte; Serviceleistungen auch in Neuseeland und Nutzung des Partnerbüros in Auckland; Zugang zur TravelWorks-Community; 24-Stunden-Notrufnummer (in Australien und Deutschland); Betreuung von einem festen Programmkoordinator vor und während des Aufenthalts.

12. Lohn während des Aufenthalts:
Abhängig vom Programm.

13. Kosten während des Aufenthalts:
Abhängig vom Programm.

16. Bestimmte Staatsangehörigkeit vorausgesetzt:
Australien/Neuseeland/Kanada: Deutsche Staatsangehörigkeit, weitere Staatsangehörigkeiten gerne auf Anfrage. Großbritannien/Portugal/Norwegen/Chile: EU oder Schweizer Staatsbürgerschaft.

17. Länder / Gebiete des Aufenthalts:
Australien, Neuseeland, Kanada, Großbritannien, Portugal, Norwegen, Chile.

CAMP COUNSELOR

„Stärkt auf natürliche Weise den Charakter und die Wertvorstellungen."

ARBEITSAUFENTHALT IM AUSLAND

CAMP COUNSELOR

Ein Summer Camp bietet viel Sport und Freizeitaktivitäten

In den USA und Kanada, aber auch in Ländern Südeuropas sind Summer Camps oder Children's Camps inzwischen weit verbreitet. Kinder und Jugendliche verbringen hier einen Teil der Sommerferien, während ihre Eltern arbeiten oder selbst Urlaub machen. Hilfskräfte für die unterschiedlichen Camps werden über diverse Organisationen vermittelt.

Als Camp Counselor ist man zum Beispiel für die Betreuung der Campteilnehmer im allgemeinen (General Counselor) oder für ihre Freizeitgestaltung im besonderen (Specialist Counselor) zuständig.

Von Vorteil ist es eine Ausbildung in einem pädagogischen Beruf zu haben oder Erfahrungen in der Arbeit mit Kindern und Jugendlichen, beispielsweise im Zeltlager oder bei den Pfadfindern. Voraussetzung ist das jedoch nicht. Ein General Counselor betreut zumeist eine kleine Gruppe während der gesamten Zeit ihres Aufenthaltes (Session). Man ist rund um die Uhr für die Bedürfnisse dieser Kinder/Jugendlichen verantwortlich. Das geht los beim Aufwecken, über gemeinsame Mahlzeiten und Aktivitäten bis hin zur Gute-Nacht-Geschichte und Ins-Bett-Bringen.

Wie bei Work & Travel kann man im Anschluss an die Tätigkeit im Camp noch eine Rundreise durchs Land machen bis das Visum abläuft. Auch hier gibt es Unterstützung, um die Zeit zwischen Arbeitsaufenthalt und der Heimreise optimal zu organisieren. (siehe auch „Erlebnisreisen")

Literaturtipps

Coutellier, Connie:
Camp Is for the Camper: A Counselor's Guide to Youth Development
American Camping Association. 2007.

Richman, Mark S.:
The Ultimate Camp Counsellor Manual:
(How to Survive and Succeed Magnificently at Summer Camp). 2006.

AIFS
American Institute For Foreign Study
Bonn

AIFS *ist eine der ältesten und größten Organisationen für kulturellen Austausch weltweit und ein führender Anbieter im Bereich Jugend- und Bildungsreisen. In den USA haben Sommercamps eine lange Tradition. Es gibt dort über 10.000 Camps, in denen die amerikanischen Kinder ihre Ferien verbringen. Seit 1969 schickt AIFS jährlich tausende internationale Betreuer in diese Camps. Als Camp Counselor kümmerst du dich um das Wohlergehen und den Spaß der Kinder. Die Camps liegen mitten in der Natur, teilweise in Nationalparks. Die Anlagen bieten tolle Sportmöglichkeiten wie Schwimmen, Kanufahren, Angeln, Klettern, Reiten und Bogenschießen. Hinzu kommen z. B. Handwerks- und Computerkurse oder Abende am Lagerfeuer, Bastelworkshops oder selbst einstudierte Musicalaufführungen. Siehe auch unter „Au Pair", „Work & Travel", „Soz. Arbeit/Dienste", „Schule", „Studium", „Sprachreisen" und „Erlebnisreisen".*

2. Name:
AIFS (American Institute For Foreign Study)

3. Anschrift:
Friedensplatz 1, 53111 Bonn

4. Telefon / Telefax / E-Mail / Homepage:
Tel.: +49 (0)228/95730-0, Fax: +49 (0)228.95730-110;
E-Mail: info@aifs.de; www.aifs.de/www.aifs.at/www.aifs.ch

5. Kontakt:
Julia Fallak

6. Alterbegrenzung:
18 bis 35 Jahre

7. Spezielle Voraussetzungen:
gute Englischkenntnisse, spezielle Voraussetzungen je nach Tätigkeit im Camp.

8. Dauer des Aufenthalts:
ca. 9 bis 12 Wochen. Im Anschluss hat der Teilnehmer noch die Möglichkeit, die USA zu bereisen.

9. Abreisezeitpunkt:
zwischen Anfang Mai und Mitte Juni. Das Ausreisedatum ist vom Camp und vom Teilnehmer abhängig.

10. Anmeldefrist oder Bewerbungsfrist:
Ende März des jeweiligen Jahres

11. Kosten:
ab 990 EUR. Im Preis u. a. enthalten: Hin- und Rückflug in die USA, Betreuung und Unterstützung vor der Ausreise und in den USA, Vermittlung in ein Camp, Transfer zum Camp, Unterkunft und Verpflegung im Camp, Taschengeld, Reiseversicherungspaket für die Dauer des Aufenthaltes.

12. Lohn während des Aufenthalts:
Das einmalige Taschengeld liegt zwischen 650 und 1.000 USD (abhängig von Alter und Art der Tätigkeit).

13. Kosten während des Aufenthalts:
private Ausgaben während des Aufenthalts.

16. Bestimmte Staatsangehörigkeit vorausgesetzt:
Camp America ist für Staatsbürger aus Deutschland, Österreich und der Schweiz möglich.

17. Länder / Gebiete des Aufenthalts:
USA

ARBEITSAUFENTHALT IM AUSLAND

„Eine unglaublich charmante Vorstellung."

TOURISMUS

Immer gute Laune und immer schönes Wetter

Der ideale Tag für einen Animateur oder Reiseleiter ist sonnig und voller zufriedener Gäste. Manchmal regnet es jedoch selbst in Südspanien. Die Kinder langweilen sich. Der Ausflugsbus kommt zu spät. Herr Behling kommt zum 5. Mal mit dem gleichen Problem. Oder der Kampf der Handtücher um die besten Liegestühle sorgt für Unmut am Pool. Solche Situationen erfordern echte Animateure oder Reiseleiter: Immer freundlich, immer höflich und immer in Aktion. Der erfahrene Animateur wahrt selbst im größten Stress noch den Überblick und muss eine Lösung für alle Herausforderungen finden. Die Einsatzmöglichkeiten als Animateur sind vielfältig und hängen von den eigenen Fähigkeiten ab. Eine Ausbildung in Gesang, Tanz und Schauspiel sind für Ferienclubs und Feriendörfer sehr hilfreich. Ebenso wie sprachliches Geschick.

Wer diese Herausforderung in der Dienstleistungsbranche an den schönsten Plätzen der Welt annehmen will, findet hier alle wichtigen Informationen.

Literaturtipp

Beckmann, Georg:
Als Animateur ins Ausland - Gästebetreuung weltweit
Interconnections. 2010.

Links und Informationen zum Thema

Jobs auf Kreuzfahrtschiffen
Auf einem Kreuzfahrtschiff sorgt Personal ganz unterschiedlicher
Ausbildungs- und Fachrichtungen rund um die Uhr für ein unbeschwertes Reiseerlebnis.
Kreuzfahrt-Netz: http://www.kreuzfahrt-netz.de/kreuzfahrt-jobs.html

Themenparks
Gezielte Suche nach Kategorien oder allgemein nach Zielen weltweit:
www.parkscout.de/seite/suche

Europa:
www.themeparkcity.com/EURO_index.htm

4 Wochen Paris - Je t'aime!

Ich verbrachte 4 wunderschöne und aufregende Wochen in Paris. Mein Praktikum absolvierte ich im Terrass Hotel Paris an der Rezeption. Meine Arbeitskollegen und mein Vorgesetzter waren sehr nett und haben mir sehr mit der Sprache geholfen und es war einfach genauso, wie ich es mir vorgestellt habe. Die ganze Organisation war unkompliziert und verlief problemlos.

In Paris habe ich schnell sehr viele Leute kennengelernt, da es dort viele deutsche und englische Austauschschüler oder Au-Pairs gibt. Ich habe so gut wie jeden Tag etwas unternommen, da ich so viel wie möglich von Paris sehen wollte. Da man mit der Metro einfach alles erreichen konnte und meine Arbeit und meine Wohnung genau im Zentrum lagen habe ich so gut wie alle wichtigen und schönen Orte (Eiffelturm, Triumphbogen, Sacre-Coeur, Montmartre, Notre-Dame, Louvre, La Défense, Place de la Concorde, ...) in Paris sehen können.

Paris ist einfach eine Reise wert und ich bin echt froh, dass ich mir meinen großen Lebenstraum erfüllen konnte.

Ein Bericht von Marie Luise K., die mit PractiGo unterwegs war.

Der Animateur ist bekannter als der Hoteldirektor

Was kann man als junger Mensch im Animateur-Bereich machen?
Der Animateur ist das Bindeglied zwischen Hotel und Gast. Animateure sind die immer freundlichen Urlaubspartner der Gäste und stehen somit ständig im Mittelpunkt. Sie informieren über die Angebote und Veranstaltungen des Hotels und schaffen mit ihrem Team ein abwechslungsreiches und attraktives Tages- und Abendprogramm. Ob Spiele, Sport, Ausflüge oder Abendshows: Animateure lassen den Urlaub der Gäste zu einem bleibenden Erlebnis werden! Die Gäste animieren bedeutet jedoch nicht, mit der Pappnase eine Polonaise um den Pool zu veranstalten. Wer mitmachen will, macht mit, wer sich unterhalten lassen will, lässt sich unterhalten, und wer in Ruhe gelassen werden will, wird auch in Ruhe gelassen! Aber meistens buchen die Gäste Club- und Aktivurlaub, um aktiv zu werden und um neue Urlaubsfreu(n)de kennen zu lernen.

In der Animation gibt es zahlreiche verschiedene Einsatzbereiche, abhängig von den bisherigen Erfahrungen / Ausbildungen und persönlichen Vorstellungen. Zum Beispiel:

- Chefanimation/Teamleitung
- Kinderanimation
- Sportanimation,
- Fitnessanimation
- Musikanimation

Welche Voraussetzungen sollte man mitbringen?
Sympathie, Kontaktfreudigkeit, Humor und Spontanität verbunden mit Flexibilität, Kreativität und Verantwortungsbewusstsein sind die wichtigsten Eigenschaften um erfolgreich in der Animation zu arbeiten. Man sollte selbstständig arbeiten können und unter Stress und ungewohnten klimatischen Bedingungen belastbar sein. Teamfähigkeit und Teamgeist stellen weitere wichtige Merkmale von einem Animateur dar, denn die Mitarbeiter der Animationsteams verbringen viele Monate ihrer Arbeits- und Freizeit miteinander.

Wie sieht ein typischer Tag aus?
Während der Vorsaison geht es noch relativ ruhig zu. Die Hotels sind nicht ausgebucht und somit bleibt genügend Zeit, sich z.B. mit aufwendigen Bühnenshows auf die Hochsaison vorzubereiten. Ist während der Vorsaison ein Arbeitstag in der Animation mit einem normalen Bürotag von 8 Stunden vergleichbar, so wird in den Sommermonaten schnell der 12-14 Stundentag zur Normalität. Einem ersten Teammeeting in den frühen Morgenstunden folgt die Tagesanimation, welche mit Spielen, Sport und allen erdenklichen Entertainmentangeboten über den Tag verteilt läuft. Die Mittagspause wird nicht selten für Proben genutzt, wenn es nach dem Abendessen für das Animationsteam heißt: It`s Showtime"! Auch wenn danach der Vorhang fällt und viele Gäste ins Bett fallen, für die Animateure steht noch Arbeit in der Disco oder andere repräsentative Aufgaben auf dem Programm. So endet der Arbeitstag dann auch locker mal um 1 Uhr, bevor der Wecker nach 5 Stunden den neuen Tag einläutet.

Wie lebt man vor Ort und gibt es Lohn?
Je nach Arbeitgeber ist man direkt im Hotel untergebracht (Hotelzimmer oder Angestelltenappartements) oder in Unterkünften für Angestellte außerhalb der Hotelanlage. Je nach Arbeitgeber, Saison und Auslastung des Hotels, wohnt man im Einzelzimmer oder maximal mit einem/r weiterem/n Animateur/in zusammen. Die Vergütung richtet sich nach Einsatzort und -dauer sowie den bisherigen Erfahrungen. Darüber hinaus bietet ein guter Arbeitgeber auch immer freie Unterkunft sowie kostenlose Verpflegung an. Meist werden auch die Flug- / Reisekosten durch den Arbeitgeber übernommen.

Was nimmt man mit nach Hause?
Wer als Animateur gearbeitet hat, nimmt nicht nur viele schöne Erlebnisse und Erfahrungen mit nach Hause, sondern erfährt eine Persönlichkeitsentwicklung, für welche viele Menschen Jahre brauchen. Der Animateur ist bekannter als der Hoteldirektor und repräsentiert somit ein Unternehmen. Der ständige Kontakt zu den unterschiedlichsten Menschen, als Gastgeber zu fungieren und dabei mit viel Organisationsgeschick und einem bunt gemischten Team für einen perfekten Urlaub zu sorgen, setzt Eigenschaften voraus, welche sich jeder Arbeitgeber von seinen Angestellten wünscht. Nicht selten findet man ehemalige Animateure in leitenden organisatorischen Positionen wieder, was auch durch ihre ausgeprägte Kommunikationsfähigkeit und dem großem Netzwerk an Bekanntschaften und Freundschaften ermöglicht wurde.

Ich danke Ihnen vielmals für das Gespräch.

Interview mit Amir Tawfik,
Geschäftsführer von Tawfik human resources.

ACTTIV Leisure Projects
Madrid
Spanien

ACTTIV ist die größte Agentur für Animation in Spanien. Mit über 1.000 Animateuren „nehmen wir den Spass sehr ernst" und sind über das gesamte Jahr in allen wichtigen Urlaubsstandorten in Spanien vertreten.
Hier sind 5 Gründe um Acttiv Animateur zu werden:
1. *Reisen ohne Risiko. Kümmer dich nicht um Verpflegung, Unterkunft und Krankenversicherung! All dies ist inklusive und dazu gibt's noch ein Festgehalt.*
2. *Sprachen lernen in einem internationalen Team. Diese Lebenserfahrung geht weit über einen einfachen Kulturaustausch hinaus. Du lebst und arbeitest zusammen mit jungen Leuten aus ganz Europa.*
3. *Dein Hobby zum Beruf machen. Tu was dir Spaß macht! Treibe Sport, spiele, tanze und lerne Leute aus der ganzen Welt kennen.*
4. *Erkenne, dass du keine Limits hast. Niemand fängt das erste Mal als Hotelanimateur an und kann gleich alles. Mit der Zeit wirst du sehen, wozu du fähig bist.*
5. *Eine sehr anerkannte Aufgabe übernehmen. Du trittst auf als Gastgeber, der dafür da ist, den Urlaub jedes einzelnen zu einem unvergesslichen Erlebnis zu machen.*

2. Name:
Acttiv Leisure Projects S.L.

3. Anschrift:
C/ Rufino González 8, 28037 Madrid, Spanien

4. Telefon / Telefax / E-Mail / Homepage:
Tel: 0034 914324363
E-Mail: rrhh@acttiv.es; Homepage: www.animajobs.de
Öffnungszeiten: Mo-Do 09:00-18:00h, Fr 09:00-15:00h
Du findest uns auch bei Facebook und Twitter!

5. Kontakt:
Alexander Saalfeld

6. Altersbegrenzung:
18-32 Jahre

7. Spezielle Voraussetzungen:
- Du bist über 18 Jahre alt, EU Bürger und bist für mind. 4-6 Monate verfügbar?
- Du sprichst mind. 2 Sprachen (eine davon Englisch)?
- Du bist sportlich, vielseitig und kontaktfreudig?
- Du arbeitest gern mit Menschen oder spielst auch mal den Clown fur Kinder?
- Du bist kreativ, extrovertiert und hast Spaß an Theater und Tanz?
- Du hast bereits Erfahrung als Animateur oder hast Lust dich in diese Richtung weiterzubilden?

8. Dauer des Aufenthalts:
Min. 4 Monate – Open End

10. Anmeldefrist oder Bewerbungsfrist:
Ganzjährig

11. Kosten:
Reisekostenzuschuss nur in Ausnahmefällen und bei internen Einsätzen. Unser Online-Kurs ist für Einsteiger obligatorisch (180 EUR). Der Kurs bringt eine Einstellungsgarantie mit sich.

12. Lohn während des Aufenthalts:
Kost und Logis frei, plus min. 800 EUR Netto (für Einsteiger). Erfahrene Animateure können bis zu 1300 EUR Netto verdienen.

16. Bestimmte Staatsangehörigkeit vorausgesetzt:
EU Staatsangehörigkeit oder vergleichbare Arbeitserlaubnis für Spanien.

17. Länder / Gebiete des Aufenthalts:
Spanien: Balearen, Kanaren, Festlandküste

Club Med ⚕ Club Med Frankreich

Seit 1950 ist Club Med mit 80 Club-Resorts in der ganzen Welt und einem Kreuzfahrtschiff die Referenz für gehobenen all-inclusive-Urlaub. Unser Erfolg beruht auf unserem Engagement für die Zufriedenheit unserer Gäste, die sich bei uns glücklich und wohl fühlen sollen. Um dieses Ziel der optimalen Zufriedenheit zu verwirklichen, stützt sich Club Med voll und ganz auf die Erfahrung und das Können seiner Mitarbeiter, G.O. (Gentils Organisateurs) und G.E. (Gentils Employés), an die hohe Ansprüche gestellt werden. Club Med sucht bei seinen Mitarbeitern nach mehr als Talent und Erfahrung, er sucht nach echten Persönlichkeiten, die bereit sind, sich voll und ganz in ihre Tätigkeit, ihren Beruf einzubringen.

2. Name:
Club Med

3. Anschrift:
132, rue Bossuet
69458 Lyon Cedex 06
Frankreich

4. Telefon / Telefax / E-Mail / Homepage:
Telefon: 0033 (0) 4 72 83 28 53
Telefax: 0033 (0)4 72 83 28 61
E-Mail: lisa.lebloas@clubmed.com
Homepage: www.clubmedjobs.com

5. Kontakt:
Frau Lisa Le Bloas

6. Altersbegrenzung:
Ab 18 Jahren

7. Spezielle Voraussetzungen:
Je nach Job Erfahrungen und / oder Diplome
Französisch und Englisch Kenntnisse

8. Dauer des Aufenthalts:
Zwischen 4-8 Monaten; Kurzzeiteinsätze während der Schulferien in der Kinderbetreuung möglich

9. Abreisezeitpunkt:
Wintersaison ab ca. Dezember
Sommersaison ab März/April

10. Anmeldefrist oder Bewerbungsfrist:
Einstellungen ganzjährig

11. Kosten:
Reisekosten werden vom Club Med übernommen, Unterbringung und Verpflegung im Resort gegen Kostenbeitrag

12. Lohn während des Aufenthalts:
Gehalt je nach Profil und Erfahrung. Unterbringung und Verpflegung im Resort gegen Kostenbeitrag

17. Länder / Gebiete des Aufenthalts:
Rund ums Mittelmeer (Sommersaison) und französische oder schweizerische Alpen (Wintersaison)

PractiGo GmbH
Bremen

PractiGo®
Sprachen erleben

Du möchtest in die Hotel- oder Tourismusbranche einsteigen? Gerne vermitteln wir Dir eine Stelle als Aushilfskraft in einem Hotel. Deine Tätigkeitsbereiche richten sich nach den Bedürfnissen des Arbeitgebers sowie Deinen persönlichen Stärken. Als Hilfskraft wirst Du überwiegend in den Bereichen Bar und Restaurant, Zimmerservice, Küche, Kundenempfang oder in der allgemeinen Assistenz eingesetzt.
Siehe auch unter „Praktika" und „Work & Travel"

2. Name:
PractiGo GmbH – Sprachen erleben

3. Anschrift:
PractiGo GmbH
Neidenburger Str. 9
28207 Bremen

4. Telefon / Telefax / E-Mail / Homepage:
Tel: 0049 (0) 421 408977 - 0
Fax: 0049 (0) 421 408977 - 60
E-Mail: info@practigo.com
Homepage: www.practigo.com

5. Kontakt:
Das gesamte PractiGo-Team steht Dir für Fragen zur Verfügung.

6. Altersbegrenzung:
Mind. 18 Jahre

7. Spezielle Voraussetzungen:
Sprachlich: Gute Kenntnisse der Landessprache oder Teilnahme an einem Sprachkurs vor Ort vor der Hotelarbeit.
Fachlich: Keine speziellen Voraussetzungen. Praktische Erfahrungen jedoch von Vorteil.

8. Dauer des Aufenthalts:
4-52 Wochen. Je nach Land können Mindest- und Maximaldauer variieren.

9. Abreisezeitpunkt:
Das ganze Jahr über. Starttermine können individuell festgelegt werden.

10. Anmeldefrist oder Bewerbungsfrist:
Mind. 2-3 Monate vor gewünschtem Abreisedatum.

11. Kosten:
Beispielpreise inkl. Unterkunft und Verpflegung: 8 Wochen Argentinien 600 EUR; 8 Wochen Frankreich: 945 EUR

12. Lohn während des Aufenthalts:
Teilweise Kost und Logis frei oder Vergütung

13. Kosten während des Aufenthalts:
Ein Taschengeld sollte eingeplant werden. Unterkunft und Verpflegung teilweise inklusive.

14. Finanzielle Förderung:
Tipps zu externen Fördermaßnahmen: www.practigo.com

16. Bestimmte Staatsangehörigkeit vorausgesetzt:
Programm in Argentinien und Chile: Alle Nationalitäten möglich. Programm in Frankreich, Großbritannien, Kanada und Spanien: für EU-Bürger und Schweizer möglich.

17. Länder / Gebiete des Aufenthalts:
Argentinien, Chile, Frankreich, Großbritannien, Kanada und Spanien

Tawfik human resources
Köln

Als erste offiziell legitimierte Vermittlungsagentur durch die Bundesanstalt für Arbeit vermitteln wir seit 1997 Traumjobs im Tourismus mit dem Schwerpunkt Animation. Bei unseren Jobangeboten handelt es sich ausschließlich um geprüfte Beschäftigungen, die unsere hohen Mindestanforderungen erfüllen und dir somit deinen Traumjob bei einem marktführenden Unternehmen garantieren. Mit einer einzigen Bewerbung auf unserer Internetseite www.tawfik.de bekommst du ausgesuchte Jobangebote von namhaften nationalen und internationalen Arbeitgebern, die deinen Vorstellungen und Erfahrungen entsprechen. Unser Service ist für Bewerber vollkommen kostenfrei und unverbindlich!

2. Name:
Tawfik human resources

3. Anschrift:
Weilerweg 8
50765 Köln

4. Telefon / Telefax / E-Mail / Homepage:
Telefon: +49 (0)221 - 979 31 33
Fax: +49 (0)221 - 979 31 34
Web: www.tawfik.de
Mail: info@tawfik.de

5. Kontakt:
Herr Amir Tawfik

6. Altersbegrenzung:
ab 18 Jahre

7. Spezielle Voraussetzungen:
Du - bist zuverlässig & nett
    - sprichst min. 2 Sprachen
    - bist kreativ & sportlich
    - bist ein fröhlicher Mensch

8. Dauer des Aufenthalts:
zwischen 4 - 8 Monate. Kurzzeiteinsätze während der Schulferien möglich.

10. Anmeldefrist oder Bewerbungsfrist:
ganzjährig

11. Kosten:
Übernahme der Reisekosten durch den Arbeitgeber, kostenlose Unterbringung

12. Lohn während des Aufenthalts:
Kost und Logis frei, fester Arbeitsvertrag nach EU-Recht inkl. Kranken- und Sozialversicherung, Gehalt zwischen 700 - 1600 EUR netto pro Monat, je nach Erfahrung und Einsatzbereich

16. Bestimmte Staatsangehörigkeit vorausgesetzt:
EU-Staatsangehörigkeit

17. Länder / Gebiete des Aufenthalts:
Weltweit. Schwerpunkt Mittelmeerländer (Spanien, Griechenland, Ägypten etc.)

Tui Service AG Schweiz

Wer sein Talent und seine Kreativität zum Beruf machen will, findet im Bereich TUI Animation die richtige Herausforderung. Viel Spass unter der Sonne, aber auch harte Arbeit und eine echte Schule fürs Leben! Die Aufgaben:
Kinderanimateur
Die Experten für die liebevolle Betreuung der Vorschul- und Schulkinder bis 12 Jahre.
Sport- und Kinderanimateur
Die Sport-, Spiel- und Spaß-Fraktion - für Erwachsene und natürlich die ganze Familie.
Fitness- und Kinderanimateur
Ausgebildete Fachkräfte (Aerobic-B-Lizenz) für ein ausgewogenes Fitness- und Aerobicprogramm.

2. Name:
TUI Service AG

3. Anschrift:
Tiergartenstr. 1
CH-8852 Altendorf

4. Telefon / Telefax / E-Mail / Homepage:
Tel: +41/55/4516 737
Fax: +41/55/4516 759
E-Mail: info@tui-service.com
Homepage: www.tui-service.com
Öffnungszeiten: Mo.- Fr. 9.00 – 18.00 Uhr

6. Altersbegrenzung:
Zwischen 20 und Anfang 30 Jahre

7. Spezielle Voraussetzungen:
Erfahrung im Bereich Kinder- und Jugendbetreuung, Animation, Sport, Tanz oder Theater.
Differenzierte Anforderungsprofile findet man unter www.tui-service.com

8. Dauer des Aufenthalts:
Animation ist Saisonarbeit.
Die meisten Einsatzmöglichkeiten gibt es in der Sommersaison von März bis Oktober. Doch auch während der Saison gibt es Chancen, kurzfristig als Saisonverstärkung oder Aushilfe einzusteigen. Und auch in der Wintersaion (Dezember bis April) vermitteln wir Animateure.

9. Abreisezeitpunkt:
siehe Punkt 8.

10. Anmeldefrist oder Bewerbungsfrist:
Beste Chancen haben Bewerber zwischen September und Dezember für den darauf folgenden Sommer.

11. Kosten:
Reisekosten, Unterbringung und Verpflegung übernimmt die TUI Service AG

12. Lohn während des Aufenthalts:
Ab 1.200 CHF/ ca. 800 EUR bei freier Kost und Logis.

16. Bestimmte Staatsangehörigkeit vorausgesetzt:
Alle können teilnehmen

17. Länder / Gebiete des Aufenthalts:
Die Ferienwelten der TUI Beteiligungshotels liegen hauptsächlich rund ums Mittelmeer, auf den Kanaren, am Schwarzen und Roten Meer. Doch auch in Deutschland, Italien, der Schweiz und Österreich befinden sich ausgezeichnete Hotels.

ARBEITSAUFENTHALT IM AUSLAND

JOBSUCHE IM AUSLAND

„Networking, wie funktioniert das?"

Mehr als ein Praktikum

Jemand, der in einem anderen Land gelebt hat, beweist, dass er flexibel, mobil und Fremden gegenüber aufgeschlossen ist. Zusammen mit den erworbenen Sprachkenntnissen sind dies beste Empfehlungen für die weitere Karriere. Wenn man sich auf eigene Faust um eine Stelle kümmert, gibt es viel zu organisieren.

Hier sind einige hilfreiche Tipps, was man wo zu beachten hat. Anhand der drei ausgewählten Beispiele London, Dubai und Shanghai lässt sich der unterschiedliche Aufwand für einen selbst organisierten Auslandsaufenthalt gut abschätzen. In Europa besteht das Risiko eigentlich nur in den Kosten des Rückflugtickets. Falls man vor Ort nicht Fuß fassen kann oder keinen Praktikumsplatz findet, war es eben ein schöner Urlaub.

Eine der beliebtesten Städte, um Englisch zu lernen, ist London. Und für diejenigen, die bereits gute Englischkenntnisse besitzen, sind in England die Barrieren für einen kurzfristigen Arbeitsaufenthalt, verglichen mit anderen Ländern (auch in der EU), am geringsten. Hin- und Rückflug sind günstig und als EU-Land gibt es hier keine Visumpflicht oder komplizierte Arbeitserlaubnisverfahren. Und man kann sogar kurzfristig Jobs finden. Viele europäische Jugendliche verfolgen das gleiche Ziel, deshalb ist in London immer eine fröhlich bunte Mischung an jungen Leuten anzutreffen.

Wer es exotischer mag, kann sich inzwischen auch nach Dubai vermitteln lassen. Die Boomtown im Mittleren Osten macht mit vielen Superlativen von sich Reden und ist sicherlich eine interessante Alternative zu London.

In Asien bietet die blühende chinesische Hafenstadt Shanghai gute Voraussetzungen, um seine Englischkenntnisse aufzubessern. Für einen Arbeitsaufenthalt in diesen Metropolen sind die Vorbereitungen allerdings wesentlich aufwendiger.

Mit den folgenden Tipps lässt sich die ganz persönliche Checkliste für die Traumreise ins Ausland erstellen.

„Zu Anfang mag es recht schwer für dich sein, aber das wird sich schnell ändern."

Andreas stürzte sich seines Freundes zuliebe, der sich als Ingenieur sehr für Windenergie interessiert, auf die dänische Sprache. Århus ist das Zentrum der europäischen Windmühlenindustrie, wo sein Freund eine Arbeit bekam.

Ich war meine Arbeit als Krankenpfleger in Hannover leid. In Deutschland hat man im Gesundheitswesen noch mehr Einsparungen vorgenommen als in Dänemark und die Arbeitsbedingungen sind deshalb nicht besonders gut. Ich hatte die Möglichkeit zu meinem Freund zu ziehen und dort Arbeit zu bekommen, wenn ich nur Dänisch beherrsche. Ich fand aber zuerst nur Kurse mit max. 3 Stunden Unterricht pro Woche, aber ich brauchte einen Intensivkurs. Es war ein Zufall, dass ich von der Højskolen Østersøen hörte. Das kam durch meinen Bruder in Berlin, dessen Bekannter hier einmal einen Kurs besucht hatte. Ich rief hier an und sie hatten glücklicherweise noch einen Platz frei in dem Kurs, der im Januar beginnen sollte.

4 Monate später begann Andreas seine Arbeit als Krankenpfleger in Århus. Obwohl er viel Dänisch gelernt hatte, ging er an seinem ersten Tag mit einem flauen Gefühl im Magen zur Arbeit. Es ist aber alles gut gegangen.

Ich habe sehr gute KollegInnen, die sehr nett und hilfsbereit sind. Außerdem ähneln sich die medizinischen Fachbegriffe auf Deutsch und Dänisch, so dass es keine größeren Probleme gibt.

Aus einem Bericht von Andreas,
der nach einem Dänisch-Intensivkurs,
eine Stelle in Dänemark fand.

Eine kleine Checkliste zur Jobsuche im Ausland:

Für 3 Monate, 3 Jahre – oder länger. Wenn ein Job im Ausland gesucht wird, gibt es einiges zu klären. Hier ist eine kleine Anleitung:

1. Sprachkenntnisse.

Obwohl Deutsch in vielen Ländern als Fremdsprache gesprochen bzw. verstanden wird, läuft das (Berufs-)Leben dort meistens in irgendeiner lokalen Sprache, und es wird somit auch erwartet, dass zukünftige Arbeitnehmer bereits die jeweilige Sprache beherrschen oder dazu willig sind, es zu lernen. Ein wichtiger Teil der Jobsuche im Ausland ist deswegen, sich auch sprachlich vorzubereiten und einen Sprachkurs zu besuchen, wenn Sprachkenntnisse fehlen oder verbesserungsbedürftig sind. Viele Volkshochschulen haben Sprachkurse im Programm, sowie in fast jeder größeren Stadt gibt es Sprachinstitute, an denen die Grundlage gelegt werden kann. Eine gute Anlaufstelle sind auch die Kulturinstitute (s. Seite 328).

2. Zeugnisse und Bewerbungsunterlagen.

Unterlagen sollten am besten in der Landessprache ausgestellt sein, in der die Jobsuche stattfindet. Sonst in englischer Sprache. Es ist eine gute Idee, die Daten sowohl in Papierform als auch als Datei für online-Bewerbungen zu haben. Obwohl es von Land zu Land kulturelle Unterschiede gibt, wie die Dokumente präsentiert werden sollen, genügt in der Regel ein tabellarischer Lebenslauf für die Erstansprache und weitere Unterlagen werden erst auf Verlangen vom potentiellen Arbeitgeber nachgereicht. Hierzu gibt es gute Ratgeber im Internet und in Buchform.

3. Infos über alle Aufenthaltsformalitäten sammeln (Visum, Arbeitserlaubnis).

Hier sind die Botschaften bzw. Konsulate des Ziellandes sowohl online als auch offline die zentralen Anlaufstellen. Wichtig ist, dass die konsularen Formalitäten vor der Abreise geklärt sind, damit man nicht in Gefahr gerät, versehentlich als illegale Arbeitskraft einzureisen.

4. Sozialversicherungsfragen klären (Kranken-, Arbeitslosen- und Rentenversicherung).

Besonders für längere Auslandsaufenthalte ist es sinnvoll zu klären, ob z.B. eine Zusatzkrankenversicherung möglich oder notwendig ist (oder ob eine separate Versicherung im Ausland abgeschlossen werden soll). Das gleiche gilt für die anderen Versicherungen – es ist zu klären, welche Folgen so ein Auslandsaufenthalt hat. Die Sozialbehörden sowie der Arbeitgeber im Zielland können auch behilflich sein, welche Sozialversicherungen dort abgeschlossen werden müssen.

5. Die Arbeitsbedingungen im gewünschten Aufenthaltsland untersuchen.

Für die Jobsuche sind Jobbörsen im Internet, sowie Tageszeitungen im Zielland, die in der Regel auch Ihre Jobsektionen mit Stellenanzeigen ins Netz stellen sehr gute Anlaufstellen. Darüber hinaus können die Internationalen Beratungsstellen (wie ZAV) der Arbeitsagentur hierzulande, sowie die entsprechenden nationalen Agenturen im Ausland bei der Jobsuche helfen. Neben der Jobsuche ist auch zu klären, wie es mit Arbeitsverträgen und Lohnniveau aussieht. Kann man von der Arbeit leben und wie sieht es mit Arbeitszeit und Kündigungsfristen aus.

6. Infos über die Lebensbedingungen, wie etwa Unterbringung, Lebenshaltungskosten etc.

Auch die Wohnsituation muss geklärt werden. Manchmal ist eine Wohngemeinschaft für den Anfang eine gute Lösung, sowie Jugendherberge oder Mietwohnung auf Wochen- oder Monatsbasis. Wichtig ist vorab zu klären, ob genügend finanzielle Mittel für den Anfang vorhanden sind, bis das erste Monatsgehalt auf das Konto kommt.

7. Infos über das kulturelle und soziale Leben im Zielland.

Zeitungen und Zeitschriften lesen. Viele Städte oder Orte haben auch ihre eigenen Websites mit Informationen über lokale Veranstaltungen. Für das schnelle Einleben und damit auch Wohlfühlen in der neuen Heimat auf Zeit ist es wichtig, offen gegenüber den Einheimischen und ihrer Kultur zu sein – hierzu gehört auch wie oben genannt, sich mit der Sprache vertraut zu machen. Das Interesse und die Offenheit werden dann in der Regel sehr schnell gegenseitig.

8. Deutsche Vertretungen und Netzwerke für die Jobsuche und das Einleben.

Jeder Anfang ist einfacher, wenn jemand gefragt werden kann, der alles schon durchgemacht hat und sich vor Ort auskennt. Es gibt überall auf der Welt Netzwerke für deutschsprachige im Ausland – im Internet wie z.B. www.german-expat oder ganz altmodisch in Form eines Stammtisches in einem Café irgendwo im Ausland, wo man sich ab und zu trifft. Auch die deutschen Vertretungen und deutschen Kirchengemeinden im Ausland können hilfreich sein (s. Kapitel „Wichtige Kontakte").

9. Ist die Dauer des Auslandsaufenthaltes geklärt, und wie geht es nach der Rückkehr weiter ?

Anmeldefristen für den weiteren Ausbildungs- oder Studienverlauf nicht vergessen. Ist es evtl. möglich sich aus dem Ausland anzumelden, können die Formalitäten vor der Abreise gemacht werden – oder muss eine Rückreise während des Aufenthalts für eine Anmeldung geplant werden. Wie sieht es mit der Jobsituation nach der Rückkehr aus, wenn man bereits auf dem Arbeitsmarkt ist. Geht es zurück in den alten Job mit neuen Fähigkeiten (Sprachkenntnisse, neue -interkulturelle- Fähigkeiten) oder gibt es die Möglichkeit, den Beruf dank des Auslandsaufenthaltes ganz zu wechseln.

Siehe auch die Checklisten auf den Seiten 316 und 317

Links und Informationen zum Thema

ESS Europe ist eine Übersicht von über 300 europäischen Jobbörsen. Die Jobbörsen sind nach Ländern unterteilt. Zusätzlich findet man weiterführende Informationen zu den Gesundheitssystemen ausgewählter Länder. ESS-Europe dient als erste Anlaufstelle für Personen, die eine Karrierestation im europäischen Ausland planen.
Homepage: www.ess-europe.de/jobs/

DIA e.V. ist ein Verein zur Unterstützung deutschsprachiger Reisender weltweit und bietet Hilfe sowie Beratung für Deutsche und deren Angehörige, die sich vorübergehend oder für längere Zeit aus privaten oder beruflichen Gründen im Ausland aufhalten.
Homepage: www.deutsche-im-ausland.org

Literaturtipps

Buchspieß, Andrea:
Langzeitreisen. Auslandsaufenthalte gekonnt organisieren
Reise Know-How Rump GmbH. 2007

Schürmann, Klaus und Mullins, Suzanne:
Die perfekte Bewerbungsmappe auf Englisch: Anschreiben, Lebenslauf und Bewerbungsformular - länderspezifische Tipps
Eichborn. 2008.

Arbeiten in London

London ist eine pulsierende Großstadt mit unbegrenzten Möglichkeiten. Die Jobangebote richten sich ganz nach den eigenen Fähigkeiten. Wer Jobs auf eigene Faust sucht sollte allerdings etwas mehr als Grundkenntnisse der Landessprache besitzen.

Wohnen in London
London ist in mehrere Transportzonen aufgeteilt (1,2,3,4,5 ..). Je weiter man von dem Stadtzentrum (Zone 1) entfernt wohnt, desto niedriger ist die Miete. Dafür sind die Fahrtkosten dementsprechend höher. Es gibt die sogenannten „Live-in" Jobs. Hier werden Wohnmöglichkeiten zusammen mit dem Job angeboten. Typisch sind Jobs in der Gastronomie- und Hotelbranche. Man teilt sich ein Zimmer oder Maisonnette mit anderen Kollegen. Der Vorteil ist, dass die Wohnungssuche entfällt. Die Mahlzeiten sind meist inklusive, und die Miete ist relativ niedrig. Der Nachteil ist allerdings: Ist man plötzlich den Job los, ist man auch die Unterkunft los. Die Wohnsituation in London ist sehr angespannt. Es ist vor allem schwierig eine günstige Unterkunft für kurze Zeit zu bekommen. Daher ist es von Vorteil, schon vor Abreise einige Adressen zu haben. Ein guter Ausgangspunkt sind Hostels - also Jugendherbergen. Dort lernt man schnell andere Leute kennen, und kann eventuell eine WG (Flatshare) bilden und die Kosten teilen. Die Hostels haben ein sehr unterschiedliches Niveau. Oft teilt man ein Zimmer mit 4-5 Leuten. Frühstück ist nicht immer inklusive.

Linkliste Hostels in London:
www.hostelworld.com, www.hostelscentral.com, www.hostelz.com

Behördengang
Krankenversicherung
Die Krankenversicherung bzw. National Health Insurance wird über die Steuer vom Lohn abgezogen. Man benötigt dafür eine National Health Insurance Number bzw. NI Number, die man beim nähesten Social Security Office erhält. Weitere Informationen zur NIN, auch zur Erteilung einer vorübergehenden NIN (höchster Steuersatz) erteilt das Jobcentre Plus office:
Homepage: www.gov.uk/apply-national-insurance-number

Aufenthaltserlaubnis,
Residence Permits, benötigt man als EU Bürger erst, wenn der Aufenthalt länger als 3 Monate dauert. Voraussetzung dafür ist entweder ein Job und/oder dass man sich selbst versorgen kann. Adresse: Home Office, Immigration and Nationality Directorate, Lunar House, 40 Wellesley Road, Croydon CR9 2BY. Tel.: +44 (0) 114 207 4074, Fax: +44 (0) 114 207 4000,
Homepage: https://www.gov.uk/government/organisations/uk-visas-and-immigration

Von den meisten Arbeitgebern wird ein Bankkonto für die Lohnauszahlung gefordert. Es ist aber oft sehr kompliziert, als Ausländer ein Bankkonto in London zu eröffnen. Deswegen ist es hilfreich, eine Empfehlung (also einen kurzen Brief) von der eigenen Bank in Deutschland mitzubringen, in der die Bank die Bonität bestätigt.

Treffpunkte für Deutsche in London
Stammtische, Networkingmöglichkeiten - oder wo man in London eine echte Berliner Currywurst kaufen kann....Es gibt viele gute Gründe, warum sich viele Deutsche und deutschsprachige in Foren oder vor Ort in London treffen.

Die Deutsche Community
Londons größtes Web-Forum für Deutschsprachige (kostenlose Anmeldung). Austausch über Themen wie: Leben in London, Anregungen, Probleme, Wohnung gesucht.
Homepage: http://www.deutsche-in-london.net/forum/

The London Expat German Meetup Group
Ein monatliches Treffen für Deutsche und Deutschsprachige, die gerne Kontakte knüpfen möchten und Erfahrungen in und um London austauschen wollen. Hier gibt es übrigens auch Infos zu weiteren Expat German Meetup Groups im Ausland.
Homepage: https://www.meetup.com/de-DE/topics/expatgerman/gb/17/london/

Arbeitssuche in London
Welchen Job man finden kann, hängt einerseits vom Lebenslauf (Zeugnisse in englischer Sprache) und den persönlichen Fähigkeiten, andererseits von den englischen Sprachkenntnissen ab. Die meisten Studentenjobs findet man in der Hotel oder Fast Food Branche. Sie sind ein guter Anfang, um die Lebenshaltungskosten zu decken und, sofern man eigentlich etwas anderes machen möchte, in Ruhe einen passenden Job zu finden.

Pubs und Sandwich Shops
Kleine Läden (z.B. Thresher, Nicolas, Oddbins)
Ketten (z.B. Starbucks, Café Nero, Fresh´n Wild)
Agenturen für Sicherheitsservice

Tageszeitungen und Internet
Sucht man einen bestimmten Job, der zu der Ausbildung und den eigenen Fähigkeiten passt, sind die Tageszeitungen eine gute Quelle. Oft haben Zeitungen ihre Stellenanzeigen auch im Internet. Dadurch ist es möglich, schon vor Abreise die ersten Bewerbungen zu schreiben, oder Kontakte zu knüpfen.

Evening Standard (Gebiet London)
Montag:	Accountancy & Finance; Public, Health, Charities & Environment; Secretarial & Office
Dienstag:	Catering & Hotels; Construction & Property; Fashion, Design & Tailoring; Media, Marketing & Sales; Secretarial & Office
Mittwoch:	Computing, Internet & Telecoms; Construction & Property; Engineering, Science & Technology; Media, Marketing & Sales
Donnerstag:	Construction & Property; Media, Marketing & Sales; Secretarial & Office
Homepage:	http://independentjobs.independent.co.uk/

The Guardian Newspaper (GB gesamt)
Montag:	Media; Marketing & Sales; Secretarial & Office
Dienstag:	Education
Mittwoch:	Public; Health; Charities & Environment
Donnerstag:	Computing, Internet & Telecoms; Engineering, Science & Technology
Homepage:	http://jobs.theguardian.com/?INTCMP=NGW_TOPNAV_UK_GU_JOBS

Weitere Job-Seiten online sind:
(z.B. www.eurolondon.com, www.languagematters.co.uk, www.arbeiten-in-england.de).

Personalvermittlungsagenturen sind in Zeitschriften wie, Time Out, Schmidt-Magazin, Nine to Five, MS London und TNT Magazine aufgelistet. Die Zeitschriften sind in den meisten Bahnhöfen und U-Bahnstationen Montag und Dienstag erhältlich.

Auch die Arbeitsagentur in Großbritannien - Jobcentre Plus kann hilfreich bei der Jobsuche sein. 68 Niederlassungen, verteilt auf 6 London-Distrikten,
Homepage: www.get-uk-jobs.com/London-job-centres.html

Arbeiten in Dubai

Wer risikofreudiger ist, nicht kommunikationsscheu und sich gut organisieren kann, der findet vielleicht an Dubai gefallen: internationale Drehscheibe der Kulturen und Businessworld.

Wohnen in Dubai
Dubai - jobben und leben zwischen Beduinenzelten und futuristischen Wolkenkratzern. Mit Bewohnern aus dem Osten und dem Westen und etwa nur 30% emiratische Staatsangehörige ist Dubai ein wahres Beispiel interkulturellen Zusammenlebens.

Die Wohnungssuche in Dubai gilt als eine der schwierigsten Aufgaben. Der Wohnungsmarkt in Dubai ist hart umkämpft und dementsprechend schwierig kann es sich gestalten, eine adäquate Bleibe zu finden. Das Preis-Leistungsverhältnis stimmt in den seltensten Fällen. Man sollte mindestens 500-600 EUR pro Monat für Mietkosten einplanen. Viele Praktikanten und Arbeitnehmer in Dubai gründen deshalb auch Wohngemeinschaften. In jedem Fall empfiehlt es sich den Arbeitgeber zu Rate zu ziehen, die entsprechenden Kontakte sind durch frühere Praktikanten und Mitarbeiter oft schon vorhanden und so kann man sich einiges an Mühe ersparen. Falls man vor der Abreise keine Zusage für eine Wohnung erhalten hat, empfiehlt es sich, die Jugendherberge in Dubai aufzusuchen. Hier findet man preiswerte Unterkünfte für den Anfang:

https://www.hihostels.com/de/destinations/ae/hostels
www.hostelworld.com

Behördengang
Visum, Versicherungen und Co.
Ein Visum ist für die VAE / Dubai erforderlich. Wer ohne Arbeitsvisum arbeitet und den Behörden gemeldet wird, wird im besten Fall des Landes verwiesen. Firmen die Arbeitnehmer ohne gültiges Visum anstellen, werden zudem auch bestraft. Deutsche Staatsbürger, die als Touristen oder geschäftlich reisen, erhalten ein Visum gebührenfrei bei Einreise, gültig für 1 Monat Aufenthalt. Da man als Praktikant ja vor hat in den VAE zu arbeiten, ist offiziell ein Arbeitsvisum zu beantragen. Die Beantragung muss vom Arbeitgeber in den VAE auf den Weg gebracht werden, d.h. man sollte eine ausreichende Vorlaufzeit vor Arbeitsbeginn einplanen. In der Praxis wird dies auch abweichend gehandhabt. Hierzu sollte man sich mit dem Arbeitgeber in Verbindung setzen.

Die Botschaft der VAE befindet sich in Berlin und ist zum Thema Arbeits- und Aufenthaltsrecht der erste Ansprechpartner:

Botschaft der Vereinigten Arabischen Emiraten in Berlin:
Hiroschima Str. 18-20, 10785 Berlin
Tel.: 0049-30-516 51-6
Fax: 0049-30-516 51-900
Email: berlin@uae-embassy.de
Homepage: www.uae-embassy.de

Krankenversicherung
Es empfiehlt sich in jedem Falle vor der Abreise die entsprechenden Versicherungen abzuschließen. Ist man erst einmal im Ausland, gestaltet sich dies oft sehr teuer und kompliziert.

Arbeitssuche in Dubai

Die Arbeitsbedingungen sind in Dubai und Deutschland sehr unterschiedlich. Einige deutsche Handwerker sind wegen des im Vergleich weit niedrigeren Lohnniveaus im Baugewerbe enttäuscht nach Deutschland zurückgekehrt. Andererseits gibt es auf Ölplattformen gute Verdienstmöglichkeiten. Bei Interesse an einer besonderen Branche ist die Firmendatenbank von Kompass hilfreich. Entweder als CD-ROM (Gibt es in vielen großen Bibliotheken, wo man auch in Ruhe suchen kann) oder online abrufbar unter: http://ae.kompass.com/en/b/business-directory/

Sucht man Jobs in der Hotel- und Gastronomiebranche, bieten sich gute Möglichkeiten: Kempinski, Ritz-Carlton oder Hilton. Sie sind alle in den Vereinigten Arabischen Emiraten. Natürlich gibt es auch Jobs im berühmtesten Hotel Burj al Arab („Turm der Araber"). Man kann entweder vorab auf dem Jobportals der Arbeitgeber stöbern, oder die Suche durch eine Vermittlungsagentur organisieren lassen.

http://www.jumeirah.com/en/jumeirah-group/jobs-with-jumeirah/
http://www.emiratesgroupcareers.com/english/about/companies/Default.aspx
http://www.marriott.com/ritz-carlton-careers/default.mi?stop_mobi=yes

Für Studenten und Berufeinsteiger ist ein Praktikum ein guter Anfang
http://www.ihipo.com/
http://www.careerjet.ae/internship-jobs/dubai-123161.html

Tageszeitungen im Internet
Z.B. https://getthat.com/?vertical=jobs/jobs/rl-united-arab-emirates/

Jobbörsen und Personalvermittlungsagenturen in Internet
www.hotelcareer.de - für Jobs in Hotels (auch weltweit)
www.hallodubai.com/jobs.html

Treffpunkte für Deutsche
http://www.meetup.com/de-DE/Stammtisch-Dubai/
Für deutschsprechende. Man trifft sich meistens in einer Kneipe oder einem Restaurant, wo über alles was es gibt geplaudert wird.

Deutsche Communities in Internet und in Dubai
www.fernwehforum.de
(Link: dubai-forum-arabische-welt-forum)
www.dubai-report.de/forum/

www.hallodubai.com liefert auch allgemeine Informationen und Insidertipps über Dubai. Hier findet man Angebote von möblierten Wohnungen bis zu Infos über die Herrscherfamilie.

Arbeiten in Shanghai

Man sollte keine Platzangst und Kontaktschwierigkeiten haben, wenn man sein Glück in Shanghai sucht. Aber man findet eine der am schnellsten wachsenden Metropolen der Welt, ein Mekka für Architektur und Kultur.

Wohnen in Shanghai

Shanghai - teuerste Stadt in China, aber dennoch ist Wohnen im Durchschnitt günstiger als in Deutschland. Menschenmassen auf engstem Raum, exotisches Essen – aber immer ein McDonalds oder Starbucks in der Nähe. Die Miete für eine Wohnung kostet etwa 300 Yan, viele Ausländer wohnen aber anfangs meistens in einer WG. Für Studenten gibt es Studentenunterkünfte - Hochbett und darunter einen Schreibtisch. Man teilt sich ein Zimmer mit bis zu 4 Mitbewohnern.

Behördengang
Visum, Versicherungen und Co.

Anlaufstelle: Bürgerservice der Stadt Shanghai. Auf der Website der Stadt Shanghai sind jetzt auch Informationen für ausländische Bewohner zur Beantragung von chinesischen Visa und Aufenthaltserlaubnissen in englischer Sprache abrufbar.
http://www.shanghai.gov.cn/shanghai/node27118/

Alle Praktikanten/Studenten müssen mit einem L- (Tourismus) oder F- (Business) Visum nach China einreisen. Das F-Visum wird für Geschäftsreisen, Praktika und kurze Studienreisen benötigt. Der Hauptunterschied zwischen einem L-Visum (Touristenvisum) und einem F-Visum ist der, dass man für ein F-Visum ein Einladungsschreiben einer chinesischen Firma benötigt. Dieses Einladungsschreiben muss dann gemeinsam mit dem Visumsantrag, einem Photo und dem Personalausweis an die Chinesische Botschaft gesandt werden.

Aufgrund der Komplexität des Themas empfiehlt sich vor der Aufnahme einer Auslandsbeschäftigung eine gründliche Recherche bei den jeweiligen Sozialversicherungsträgern. Sofern Sie in China einen lokalen Arbeitsvertrag abschließen, kommen weitere Überlegungen hinzu, wie beispielsweise der Abschluss einer privaten Krankenversicherung oder Maßnahmen zur privaten Altersvorsorge. Hierfür sollte man sich bei den eigenen Versicherungsträgern informieren bzw. einen Rechtsanwalt aufsuchen, der sich auf den Bereich der Auslandsbeschäftigung spezialisiert hat. Sollte man in China arbeiten und leben, kann man sich freiwillig in der Arbeitslosenversicherung weiter versichern. Voraussetzung ist eine vorhergehende beitragspflichtige Beschäftigung. Die Zeiten der freiwilligen Weiterversicherung können später für einen Anspruch auf Arbeitslosengeld herangezogen werden. Weitere Voraussetzung für die freiwillige Weiterversicherung ist, dass die Versicherten innerhalb der letzten beiden Jahre vorher zwölf Monate versicherungspflichtig beschäftigt waren oder Arbeitslosengeld bezogen haben.

Arbeitssuche in Shanghai

Der „Online Job Market" der Auslandshandelskammern (AHK) in China ist die größte Arbeitsplatzbörse dieser Art und eine hilfreiche Plattform bei der Arbeitssuche - sowohl für Unternehmen auf der Suche nach Arbeitskräften als auch für deutsche und chinesische Arbeitnehmer auf der Suche nach einer Anstellung bei einem deutschen Unternehmen in China.
http://china.ahk.de

Delegation of German Industry & Commerce (AHK)
German Industry & Commerce Greater China I Shanghai (GIC)

25/F China Fortune Tower,1568 Century Avenue, Pudong District, 200122 Shanghai, P.R. China
Tel: +86-21-50812266 (AHK)
Fax: +86-21-50812009 (AHK)
Tel: +86-21-68758536 (GIC)
Fax: +86-21-68758573 (GIC)
E-Mail: office@sh.china.ahk.de

Mit mehr als 4000 Eintragungen ist das German Company Directory eine sehr umfasende und aktuelle Datenbank über deutsche Firmen in China.
http://www.german-company-directory.com/

Zeitungen auf Englisch im Internet
Shanghai daily ist eine Tageszeitung speziell für Ausländer in Shanghai
www.shanghaidaily.com

Jobbörsen und Personalvermittlungsagenturen im Internet
Für Studenten und Berufseinsteiger ist ein Praktikum ein guter Anfang. KOPRA, die Koordinationsstelle für Praktika, ist die umfassendste Internetplattform für Praktika mit Ostasienbezug. Auf der Website bietet KOPRA Unternehmen die Möglichkeit, kostenlos ihre Praktikumsangebote zu veröffentlichen, auf die sich potenzielle Praktikanten dann gezielt bewerben können. Darüber hinaus können geeignete Kandidaten mit Hilfe der Bewerberdatenbank direkt angesprochen werden. KOPRA unterstützt Unternehmen und Praktikanten durch hilfreiche Informationen zu organisatorischen Fragestellungen.
www.kopra.org
KOPRA Office Shanghai
c/o Chinesisch-Deutsches Hochschulkolleg at Tongji Univ
Si Ping Lu 1239
200092 Shanghai, PR China
Tel: +86-21-2827 4944

Zu den Informationen rund um die Praktikumssuche im Reich der Mitte gehören auch Informationen zu Wohnungen in China, ein Überblick über das stetig wachsende Nightlife in den Metropolen und über interkulturelle Besonderheiten im Vergleich zu Deutschland.
www.praktikumchina.de (auch Beijing und Hongkong)

Treffpunkte für Deutsche - online und offline
Die vielen internationalen und deutschen Netzwerke in Shanghai sind oft sehr hilfreich bei der Jobsuche und für soziale Kontakte., z.B.: www.schanghai.com

Die KOPRA-Treffen, die jeden 1. Freitag im Monat in Shanghai stattfinden, bieten zusätzlich Gelegenheit zum Erfahrungsaustausch. Weitere Informationen unter: www.kopra.org

Der Deutsche Club Shanghai wurde 1998 gegründet und ist heute mit über 400 Mitgliedsfamilien ein ebenso leistungsfähiges wie zuverlässiges Non-Profit-Netzwerk für Information, Bildung, Austausch, Beratung und Unterhaltung in Shanghai.
http://www.schanghai.com/deutscherclub/

ARBEITSAUFENTHALT IM AUSLAND

ARBEITSAGENTUR

„*Ein Spaziergang mit Erfahrung.*"

Bundesagentur für Arbeit
Zentrale Auslands- und Fachvermittlung (ZAV)

ZAV
Zentrale Auslands- und Fachvermittlung
Bonn

Auslandsberatung und Vermittlungsunterstützung durch die Zentrale Auslands- und Fachvermittlung (ZAV) der Bundesagentur für Arbeit

Berufserfahrung im Ausland ist heutzutage für viele Fachkräfte und Spezialisten selbstverständlicher Bestandteil ihrer beruflichen Laufbahn. Umso wichtiger ist es, so früh wie möglich damit zu beginnen, Auslandserfahrungen zu sammeln. So bietet es sich für junge Leute an, Überbrückungszeiten bspw. nach Schulende oder zwischen Studienabschnitten, im Ausland zu verbringen.

Für deutsche Unternehmen ist Auslandserfahrung von hohem Wert, da in Zeiten von globalisierten Wirtschaftsstrukturen Sprachkenntnisse sowie spezielle Länderkenntnisse (Kulturstandards, Arbeitsweisen, Produktionsverfahren, Lebensverhältnisse) erforderlich sind.

Wer den beruflichen Schritt ins Ausland wagt, hat nicht nur die Möglichkeit interkulturelle Kompetenzen und Fremdsprachenkenntnisse zu erwerben, sondern auch seine Persönlichkeit zu entwickeln. Hierzu zählen u.a. die Erweiterung des Horizontes oder die Fähigkeit flexibel zu reagieren und sich neuer Situationen anzupassen. Dies trägt dazu bei, die Chancen auf dem deutschen Arbeitsmarkt zu verbessern. Für den Berufsweg kann der Auslandsaufenthalt zu einem positiven Aspekt im Lebenslauf werden.

Auslandsinteressierte finden in der ZAV eine erfahrene Partnerin, die sie dank weltweiter Kontakte und langjährigem Know-how bei deren Vorhaben aktiv und umfassend begleitet.

Die ZAV kooperiert in diesem Zusammenhang mit dem EURES-Netzwerk (European Employment Services), dem Zusammenschluss der europaweiten Arbeitsverwaltungen.

Die Dienstleistungen der Auslandsberatung und der Vermittlungsunterstützung werden von verschiedenen Fachbereichen in der ZAV angeboten. Diese sind:

Outgoing
An den Outgoing-Bereich wenden sich Kunden/Kundinnen, die ihren Wohnsitz in Deutschland haben und sich für einen lang- oder kurzfristigen Aufenthalt im Ausland interessieren. Dabei bekommen sie

- Unterstützung bei Ihrer persönlichen Stellensuche
- Beratung zu folgenden Aspekten: Arbeit (Berufseinstieg, Arbeitsbedingungen, soziale Sicherung, Aufenthaltsregelungen usw.), Studium, Ausbildung, Praktikum und Überbrückungsmöglichkeiten (Work & Travel, Freiwilligendienste, Au-Pair-Aufenthalte usw.) im Ausland.

Büro Führungskräfte zu Internationalen Organisationen (BFIO)
Das BFIO informiert und berät Führungs- und Führungsnachwuchskräfte zu allen Fragen hinsichtlich der Beschäftigung bei Internationalen Organisationen.
Das BFIO führt darüber hinaus das Programm Junior Professional Officer (Beigeordnete Sachverständige) für die Bundesregierung durch, die Federführung liegt beim Bundesministerium für wirtschaftliche Zusammenarbeit und Entwicklung (BMZ).
www.bfio.de

Centrum für internationale Migration und Entwicklung (CIM)
CIM vermittelt im Auftrag der deutschen Bundesregierung Integrierte Fachkräfte (IF) und Rückkehrende Fachkräfte (RF) an lokale Arbeitgeber in Entwicklungs- und Schwellenländern.
www.cimonline.de

Kontaktdaten
Zentrale Auslands- und Fachvermittlung (ZAV) der
Bundesagentur für Arbeit
Villemombler Str. 76
53123 Bonn

Tel: 0228-713-13 13
Fax: 0228-713-11 11
Email: zav@arbeitsagentur.de
Homepage: www.zav.de
Stellenbörse: www.arbeitsagentur.de

SOZIALE ARBEIT SOZIALE DIENSTE IM AUSLAND

FREIWILLIGENARBEIT- UND DIENSTE

„*Die hohe Schule,
Verantwortung zu lernen!*"

SOZIALE ARBEIT/DIENSTE IM AUSLAND

Soziale Verantwortung und kulturelles Verständnis im Auslandseinsatz

Das freiwillige soziale Engagement im Ausland ist nicht zu verwechseln mit einem Urlaub. Die Arbeit ist oft hart und verantwortungsvoll. Es gibt wenig Freizeit und wenig Lohn. Zum Teil muss man Reise und Versicherung selbst bezahlen. Dennoch fühlen sich immer mehr Deutsche motiviert, diesen Schritt für längere Zeit zu tun. Die freiwilligen Helfer werden von den betreuten Menschen und von den Kollegen vor Ort geschätzt und gebraucht. Auch für Jugendliche gibt es eine Vielzahl an Möglichkeiten.

Einsatzbereiche sind z.B. Kinder- und Jugendeinrichtungen, mobile Hilfsdienste, psychiatrische Einrichtungen, Behinderteneinrichtungen, Alten- und Pflegeheime, Projekte in sozialen Brennpunkten, Begegnungszentren und Kirchengemeinden. Man trifft dort auch auf Gleichgesinnte und hat Gelegenheit zum direkten Austausch. In einigen Ländern gibt es zusätzlich einen Sprachkurs.

Gerade für Jugendliche, die vor oder in einer Ausbildung im Gesundheits-, Sozial- oder Bildungswesen stehen, bietet die freiwillige soziale Arbeit im Ausland eine Möglichkeit, ihre eigene Bereitschaft für einen sozialen Beruf zu testen. Auf jeden Fall fördert ein solcher Auslandsaufenthalt die persönliche Entwicklung, die Reife und das Verantwortungsbewusstsein. Im folgenden Kapitel werden zwei unterschiedliche Wege aufgezeigt, wie man freiwillige soziale Arbeit leisten kann: Entweder lässt man sich durch eine Organisation vermitteln oder man nimmt selbst Kontakt zu den jeweiligen Projekten auf.

Ein herzliches Sabaidee aus Laos!

In einer Woche werde ich wieder zurück sein aus Laos, zurück in eine fast vergessene, dennoch gewohnte Umgebung. Mehr als neun Wochen verbrachte ich schon hier in Luang Prabang und machte unglaublich viele einprägende lustige, faszinierende, seltsame, überraschende, aber vor allem herzergreifende und berührende Erfahrungen. Ich habe das Gefühl, diese Stadt passt in kein Schema. Ich bin so unendlich dankbar für die Möglichkeit.

Zum Abschluss meiner Reise präsentiert sich nun noch Pi Mai Lao, das Ende des alten und folgend natürlich der Anfang des neuen buddhistischen Jahres. Gefeiert wird drei Tage zum einen sehr modern mit Party auf allen Straßen und Wasserpistolen, zum anderen mit vielen traditionellen Zeremonien rund um die großen Tempel.

Man wird überall mit Wasser überschüttet... wo man geht und steht. Das ist bei den Temperaturen und der hohen Luftfeuchtigkeit natürlich eine willkommene Abkühlung.

Dabei werden oft auch, vor allem von den Älteren, auch Wünsche und Segnungen ausgesprochen. Das Wasser steht für die Reinigung von allen alten, unnützen, belastenden und auch negativen Dingen.

Nicht nur die Einheimischen, die wirklich eine sehr gute Englischausbildung bekommen, profitieren wirklich von dem Geld, vor allem aber auch ist die Zeit für die Freiwilligen ein so wichtiger Schritt in deren Entwicklung. Die laotischen Kinder und Jugendlichen wachsen einem so schnell ans Herz, dass man gar nicht mehr gehen will.

Sogar taube Kinder bekommen hier die Möglichkeit, Englisch zu lernen. Die Begegnungen mit diesen Kindern sind unglaublich ergreifend und richtig lustig.

Einige meiner Schüler haben nur einen Job bekommen, weil sie in den Schulen so gut Englisch lernen. Sie sind sehr dankbar dafür.

Was mir am Flughafen noch passiert ist: Ein Zollbeamter am Flughafen Luang Prabang erkannte mich. Er meinte, er habe mich in der Schule gesehen und gehört, dass ich eine gute Lehrerin sei. :-) Das macht mich richtig stolz. Wenn ihr vielleicht selbst Interesse an einem Freiwilligendienst habt, kann ich Laos nur empfehlen. Ganz viele Grüße von diesem fantastischen Fleckchen Erde!

Isabel S. (10 Wochen Freiwilligenarbeit als Englischlehrkraft in Luang Prabang, Laos, mit TravelWorks)

„Slowakei?! Was willst du denn da, um Himmels willen?"

… so waren die überwiegenden Reaktionen, wenn ich Bekannten erzählte, dass ich nach dem Abitur in die Slowakei gehen würde, um dort einen Freiwilligendienst abzuleisten. Mit dementsprechend gemischten Gefühlen fuhr ich Ende August nach Bratislava:

Von Anfang an gefiel mir die C.S.Lewis Bilingual Highschool aber sehr gut! In den ersten beiden Wochen gab man uns die Möglichkeit in alle Bereiche der Schule und der angeschlossenen Grundschule hinein zu schnuppern und uns anschließend einen Stundenplan zusammenzustellen. Letzteres konnten wir zwar frei entscheiden, es wurde jedoch schnell klar, dass von mir erwartet wurde den Deutschunterricht mitzugestalten. Darauf hatte ich am Anfang überhaupt keine Lust, merkte aber bald, dass ich mich dort am nützlichsten fühlte. Meine Aufgabe dort war vor allem, Konversation mit den Schülern zu machen. Oft war das gar nicht so einfach. In der Abschlussklasse waren zwei Jungs, deren Deutsch wirklich sehr gut war und mit denen ich mich regelmäßig über Politik, Kultur und Freizeit unterhielt. Dabei lernte ich viel über die Slowakei und sie viel über Deutschland. So sieht für mich Kulturaustausch aus.

Einen großen Teil der Zeit habe ich in der Mittagsbetreuung in der Grundschule verbracht. Ich begleitete die Kinder einer dritten Klasse fast jeden Tag zum Mittagessen und beaufsichtigte sie bis die Clubs um 15 Uhr begannen. Schnell habe ich die Klasse ins Herz geschlossen. Besonders diese Kollegen haben mich sehr herzlich aufgenommen. Meggie, die Leiterin der Betreuung, war meine Mentorin und hatte immer ein offenes Ohr für Probleme. Ich sah sie eigentlich jeden Tag in der Schule und manchmal trafen wir uns auch privat.

In meiner Freizeit reiste ich sehr gerne. Mir war es ein Anliegen, in der Slowakei in einem Chor zu singen. Nach einiger Suche fand ich einen passenden Chor. Ich habe sogar bei einem Konzert mitgesungen, das in der berühmten Burg von Bratislava stattgefunden hat. Das Singen dort machte sehr viel Spaß und ich konnte Kontakte zu Slowaken aufbauen.

Ich hatte mir vorgenommen so wenige Erwartungen wie möglich zu haben. Ganz funktioniert hat das natürlich nicht. Ziemlich schnell stellte ich fest, dass auch ich Vorurteile hatte. Besonders Bratislava hat mich aber sehr überrascht, vor allem wegen der sehr westlichen Prägung der Stadt. Aber auch vom Landesinneren war ich überrascht! Die Slowakei ist wirklich ein wunderschönes kleines Land und wird weit unterschätzt!

Ich kann eigentlich guten Gewissens sagen, dass ich mich in Bratislava durch und durch wohl gefühlt habe. Tatsächlich fand ich dort mein zweites Zuhause.

Ich bin sehr dankbar dafür, dass mir diese Erfahrung durch das DJiA ermöglicht wurde! In meinem Leben war ich bisher selten so zufrieden wie in dieser Zeit und ich habe unheimlich viel für meinen weiteren Lebensweg mitgenommen.

In diesem Sinne:
Dakujem, Ahoj und vidime sa!

Aus einem Bericht von Alexandra Werner, Diakonisches Jahr im Ausland, 2013/14, C.S. Lewis Bilingual Highschool /Bratislava.

active abroad
Freising/München

active abroad wurde 1998 gegründet und bietet in Zusammenarbeit mit ausgewählten Partnern weltweit eine zuverlässige Vermittlung und Betreuung an. Wir helfen abenteuerlustigen Menschen mit einer individuellen und persönlichen Beratung bei der Auswahl des passenden Programmes. Im Sommer 2012 wurde uns als einer der ersten deutschen Au Pair Agenturen das RAL-Gütezeichen Outgoing verliehen, welches sicherstellt, dass die von der Gütegemeinschaft Au Pair e.V. vorgegebenen Qualitätsstandards eingehalten werden. Wir vermitteln Freiwilligenprojekte in Südafrika und Lateinamerika, bei denen soziale Kompetenzen unter Beweis gestellt und gleichzeitig Sprachkenntnisse verbessert werden. Es wird eine große Auswahl gemeinnütziger Projekte in den Bereichen Natur- und Umweltschutz oder Sozialarbeit geboten. Weitere Programme, die wir anbieten: „Au Pair", „Praktikum", „Work & Travel", „Ökologische Arbeit, Farmstays, Wildlife Experience" und „Sprachreisen"

2. Name:
active abroad

3. Anschrift:
Obere Hauptstr. 8, 85354 Freising

4. Telefon / Telefax / E-Mail / Homepage:
Tel: 08161-40288-0, Fax: 08161-40288-20
contact@activeabroad.net / www.activeabroad.de

5. Kontakt:
Maria Riedmaier, Theresa Scheil

6. Altersbegrenzung:
Mindestalter 18 Jahre

7. Spezielle Voraussetzungen:
Englischkenntnisse, Grundkenntnisse Spanisch

8. Dauer des Aufenthalts:
1–12 Wochen (abhängig vom Projekt)

9. Abreisezeitpunkt:
Ganzjährig

10. Anmeldefrist oder Bewerbungsfrist:
3 Monate vor Programmstart

11. Kosten:
Preisbeispiel 1: 4 Wochen Volunteering in einem Kindergarten in Argentinien + Unterkunft bei Gastfamilie im Zweibettzimmer mit Frühstück ca. EUR 850,00
Preisbeispiel 2: 2 Wochen Volunteering in einer Einrichtung mit wilden Tieren in Südafrika + Unterkunft und Verpflegung, Orientation, Flughafentransfer, Tagesausflug ca. EUR 1.200,00
Zusätzlich Anreisefahrtkosten zum Projekt, ggf. Kosten für Visa, Auslandsversicherung
Optional: Sprachkurs

12. Lohn während des Aufenthalts:
Kein Lohn

13. Kosten während des Aufenthalts:
Persönliche Ausgaben

16. Bestimmte Staatsangehörigkeit vorausgesetzt:
Deutsche Staatsangehörigkeit, ansonsten auf Anfrage.

17. Länder / Gebiete des Aufenthalts:
Südafrika, Lateinamerika

AFS Interkulturelle Begegnungen e.V. Hamburg

AFS Interkulturelle Begegnungen e.V.

Freiwilligenarbeit in sozialen Projekten im Ausland.
Siehe auch unter „weltwärts" und „Schulaufenthalt im Ausland".

2. Name:
AFS Interkulturelle Begegnungen e.V.

3. Anschrift:
Friedensallee 48
22765 Hamburg

4. Telefon / Telefax / E-Mail / Homepage:
Tel.: 040 399222-0 Fax: 040 399222-99
E-Mail: info@afs.de Website: www.afs.de
Facebook: www.facebook.com/AFSgermany

5. Kontakt:
Sekretariat Mo-Fr 10-20 Uhr

6. Altersbegrenzung:
Ab 18 Jahren (Obergrenze variiert je nach Programm)

7. Spezielle Voraussetzungen:
In der Regel keine bestimmten Voraussetzungen.
Vereinzelt können je nach Land und Programm bestimmte Vorkenntnisse erforderlich sein.

8. Dauer des Aufenthalts:
3 bis 11 Monate

9. Abreisezeitpunkt:
Sommerabreise: Juli - September
Winterabreise: Januar - April
Abreisen bei Kurzzeit-Programmen jederzeit möglich.
Gesonderte Fristen bei einigen Ländern vorhanden.

10. Anmeldefrist oder Bewerbungsfrist:
Winterabreise: Bewerbungsphase: 1. - 31. März
Sommerabreise: Bewerbungsphase: 1. - 30. September
Danach Bewerbung auf noch freie Plätze möglich.
Bei manchen Programmen abweichende Bewerbungsphasen.

11. Kosten:
Je nach Programm, Zielland und Dauer (www.afs.de)

12. Lohn während des Aufenthalts:
Unterkunft und Verpflegung frei (teilweise Taschengeld)

13. Kosten während des Aufenthalts:
Abhängig vom Programm und Land (siehe www.afs.de)

14. Finanzielle Förderung:
Verschiedene Stipendien, Förderung im Rahmen des „weltwärts"-Programms und des IJFDs
Aufbau eines eigenen Förderkreises

15. Träger von FSJ, DJiA, FÖJ, EFD, IJFD u.ä:
„weltwärts", Internationaler Jugendfreiwilligendienst (IJFD)

16. Bestimmte Staatsangehörigkeit vorausgesetzt:
Abhängig vom Programm

17. Länder / Gebiete des Aufenthalts:
Australien, Argentinien, Belgien, Bolivien, Bosnien und Herzegowina, Brasilien, Chile, China, Costa Rica, Dänemark, Dominikanische Republik, Frankreich, Ghana, Großbritannien, Indien, Indonesien, Italien, Japan, Kanada, Kamerun, Kenia, Kolumbien, Malaysia, Mexiko, Nepal, Niederlande, Norwegen, Panama, Paraguay, Peru, Philippinen, Russland, Schweiz, Südafrika, Tansania, Thailand, Ungarn
Aktuelle Länder siehe www.afs.de

AIFS
American Institute For Foreign Study
Bonn

AIFS EDUCATIONAL TRAVEL

AIFS ist eine der ältesten und größten Organisationen für kulturellen Austausch weltweit und ein führender Anbieter im Bereich Jugend- und Bildungsreisen. Neben den Freiwilligenprojekten in Australien, Neuseeland, Kanada, Peru, Sri Lanka, Sansibar, Fidschi, Thailand, Südafrika, Nepal, auf Mauritius und auf Bali werden auch Work and Travel Aufenthalte in Australien, Neuseeland, Kanada, Argentinien und Japan sowie die Programme Camp America in den USA, Auslandspraktika in Australien und Neuseeland und Farmwork and Travel in Australien, Neuseeland, Japan, Irland und Kanada angeboten. Siehe auch unter „Au Pair", „Work & Travel", „Camp Counselor", „Schule", „Studium", „Sprachreisen" und „Erlebnisreisen".

2. Name:
AIFS (American Institute For Foreign Study)

3. Anschrift:
Friedensplatz 1
53111 Bonn

4. Telefon / Telefax / E-Mail / Homepage:
Tel.: +49 (0) 228 957 30-0;
Fax: +49 (0) 228 957 30-110;
E-Mail: info@aifs.de; www.aifs.de/www.aifs.at/www.aifs.ch

5. Kontakt:
Kristina Winter

6. Altersbegrenzung:
Thailand, Sansibar und Australien: ab 17 Jahren, alle anderen Länder: ab 18 Jahren

7. Spezielle Voraussetzungen:
gute Englischkenntnisse, abgeschlossene Schulausbildung, Teamfähigkeit, Reiskranken- und Reisehaftpflichtversicherung

8. Dauer des Aufenthalts:
Australien, Neuseeland: 1 bis 8 Wochen;
Kanada: mind. 4 Wochen; Südafrika, Nepal, Bali, Thailand, Peru, Sri Lanka, Sansibar, Fidschi: mind. 2 Wochen;
Mauritius: 4 bis 12 Wochen

9. Abreisezeitpunkt:
mehrmals im Monat

10. Anmeldefrist oder Bewerbungsfrist:
spätestens 2 Monate vor der gewünschten Ausreise

11. Kosten:
ab 620 EUR; i. Preis u. a. enthalten: Betreuung während der Vorbereitungen, Vermittlung in ein Projekt mit Unterkunft und Verpflegung; Package mit Handbuch-App; Transfer Transfer zu den Projekten, tlw. Einführungsworkshop vor Ort; auf Wunsch: Flugbuchung

12. Lohn während des Aufenthalts:
Die Projekte werden nicht vergütet.

13. Kosten während des Aufenthalts:
private Ausgaben während des Aufenthalts

16. Bestimmte Staatsangehörigkeit vorausgesetzt:
Deutschland, Österreich, Schweiz

17. Länder / Gebiete des Aufenthalts:
Kanada, Australien, Neuseeland, Thailand, Südafrika, Bali, Nepal, Mauritius, Sri Lanka, Peru, Sansibar, Fidschi

ASF
Aktion Sühnezeichen Friedensdienste Berlin

Arbeit mit: sozial Benachteiligten, Menschen mit Behinderungen, älteren Menschen, insbesondere Holocaust-Überlebenden und ihren Nachkommen. Historische und politische Bildungsarbeit.

2. Name:
deutsch: Aktion Sühnezeichen Friedendienste (ASF)
internat.: Action Reconciliation Service for Peace (ARSP)

3. Anschrift:
Auguststraße 80
10117 Berlin

4. Telefon / Telefax / E-Mail / Homepage:
Tel.: 030 – 28395-184, Fax: 030 – 28395-135
Email: asf@asf-ev.de, Homepage: www.asf-ev.de
Öffnungszeiten: Montag-Freitag 9 Uhr–17 Uhr

6. Altersbegrenzung:
Mindestalter: 18 Jahre
Sommerlager: z.T. ab 16 Jahren

8. Dauer des Aufenthalts:
Sommerlager: 1-3 Wochen
Langzeitfreiwilligendienst: 12 Monate

9. Abreisezeitpunkt:
Sommerlager: Mai bis Oktober
Langzeitfreiwilligendienst: 12 Monate: September bis August

10. Anmeldefrist oder Bewerbungsfrist:
Sommerlager: ab April
Langzeitfreiwilligendienst 12 Monate:
1. November (d. Vorjahres)

11. Kosten:
Sommerlager: 25 - 130 EUR (erm. 100 EUR)
Langzeitfreiwilligendienst: 990 EUR (Soli-Beitrag)

12. Lohn während des Aufenthalts:
Sommerlager: Kost, Logis und Programm frei
Langzeitfreiwilligendienst: Kost und Logis frei, Taschengeld (je nach Land unterschiedlich), Reisekosten, Seminarkosten, Versicherungen.

14. Finanzielle Förderung:
Langzeitfreiwilligendienst: Aufbau eines Förderkreises (15 UnterstützerInnen spenden monatlich 15 EUR für den Freiwilligendienst)

15. Träger von FSJ, DJiA, FÖJ, EFD, IJFD u.ä:
Langzeitfreiwilligendienst als IJFD und EFD möglich.

17. Länder / Gebiete des Aufenthalts:
Sommerlager: verschiedene Länder v.a. in Europa.
Langzeitfreiwilligendienst: Belarus, Belgien, Deutschland, Frankreich, Großbritannien, Israel, Niederlande, Norwegen, Polen, Russland, Tschechische Republik, Ukraine, USA.

EIRENE Internationaler Christlicher Friedensdienst e.V. Neuwied

EIRENE Internationaler Christlicher Friedensdienst e.V. hat seit über 30 Jahren Erfahrungen in der Freiwilligenentsendung, insgesamt haben bisher mehr als 3.000 Freiwillige einen Dienst mit EIRENE geleistet. EIRENE ist eine internationale Organisation mit internationalen Kooperationen im Globalen Süden und im Globalen Norden. In gemeinsamen Programmen wirken lokale und internationale Fachkräfte und Freiwillige mit. Mit dem Freiwilligenprogramm verfolgt EIRENE das Ziel, jungen und älteren Menschen die Möglichkeit zu bieten, durch ihre Mitarbeit bei Partnerorganisationen im Ausland interkulturelle Erfahrungen zu sammeln z.B. in der Arbeit mit sozial benachteiligten Gruppen und in Versöhnungsprojekten. Siehe auch unter „weltwärts".

2. Name:
EIRENE Internationaler Christlicher Friedensdienst e.V.
International Christian Service for Peace

3. Anschrift:
Postadresse: Postfach 1322, D-56503 Neuwied
Hausadresse: Engerser Str. 81, 56564 Neuwied

4. Telefon / Telefax / E-Mail / Homepage:
Tel.: 0 26 31 / 83 79-0, Fax: 0 26 31 / 83 79-90
E-Mail: eirene-int@eirene.org, Internet: www.eirene.org
Bürozeiten: Mo-Do.: 8.30 – 13.00, 14.00 – 16.30;
Fr.: 8.30 – 13.00, 14.00 -15.30.

5. Kontakt:
Sekretariat: 02631/8379-0

6. Altersbegrenzung:
Ein Friedensdienst mit EIRENE ist ab 18 Jahren möglich. Im Rahmen des „Friedensdienstes für Ältere" ist auch eine Entsendung von Personen über 28 Jahren möglich.

7. Spezielle Voraussetzungen:
Allgemeine Englischkenntnisse, Spanischgrundkenntnisse in Lateinamerika, Französischkenntnisse in Marokko. Bereitschaft die Sprache des Gastlandes zu lernen, sich in verschiedenen Bereichen der politischen Lobbyarbeit zu engagieren sowie die Bereitschaft zu einem Leben unter einfachen Verhältnissen.

8. Dauer des Aufenthalts:
Die Dauer des Dienstes ist vom jeweiligen Programm abhängig, beträgt aber in der Regel mindestens 13 Monate.

9. Abreisezeitpunkt:
Juli und August

10. Anmeldefrist oder Bewerbungsfrist:
Interessierte sollten möglichst frühzeitig mit EIRENE kontakt aufnehmen. Eine Bewerbung ist erst nach der Teilnahme an einem Info-Seminar möglich. Je früher die Bewerbungsunterlagen bei EIRENE eintreffen, umso größer ist die Auswahl an freien Plätzen. Bis April werden noch Bewerbungen angenommen.

11. Kosten:
Für das Info-Seminar zahlen die Teilnehmenden eine Eigenbeteiligung von jeweils 40 EUR für das gesamte Seminar für Unterbringung und Verpflegung. Für Aufenthalte in Europa entstehen für die Teilnehmenden Kosten einer Besuchsreise zur Orientierung bei den Partnerorganisationen. Die Reisekosten für Hin- und Rückreise während des Freiwilligendienstes werden übernommen. Generell tragen die Teilnehmer die Visakosten bis 100 EUR.

12. Lohn während des Aufenthalts:
Während der Dienstzeit erhalten die Freiwilligen freie Verpflegung, eine einfache Unterkunft und ein angemessenes monatliches Taschengeld.

13. Kosten während des Aufenthalts:
EIRENE animiert die Freiwilligen einen Unterstützerkreis aufzubauen der den Dienst finanziell unterstützt. Die Beiträge aus dem UnterstützerInnenkreis sollten 250 EUR pro Monat betragen. Versicherungen werden von EIRENE übernommen.

14. Finanzielle Förderung:
Für Einsätze in Nordamerika, West- und Osteuropa ist u.A. eine Co- Finanzierung über den IJFD möglich.

15. Träger von FSJ, DJiA, FÖJ, EFD, IJFD u.ä:
IJFD, weltwärts, privat rechtlich

16. Bestimmte Staatsangehörigkeit vorausgesetzt:
Ja, die Programme richten sich an Menschen, die dauerhaft in Deutschland leben. Über den EIRENE-Zweig in den Niederlanden können auch Menschen aus diesem Land an Freiwilligenprogrammen teilnehmen.

17. Länder / Gebiete des Aufenthalts:
Die Mehrzahl der Einsatzstellen für Freiwillige sind in Europa (Belgien, Frankreich, Nordirland, Rumänien) und in den USA
Weitere Länder siehe „weltwärts".

Evangelische Freiwilligendienste gGmbH Hannover

Diakonisches Jahr im Ausland (DJiA) – Über Grenzen hinweg!
Das Diakonische Jahr im Ausland (DJiA) ist als Freiwilligendienst, ein soziales Bildungs- und Orientierungsjahr für junge Menschen. Sie engagieren sich in diakonischen und sozialen Projekten im Ausland.

2. Name:
Evangelische Freiwilligendienste gGmbH,
Diakonisches Jahr im Ausland (DJiA)

3. Anschrift:
Otto-Brenner-Str. 9
30159 Hannover

4. Telefon / Telefax / E-Mail / Homepage:
Tel: 05 11/4 50 00 83 40
Fax: 05 11/4 50 00 83 31
E-Mail: djia@ev-freiwilligendienste.de
Homepage: www.djia.de

6. Altersbegrenzung:
Ab 18 bis 30 Jahre, Mindestalter für die USA: 21 Jahre. Wenn Sie unter 18 Jahre alt sind, beraten wir Sie gerne individuell über bestehende Einsatzmöglichkeiten.*

7. Spezielle Voraussetzungen:
Grundlegende Sprachkenntnisse für die jeweiligen englisch-, französisch- und spanischsprachigen Länder sind erwünscht. Interesse an sozialem Engagement, Verantwortungsbewusstsein sowie Neugierde und Bereitschaft sich auf neue und andere Lebensbedingungen einzulassen zählen mehr als Schulnoten- und Ausbildungszeugnisse.

8. Dauer des Aufenthalts:
9-12 Monate. Dauer des Aufenthaltes abhängig vom Gastland bzw. Projekt.

9. Abreisezeitpunkt:
Mitte August/Anfang September eines Jahres*

10. Anmeldefrist oder Bewerbungsfrist:
Bewerbungsschluss: Anfang Dezember eines jeden Jahres*. Oft gibt es im Frühjahr eine 2. Bewerbungsrunde – erkundigen Sie sich einfach bei uns.

11. Kosten:
Einmaliger Programmbeitrag*, findet das DJiA als IJFD, EFD oder entwicklungspolitischer Freiwilligendienst weltwärts statt, erheben wir keinen verpflichtenden Programmbeitrag. Sie sind gebeten sich im Rahmen unseres Solidaritätsmodells durch das Aufbringen von Spenden an der Finanzierung des Programms zu beteiligen.

12. Lohn während des Aufenthalts:
Wir übernehmen folgende Kosten: Unterkunft, Verpflegung, Taschengeld, Reisekosten ins Gastland und zurück, pädagogische und fachliche Begleitung und Seminare in Deutschland und im Ausland sowie Versicherungen und Unterstützung zum Spracherwerb.

13. Kosten während des Aufenthalts:
Alle Kosten, die nicht mit den oben genannten Leistungen abgedeckt werden (z.B. private Ausgaben für Heimaturlaub und Reisen).

14. Finanzielle Förderung:
Siehe Nr. 11

15. Träger von FSJ, DJiA, FÖJ, EFD, IJFD u.ä:
Träger von DJiA, EFD, IJFD, weltwärts und ADiA.

17. Länder / Gebiete des Aufenthalts:
Argentinien, Belgien, Bolivien, Dänemark, Frankreich, Griechenland, Großbritannien, Italien, Kosovo, Polen, Portugal, Rumänien, Slowakei, Spanien, Südafrika, Südkorea, Tschechien, Ukraine, Ungarn, USA.*

* Alle aktuellen Konditionen z.B. Länderliste, finanzielle Rahmenbedingungen unter www.djia.de!

Experiment e.V. Bonn

Experiment e.V.
THE EXPERIMENT IN INTERNATIONAL LIVING

Experiment e.V. ist eine gemeinnützige Organisation mit Sitz in Bonn, die sich seit über 85 Jahren den Austausch zwischen Menschen aller Kulturen, Religionen und Altersgruppen zum Ziel gesetzt hat. Der Verein bietet eine große Bandbreite an interkulturellen Programmen in über 70 verschiedenen Ländern an, u. a., Schüleraustausche, Freiwilligendienste, Ferienprogramme, Praktika und Sprachreisen. Experiment e.V. ist Gründungsmitglied des „Arbeitskreises gemeinnütziger Jugendaustauschorganisationen" (AJA) und legt großen Wert auf die Qualität der Austauschprogramme.

Freiwilligendienst: Bei den individuellen Freiwilligendiensten sind der Starttermin und die Aufenthaltsdauer flexibel. Die Teilnehmenden wohnen größtenteils in Gastfamilien und sind so von Anfang an in die Kultur und den Alltag des Gastlandes integriert. Experiment e.V. bietet einige Freiwilligenspecials, z.B. Kombiprogramme mit zwei lateinamerikanischen Ländern. An zwei Programmen in Ecuador, Indien und Mexiko können Jugendliche schon ab 16 Jahren teilnehmen. Siehe auch unter „Au-pair", „weltwärts", „Schulaufenthalt" und „Homestay/Interkulturelle Begegnungen".

2. Name:
Experiment e.V. – The Experiment in International Living

3. Anschrift:
Gluckstraße 1, 53115 Bonn

4. Telefon / Telefax / E-Mail / Homepage:
Tel.: 0228 95722-0, Fax: 0228 358282
E-Mail: info@experiment-ev.de,
Internet: www.experiment-ev.de
Gesonderte Notrufnummer für aktive Teilnehmende

5. Kontakt:
Ana Klähn, Laura Urban, Yvonne Burbach
freiwilligendienst@experiment-ev.de

6. Altersbegrenzung:
Mindestalter 18 Jahre
(Ausnahme: Programme ab 16 in Ecuador, Indien und Mexiko)

7. Spezielle Voraussetzungen:
Grundkenntnisse der Landessprache erwünscht, aber keine Voraussetzung, Sprachkurs vor Ort z.T. möglich

8. Dauer des Aufenthalts:
2 Wochen bis 12 Monate

9. Abreisezeitpunkt:
Ganzjährig

10. Anmeldefrist oder Bewerbungsfrist:
Mind. 12 Wochen vor der gewünschten Ausreise

11. Kosten:
Je nach Zielland und Aufenthaltsdauer ab 860 EUR, inkl. Transfer vom Flughafen, Betreuung vor Ort, in der Regel freie Kost und Logis, Vor- und Nachbereitungsseminar, z.T. Sprachkurs

12. Lohn während des Aufenthalts:
In der Regel Kost und Logis frei

13. Kosten während des Aufenthalts:
Flug, Visum, Versicherung, Taschengeld (je nach Land zwischen 200 und 350 EUR pro Monat)

14. Finanzielle Förderung:
Teil- und Vollstipendien möglich

15. Träger von FSJ, DJiA, FÖJ, EFD, IJFD u.ä:
Europäischer Freiwilligendienst (EFD), Internationaler Jugendfreiwilligendienst (IJFD), weltwärts

16. Bestimmte Staatsangehörigkeit vorausgesetzt:
Angebote offen für alle.

17. Länder / Gebiete des Aufenthalts:
Argentinien, Australien, Benin, Brasilien, Chile, Costa Rica, Ecuador, Ghana, Guatemala, Indien, Irland, Israel, Italien, Laos, Marokko, Mauritius, Mexiko, Nepal, Neuseeland, Nicaragua, Peru, Spanien, Südafrika, Türkei, USA, Vietnam

ICJA
Freiwilligenaustausch weltweit e.V.
Berlin

Arbeit mit bolivianischen Straßenkindern, in einer Schule in Ghana oder in einem Waisenheim in Taiwan: Der ICJA entsendet junge und auch ältere Menschen zu internationalen Freiwilligendiensten ins Ausland.

2. Name:
ICJA
Freiwilligenaustausch weltweit e.V.

3. Anschrift:
Stralauer Allee 20E,
10245 Berlin

4. Telefon / Telefax / E-Mail / Homepage:
Telefon. 030 2000 7160, Telefax: 030 2000 7161
E-Mail: icja@icja.de, Homepage: www.icja.de

5. Kontakt
(s. o.)

6. Altersbegrenzung:
18 - 80 Jahre

7. Spezielle Voraussetzungen:
Bereitschaft, Freiwilligenarbeit zu leisten; Bereitschaft zur Teilnahme an Seminaren; Eigeninitiative und eigenverantwortliches Handeln; Aufgeschlossenheit, die eigene Kultur und eigene Wertvorstellungen zu reflektieren.

8. Dauer des Aufenthalts:
Meist 12 Monate, in manchen Fällen 3 oder 6 Monate möglich

9. Abreisezeitpunkt:
Januar/August

10. Anmeldefrist oder Bewerbungsfrist:
Frühjahr/Sommer für die kommende Januarausreise
Sommer/Herbst für die kommende Augustausreise

11. Kosten:
In den meisten Fällen ist ein Kostenzuschuss bis hin zu einer vollständigen Übernahme durch Fördergelder gegeben. Ein eventueller Beitrag für einzelne Programme ist von Faktoren wie der Länderwahl und der Dauer abhängig.

12. Lohn während des Aufenthalts:
Taschengeld

14. Finanzielle Förderung:
(s. 11. Kosten)

15. Träger von FSJ, DJiA, FÖJ, EFD, IJFD u.ä:
ICJA-Freiwilligenaustausch, ww-Programm, Internationaler Jugendfreiwilligendienst (IJFD), Europäischer Freiwilligendienst (EFD), Freiwilligendienste bis 80

16. Bestimmte Staatsangehörigkeit vorausgesetzt:
Je nach Programm unterschiedlich. Grundsätzlich soll der Lebensmittelpunkt in Deutschland liegen.

17. Länder / Gebiete des Aufenthalts:
Argentinien, Bolivien, Brasilien, Costa Rica, Dominikanische Republik, Ecuador, Finnland, Frankreich, Ghana, Großbritannien, Indien, Indonesien, Island, Israel, Japan, Kenia, Kolumbien, Kroatien, Marokko, Mexiko, Mosambik, Nepal, Neuseeland, Nicaragua, Peru, Philippinen, Spanien, Südafrika, Südkorea, Taiwan, Tansania, Togo, Uganda und Vietnam

Aktuell immer auf www.icja.de

IN VIA Deutschland e.V Freiburg (Sitz der Bundeszentrale)

Europäischer Freiwilligendienst (EFD)
Siehe auch unter „Au-pair".

2. Name:
IN VIA Katholischer Verband für Mädchen- und Frauensozialarbeit – Deutschland e.V.
(Abkürzung: IN VIA Deutschland e.V.)
Beantwortet Fragen aus dem gesamten Bundesgebiet.

3. Anschrift:
Karlstr. 40
79104 Freiburg

4. Telefon / Telefax / E-Mail / Homepage:
Tel.: 0761 200-206
Fax: 0761 200-638
E-mail: invia@caritas.de
www.invia.caritas.de

5. Kontakt:
Sachbearbeitung Freiwilligendienste

6. Altersbegrenzung:
Mindestalter: 17 Jahre
Höchstalter: 30 Jahre

7. Spezielle Voraussetzungen:
Sie sind bereit, die Sprache Ihres Ziellandes zu lernen. Sie nehmen an den vor- und nachbereitenden Seminaren und den pädagogischen Begleitangeboten von IN VIA teil. Sie sind motiviert, sich im sozialen, kulturellen oder ökologischen Bereich zu engagieren.

8. Dauer des Aufenthalts:
Mindestens 6, maximal 12 Monate.

9. Abreisezeitpunkt:
Unterschiedlich

10. Anmeldefrist oder Bewerbungsfrist:
In der Regel 6 Monate Vorlaufzeit.

11. Kosten:
Für Sie selbst als Freiwillige(r) entstehen keine Kosten.

12. Lohn während des Aufenthalts:
Freie Unterkunft und Verpflegung sowie ein monatliches Taschengeld.

14. Finanzielle Förderung:
Förderung durch das Aktionsprogramm „Jugend in Aktion" der EU.

15. Träger von FSJ, DJiA, FÖJ, EFD, IJFD u.ä:
Europäischer Freiwilligendienst (EFD).

17. Länder / Gebiete des Aufenthalts:
Einsätze sind in ganz Europa, auch in Mittel- und Osteuropa möglich.

Open Door International e.V.
open your mind

Open Door International e.V. Köln

ODI ist ein gemeinnütziger Verein mit Sitz in Köln, der seit 1983 internationale Austauschprogramme organisiert. Wir sind als Träger der freien Jugendhilfe anerkannt und sind zudem offizielle Partnerorganisation beim „Parlamentarischen Patenschafts-Programm" (PPP) des Deutschen Bundestages und des Kongresses der USA. Wir möchten interkulturelles Lernen, Verständigung, Toleranz und den Respekt für andere Lebensweisen fördern. Deshalb organisiert ODI Freiwilligenarbeit, langfristige Schulbesuche im Ausland, Kurzzeitprogramme sowie den Aufenthalt internationaler Gäste in Deutschland. Für alle kurzfristig entschlossenen Weltenbummler bieten wir Individuelle Freiwilligenprogramme in Argentinien, Nepal, St. Lucia, Südafrika, Tansania und Vietnam an. Die Reisezeit und -dauer können selbst bestimmt werden; eine kurzfristige Ausreise ist möglich. Der Europäische Freiwilligendienst (EFD) bietet die Chance auf einen Einsatz innerhalb Europas und im benachbarten Ausland (etwa Osteuropa, Balkanstaaten, Nordafrika), der zwischen 6 und 12 Monaten dauert und einer längeren Vorbereitungszeit bedarf. Der entwicklungspolitische Freiwilligendienst weltwärts mit ODI führt nach Armenien, Ecuador, Südafrika oder Tansania und dauert in der Regel mindestens 10 Monate.

2. Name:
Open Door International e.V. (ODI)

3. Anschrift:
Thürmchenswall 69, 50668 Köln

4. Telefon / Telefax / E-Mail / Homepage:
Tel: 0221-6060 855-0, Fax: 0221-6060 855-19
E-Mail: freiwilligenarbeit@opendoorinternational.de
Homepage: www.opendoorinternational.de
Facebook: www.facebook.com/opendoorinternational
Öffnungszeiten: Montag bis Donnerstag 10 Uhr bis 18 Uhr, Freitag 10 Uhr bis 15 Uhr

5. Kontakt:
Stephanie Jakobs (Koordinatorin Individuelle Freiwilligenprogramme), stephanie@opendoorinternational. de, Linda Krall (weltwärts), linda@opendoorinternational.de, Patrick Stähler (Koordinator Europäischer Freiwilligendienst), patrick@opendoorinternational.de

6. Altersbegrenzung:
Individuelle Programme: Mindestalter 18 Jahre, kein Höchstalter. Europäischer Freiwilligendienst: 17 bis 30 Jahre, weltwärts: 18 bis 28 Jahre

7. Spezielle Voraussetzungen:
Grundkenntnisse der Landessprache erwünscht, jedoch nicht Voraussetzung; Flexibilität, Bereitschaft, sich auf die regionalen Gegebenheiten einzulassen; Motivation und Kreativität, sich in den jeweiligen Projekten aktiv einzusetzen

8. Dauer des Aufenthalts:
3 Wochen bis 24 Monate je nach Programmart

9. Abreisezeitpunkt:
Je nach Programmart mehrmals jährlich

10. Anmeldefrist oder Bewerbungsfrist:
Ganzjährige Anmeldungen möglich; spätestens 2-3 Monate vor Abreise; beim EFD mind. 8 Monate vorher, bei weltwärts ca. 6 Monate vorher

11. Kosten:
Je nach Zielland und Dauer; ab 980 EUR für 3 Wochen; beim EFD ggf. Beitrag zu den Reisekosten. Bei weltwärts wird der Teilnehmer ermutigt, 25% der Programmkosten durch Aufbau eines privaten Spenderkreises aufzubringen.

12. Lohn während des Aufenthalts:
Es werden in der Regel Unterkunft und Verpflegung gestellt.

13. Kosten während des Aufenthalts:
Bei Individuellen Programmen: Flugkosten, Visum, Taschengeld (je nach Zielland zwischen 150-300 EUR pro Monat), ggf. Auslandsversicherungen ca. 40 EUR/Monat

15. Träger von FSJ, DJiA, FÖJ, EFD, IJFD u.ä.:
Europäischer Freiwilligendienst (EFD), weltwärts

16. Bestimmte Staatsangehörigkeit vorausgesetzt:
Auch Bewerberinnen und Bewerber aus der Schweiz und Österreich sind herzlich willkommen.

17. Länder / Gebiete des Aufenthalts:
Länder: Argentinien, Armenien, Ecuador, Nepal, Sri Lanka, St. Lucia, Südafrika, Tansania und Vietnam; alle europäischen Länder im EFD sowie in benachbarten Partnerländern Projektschwerpunkte: Sportprojekte, Tierschutzprojekte, Unterstützung von lokalen Schulen (Grund- und Berufsschulen, weiterführende Schulen), Arbeit mit Straßenkindern, Betreuung von Waisenkindern, Englischunterricht, Computerkurse für Mädchen und Frauen, Arbeit in Heimen für Kinder mit Lern-/Körperbehinderung

PRAKTIKAWELTEN
Freiwilligenarbeit • Work & Travel • Praktika • High School
München

Lebe deinen Traum!
Wer träumt nicht davon, mal eine Zeit lang in einem völlig fremden Land mit einer völlig anderen Kultur, weit weg von zu Hause zu leben - und das nicht nur als Tourist, sondern als einer von ihnen, ja gar als Einheimischer?
Praktikawelten bietet dir die Möglichkeit, dies hautnah als Freiwilliger oder Praktikant in Afrika, Asien, Latein-, Nordamerika & Ozeanien zu erleben. Mit mehr als 200 verschiedenen Projekten u.a. in den Bereichen Sozialarbeit mit Kindern, Unterrichten, Humanmedizin, Physiotherapie, Psychologie und Building, hat Praktikawelten für deinen individuellen Bedarf genau das richtige Projekt im Land deiner Träume. Bei allen Programmen in Lateinamerika ist sogar ein Spanischsprachkurs im Zielland in der Programmgebühr enthalten. Dieser ermöglicht dir eine Teilnahme an fast allen Programmen in Lateinamerika auch ohne vorherige entsprechende Sprachkenntnisse. **Lass dich durch uns beraten oder besuche eine Infoveranstaltung in deiner Nähe!** *Siehe auch unter „Praktikum", „Work & Travel" und „Ökologische Arbeit, Farmstay, Wildlife", „High School".*

2. Name:
PRAKTIKAWELTEN
Freiwilligenarbeit • Work & Travel • Praktika • High School

3. Anschrift:
Nymphenburger Str. 113, 80636 München, Deutschland

4. Telefon / Telefax / E-Mail / Homepage:
Tel: +49 (0)89 – 28 67 51 - 0
Fax: +49 (0)89 – 28 67 51 - 29
Email: info@praktikawelten.de
Homepage: www.praktikawelten.de

6. Altersbegrenzung:
Mindestalter 16 Jahre

7. Spezielle Voraussetzungen:
i.d.R. keine, je nach Zielland Grundkenntnisse in Englisch

8. Dauer des Aufenthalts:
Ab 2 Wochen und meist bis zu einem Jahr

9. Abreisezeitpunkt:
Starttermine jederzeit; meist ganzjährig

10. Anmeldefrist oder Bewerbungsfrist:
Ca. 2 bis 3 Monate vor geplantem Reisebeginn; Teilnahme kann ggf. auch 5 Wochen vor Abreise ermöglicht werden

11. Kosten:
Z.B. 8 Wochen Aufenthalt in Guatemala im Bereich Sozialarbeit mit Kindern für 1.560 EUR (inkl. 4 Wochen Einzelunterricht in Spanisch, Unterkunft in einer Gastfamilie mit Verpflegung, Flughafenabholung, Einführungsveranstaltung, Betreuung vor Ort, 24h-Notfallnummer, optimale Reisevorbereitung, Teilnahmezertifikat u.v.m.)

16. Bestimmte Staatsangehörigkeit vorausgesetzt:
nein

17. Länder/ Gebiete des Aufenthalts:
Südafrika, Ghana, Sansibar, Namibia, Guatemala, Costa Rica, Mexiko, Ecuador, Peru, Argentinien, Chile, USA, Kanada, Australien, Neuseeland, Fidschi, Thailand, Sri Lanka, Indien, Bali

Bereiche: Sozialarbeit mit Kindern, Unterrichten, Human-medizin, Physiotherapie, Psychologie, Reittherapie, Umweltschutz, Meeresschildkröten-Projekt, Wildlife, Tierschutz, Farmstay, Building u.v.m.

Projects Abroad | Projekte weltweit
Berlin

Projects Abroad ist einer der weltweit führenden Anbieter für internationale Freiwilligenarbeit & Praktika für TeilnehmerInnen ab 16 Jahren (in Schulferien-Specials bereits ab 15) nach oben gibt es keine Altersgrenze. Unsere Projekte finden in 30 spannenden Destinationen statt – engagiere dich also in der Karibik, in Lateinamerika, in einem unserer afrikanischen Länder, in Asien oder im Südpazifik. In Europa haben wir einen Standort in Rumänien und ein spannendes Flüchtlingshilfe-Projekt in Italien. Wir bieten flexible Freiwilligenarbeit und Praktika an, die meist das ganze Jahr über angeboten werden und arbeiten in unseren sozialen Projekten in Kindertagesstätten und Kindergärten, in Gemeindezentren, an Vorschulen oder in Einrichtungen für Kinder & Jugendliche mit Handicap. Gern kannst du dich auch in de Hunde- oder Pferdetherapie engagieren oder an einem Sport- oder Unterrichts-Projekt teilnehmen. In einigen unserer Zielländer sind auch Praktika unter Anleitung von einem einheimischen Sozialarbeiter möglich – lass dich individuell von uns beraten. Du arbeitest vor Ort an der Seite von einheimischen MitarbeiterInnen und kannst dich sowohl während der Schulzeit als auch im Gap Year, im Studium, Sabbatical oder im Rentenalter bei uns engagieren! Natürlich kannst du dein soziales Projekt auch mit einem anderen Einsatz, z.B. im Naturschutz kombinieren. Siehe auch unter „Praktikum"

2. Name:
Projects Abroad | Projekte weltweit

3. Anschrift:
Torstr. 83, 10119 Berlin, Deutschland

4. Telefon / Telefax / E-Mail / Homepage:
Tel: +49 (0)30 23457223, Fax: +49 (0)30 23457311
E-Mail: info@projects-abroad.de, www.projects-abroad.de
Öffnungszeiten: Mo-Fr 09:00-17:30 Uhr

6. Altersbegrenzung:
Mindestalter für Schulferien-Specials: 15 Jahre
In anderen Projekten ab 16 Jahren – keine Altersgrenze

7. Spezielle Voraussetzungen:
Referenzschreiben (Charakterreferenz) für die Teilnahme an allen Projekten; Polizeiliches Führungszeugnis in allen sozialen Projekten ab 21 Jahren (in einigen bereits früher, auch für andere Bereiche teilweise Führungszeugnis erforderlich); Englischkenntnisse bereits ab der Planung und für den Einsatz im Zielland (bzw. Spanisch- oder Französischkenntnisse); in der Regel keine fachlichen Vorkenntnisse vorausgesetzt, falls erforderlich Info auf der Projektseite

8. Dauer des Aufenthalts:
Zwischen 2 bzw. 4 Wochen und einem Jahr planbar

9. Abreisezeitpunkt:
Starttermine jederzeit, meist ganzjährig. In den Ferien häufig Alternativprogramm

10. Anmeldefrist oder Bewerbungsfrist:
In der Regel ca. 2 bis 3 Monate vor dem geplanten Starttermin, häufig auch kurzfristiger

11. Kosten:
Wir organisieren den kompletten Aufenthalt. Im Projektpreis enthalten sind Unterbringung, Verpflegung, ein Versicherungspaket, Betreuung & Einführung vor Ort, Abholung vom Flughafen und Transportkosten zwischen Unterbringung und Projektstandort während der Arbeitswoche. Bei unseren Specials (Schulferien, 19+, 50+, etc. sind ebenfalls gemeinsame Ausflüge inkludiert). Der Flug ist (außer beim Global Gap Programm) nicht im Preis inkludiert, kann aber über uns gebucht werden. Projektpreise beginnen ab 1465 EUR für 2 Wochen.
Preisbeispiele:
4 Wochen Sozialarbeit in Nepal: 1755 EUR
4 Wochen Sozialarbeit in Bolivien: 2205 EUR
4 Wochen Sozialarbeit in Ghana: 2355 EUR

12. Lohn während des Aufenthalts:
Keine Vergütung oder Taschengeld

15. Träger von FSJ, DJiA, FÖJ, EFD, IJFD u.ä:
Nein – keine staatliche oder kirchliche Förderung

16. Bestimmte Staatsangehörigkeit vorausgesetzt:
Nein – im Büro in Berlin werden alle deutschsprachigen Freiwilligen beraten, in den Destinationen kommen Freiwillige aus der ganzen Welt zusammen

17. Länder / Gebiete des Aufenthalts:
Afrika: Äthiopien, Ghana, Kenia, Madagaskar, Marokko, Senegal, Südafrika, Tansania, Togo
Lateinamerika & Karibik: Argentinien, Bolivien, Costa Rica, Ecuador, Mexiko, Peru, Belize, Jamaika
Asien: China, Kambodscha, Mongolei, Myanmar, Nepal, Philippinen, Sri Lanka, Thailand, Vietnam
Südpazifik: Fidschi-Inseln & Samoa
Europa: Italien & Rumänien

Rainbow Garden Village München

Rainbow Garden Village (RGV) wurde 1999 in Ghana gegründet, um die Bildungssituation in ländlichen Regionen durch Hilfsprojekte und dem Einsatz von Volunteers zu verbessern. Inzwischen wurde das in Ghana erfolgreich durchgeführte Konzept auf weitere Länder übertragen, sodass RGV heute die Projekt-Mitarbeit in 10 Ländern Afrikas und Asiens ermöglicht.

Die Rainbow Family besteht aus dem Team Deutschland, das für deine individuelle Beratung und Vorbereitung zuständig ist und jeweils einem Team vor Ort in den RGV Zielländern. Alle Teams pflegen intensiven Kontakt mit dem deutschen Büro, welches in München ansässig ist.

RGV bietet dir eine individuelle Beratung, Flexibilität was den Beginn und die Dauer deines Aufenthaltes anbelangt, transparente Kosten sowie eine verantwortungsvolle und sichere Begleitung durch das Team in deinem Zielland. In Afrika ermöglicht dir RGV die Mitarbeit in den Zielländern Ghana, Namibia, Südafrika, Tansania, Togo und Uganda. In Asien kannst du dich in Nepal, Sri Lanka, Thailand und der Türkei engagieren.

RGV bietet Programme im sozialen Bereich (z.B. Kindergarten / Vorschule / Straßenkinder), im medizinischen/gesundheitlichen Bereich (z.B. Geburtshilfe und HIV Prävention), im ökologischen Bereich (z.B. Recycling Projekt) sowie im Bereich Wildlife (z.B. National Park) an. Als Volunteer unterstützt du mit deiner Freiwilligenarbeit gemeinnützige Projekte ab 4 Wochen bis zu 12 Monaten.

2. Name:
Rainbow Garden Village (Abkürzung: RGV)

3. Anschrift:
Hohenlindener Str. 1, 81677 München, Deutschland

4. Telefon / Telefax / E-Mail / Homepage:
Tel: 089 45453793, Fax: 03212 1156833
E-Mail: info@rainbowgardenvillage.com
Homepage: www.rainbowgardenvillage.com
Öffnungszeiten: Mo - Fr. : 10 - 18 Uhr

5. Kontakt:
RGV Team München, info@rainbowgardenvillage.com

6. Altersbegrenzung:
Mindestalter: 16 (mit Einverständniserklärung der Eltern/ Erziehungsberechtigten) Höchstalter: -

7. Spezielle Voraussetzungen:
Die Mitarbeit ist in den meisten Projekten bereits ohne Vorkenntnisse möglich. Bei (Pflicht-) Praktika im Bereich Medizin, BWL und Lehramt werden teilweise Vorkenntnisse erwartet. Sprachkenntnisse begrenzen sich auf Englisch oder Französisch (in Togo). Sprachkurse in den verschiedenen Landessprachen (z.B. Swahili) werden zum Teil vor Ort angeboten.

8. Dauer des Aufenthalts:
Mind. 4 Wochen bis zu einem 1 Jahr; es kann auch vor Ort verlängert werden.

9. Abreisezeitpunkt:
Der Einsatz in den Zielländern kann das ganz Jahr über gestartet werden.

10. Anmeldefrist oder Bewerbungsfrist:
Am besten 2-3 Monate vor Abflug (generell gibt es aber keine Fristen). Die optimale Vorbereitung gewährleistet unser Team in Deutschland, der persönliche Kontakt spielt dabei eine wichtige Rolle. Du hast die Möglichkeit an einem Vorbereitungsseminar in Deutschland teilzunehmen.

11. Kosten:
Die Gebühren variieren je nach Tätigkeitsbereich und Land: 4 Wochen / ab EUR 1.650,-. Darin enthalten sind: Flugkosten, Airport- Transfer im Zielland, Projektkosten und Projektplatzierung, Ansprechpartner und Anleitung vor Ort, 24h-Notfallnummer, Unterbringung mit Verpflegung, Orientierungs-Programm vor Ort, Umfangreiches RGV Reise ABC, Rainbow Family T-Shirt, Teilnahme-/ Praktikumsbescheinigung.

12. Lohn während des Aufenthalts:
Frühstück, Abendessen, Unterkunft und Flug sind in der Teilnahme-Gebühr enthalten. Da wir kein gemeinnütziger Verein sind, werden wir nicht staatlich gefördert oder subventioniert. Unsere Teilnehmer bekommen leider keine Entlohnung.

13. Kosten während des Aufenthalts:
Taschengeld, Auslandskranken-Versicherung, Wochenendausflüge, Freizeitausgaben, Visumskosten

16. Bestimmte Staatsangehörigkeit vorausgesetzt:
Jede/r kann teilnehmen, solange gute Englischkenntnisse (für Togo Französischkenntnisse) vorhanden sind.

17. Länder / Gebiete des Aufenthalts:
Ghana, Namibia, Südafrika, Tansania, Togo, Uganda, Nepal, Sri Lanka, Thailand, Türkei

SCI
Service Civil International
Deutscher Zweig e.V.

SCI
Service Civil International
Deutscher Zweig e.V.
Bundesweit

Ob Kinderbetreuung in Italien, Bäume pflanzen in Japan, HIV-Prävention in Sambia oder einen Spielplatz bauen in Russland, ein Workcamp des Service Civil International (SCI) ist immer eine besondere Erfahrung. Seit mehr als 90 Jahren arbeitet der SCI für Frieden und interkulturellen Austausch im Rahmen einer internationalen Freiwilligenbewegung. Soziale, kulturelle oder ökologische Projekte werden in sog. Workcamps für zwei bis drei Wochen unterstützt. Während des „Arbeitsteils" wird praktisch mit angepackt, beim „Studienteil" erfährt die internationale Gruppe mehr über das Projekt, die Region und die Arbeit SCI. Mit einer Dauer von bis zu 12 Monaten vermittelt der SCI auch mittelfristige und längerfristige Freiwilligendienste.
Siehe auch unter „Ökologische Arbeit, Farmstay, Wildlife Experience" und „weltwärts".

2. Name:
SCI
Service Civil International - Deutscher Zweig e.V.

3. Anschrift:
Blücherstr. 14
53115 Bonn

4. Telefon / Telefax / E-Mail / Homepage:
Tel.: 0228 – 212086
Fax: 0228 – 264204
E-Mail: info@sci-d.de
Internet: http://www.sci-d.de

5. Kontakt:
Ulrich Hauke, Geschäftsführer

6. Altersbegrenzung:
Workcamps im Inland ab 16 Jahre,
im Ausland ab 18 Jahre; kein Höchstalter

7. Spezielle Voraussetzungen:
Grundkenntnisse in Englisch

8. Dauer des Aufenthalts:
Workcamps: 2 - 4 Wochen
Längerfristige Aufenthalte: 1 - 12 Monate

9. Abreisezeitpunkt:
Die meisten Workcamps finden in den Sommermonaten statt, längerfristige Dienste das ganze Jahr über.

10. Anmeldefrist oder Bewerbungsfrist:
Für Workcamps ist eine kurzfristige Vermittlung möglich. Die Workcamps werden ab Februar desselben Jahres auf der Webseite veröffentlicht. Für längere Dienste muss man ein Bewerbungsverfahren durchlaufen. Bewerbungsfristen liegen Ende des Vorjahres und Anfang des Ausreisejahres.

11. Kosten:
Kosten für Workcamps:
• Fahrtkosten
• Vermittlungsgebühr für Workcamps im Inland 82 EUR
• im Ausland: 110 EUR
• in „Entwicklungsländern" in Asien, Afrika, Lateinamerika und Nahost zusätzlich eine Vor-Ort-Gebühr von 100 bis 250 EUR für den Aufenthalt. Außerdem ist die Teilnahme an einem Vorbereitungsseminar verpflichtend.
Für längerfristige Dienste gibt es besondere Regelungen.

12. Lohn während des Aufenthalts:
Kost und Logis werden in der Regel gestellt. Es gibt ein gemeinsam in der Gruppe organisiertes Freizeitprogramm.

13. Kosten während des Aufenthalts:
In „Entwicklungsländern" und in einigen anderen Ländern bezahlen die Freiwilligen eine Vor-Ort-Gebühr für den Aufenthalt.

15. Träger von FSJ, DJiA, FÖJ, EFD, IJFD u.ä.:
• Europäischer Freiwilligendienst (EFD)
• Programm „weltwärts"
• Internationaler Jugendfreiwilligendienst (IJFD)

16. Bestimmte Staatsangehörigkeit vorausgesetzt:
Es können alle Menschen mit Wohnsitz in Deutschland vermittelt werden. Menschen mit Wohnsitz in anderen Ländern müssen sich über die dortigen Partner anmelden.

17. Länder / Gebiete des Aufenthalts:
Ca. 1.000 Workcamps in ca. 90 Ländern weltweit.

STA Travel GmbH

Immer mehr Reisende interessieren sich für die Lebensumstände der Menschen und den Erhalt der Natur in ihren Urlaubsländern und möchten für die tollen Eindrücke gerne etwas zurückgeben. Bei STA Travel kannst du Freiwilligenprojekte in Afrika, Asien, Europa, USA, Süd- und Mittelamerika sowie in Australien, Neuseeland und im Südpazifik buchen, um dich im Natur- und Tierschutz oder in gemeinnützigen Projekten (z.B. in Kinderhilfs- oder Bauprojekten) zu engagieren.
Finde STA Travel auch unter „Work & Travel" und „Sprachreisen".

2. Name:
STA Travel GmbH

3. Anschrift:
Über 70 Shops in Deutschland, Österreich und der Schweiz. Adressen und Telefonnummern siehe Homepage des jeweiligen Landes.

4. Telefon / Telefax / E-Mail / Homepage:
Deutschland:
Telefon: +49 (0)69 – 255 15 0000 zum Ortstarif
E-Mail: info@statravel.de, Homepage: www.statravel.de

Österreich:
Telefon: +43 (0)1 – 267 53 600 zum Festnetz-Tarif
E-Mail: info@statravel.at, Homepage: www.statravel.at

Schweiz:
Telefon: +41 (0)43 – 550 0010 zum Festnetz-Tarif
E-Mail: info@statravel.ch, Homepage: www.statravel.ch

6. Altersbegrenzung:
Ab 18 Jahren.

8. Dauer des Aufenthalts:
Je nach Projekt ab 1 Woche bis zu 24 Wochen.

9. Abreisezeitpunkt:
Je nach Projekt unterschiedliche Abreisetermine.

10. Anmeldefrist oder Bewerbungsfrist:
Wir empfehlen eine Reisebuchung bis ca. 60 Tage vor Projektbeginn. Mindestens 14 Tage vor geplanter Ausreise sollte die Buchung vorliegen.

11. Kosten:
Der Preis hängt vom jeweiligen Projekt, der Destination und der Dauer ab. z.B. Thailand, Elefantenprojekt: Schutz der Grauen Riesen, 7 Tage, ab 436 EUR p.P.

13. Kosten während des Aufenthalts:
Taschengeld, öffentliche Verkehrsmittel, teilweise Lebensmittel, Ausflüge etc. Diese Kosten belaufen sich auf ca. 50 – 100 EUR pro Woche.

17. Länder / Gebiete des Aufenthalts:
zum Beispiel
Asien: China, Indien, Indonesien, Kambodscha, Laos, Malaysia, Nepal, Philippinen, Sri Lanka, Thailand, Vietnam
Nordamerika: USA, Kanada
Mittelamerika: Costa Rica, Mexiko
Südamerika: Argentinien, Bolivien, Brasilien, Ecuador & Galapagos-Inseln, Chile, Peru
Europa: Griechenland, Spanien
Afrika: Namibia, Sambia, Simbabwe, Seychellen, Südafrika, Tansania
Ozeanien: Australien, Neuseeland, Fiji

Stepin GmbH
Bonn

Stepin
Student Travel & Education
Programmes International

In Chile ein therapeutisches Reitprojekt unterstützen oder in Nepal in einem buddhistischen Kloster Englisch unterrichten?
Freiwilligenarbeit im Ausland bedeutet helfen, lernen und den eigenen Horizont erweitern. Stepin verfügt über 20 Jahre Erfahrung im Kulturaustausch und wählt die internationalen Hilfsprojekte sorgfältig aus und stellt hohe Qualitätsansprüche an die Partnerorganisationen. Wir wollen, dass die Teilnehmer als Helfer im Gastland einen ganzheitlichen Einblick in die Verhältnisse vor Ort bekommen und einen bedeutsamen Projektbeitrag leisten.

Siehe auch unter „Au-pair", „Praktikum", „Work & Travel", „Schulaufenthalt im Ausland" und „Sprachreisen"

2. Name:
Stepin GmbH
(Student Travel & Education Programmes International)

3. Anschrift:
Kaiserstraße 19, 53113 Bonn

4. Telefon / Telefax / E-Mail / Homepage:
0228 / 71 005 200 Fax: 0228 / 71 005 999
E-Mail: info@stepin.de, Internet: www.stepin.de
Beratungszeiten: montags bis freitags von 9.00 -18.00 Uhr

5. Kontakt:
Leonie Corsten, Marina Skaletz, Regina Kruse, Katharina Schönert (Programmberatung Freiwilligenarbeit)

6. Altersbegrenzung:
Ab 18 Jahren (teilweise schon ab 17)

7. Spezielle Voraussetzungen:
Gute Englischkenntnisse, hohe Motivation

8. Dauer des Aufenthalts:
Ab 2 Wochen (je nach Programm und Land)

9. Abreisezeitpunkt:
Ganzjährig

10. Anmeldefrist oder Bewerbungsfrist:
Mindestens 2 - 3 Monate vor Ausreise

11. Kosten:
Mittel- und Südamerika: ab EUR 570,- (2 Wochen ohne Flug); Asien: ab EUR 510,- (2 Wochen ohne Flug); Afrika ab EUR 540,- (2 Wochen ohne Flug), Ozeanien: ab EUR 665 (2 Wochen ohne Flug)

Im Programmpreis enthaltene Leistungen (am Beispiel von Asien): u.a. ausführliche Beratung und Informationen vor Ausreise, Projektvermittlung im Land der Wahl (ab 2 Wochen), Transfer zum Projekt, Unterkunft und Verpflegung am Einsatzort, Betreuung vor Ort,

24-Stunden- Notfallnummer, Optional buchbar: Stepin Reiseversicherungsschutz

12. Lohn während des Aufenthalts:
ohne Vergütung

13. Kosten während des Aufenthalts:
Flug, evtl. Visumsgebühr, persönliche Ausgaben

15. Träger von FSJ, DJiA, FÖJ, EFD und/oder ADiA
nein

17. Länder / Gebiete, des Aufenthalts:
Mittel- und Südamerika: Chile, Costa Rica, Mexico und Peru
Asien: Bali, China, Indien, Kambodscha, Laos, Nepal, Malaysia, Philippinen, Sri Lanka, Thailand, Vietnam
Ozeanien: Fidschi, Australien, Neuseeland
Afrika: Südafrika, Swasiland, Madagaskar, Namibia, Sambia, Tansania, Kenia, Seychellen
Nordamerika: USA; Kanada

Tandem
Regensburg

Tandem arbeitet seit 1997 mit dem Ziel, den Jugend- und Schüleraustausch zwischen der Bundesrepublik Deutschland und der Tschechischen Republik auszuweiten. Zwei Büros in Deutschland (Regensburg) und Tschechien (Pilsen) stehen allen Interessierten mit Rat und Tat zur Seite. Finanziert wird das Koordinierungszentrum in Regensburg vom Bundesministerium für Familie, Senioren, Frauen und Jugend sowie von den Freistaaten Bayern und Sachsen.
Die Trägerschaft liegt beim Bayerischen Jugendring.
Information und Beratung für Multiplikatoren der Jugendarbeit, Infos für Jugendliche unter www.ahoj.info, Vermittlung von Austauschpartnern und Kontakten, Weiterqualifizierung von (ehren- und hauptamtlichen) Multiplikator/innen, finanzielle Förderung von außerschulischen Jugendbegegnungen, Fachkräfteprogrammen, Hospitationen und freiwilligen beruflichen Praktika. Programm „Von klein auf": Förderung von Begegnungen im Vorschulbereich entlang der deutsch-tschechischen Grenze.

2. Name:
Tandem - Koordinierungszentrum deutsch-tschechischer Jugendaustausch

3. Anschrift:
Maximilianstraße 7
D-93047 Regensburg

4. Telefon / Telefax / E-Mail / Homepage:
Tel.: 0941 / 58 557-0
Fax: 0941 / 58 557-22
E-mail: tandem@tandem-org.de
Homepage: www.tandem-org.de
www.ahoj.info

6. Altersbegrenzung:
z.B. Förderung von außerschulischen deutsch-tschechischen Jugendbegegnungen zwischen 12-26 Jahren

7. Spezielle Voraussetzungen:
Hospitationen: für ehrenamtlich oder hauptamtlich Tätige in der außerschulischen Jugendarbeit
Freiwillige berufliche Praktika: für BerufsschülerInnen, Auszubildende.
Antragsteller für die Förderung von Jugendbegegnungen und Fachkräfteprogrammen: nur anerkannte Träger der Jugendarbeit
Antragsteller für die Förderung im Projekt „Von klein auf": Kindergärten und Kindertagesstätten; Elterninitiativen; Vereine, die Begegnungen für Kinder unter 6 Jahren durchführen; Fachakademien für Sozialpädagogik.

8. Dauer des Aufenthalts:
bei deutsch-tschechischen Jugendbegegnungen:
5-30 Tage
Hospitationen: bis drei Monate

9. Abreisezeitpunkt:
jederzeit

10. Anmeldefrist oder Bewerbungsfrist:
für die Förderung von Jugendbegegnungen und Fachkräfteprogrammen im September des Vorjahres.
Hospitationen: jederzeit

12. Lohn während des Aufenthalts:
bei Hospitationen: Unterkunft, Verpflegung, Taschengeld

15. Träger von FSJ, DJiA, FÖJ, EFD, IJFD u.ä.:
EFD - Europäischer Freiwilligendienst bei Tandem.
Wir sind entsendende und aufnehmende Organisation für EFD, entsenden allerdings Freiwillige ausschließlich nach Tschechien.
Im Rahmen von EFD können Freiwillige bei Tandem im Jugendinformationsprojekt www.ahoj.info ihren Freiwilligendienst leisten.

17. Länder / Gebiete des Aufenthalts:
Deutschland und Tschechien

TravelWorks Münster

Freiwilligenarbeit

Siehe auch unter „Au Pair", „Praktikum", „Work & Travel", „Schule", „Sprachreisen", „Summer School", „Studium im Ausland" und „Erlebnisreisen".

2. Name:
TravelWorks

3. Anschrift:
Münsterstr. 111, 48155 Münster

4. Telefon / Telefax / E-Mail / Homepage:
Tel: 02506-8303-700, Fax: 02506-8303-230
E-Mail: info@travelworks.de Homepage: www.travelworks.de
Öffnungszeiten: 09:00 Uhr bis 18:00 Uhr

5. Kontakt:
Carina Zölzer, Kathryn Voigt, Natascha Demant, Christina Gebhardt

6. Altersbegrenzung:
I.d.R. ab 18 Jahren. Costa Rica, Panama, Tansania, Sambia, Südafrika, Namibia, Indien, Vietnam und Sri Lanka auch ab 17 Jahren.

7. Spezielle Voraussetzungen:
- Je nach Land gute Englisch-, Spanisch- oder Französischkenntnisse. - Je nach Projekt ggf. erweitertes polizeiliches Führungszeugnis notwendig. - Je nach Projekt ggf. vorherige Arbeitserfahrung notwendig. - Anpassungsvermögen, Flexibilität, Eigeninitiative und Selbstständigkeit, Reiseerfahrung von Vorteil.

8. Dauer des Aufenthalts:
Je nach Land und Programm ab 2 Wochen bis zu einem halben Jahr.

9. Abreisezeitpunkt:
I.d.R. ganzjährig.

10. Anmeldefrist oder Bewerbungsfrist:
I.d.R. 2-3 Monate vor Abreise. Auf Anfrage auch kurzfristiger.

11. Kosten:
Lateinamerika: ab 890 EUR (5 Wochen-Programm Guatemala), Nordamerika: ab 1.210 EUR (2 Wochen-Programm Kanada), Afrika: ab 660 EUR (3 Wochen-Programm Südafrika), Asien: ab 750 EUR (3 Wochen-Programm Sri Lanka), Ozeanien: ab 650 EUR (2 Wochen-Programm in Australien oder Neuseeland). Enthaltene Leistungen, z.B. Guatemala (8 Wochen-Programm): Hin- & Rücktransfer Flughafen Guatemala Stadt-Antigua, 4 Wochen Spanischsprachkurs nach Wahl (Einzel- oder Gruppenunterricht, inkl. Unterrichtsmaterial und Aktivitäten in der Sprachschule), 8 Wochen Unterkunft in einer Gastfamilie (Einzelzimmer, Vollpension von Montag bis Samstag), Platzierung in einem Freiwilligenprojekt, Infohandbuch, Zugang zur TravelWorks-Community, 24-Stunden-Notrufnummer, Betreuung durch eine feste Programmkoordinatorin uvm.

12. Lohn während des Aufenthalts:
Das Engagement vor Ort ist ehrenamtlich und wird nicht entlohnt.

13. Kosten während des Aufenthalts:
Persönliche Kosten für Ausflüge, Verkehrsmittel etc., ggf. Mahlzeiten.

16. Bestimmte Staatsangehörigkeit vorausgesetzt:
Je nach Visum, i.d.R. aber nationalitätsunabhängig bzw. EU-Staatsangehörige sowie Schweizer Staatsbürger.

17. Länder / Gebiete des Aufenthalts:
Lateinamerika: Guatemala, Costa Rica, Panama, Ecuador, Peru, Chile, Dom. Republik und Kuba. Nordamerika: Kanada. Afrika: Ghana, Namibia, Tansania, Mosambik, Sambia, Seychellen, Swasiland und Südafrika. Asien: Indien, Nepal, Thailand, Sri Lanka, Laos, Vietnam und Indonesien. Ozeanien: Australien, Neuseeland und Fidschi.

Literaturtipps

Christ, Katja / Fischer Jörn:
Internationale Freiwilligendienste: Lernen und Helfen im Ausland
Interconnections medien & reise. 2010.

Clowes, Katja / Fischer; Jörn:
Internationale Freiwilligendienste - Lernen und Helfen weltweit - Infos, Adressen, Tipps, Erfahrungsberichte: weltwärts, Kulturweit, EFD, ... Jugendfreiwilligendienst, Diakonisches Jahr
Interconnections Verlag. 2012

Camphill Village Trust International

Camphill Village Trust wurde 1940 von dem Wiener Kinderarzt Dr. Karl König in Aberdeen gegründet. In den Communities leben Behinderte und Nichtbehinderte in Wohngemeinschaften zusammen. Sie arbeiten gemeinsam in der Landwirtschaft und verschiedenen Werkstätten. Hintergrund sind christliche Prinzipien und die Weltan-schauung Rudolf Steiners. Man kann sich als sogenannter Co-Worker für die Mitarbeit zwischen 6 Monaten und 1 Jahr bewerben.

Es gibt ca. 90 Camphill Village Trust Institutionen in 20 verschiedenen Ländern. Da es kein zentrales Büro für Bewerbungen und die Organisation gibt, muss man sich direkt bei den einzelnen Institutionen bewerben, und die Reise von Deutschland (hin/zurück), Versicherung und eventuelle Arbeitserlaubnis selbst organisieren.

Hier einige Beispiele von Camphill Institutionen im Ausland mit Adresse und den Antworten auf folgende Fragen:

1: a: Werden auch Freiwillige aus Deutschland beschäftigt?
1: b: Gibt es momentan deutsche Freiwillige bei Ihnen?
1: c: Gab es auch früher Freiwillige aus Deutschland bei Ihnen?

2. Wie alt muss der Bewerber/in sein?

3. Sind die zu betreuenden Personen Patienten / Mieter /Schüler / Einwohner
 - Kinder?
 - Erwachsene?
 - physisch behindert?
 - mental behindert?

4. a: Wie viele Patienten / Mieter /Schüler / Einwohner gibt es durchschnittlich?
4. b: Wie viele Angestellte und/oder Volontäre gibt es?

5. Wann kann man anfangen?
 Für wie viele Monate soll man sich binden?

6. Wird die Arbeit entlohnt?

Camphill Village Trust

Beannachar Camphill Community (Schottland)
Beannachar, South Deeside Road,
Banchory-Devenick, Aberdeen, AS12 5YL Scotland
Kontaktperson: Elisabeth Phethean
Tel: 0044 (0) 1224 861200
Fax: 0044 (0) 1224 869250
Homepage: www.beannachar.co.uk
E-Mail: elisabeth@beannachar.org
1) Ja / Ja / Ja /, 2) Mindestens 19 Jahre, 3) Psychisch behinderte Erwachsende. Zum Teil auch leicht physisch behindert, 4) 22 Bewohner + 10 Tagesstudenten / etwa 35, 5) Jederzeit, normalerweise im August oder September / 12 Monate, 6) 35 Pfund Taschengeld pro Woche plus Kost und Logis.

Botton Village (England)
Danby, Whitby, North Yorkshire,
YO21 2NJ England
Kontaktperson: Jane Balls
Tel: 0044 (0) 1287 660 871
Fax: 0044 (0) 1287 660 888
E-Mail: botton@cvt.org.uk
Homepage: http://www.cvt.org.uk/botton-village.html
1) Ja / Ja / Ja /, 2) Mindestens 20 Jahre, 3) Erwachsene mit Lernschwierigkeiten. Einige leiden an psychischen Behinderungen, 4) k. A., 5) Am Besten im September, Januar oder April für ein Jahr. Kürzere Aufenthalte sind auch möglich, 6) Kost und Logis, und Taschengeld.

Camphill Blair Drummond (Schottland)
Blair Drummond House, Cuthil Brae, Stirling,
FKS 4UT Scotland
Kontaktperson: Nigel Munt
Tel: 0044 (0) 1786 841573
Fax: 0044 (0) 1786 841188
Homepage: www.camphillblairdrummond.org.uk
E-Mail: nigel@camphillblairdrummond.org.uk
1) Ja / Ja / Ja, 2) ab 18 Jahren, 3) Physisch behinderte Erwachsene und Jugendliche, 4) bis 30 Anwohner / es gibt bis 20 Volontäre, Co-workers und ca. 35 Angestellte), 5) Jederzeit, meist im Juli oder August / Minimum 3 Monate, meisten ein Jahr, 6) Volontäre erhalten keinen Lohn, Taschengeld: 38 Pfund pro Monat und freie Kost und Logis.

Simeon Care for the Elderly (Schottland)
Cairnlee Road, Bieldside,
Aberdeen AB15 9BN, Scottland, UK
Tel: 0044 (0) 1224 862415
Fax: 0044 (0) 11224 862415
Homepage: www.simeoncare.org
E-Mail: info@simeoncare.org.uk
1) Ja / Nein / Ja, 2) Ab 18 Jahren, 3) Ältere Menschen, 4) 16 / 2 Angestellte und 13 Volontäre 5) Im Sommer / Mindestens ein Jahr, 6) Kost und Logis + Taschengeld.

Staffansgården (Schweden)
Furugatan 1,
82060 Delsbo, Schweden
Kontaktperson: Matti Remes
Tel: 0046 (0) 653 16850, Fax: 0046 (0) 653 10968
Homepage: www.staffansgarden.com
E-Mail: info@staffansgarden.com
1) Ja / Ja / Ja /, 2) Mindestens 18 Jahre, 3) Psychisch behinderte Erwachsene, 4) 26 / 45, 5) Am besten im Frühjahr / mindestens 6 Monate 6) Kost und Logis, und Taschengeld.

Weitere Camphill Institutionen im Ausland:
Norwegen
Hogganvik Landsby
N-5583 Vikedal
Tel: 0047 52 76 01 11
Fax: 0047 52 76 04 08
Homepage: www.camphill.no/Hogganvik/
E-Mail: hogganvik@camphill.no
(Erwachsene mit besonderen Bedürfnissen).

Russland
187439 Leningrad County, Volchov District,
Aleksino Village, Camphill Village Svetlana, c/o
Mark Barber
Tel: (funktioniert nicht immer): 007 813 6338 760
Handy: 007 921 9821 335
E-Mail: dsvet1@yandex.ru
Homepage: www.camphillsvetlana.org
(Kleines Dorf mit Farm)

Südafrika
Camphill Farm Community /Camphill School
P.O. Box 301, Hermanus 7200, Western Cape, S.A.
Tel: 0027 (0) 28 312 4949 (Schule)
Tel: 0027 (0) 21 200 22 30 (Farm)
E-Mail: co-workers@camphill-hermanus.org.za
E-Mail: schoolreception@camphill-hermanus.org.za
Homepage: www.camphill-hermanus.org.za
(multi-racial Dorf. Gemeinschaft mit Erwachsenen und Kindern mit besonderen Bedürfnissen).

Tschechische Republik
Camphill Ceské Kopisty
Ceské Kopisty 6, 41201 Litomerice
Tel: 00420 416 738 673
Fax: 00420 776 063 783
Homepage: www.camphill.cz
E-Mail: camphill@camphill.cz
(Ein Dorf für Menschen mit und ohne Behinderung).

USA
Trifom Camphill Community
20 Triform Road
Hudson, New York 12534
Tel: 001 518 851-9320
Fax: 001 518 851-2864
Homepage: www.triform.org
E-Mail: volunteer@triform.org
(Jugendliche mit besonderen Bedürfnissen).

Camphill Village Trust Internetlinks:

Europa, Association of Camphill Comunities:
www.camphill.org.uk

- Von dieser Homepage kann man eine pdf Liste über Camphill Institutionen weltweit downloaden

USA und Kanada, Camphill Association of North America:
www.camphill.org

Links und Informationen zum Thema

FSJ (freiwilliges soziales Jahr) und das FÖJ (freiwilliges ökologisches Jahr) im Ausland

Nach dem Schulabschluss gibt es für Jugendliche und junge Erwachsene viele Möglichkeiten, sich zu engagieren. Unter anderem besteht die Möglichkeit, einen Jugendfreiwilligendienst zu absolvieren. Dazu zählt das Freiwillige Soziale Jahr (FSJ), etwa in einer Kindereinrichtung, einer Pflegestation, beim Sportverein oder im Museum, und das Freiwillige Ökologische Jahr (FÖJ) bei einem Tierschutzverein, einer Umweltstiftung oder in einem landwirtschaftlichen Betrieb. Für alle, die im Ausland Erfahrungen sammeln möchten, bietet sich die Teilnahme am deutsch-französischen Freiwilligendienst oder dem Internationalen Jugendfreiwilligendienst (IJFD) an.

Die vielfältigen Angebote in den Jugendfreiwilligendiensten im In- und Ausland ermöglichen interessierten jungen Menschen bis zum Alter von 27 Jahren und in der Regel 12 Monate lang nicht nur Erfahrungen, sondern auch Orientierung: Ist beispielsweise ein Pflegeberuf für mich als junger Mann eine dauerhafte Perspektive? Bin ich als junge Frau handwerklich geschickt genug für meinen Traumberuf?

Die Jugendfreiwilligendienste sind Bildungsdienste und verbessern die Ausbildungs- und Erwerbschancen. Die Teilnehmerinnen und Teilnehmer sammeln wichtige soziale und personale Kompetenzen, die wiederum als Schlüsselqualifikationen am Arbeitsmarkt gefragt sind. Freiwillige leisten damit einen wertvollen Beitrag - nicht nur für die Gesellschaft, sondern auch für sich.

Die Rahmenbedingungen für ein FSJ/FÖJ werden durch das Gesetz zur Förderung der Jugendfreiwilligendienste vorgegeben. Flexible Zeitstrukturen ermöglichen eine individuelle Anpassung des Freiwilligendienstes an die eigene Lebensplanung.
Alle, die ein FSJ/FÖJ absolvieren, sind gesetzlich sozialversichert. Die Beiträge leisten die Träger und/oder die Einsatzstelle. Darüber hinaus besteht bis zum 25. Lebensjahr ein Anspruch auf Kindergeld, es sei denn, das Gesamteinkommen des Kindes über 18 Jahre übersteigt die festgelegten Einkommensgrenzen.
Während ihres Einsatzes erhalten die Freiwilligen ein Taschengeld. Unterkunft und Verpflegung werden in der Regel gestellt, können aber auch durch Geldersatzleistungen erstattet werden.

Mehr Infos zum FSJ (freiwilliges soziales Jahr) und das FÖJ (freiwilliges ökologisches Jahr) im Ausland gibt es u.a. beim: Bundesministerium für Familie, Senioren, Frauen und Jugend (BMFSFJ). Und eine Liste über die Träger unter:
http://www.bmfsfj.de/BMFSFJ/Freiwilliges-Engagement/fsj-foej.html

Darüber hininaus hat der Bundesarbeitskreis Freiwilliges Soziales Jahr Informationen zum FSJ auf seiner Website unter www.pro-fsj.de zusammengestellt. Informationen zum FÖJ gibt es auch auf www.foej.de

Entwicklungsdienst

Entwicklungsdienst ist die zeitlich befristete Mitarbeit von berufserfahrenen Fachkräften in Projekten und Programmen der derzeit sieben anerkannten Entwicklungsdienste und ihrer Partnerorganisationen vor Ort. Fachkräfte, die als Entwicklungshelferinnen oder Entwicklungshelfer einen Dienst leisten, unterscheiden sich von anderen in der Entwicklungszusammenarbeit tätigen Experten vor allem dadurch, dass sie „ohne Erwerbsabsicht" mitarbeiten.

Die Anforderungen an die Qualifikation der Fachkräfte, die über die anerkannten Entwicklungsdienste in Projekte und Programme von Partnerorganisationen vermittelt werden, sind sehr hoch. Nicht nur mehrjährige Berufserfahrung sondern auch entwicklungspolitisches und soziales Engagement, interkulturelle Sensibilität und Sprachkenntnisse werden vorausgesetzt. In besonderen Positionen ist inzwischen auch Auslandserfahrung eine selbstverständliche Grundlage für die Mitarbeit. Für Berufsanfänger gibt es bisher nur wenige Möglichkeiten, in der Entwicklungszusammenarbeit praktische Erfahrungen zu sammeln. Als Ergänzung zu den „alten Hasen" ist es aber sinnvoll, junge Menschen mit innovativen Ideen und aktuellen Methodenkenntnissen einzusetzen. Die anerkannten Entwicklungsdienste haben deshalb in den letzten Jahren Programme entwickelt, die es jungen Berufsanfängern ermöglichen, erste Erfahrungen in der Entwicklungszusammenarbeit zu sammeln.

Auskünfte zum Entwicklungsdienst erteilen die Träger und ihre gemeinsame Beratungs- und Anmeldestelle beim: AKLHÜ - Netzwerk und Fachstelle für internationale personelle Zusammenarbeit e.V. (AKLHÜ), Meckenheimer Allee 67-69, 53115 Bonn, Tel: 0228 / 9089910, Fax: 0228 / 9089911, E-mail: aklhue@entwicklungsdienst.de, Homepage: www.entwicklungsdienst.de

Anderer Dienst im Ausland - ADiA

Freiwilligenarbeit im Ausland kann mittels der Institution „Der Andere Dienst im Ausland, ADiA, geleistet werden. Dieser soziale Dienst ist zudem als Wehrersatzdienst anerkannt. Man konnte den ADiA anstelle des normalen Zivildienstes absolvieren. Der Zivildienst ist seit Juli 2011 wegfallen. Der Andere Dienst im Ausland besteht aber fort. Für ihn gibt es auch im künftigen Gefüge der Auslandsfreiwilligendienste einen Bedarf, weil es sich um ein spezifisches, historisch gewachsenes und mit weit über 2.000 Teilnehmern auch großes Programm handelt. Der Andere Dienst im Ausland wird auch künftig als solcher vom Bund nicht finanziell gefördert oder im Einzelnen qualitativ geregelt. Es besteht aber aufgrund der Anerkennung der Einsatzplätze durch den Bund eine gegenüber den vollständig ungeregelten Auslandsprogrammen erhöhte Sicherheit für die Teilnehmer.

Der ADiA ist als Zivildienst im Ausland bekannt. Rechtlich bestand aber keine Verwandtschaft mit dem weggefallenen Zivildienst. Denn letzterer konnte aus völkerrechtlichen Gründen nur im Hoheitsgebiet der Bundesrepublik Deutschland geleistet werden. In einem Anderen Dienst im Ausland müssen allerdings gleiche Aufgaben erledigt werden wie früher im Zivildienst und heute im Bundesfreiwilligendienst. Die Hauptvoraussetzung für die Ableistung eines Anderen Dienstes im Ausland ist, dass man vom Bundesamt für den Zivildienst als Kriegsdienstverweigerer anerkannt wurde.

Weitere Informationen unter: http://www.bundes-freiwilligendienst.de/ausland/adia-anderer-dienst-im-ausland.html

Internationaler Jugendfreiwilligendienst - IJFD

Der Internationale Jugendfreiwilligendienst richtet sich an Jugendliche im Alter von 18 bis 26 Jahren. Es ist unerheblich, welche Schulausbildung und ob bereits eine abgeschlossene Berufsausbildung vorliegt. Auch Jugendliche ohne Schulabschluss können am IJFD teilnehmen.

Der Internationale Jugendfreiwilligendienst nimmt für sich in Anspruch ein vielschichtiger Lern- und Bildungsdienst zu sein. Ziele des IJFD sind das Sammeln von interkulturellen, gesellschaftspolitischen und persönlichen Erfahrungen in einer anderen Kultur. Junge Menschen können sich für andere Menschen und andere Gesellschaften einsetzen. Gleichzeitig erfolgt ein informelles Lernen während der Tätigkeit und innerhalb der begleitenden Seminare. Die eigene Persönlichkeit wird entwickelt, indem die Jugendlichen lernen, sich in einem neuen, ungewohnten Umfeld zu bewegen. Die so erworbenen sozialen und interkulturellen Kompetenzen kommen den jungen Menschen auch nach ihrer Rückkehr nach Deutschland zugute.

Ein Ziel des Internationalen Jugendfreiwilligendienstes ist es zudem, das Verständnis für andere Kulturen zu fördern und den interkulturellen Dialog voranzubringen.

Der IJFD dient auch der beruflichen Orientierung. Die Freiwilligen gewinnen einen Einblick in einen von ihnen gewählten Tätigkeitsbereich.

Der Internationale Jugendfreiwilligendienst richtet sich an junge Frauen und Männer. Er ist unabhängig vom jeweiligen Schulabschluss, von der ethnischer Herkunft oder dem Einkommen.

Die Träger dürfen den Abschluss einer Vereinbarung zum Internationalen Jugendfreiwilligendienst nicht von mittelbaren oder unmittelbaren Spenden des Freiwilligen an den Träger abhängig machen. Dennoch ist eine angemessene, den Rahmen der Verhältnismäßigkeit einhaltende finanzielle Beteiligung der Freiwilligen nicht ausgeschlossen.

Dieser Jugendfreiwilligendienst im Ausland orientiert sich am Gemeinwohl und besteht aus einer ganztägigen, überwiegend praktischen Hilfstätigkeit, innerhalb eines mehrmonatigen Auslandsaufenthaltes ohne Unterbrechung. Der Dienst kann grundsätzlich in jedem Land der Erde geleistet werden. Er muss arbeitsmarktneutral ausgestaltet sein. Die Interessen der Bundesrepublik Deutschland müssen stets gewahrt werden.

Freiwillige werden in den Richtlinien des BMFSFJ wie folgt beschrieben:

Es muss sich um Personen handeln, die einen ganztägigen Dienst ohne Erwerbsabsicht leisten, selbstverständlich freiwillig. Es darf sich bei diesem Dienst nicht um eine Tätigkeit im Rahmen einer Berufsausbildung handeln.

Die Personen müssen sich aufgrund eines Vertrages, einer Vereinbarung, zur Leistung des Dienstes verbindlich verpflichten. Der zeitliche Rahmen reicht von mindestens sechs bis höchstens 18 Monaten. In der Regel soll der Freiwilligendienst 12 Monate geleistet werden.

Als Gegenleistung für den Dienst dürfen die Jugendlichen nur unentgeltliche Unterkunft, Verpflegung und Arbeitskleidung sowie ein angemessenes Taschengeld und Reisekosten erhalten. Anstelle von Unterkunft, Verpflegung und Arbeitskleidung kann auch eine entsprechende Geldersatzleistungen gezahlt werden. Das Taschengeld ist nur dann angemessen ist, wenn es in der Höhe 350 EUR pro Monat nicht übersteigt.

Zum Zeitpunkt des Dienstantrittes im Ausland muss die Vollzeitschulpflicht erfüllt sein. Zudem dürfen die Freiwilligen bis zum Dienstabschluss das 27. Lebensjahr noch nicht vollendet haben.

Weitere Informationen unter: http://www.internationaler-jugend-freiwilligendienst.de/ijfd/

Europäischer Freiwilligendienst - EFD

Den »Europäischen Freiwilligendienst« gibt es seit 1996. Ziel des Freiwilligendienstes ist es, den jungen Leuten außerschulische Schlüsselqualifikationen zu vermitteln, wie zum Beispiel sich mit anderen Kulturen auseinanderzusetzen.

Mit dem Europäischen Freiwilligendienst (EFD) arbeiten und leben junge Menschen für eine bestimmte Zeit in einem gemeinnützigen Projekt im Ausland. Sie sammeln neue Ideen, neue Perspektiven, neue Erfahrungen.

In einem Kinderheim arbeiten oder in einem Nationalpark oder in einem Flüchtlingsprojekt oder, oder, oder. Der Europäische Freiwilligendienst kann jungen Menschen wertvolle Kompetenzen vermitteln – und ihnen persönliche wie berufliche Orientierung geben.

EFD-Projekte finden zu einer Vielzahl von Themen statt. Möglich sind individuelle wie Gruppenfreiwilligendienste. Die Freiwilligentätigkeit muss dabei in einem ausgewogenen Verhältnis von Lernen und Arbeiten stehen. Der EFD ist ein wirklicher „Lerndienst" – kein Ersatz für einen Arbeitsplatz, kein Praktikum.

Und: Vom interkulturellen Austausch profitieren nicht nur die Freiwilligen, sondern auch die beteiligten Organisationen und das lokale Umfeld.

Der EFD richtet sich an alle Jugendlichen zwischen 17 und 30 Jahren. Für die Jugendlichen ist der EFD kostenlos (nur ein Zuschuss zu den Reisekosten kann erhoben werden). Eine prioritäre Zielgruppe sind junge Menschen mit erhöhtem Förderbedarf.

In der Regel dauert ein EFD zwischen zwei und zwölf Monaten. Kürzere Projekte ab zwei Wochen sind unter bestimmten Voraussetzungen möglich.

Vor, während und nach Beendigung ihres Dienstes werden die Freiwilligen pädagogisch begleitet. Außer der Altersregelung gibt es keine weiteren Zugangsbeschränkungen. Ein bestimmter Bildungsabschluss oder Sprachkenntnisse sind nicht erforderlich.

Der EFD basiert auf einer soliden Partnerschaft zwischen den Freiwilligen, einer Entsende- und einer Aufnahmeorganisation. Alle Organisationen müssen eine gültige Akkreditierung besitzen. Die anerkannten Projekte sind in einer Datenbank aufgeführt.

Momentan gibt es über 200 anerkannte Entsendeorganisationen in Deutschland - von Aurich bis Witzenhausen. Sie alle sind in einer Datenbank der Europäischen Kommission aufgelistet unter: http://europa.eu/youth/volunteering/evs-organisation_de

Einige hiervon befinden sich hier im Buch im Kapitel "Freiwilligenarbeit Soziale Arbeit im Ausland / Ökologische Arbeit, Farmstay, Wildlife Experience". Sie organisieren den Auslandsaufenthalt.

Weitere Informationen: webforum JUGEND, Nationale Koordinierungsstelle Jugend für Europa
Internet: www.jugendfuereuropa.de.
www.go4europe.de
www.jugend-in-aktion.de

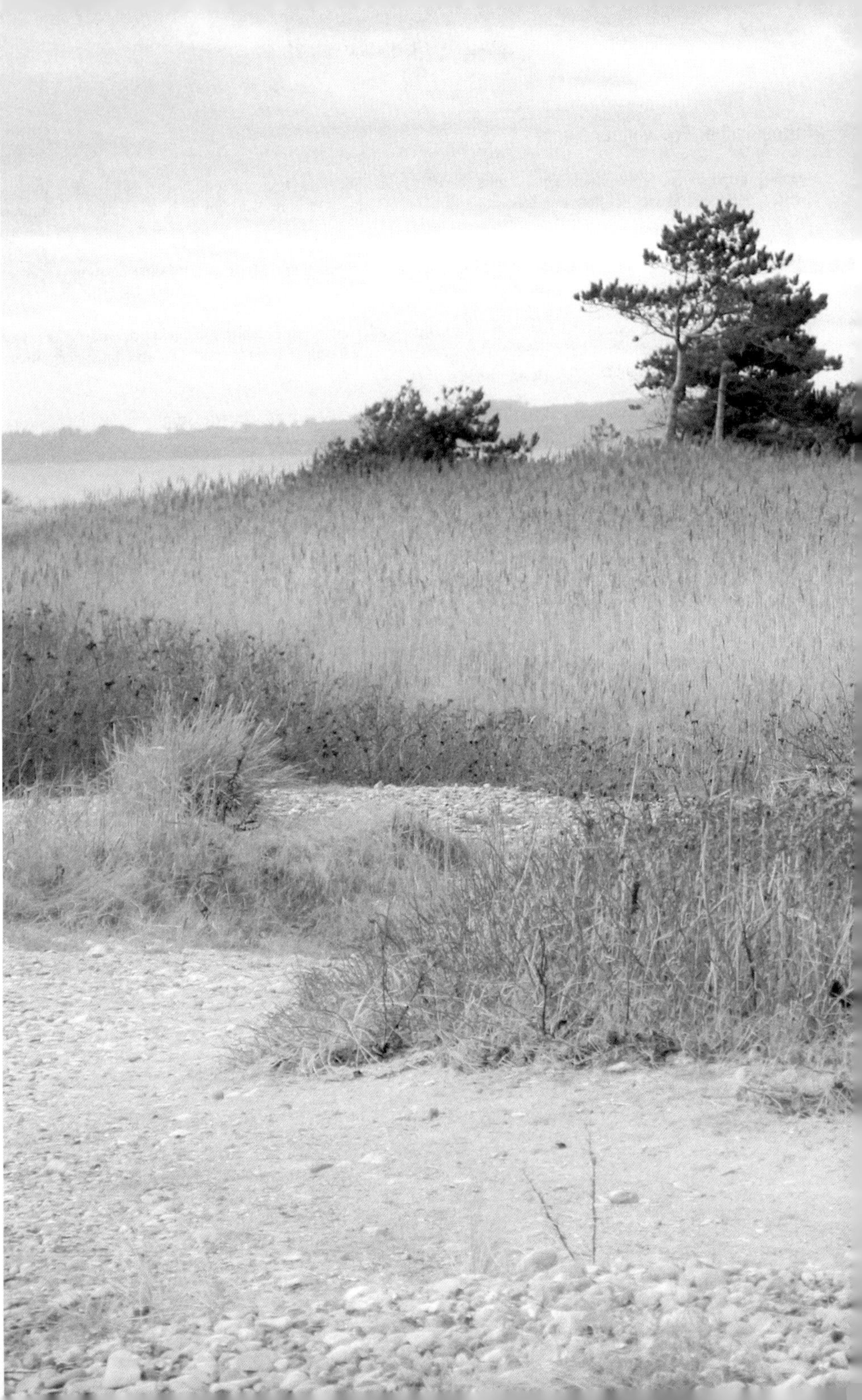

ÖKOLOGISCHE ARBEIT / DIENSTE, FARMSTAY, WILDLIFE EXPERIENCE

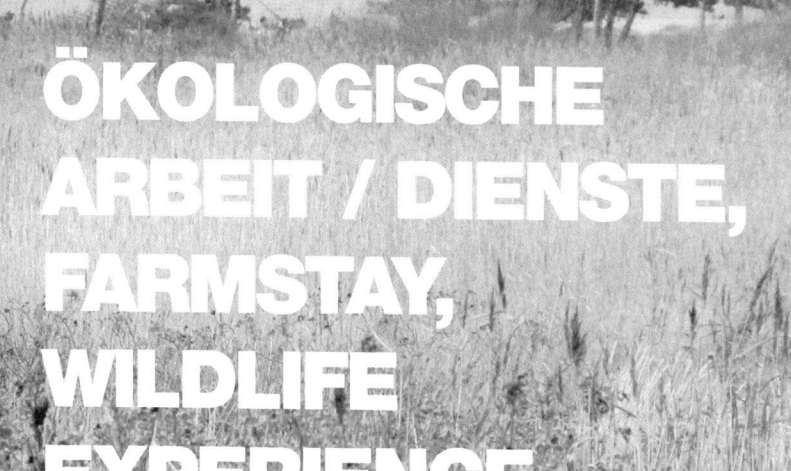

„Zu wissen, wie man die Dinge anpackt."

Ein Engagement für die Umwelt

Krokusse stehen bereits im Januar in voller Blüte, Skifahrer warten vergeblich auf Neuschnee, Sturmschäden und Überschwemmungen sind beinahe an der Tagesordnung. Der Klimawandel fordert seinen Tribut. Während Politiker sich noch streiten, sind die Möglichkeiten zu handeln längst da. Die freiwillige Mitarbeit in Umweltschutzorganisationen ist weltweit gefragt. Natur- und Tierliebhaber können ihre Arbeitskraft auch für Farmstays anbieten. Der Einsatz in landwirtschaftlichen Betrieben, auf Obstplantagen, Weingütern oder Pferdehöfen steht im Austausch gegen Unterkunft und Verpflegung. Im Tierschutz sind die Projekte meist längerfristig angelegt. Hier reicht das Betätigungsfeld von der aktiven Feldarbeit in Forschungsstationen bis hin zur Internetrecherche und allgemeiner Büroarbeit.

Allen Projekten gemein ist die sehr begrenzte finanzielle Tragkraft. Deshalb sollte jedem bewusst sein, der an solchen Projekten teilhaben will, dass er, neben dem Enthusiasmus für die Arbeit, meist selbst für seinen Unterhalt aufkommen muss.

Träume werden wahr!

Seit ich 6 Jahre alt bin reite ich für mein Leben gerne. Mein Traum war es schon immer auf einer Farm in Australien zu arbeiten und zu leben. Nach meiner abgeschlossenen Lehre war es dann endlich so weit und ich konnte meinen Traum verwirklichen. Und hier ist meine Story... :
In Sydney angekommen war ich so von den vielen Eindrücken überwältigt, da blieb für Schlafen keine Zeit :-) Am zweiten Tag wurde ich mit 10 anderen jungen Leuten aus der ganzen Welt auf die Trainingsfarm in Coonabarabran (ca. 6 Stunden nördlich von Sydney) gefahren, auf der man eine Woche lang alle möglichen Farmarbeiten erlernt und anschließend gleich zu einem Job vermittelt wird. Super also für die, die das alles nicht selbst in die Hand nehmen möchten und für die, die natürlich auch viel viel dazulernen möchten!
Hier mal ein kleiner Einblick in meine Woche auf der „Kulaba-Ranch":

Montag:
- Fencing (Knoten lernen fürs Zäune reparieren)
- Motorbike/Quad fahren

Dienstag:
- Reiten
- Schaf-Arbeit (die Schafe mit Motorrädern oder Quads vom Paddock eintreiben, impfen, scheeren, entwurmen, ...)

Mittwoch:
- Zäune reparieren
- Traktor fahren

Donnerstag:
- Rinder eintreiben mit Pferd und Bike

In dieser Woche lernt man viele neue, tolle Leute kennen, hat Spaß und macht viele neue Erfahrungen! Schon am zweiten Tag erhielt ich mein erstes Jobangebot – eine Polo-Farm, nur 2 Stunden von Sydney entfernt. Da ich Pferde über alles liebe und ich schon immer mal mit Pferden arbeiten wollte, nahm ich dieses Angebot natürlich sofort an. Am Anfang war ich etwas besorgt, ob der Job vielleicht nicht doch meine reiterlichen Fähigkeiten übersteigt. Aber nachdem ich meinen Chef kennen gelernt hatte, mir alles noch einmal erklärt wurde und ich meine ersten Tage auf „Wandara" verbracht hatte waren meine Zweifel wie weggeblasen und es war und ist der tollste Job überhaupt. Ich verbrachte dort die nächsten 4 Monate mit einem anderen deutschen Mädchen und die Arbeit dort bestand hauptsächlich darin, die Polo-Pferde unter der Woche für die Polo-Spiele zu trainieren. An jedem Wochenende ging es mit all den Pferden auf die verschiedenen Spiele in ganz „New South Wales". Anfang Juni war leider alles vorbei, die Pferde durften wieder auf ihre Koppeln und ich ging für ein paar Wochen auf Reisen durch ganz Australien. Nachdem langsam das Geld knapp wurde, musste ich mich um einen weiteren Job umschauen. Durch die vielen Kontakte, die ich während der Polo-Saison geknüpft habe, war das alles leichter wie gedacht. Kurz darauf fing ich auf einer traditionellen australischen Schaf-Farm, nur eine Stunde von meiner alten Farm entfernt an. „Lamb-Marking" – das war meine Arbeit für die nächsten zwei Monate. Darunter versteht man das impfen, ohrmarken, kastrieren und zählen der neugeborenen Lämmer. Und wieder einmal durfte ich viel Neues lernen und auch mal mit echten Cowboys zusammen arbeiten. Nun war es EIGENTLICH Zeit heim zu fliegen, doch ich hatte andere Pläne. Da im September eine weitere Polo-Saison geplant war und mein Chef mich fragte ob ich noch einmal für weitere 2 Monate seine Pferde trainieren möchte war das natürlich eine klare und schnelle Entscheidung. Deutschland musste dann wohl noch länger auf mich warten. Meine letzten Monate in Australien genoss ich noch in vollen Zügen, lernte selbst ein bisschen das Polo spielen und natürlich ist diese Zeit viel zu schnell vorbei gegangen. Anfang November stieg ich ins Flugzeug zurück nach Deutschland und mir war sofort klar: I WILL BE BACK!!!

Ein Bericht von Katja Ries, die mit active abroad in Australien war.

„Das Pura-Vida-Gefühl hab ich täglich spüren können."

"Unsere Ansprechpartnerin Anna hat mir direkt eine Einführung gegeben und war immer für uns da. Sobald wir Bedenken oder auch einfach nur Fragen hatten, konnten wir jeder Zeit zu ihr kommen und auch die Arbeit war super auf uns zugeschnitten. Es hat einfach unglaublich viel Spaß gemacht, zusammen mit den anderen Freiwilligen viel über die einzelnen Tiere zu lernen und mitzuhelfen, dass diese wieder für die Auswilderung vorbereitet werden. Vor allem die Erfahrung bei der Auswilderung eines Affens und eines Spechts wird mir immer in Erinnerung bleiben! Genauso wie die Aufzucht der zwei Babyopossums. Das war unbeschreiblich schön, die Verantwortung dafür zu übernehmen!

Um sechs Uhr fing die erste Schicht an: Babyopossums wiegen und füttern, Krokodile und Schildkröten zählen ob noch alle da sind, die Papageien- oder Affenkäfige säubern und füttern. Anschließend gab es Frühstück. Danach hatten wir unsere verschiedenen Aufgaben wie Enrichment basteln oder Handtücher waschen. Einmal die Woche gab es den Fruit Run. Hier mussten wir die Früchte in die Futterküche transportieren und dann einsortieren. Danach war die nächste Schicht mit füttern und säubern wieder dran. Dann ging es ab zum Mittagessen. Anschließend kam dann noch einmal die letzte Schicht mit füttern und säubern. Für die Babys mussten wir abends nach dem Abendessen noch einmal ran. Wir mussten noch einmal schauen, ob alles ok ist, noch einmal füttern und Wärmflaschen zubereiten und in den Käfig packen.

In meiner Freizeit hab ich immer etwas zusammen mit den anderen Freiwilligen gemacht. Mal waren wir am See, mal sind wir mit dem Boot nach Flores gefahren und waren dort ein bisschen bummeln oder in einer kleinen Bar etwas essen oder trinken. Oder wir saßen im Projekt und haben in der Hängematte die Natur genossen oder Spiele gespielt. Einmal haben wir einen Ausflug nach Tikal gemacht und die Mayastätte besichtigt. Dort haben wir abends auf dem Tempel den Sonnenuntergang angeschaut- traumhaft!

Meine Erfahrungen mit der neuen Kultur und Bevölkerung waren einfach nur positiv! Das Pura-Vida-Gefühl hab ich täglich spüren können. Die Leute waren alle super hilfsbereit und auch wenn man sie nicht kannte, war man nie alleine. Der schönste Moment war, als Anna mir mitgeteilt hatte, dass ich die Babyopossums und die Krokodile übernehmen darf. Die Betreuung der Opossums war, trotz der Mehrarbeit und der traurigen Erfahrung dass eines gestorben ist als ich da war, einfach ein unbeschreibliches Erlebnis! Genauso die Erfahrung, dass ich zwei der kleinen Krokodile per Hand füttern durfte, war einfach Wahnsinn! Der traumhafte Sonnenuntergang, den wir auf einem Tempel der Mayastätte gesehen haben, war auch einfach nur traumhaft schön! :-)

War es eine gute Entscheidung diesen Auslandsaufenthalt zu machen? Auf jeden Fall! Ich würde jederzeit sofort wieder einen Auslandsaufenthalt in Lateinamerika machen! Ich hab mich persönlich super weiter entwickelt und habe auch das entspannte Lebensgefühl mit nach Deutschland nehmen können! Auch mein Spanisch konnte ich dank dem Aufenthalt in der Gastfamilie und der Sprachschule super verbessern!"

Sabrina H. (21 Jahre) hat mit Praktikawelten im Sommer 2016 für einen Monat an einem Tierschutz-Projekt in Guatemala teilgenommen.

FREIWILLIGENARBEIT- UND DIENSTE

active abroad
Freising/München

active abroad

active abroad wurde 1998 gegründet und bietet in Zusammenarbeit mit ausgewählten Partnern weltweit eine zuverlässige Vermittlung und Betreuung an. Wir helfen abenteuerlustigen Menschen mit einer individuellen und persönlichen Beratung bei der Auswahl des passenden Programmes. Im Sommer 2012 wurde uns als einer der ersten deutschen Au Pair Agenturen das RAL-Gütezeichen Outgoing verliehen, welches sicherstellt, dass die von der Gütegemeinschaft Au Pair e.V. vorgegebenen Qualitätsstandards eingehalten werden. Wir bieten Farmstay Programme in Australien und Neuseeland sowie das Work & Travel Programm auf Farmen in Island an, bei denen man das wahre Land abseits von Touristenzentren kennenlernt. Arbeit mit Tieren, Zaun- und Stallarbeiten oder Erntehelfer sind nur einige Beispiele dafür, was dich bei diesem Abenteuer erwartet. Weitere Programme, die wir anbieten: „Au Pair", „Praktikum", „Work & Travel", „Soziale Arbeit im Ausland" und „Sprachreisen".

2. Name:
active abroad

3. Anschrift:
Obere Hauptstr. 8, 85354 Freising

4. Telefon / Telefax / E-Mail / Homepage:
Tel: 08161-40288-0, Fax: 08161-40288-20
contact@activeabroad.net / www.activeabroad.de

5. Kontakt:
Maria Riedmaier, Franziska Hanisch

6. Altersbegrenzung:
Mindestalter 18 Jahre

7. Spezielle Voraussetzungen:
Mittlere bis gute Englischkenntnisse
Körperliche Belastbarkeit
Vorkenntnisse im Umgang mit Pferden (AUS) 
Working Holiday Visum (AUS & NZL), 12 Monate Praxiserfahrung (Nebenjob, Praktika) für Farmarbeit in Island

8. Dauer des Aufenthalts:
3 – 12 Monate

9. Abreisezeitpunkt:
Ganzjährig

10. Anmeldefrist oder Bewerbungsfrist:
2 – 6 Monate im Voraus

11. Kosten:
Beispiel Australien: 1.599 EUR.
In diesem Preis sind folgende Leistungen enthalten:
Flughafentransfer zum Hostel in Sydney, Hilfe bei der Registrierung, Hilfe beim Eröffnen eines Bankkontos sowie beim Erwerb einer Handy- SIM-Karte und der Steuernummer, 7 Nächte im Hostel in Sydney mit Sightseeing, Trips & Freizeitprogramm, zusätzlich 5 Tage Einführungskurs auf einer Trainingsfarm

16. Bestimmte Staatsangehörigkeit vorausgesetzt:
EU Staatsangehörigkeit, bzw. für Länder mit Working Holiday Visa Abkommen (AUS, NZ, KAN)

17. Länder / Gebiete des Aufenthalts:
Australien, Neuseeland, Island

Coral Cay Conservation (CCC)
London, England

Coral Cay Conservation schützt den Lebensraum von Korallen Riffs und Regenwäldern vor dem Aussterben und fördert die Regeneration. Die Expedition beinhaltet den Tauchschein (SCUBA) und eine wissenschaftliche Einführung.

2. Name:
Coral Cay Conservation (CCC)

3. Anschrift:
Coral Cay Conservation Head Office
Lifesigns Group
The Kiln
Grange Road
Tongham
Surrey
GU10 1DJ
United Kingdom

4. Telefon / Telefax / E-Mail / Homepage:
Tel: ++44 (0)207 6201411
Fax: +44 (0)1483 810223
Skype: coral.cay
Homepage: www.coralcay.org
Email: operations@coralcay.org
Öffnungszeiten: Montag bis Freitag 10.00- 18.00 Uhr.

5. Kontakt:
The Volunteer Recruitment Coordinator

6. Altersbegrenzung:
Mindestalter 16

7. Spezielle Voraussetzungen:
Englisch in Wort und Schrift

8. Dauer des Aufenthalts:
Mindestaufenthalt: Marine Expedition- 2 Wochen für Volontäre mit Tauchschein (PADI Advanced Open Water Certification). 3 Wochen für Tauchanfänger.
Landexpedition: mind. 2 Wochen.
Keine Aufenthaltsbegrenzung

9. Abreisezeitpunkt:
Durchgängig. Volontariat beginnt jeden Monat
10. Anmeldefrist oder Bewerbungsfrist:
Am besten 3 Monate vor der geplanten Abreise

11. Kosten:
Marine Expedition: Beispiel 2 Wochen Marine Expeditions Philippines. Dive Trainee: 925 GBP, Qualified Diver: 825 GBP, Returning Volunteer: 742,50 GBP
Inklusive: Kost und Logis, wissschaftliche Seminare und alle Leistungen von CCC Expedition wieTrekking und anderen Aktivitäten.

Die Kosten beinhalten nicht die internationalen Flüge, Steuern, Kranken- und Unfallversicherung sowie Tauchausrüstung und andere persönliche Ausgaben.

13. Kosten während des Aufenthalts:
Ca. 200 USD für persönliche monatliche Ausgaben

14. Finanzielle Förderung:
Informationen zur finanziellen Unterstützung finden sich auf der Homepage von CCC unter www.coralcay.org

17. Länder / Gebiete des Aufenthalts:
Philippinen, Montserrat

Earthwatch
Oxford / England

Earthwatch ermöglicht die einzigartige Chance dabei zu helfen, die Umwelt während eines Aufenthalts an einem der schönsten Plätze der Welt zu beschützen: Arbeiten als Volontär an einem Projekt einer Forschungsstation. Du arbeitest neben Wissenschaftlern als Teil des Teams aus aller Welt. Die Projekte variieren sehr stark hinsichtlich körperlicher Arbeit, Umweltbedingungen und Tätigkeiten.

2. Name:
Earthwatch Institute (Europe)

3. Anschrift:
Mayfield House,
256 Banbury Road,
Oxford, OX2 7DE
United Kingdom

4. Telefon / Telefax / E-Mail / Homepage:
Tel: +44 (0) 1865 318838
Fax: +44(0)1865 311383
Homepage: www.earthwatch.org.uk
Email: info@earthwatch.org.uk

5. Kontakt:
(Telefon siehe oben) Volontär Programme

6. Altersbegrenzung:
Ab 16 Jahren

7. Spezielle Voraussetzungen:
Keine speziellen Vorkenntnisse (außer Scuba Certification für Tauchprojekte). Volontäre sollten in guter körperlicher Verfassung sein. Ausbildung erfolgt vor Ort. Alles was du brauchst ist Enthusiasmus und Engagement. Englischkenntnisse sind hilfreich.

8. Dauer des Aufenthalts:
2-20 Tage

9. Abreisezeitpunkt:
Das ganze Jahr über

10. Anmeldefrist oder Bewerbungsfrist:
Spätestens 3 Wochen vor Abreise

11. Kosten:
Zwischen 120 GBP und 2.195 GBP
Der Preis ist eine absetzbare Spende, die unsere Forschungsarbeit unterstützt.

12. Lohn während des Aufenthalts:
Unterkunft und Verpflegung frei.

13. Kosten während des Aufenthalts:
Volontäre müssen ihre persönlichen Ausgaben und ihre Versicherung selbst organisieren, sowie An- und Abreise

14. Finanzielle Förderung:
Auf unsere Homepage finden sich Hinweise für Stipendien

17. Länder / Gebiete des Aufenthalts:
Earthwatch unterstützt aktuell über 130 Forschungsprojekte in 45 Ländern. Wir unterstützen ein breites Spektrum an Projekten rund um den Globus vom Schutz der Pinguine in Südafrika über das Studium der Flussotter in Chile bis hin zum Schutz von historischen Gebäuden in Spanien

IBO
Ludwigshafen

Bau- und Renovierungsarbeiten in gemeinnützigen Organisationen in Europa. Z.B. ein Begegnungszentrum in einem kleinen Dorf in Rumänien oder eine Schule für behinderte Kinder in Klaipeda, Litauen. Das Spektrum der Arbeiten ist weit gefächert: Mauern einreißen und Fenster streichen, Fußboden verlegen und Zimmerarbeiten, Putz abschlagen, Fliesen legen und Tapezieren, Elektroinstallationen und Dachisolierung.

2. Name:
IBO, Internationaler Bauorden

3. Anschrift:
Schützenstr. 1, 67061 Ludwigshafen

4. Telefon / Telefax / E-Mail / Homepage:
Tel. 0621/6355 4946, Fax 0621/6355 4947
E-Mail: info@bauorden.de
Homepage: www.bauorden.de

5. Kontakt:
Peter Runck

6. Altersbegrenzung:
Die meisten Freiwilligen sind zwischen 18 und 26 Jahre alt, es gibt auch eine Gruppe aktiver Senioren im Bau-orden und Camps für Familien

7. Spezielle Voraussetzungen:
Mitmachen können alle, die auf einer Baustelle zusammen mit anderen handwerklich – dazu mehr im nächsten Absatz – arbeiten möchten; das wird manchmal körperlich recht anstrengend. Hilfreich ist es bei Auslandseinsätzen, die Landessprache ein wenig zu kennen.

8. Dauer des Aufenthalts:
Die Arbeitsperioden sind zwischen 2-4 Wochen bei jedem Projekt. Die Arbeitszeit ist normalerweise 40 Stunden pro Woche. In Spanien, Portugal und Italien bis zu 45 Stunden. Die Arbeitsgruppen bestehen aus 8-12 Personen, oft aus unterschiedlichen Nationalitäten zusammengesetzt. Die Gruppe sorgt selbst für Einkäufe und Kochen.

9. Abreisezeitpunkt:
Primär ab Ende Juni bis Ende August
10. Anmeldefrist oder Bewerbungsfrist:
So früh wie möglich vor Abreise

11. Kosten:
Die Anmeldegebühr für ein Camp in Deutschland beträgt für deutsche Teilnehmer 80,- EUR (ab dem zweiten Camp innerhalb eines Kalenderjahres 60,- EUR), für ein Camp im Ausland 110,- EUR (Camps in Marokko 280,- EUR, Camps in Russland, Armenien und Georgien 180,- EUR).
Für die Teilnahme an einem Camp in Russland, Armenien oder Georgien bezahlt der Bauorden Freiwilligen zwischen 18-26 Jahren einen Reisekostenzuschuss von 220,- EUR, für ein Baucamp in Weißrussland oder in der Ukraine 100,- EUR.

Unterkunft und Verpflegung sind während eines Camps kostenlos. Jeder Teilnehmer ist unfall- und haftpflichtversichert. Reisekosten werden nicht erstattet.
Für Camps in Marokko, Russland und Georgien wird vom Bauorden ein Reisekostenzuschuss gezahlt

12. Lohn während des Aufenthalt:
Verpflegung, Unterkunft und Versicherungsschutz

13. Kosten während des Aufenthalt:
Taschengeld

16. Bestimmte Staatsangehörigkeit vorausgesetzt:
Nichtdeutsche Interessenten bitten wir um Anmeldung über die Partnerorganisation im Heimatland

17. Länder / Gebiete des Aufenthalts:
Armenien, Belgien, Bulgarien, Estland, Frankreich, Georgien, Griechenland, Italien, Kroatien, Litauen, Marokko, Moldavien, Österreich, Portugal, Rumänien, Russland, Tschechien, Ukraine, Weißrussland

INTERSWOP
Hamburg

Farmstays, Farm- und Ranchaufenthalte, Wildlife Experience, Nationalpark – Einsätze in Übersee.
Siehe auch unter „Praktikum" und „Work & Travel".

2. Name:
Farmstays International
c/o INTERSWOP

3. Anschrift:
Farmstays International
c/o INTERSWOP
Osterstrasse 42
D-20259 Hamburg

4. Telefon / Telefax / E-Mail / Homepage:
Tel.: 040-410 80 28
info@farmstays.org
www.farmstays.org
www.interswop.de
www.rancharbeit.com

5. Kontakt:
Marion Priess

6. Altersbegrenzung:
18 - 48

8. Dauer des Aufenthalts:
2-3 Monate. Bezahlte Rancharbeit Australien auch bis zu 1 Jahr möglich.

9. Abreisezeitpunkt:
Flexibel

10. Anmeldefrist oder Bewerbungsfrist:
Ca. 6 Wochen vor Programmbeginn

11. Kosten:
ab ca. EUR 1.450,-

12. Lohn während des Aufenthalts:
Teilnehmer erhält freie Kost und Logis auf der Farm für seine Mitarbeit. Bezahlte Rancharbeit in Australien mit Lohn, Unterkunft und Verpflegung auf der Farm

16. Bestimmte Staatsangehörigkeit vorausgesetzt:
Für alle, hängt vom Visum ab.

17. Länder / Gebiete des Aufenthalte:
Canada, Australien, Neuseeland, Südafrika, Lateinamerika, USA

PRAKTIKAWELTEN
Freiwilligenarbeit • Work & Travel • Praktika • High School
München

Lebe deinen Traum!
Wer träumt nicht davon, mal eine Zeit lang in einem völlig fremden Land mit einer völlig anderen Kultur, weit weg von zu Hause zu leben - und das nicht nur als Tourist, sondern als einer von ihnen, ja gar als Einheimischer?
Praktikawelten bietet dir die Möglichkeit, dies hautnah als Freiwilliger oder Praktikant in Afrika, Asien, Latein-, Nordamerika & Ozeanien zu erleben. Wilde Tiere beobachten, Zäune reparieren, von den Lauten der Tiere geweckt werden. Das alles - und noch viel mehr - erwartet dich bei unseren verschiedenen Projekten in den Bereichen Wildlife, Tierschutz, Naturschutz, Meeresschildkröten und Farmstay! **Lass dich durch uns beraten oder besuche eine Infoveranstaltung in deiner Nähe!**
Siehe auch unter „Praktikum", „Work & Travel", „Soziale Arbeit im Ausland" und „High School"

2. Name:
PRAKTIKAWELTEN
Freiwilligenarbeit • Work & Travel • Praktika • High School

3. Anschrift:
Nymphenburger Str. 113, 80636 München, Deutschland

4. Telefon / Telefax / E-Mail / Homepage:
Tel: +49 (0)89 – 28 67 51 - 0
Fax: +49 (0)89 – 28 67 51 - 29
Email: info@praktikawelten.de
Homepage: www.praktikawelten.de

6. Altersbegrenzung:
Mindestalter 16 Jahre

7. Spezielle Voraussetzungen:
i.d.R. keine

8. Dauer des Aufenthalts:
ab 1 Woche und meist bis zu einem Jahr

9. Abreisezeitpunkt:
Starttermine jederzeit; meist ganzjährig

10. Anmeldefrist oder Bewerbungsfrist:
ca. 2 bis 3 Monate vor geplantem Reisebeginn; Teilnahme kann ggf. auch 5 Wochen vor Abreise ermöglicht werden

11. Kosten:
z.B. 2 Wochen Aufenthalt in Südafrika im Greater Krüger Nationalpark für 870 EUR (inkl. Unterkunft und Verpflegung, Flughafenabholung, Einführungsveranstaltung, Betreuung vor Ort, 24h-Notfallnummer, optimale Reisevorbereitung, Teilnahmezertifikat u.v.m.) oder z.B. 8 Wochen Aufenthalt in Mexiko im Bereich Meeresschildkröten für 1.590 EUR (inkl. 4 Wochen Spanisch-Sprachkurs, Unterkunft, Flughafenabholung, Einführungsveranstaltung, Betreuung vor Ort, 24h-Notfallnummer, optimale Reisevorbereitung,
Teilnahmezertifikat u.v.m.)

16. Bestimmte Staatsangehörigkeit vorausgesetzt:
nein

17. Länder/ Gebiete des Aufenthalts:
Südafrika, Ghana, Sansibar, Namibia, Guatemala, Costa Rica, Mexiko, Ecuador, Peru, Argentinien, Chile, USA, Kanada, Australien, Neuseeland, Fidschi, Thailand, Sri Lanka, Indien, Bali

Bereiche: Sozialarbeit mit Kindern, Unterrichten, Humanmedizin, Physiotherapie, Psychologie, Reittherapie Umweltschutz, Meeresschildkröten-Projekt, Wildlife, Tierschutz, Farmstay, Building, u.v.m.

SCI
Service Civil International
Deutscher Zweig e.V.
Bundesweit

Ob Kinderbetreuung in Italien, Bäume pflanzen in Japan, HIV-Prävention in Sambia oder einen Spielplatz bauen in Russland, ein Workcamp des Service Civil International (SCI) ist immer eine besondere Erfahrung. Seit mehr als 90 Jahren arbeitet der SCI für Frieden und interkulturellen Austausch im Rahmen einer internationalen Freiwilligenbewegung. Soziale, kulturelle oder ökologische Projekte werden in sog. Workcamps für zwei bis drei Wochen unterstützt. Während des „Arbeitsteils" wird praktisch mit angepackt, beim „Studienteil" erfährt die internationale Gruppe mehr über das Projekt, die Region und die Arbeit SCI. Mit einer Dauer von bis zu 12 Monaten vermittelt der SCI auch mittelfristige und längerfristige Freiwilligendienste.
Siehe auch unter „Ökologische Arbeit, Farmstay, Wildlife Experience" und „weltwärts".

2. Name:
SCI
Service Civil International - Deutscher Zweig e.V.

3. Anschrift:
Blücherstr. 14
53115 Bonn

4. Telefon / Telefax / E-Mail / Homepage:
Tel.: 0228 – 212086
Fax: 0228 – 264234
E-Mail: info@sci-d.de
Internet: http://www.sci-d.de

5. Kontakt:
Ulrich Hauke, Geschäftsführer

6. Altersbegrenzung:
Workcamps im Inland ab 16 Jahre,
im Ausland ab 18 Jahre; kein Höchstalter

7. Spezielle Voraussetzungen:
Grundkenntnisse in Englisch

8. Dauer des Aufenthalts:
Workcamps: 2 - 4 Wochen
Längerfristige Aufenthalte: 1 - 12 Monate

9. Abreisezeitpunkt:
Die meisten Workcamps finden in den Sommermonaten statt, längerfristige Dienste das ganze Jahr über.

10. Anmeldefrist oder Bewerbungsfrist:
Für Workcamps ist eine kurzfristige Vermittlung möglich. Die Workcamps werden ab Februar desselben Jahres auf der Webseite veröffentlicht. Für längere Dienste muss man ein Bewerbungsverfahren durchlaufen. Bewerbungsfristen liegen Ende des Vorjahres und Anfang des Ausreisejahres.

11. Kosten:
Kosten für Workcamps:
• Fahrtkosten
• Vermittlungsgebühr für Workcamps im Inland 82 EUR
• im Ausland: 110 EUR
• in „Entwicklungsländern" in Asien, Afrika, Lateinamerika und Nahost zusätzlich eine Vor-Ort-Gebühr von 100 bis 250 EUR für den Aufenthalt. Außerdem ist die Teilnahme an einem Vorbereitungsseminar verpflichtend.
Für längerfristige Dienste gibt es besondere Regelungen.

12. Lohn während des Aufenthalts:
Kost und Logis werden in der Regel gestellt. Es gibt ein gemeinsam in der Gruppe organisiertes Freizeitprogramm.

13. Kosten während des Aufenthalts:
In „Entwicklungsländern" und in einigen anderen Ländern bezahlen die Freiwilligen eine Vor-Ort-Gebühr für den Aufenthalt.

15. Träger von FSJ, DJiA, FÖJ, EFD, IJFD u.ä.:
• Europäischer Freiwilligendienst (EFD)
• Programm „weltwärts"
• Internationaler Jugendfreiwilligendienst (IJFD)

16. Bestimmte Staatsangehörigkeit vorausgesetzt:
Es können alle Menschen mit Wohnsitz in Deutschland vermittelt werden. Menschen mit Wohnsitz in anderen Ländern müssen sich über die dortigen Partner anmelden.

17. Länder / Gebiete des Aufenthalts:
Ca. 1.000 Workcamps in ca. 90 Ländern weltweit.

World Wide Opportunities on Organic Farms (WWOOF)

WWOOF ist keine Organisation aber eher ein loser Zusammenschluss von Bauernhöfen, Hofgemeinschaften, Gärtnereien usw. Die Idee des "WWOOFing" ist, dass man für einige Stunden Arbeit freie Kost und Logis erhält. Die Größe dieser Höfe ist genauso unterschiedlich wie die Arbeit. Von Obsternte bis Töpfern und Reparieren ist alles dabei. Das Prinzip "mindestens 2 Tage Arbeit" lässt einen großen Gestaltungsspielraum und reduziert das Risiko bei Nichtgefallen. Man hat die Möglichkeit, sich von vielen unterschiedlichen Projekten weltweit ein Bild zu machen. In vielen Ländern existieren nationale WWOOF Organisationen. Um zu erfahren wo man in dem jeweiligen Land WWOOFen kann, erhält man die Adressen bei der nationalen WWOOF - Organisation. Weitere Informationen unter www.wwoof.de

WWOOF Australia
2166 Gelantipy Road, W Tree via Buchan,
3885 Victoria, Australien.
Tel: 0061 (0)3-5155-0218
Fax: 0061 (0)3-5155-0342
E-Mail: wwoof@wwoof.com.au
Homepage: www.wwoof.com.au
(über WWOOF Australia kann man eine Liste von Ländern bekommen, die keine nationale Organisation haben.)

WWOOF Canada
4429 Carlson Road,
Nelson, BC, Canada, VIL 6X3
Tel: 001 - 250 999 7131
E-Mail: wwoofcan@shaw.ca
Homepage: www.wwoof.ca

WWOOF Denmark
Aasenvej 35, 9881 Bindslev, Dänemark
Tel: 0045 9893 8607
E-Mail: info@wwoof.dk
Homepage: www.wwoof.dk

WWOOF Italy
109, via Casavecchia, Castagneto Carducci,
57022 (Li), Italien
Tel: 0039 (0) 565 765001
E-Mail: info@wwoof.it
Homepage: www.wwoof.it

WWOOF Japan
Honcho 2-jo, 3-chome 6-7, Higashi-ku
Sapporo, 065-0042, Japan
Tel: 0081 (0) 11 780-4907
Fax: 0081 (0) 11 780-4908
E-Mail: info@wwoofjapan.com
Homepage: www.wwoofjapan.com

WWOOF Korea
1008 Seoul B/D, 45 Jongno-1Ga Jongno-Gu
Seoul, 110-121 South Korea
Tel: 82-2-723-4510
Fax: 82-2-723-9996
E-Mail: wwoofkorea@yahoo.co.kr
Homepage: http://koreawwoof.com/

WWOOF Nepal
Fanindra Regmi, GPO BOX 8973 NPC 840,
Kathmandu Nepal.
Tel / Fax : 9771-1-4363418
E-Mail: wwoofnepal@gmail.com
Homepage: www.wwoofnepal.org

WWOOF New Zealand
Jane & Andrew Strange, PO Box 1172, Nelson 7040
New Zealand
Tel + Fax: 0064 (0) 3 5449890
E-Mail: support@wwoof.co.nz
Homepage: www.wwoof.co.nz

WWOOF UK
WWOOF UK (United Kingdom of Great Britain and N. Ireland):
PO Box 2154, Winslow, Buckingham
MK18 3WS, England, UK.
E-Mail : hello@wwoof.org.uk
Homepage: www.wwoof.org.uk

Weitere WWOOF-Anlaufstellen unter:
www.wwoof.org

Literaturtipps

Frank, Monika / Kopitzke, Oliver / Seidel, Frank:
Jobben für Natur und Umwelt - Adressen, Erfahrungsberichte, Tipps
Interconnections-Verlag. 2010.

Ausenda, Fabio:
Green Volunteers, 8th Edition: The World Guide to Voluntary Work in Nature Conservation (Green Volunteers: The World Guide to Voluntary Work in Nature Conser)
Universe. 2011

FREIWILLIGENARBEIT- UND DIENSTE

„*Und da verstand ich ihre Kultur. Wow!*"

WELTWÄRTS, KULTURWEIT

Zwei Möglichkeiten für Freiwilligendienst

kulturweit

kulturweit eröffnet Menschen von 18 bis 26 Jahren globale Perspektiven. Mit dem Freiwilligendienst der Deutschen UNESCO-Kommission können sie sich in der Auswärtigen Kultur- und Bildungspolitik engagieren. Ob am Goethe-Institut Hanoi, beim DAAD in Buenos Aires oder an der Europaschule Tiflis: Für sechs oder zwölf Monate werden Freiwillige mit den kulturweit-Partnern aktiv. In Ländern des Globalen Südens, in Osteuropa und der GUS, gefördert vom Auswärtigen Amt. kulturweit unterstützt zivilgesellschaftliches Engagement junger Menschen, vermittelt transkulturelle Kompetenzen und setzt sich für eine weltoffene Gesellschaft ein – auch über den Freiwilligendienst hinaus. Das Programm kulturweit ist als Freiwilliges Soziales Jahr im Ausland anerkannt. Alle Freiwilligen werden finanziell unterstützt und in Seminaren intensiv begleitet. Bewerbungsrunden finden jährlich jeweils im April und November statt.

weltwärts

"weltwärts" ist eine neue Initiative des Bundesministeriums für wirtschaftliche Zusammenarbeit und Entwicklung (BMZ) und vermittelt einen Einblick in die Berufswelt der Entwicklungszusammenarbeit. Als Einsatzbereiche kommen alle entwicklungspolitischen Arbeitsfelder in Betracht, wie Bildung, Gesundheit, Landwirtschaft, Not- und Übergangshilfe, Umweltschutz, Wasser, Menschenrechte, Demokratieförderung, Jugendbeschäftigung oder auch Sport. Übergreifend geht es bei allen Arbeitsfeldern darum,

- die weltweite Armut zu bekämpfen,
- die Umwelt zu schützen,
- den Frieden zu sichern und Demokratie zu verwirklichen und
- die Globalisierung gerecht zu gestalten

Literaturtipps

Lombardo, Lisa:
Weltwärts nach Tansania: Ein Jahr als Freiwillige in Afrika (Jobs, Praktika, Studium)
Interconnections Verlag. 2013.

Walter, Philipp:
Richtungswechsel: Ein weltwärts-Freiwilliger erzählt von seinen Erlebnissen und Erfahrungen in Namibia
Bloggingbooks. 2012.

FREIWILLIGENARBEIT- UND DIENSTE

#SuchdasWeite mit Tarek

Das Abitur in der Tasche, beschloss Tarek Hassan, Clique und Umfeld hinter sich zu lassen, um das Weite zu suchen. Mit kulturweit ging er 2011 für sechs Monate nach Izmir, wo er als Freiwilliger an der Deutschen Schule tätig war. Bis dato war die alte Handelsmetropole am Mittelmeer ein weißer Fleck auf seiner imaginären Landkarte.

„Als ich von meinem Einsatzort erfuhr, wusste ich noch nicht mal wie man den Namen Izmir richtig ausspricht" sagt Tarek und muss schmunzeln. Für seine 23 Jahre wirkt er ziemlich gelassen, wenn er geduldig zuhört, kurz innehält, überlegt, dann sein Gegenüber wieder fest in den Blick nimmt und seine Geschichte erzählt. Die Zeit im Ausland, sagt er, hat ihn verändert. Aus heutiger Sicht wohl mehr als er damals erahnen konnte. Dabei war gerade der Start nicht immer ganz leicht.

Zunächst war da das Alleinsein. „Mit 18 in ein fremdes Land zu kommen, in einen Kontext, indem viele um einen herum schon arbeiten und Familie haben, war erstmal schwieriger als gedacht" erklärt Tarek das plötzliche Gefühl, auf sich allein gestellt zu sein. Im neuen Umfeld fallen die eingespielten täglichen Abläufe und organisch gewachsenen Beziehungen weg. Dann neue Kontakte knüpfen, aus sich raus gehen – das alles war erstmal neu. Der Anschluss gelang, weil ihm die Kollegen mit Rat, Tat und Erfahrung zur Seite standen. Aber auch, weil er auf seinen Reisen quer durch die Türkei immer wieder neue Leute kennen lernte und immer neue Erfahrungen sammelte.

Da war etwa diese Begegnung beim Couchsurfen, als er mit seinem Gastgeber über Deutschland plauderte und dieser plötzlich ein vergilbtes Foto in den Händen hielt. Er erzählte die Geschichte seines Vaters, der in den 60ern als Kohlearbeiter im Ruhrpott malochte, krank wurde und schließlich an den Folgen der harten Belastung verstarb. Ein Aspekt der deutsch-türkischen Historie, die heute nur noch selten beleuchtet wird. „Das hat mir nochmal eine ganz andere Perspektive auf mein Heimatland Deutschland eröffnet", sagt Tarek.

Aber nicht nur Einheimische lernte er kennen, sondern auch junge Menschen aus aller Welt. Zu einer Gruppe taiwanesischer Jugendlicher knüpfte er besonders enge Bande. Sie reisten zusammen durch die Türkei und aus Reisebekanntschaften wurde echte Freundschaft. Als alle gemeinsam ein Bad in den Kalksteinbecken von Pamukkale nahmen, wurde ihm erst so richtig klar, „was für eine Chance es ist, so jung so lange finanziell und organisatorisch durch eine Institution unterstützt ins Ausland zu gehen." Diese unbeschwerte Freiheit, sich ohne starken Leistungsdruck ausprobieren zu können und Erfahrungen zu sammeln, will Tarek heute nicht missen.

Und was bleibt sonst? Sicher die Arbeitserfahrung in seiner Einsatzstelle, die ihn in seinem Interesse an Kulturvermittlung bestärkt hat. Noch wichtiger sind aber die persönlichen Dinge: So studierte Tarek später ein Jahr Taiwan, um alte Freundschaften wieder zu beleben und um Chinesisch zu lernen. Im Rückblick war das Jahr mit kulturweit genau das Richtige, um nach dem Abitur erstmal in sich hinein zu schauen: „Wenn man etwas bewegen will, muss man sich selbst bewegen, sich selbst kennenlernen und sich den Spiegel vorhalten." Das klappt im Ausland viel besser als zu Hause.

Erfahrungsbericht von Tarek, der als kulturweitfreiwilliger für sechs Monate nach Izmir ging, wo er als Freiwilliger an der Deutschen Schule tätig war.

WELTWÄRTS, KULTURWEIT

Freiwilligendienst kulturweit
Deutsche UNESCO-Kommission
Berlin

UNESCO
Organisation der Vereinten Nationen für Bildung, Wissenschaft und Kultur

Freiwilligendienst kulturweit
Deutsche UNESCO-Kommission

kulturweit ist der internationale Kultur-Freiwilligendienst für Menschen zwischen 18 und 26 Jahren. Für ein halbes oder ganzes Jahr lernen sie mit der Deutschen UNESCO-Kommission die Arbeit von Bildungs- und Kultureinrichtungen weltweit kennen. kulturweit steht allen offen – deshalb unterstützt das Projekt seine Freiwilligen gemeinsam mit dem Auswärtigen Amt während ihrer Zeit im Ausland: mit Seminaren und einem Sprachkurs, mit Versicherungen, Reisegeld und Mietzuschuss.

2. Name:
Freiwilligendienst kulturweit

3. Anschrift:
Deutsche UNESCO-Kommission
Freiwilligendienst kulturweit
Hasenheide 54
10967 Berlin

4. Telefon / Telefax / E-Mail / Homepage:
Telefon: 030 80 20 20-300
Fax: 030 80 20 20-329
E-Mail: kontakt@kulturweit.de
Website: www.kulturweit.de
Bewerbung: bewerbung.kulturweit.de

5. Kontakt:
Montag bis Freitag 10 bis 16 Uhr
Telefon: 030 80 20 20-300
E-Mail: kontakt@kulturweit.de

6. Altersbegrenzung:
Teilnehmer*innen müssen während des Freiwilligendienstes zwischen 18 bis 26 Jahren alt sein. Eine Bewerbung ist bereits mit 17 Jahren möglich.

7. Spezielle Voraussetzungen:

Formale Voraussetzungen:
- Teilnehmer*innen müssen während des gesamten Freiwilligendienstes mindestens 18 Jahre und höchstens 26 Jahre alt sein, d.h. Sie dürfen während des Aufenthaltes nicht 27 Jahre alt werden
- abgeschlossene Berufsausbildung, Abitur oder Hochschulzugangsberechtigung
- Lebensmittelpunkt in Deutschland (d.h. Interessierte sollten entweder die letzten zwei bis drei Jahre dauerhaft in Deutschland gelebt haben oder falls sie derzeit im Ausland leben, einen Großteil ihres Lebens in Deutschland verbracht haben; die deutsche Staatsbürgerschaft ist nicht erforderlich)
- muttersprachliche oder sehr gute Deutschkenntnisse (Sprachniveau C1 nach dem Europäischen Referenzrahmen)

- eine für den Auslandsaufenthalt angemessene gute gesundheitliche Verfassung
- ein gültiger Reisepass, der bis sechs Monate nach der geplanten Rückkehr gültig ist

Persönliche Voraussetzungen:
- Offenheit
- Verantwortungsbewusstsein
- Freude an freiwilligem Engagement
- Interesse an kultur- und bildungspolitischem Engagement
- Spaß an Projektarbeit
- Mut, über den eigenen Tellerrand zu schauen

8. Dauer des Aufenthalts:
6 oder 12 Monate

9. Abreisezeitpunkt:
Beginn des Freiwilligendienstes ist ein zehntägiges Vorbereitungsseminar, das jährlich am 1. März und am 1. September beginnt.

10. Anmeldefrist oder Bewerbungsfrist:
Die Bewerbung für einen Freiwilligendienst ist jederzeit online auf www.kulturweit.de möglich. Die Bewerbungsfristen liegen im Mai (Ausreise im März des Folgejahres) bzw. im Dezember (Ausreise im September des Folgejahres).

FREIWILLIGENARBEIT- UND DIENSTE

11. Kosten:
Ein ggf. benötigtes Visum für das Gastland muss inkl. sämtlicher bei der Beantragung entstehender Kosten von den Freiwilligen selbst getragen werden.

12. Lohn während des Aufenthalts:
- monatliches Taschengeld in Höhe von 150 EUR
- monatlicher Zuschuss zu Unterkunft und Verpflegung in Höhe von 200 EUR
- Zahlung von Auslandskranken-, Haftpflicht- und Unfallversicherung
- Übernahme der Beiträge zur Sozialversicherung (Kranken-, Pflege-, Renten- und Arbeitslosenversicherung) in Deutschland
- Zuschuss zu internationalen Reisekosten mit einem regional angemessenen Betrag
- Zuschuss zu Sprachkurs im Gastland
- Sofern Freiwillige kindergeldberechtigt sind, bleibt dieser Anspruch auch während des Freiwilligendienstes bestehen.

13. Kosten während des Aufenthalts:
Ausgaben, die die Zuschüsse und das Taschengeld von kulturweit überschreiten, müssen von den Freiwilligen selbst getragen werden.

14. Finanzielle Förderung:
Der Freiwilligendienst kulturweit wird durch das Auswärtige Amt gefördert.

15. Träger von FSJ, DJiA, FÖJ, EFD, IJFD u.ä:
Mit kulturweit leisten Freiwillige ein Freiwilliges Sozialen Jahr (FSJ) im Ausland nach dem Jugendfreiwilligendienstegesetz.

16. Bestimmte Staatsangehörigkeit vorausgesetzt:
Keine

17. Länder / Gebiete des Aufenthalts:
Afrika, Asien, Lateinamerika, Naher Osten, GUS, Mittel-, Südost- und Osteuropa. Ein Freiwilligendienst ist in Ländern möglich, in denen die kulturweit-Partner Einsatzstellen anbieten und in denen die Sicherheitslage eine Entsendung von Freiwilligen zulässt.

WELTWÄRTS, KULTURWEIT

weltwärts

Der Freiwilligendienst des Bundesministeriums für
wirtschaftliche Zusammenarbeit und Entwicklung

weltwärts – Der neue entwicklungspolitische Freiwilligendienst

Viele junge Menschen haben Interesse an einer ehrenamtlichen Arbeit in Entwicklungsländern. Die Zahl entsprechender Anfragen an das Bundesministerium für wirtschaftliche Zusammenarbeit und Entwicklung (BMZ) überstieg in der Vergangenheit bei weitem das Angebot. Das BMZ hat daher den neuen, aus öffentlichen Mitteln geförderten Freiwilligendienst „weltwärts" ins Leben gerufen.

Die Ziele von weltwärts
„Lernen durch tatkräftiges Helfen" ist das Motto des Freiwilligendienstes. weltwärts soll das Engagement für die eine Welt nachhaltig fördern und versteht sich als Lerndienst, der jungen Menschen einen interkulturellen Austausch in Entwicklungsländern ermöglicht. Durch die Arbeit mit den Projektpartnern vor Ort in den Entwicklungsländern sollen die Freiwilligen unter anderem lernen, globale Abhängigkeiten und Wechselwirkungen besser zu verstehen. Den Projektpartnern soll der Einsatz im Sinne der Hilfe zur Selbsthilfe zugute kommen.

weltwärts soll gegenseitige Verständigung, Achtung und Toleranz fördern: Gemeinsames Arbeiten und Lernen kennt weder Rassismus noch Ausgrenzung. Der neue Freiwilligendienst wird einen wichtigen Beitrag zur entwicklungspolitischen Informations- und Bildungsarbeit leisten und den Nachwuchs im entwicklungspolitischen Berufsfeld fördern.

Anforderungen an die Bewerber

Der Freiwilligendienst soll einem möglichst großen Kreis junger Erwachsener offen stehen. Folgende Anforderungen müssen jedoch erfüllt sein:

- Alter von 18 bis 28 Jahren und gesundheitliche Eignung für den Auslandseinsatz
- Interesse an den Kulturen und Lebensverhältnissen in Entwicklungsländern
- Bereitschaft zur engagierten und tatkräftigen Mitarbeit in einem Projekt der Entsendeorganisation und
- Bereitschaft zur Teilnahme an dem fachlich-pädagogischen Begleitprogramm
- Hauptschul- oder Realschulabschluss mit abgeschlossener Berufsausbildung, Fachhochschulreife oder Allgemeine Hochschulreife oder vergleichbare Voraussetzungen
- Deutsche Staatsbürgerschaft oder ein entsprechendes Aufenthaltsrecht
- Gute Grundkenntnisse einer der Sprachen im Gastland
- Freiwillige verpflichten sich, an allen begleitenden Veranstaltungen teilzunehmen (12 Vorbereitungstage, 5 Tage als Zwischenseminar vor Ort, 5 Tage nach der Rückkehr und 3 von der Entsendeorganisation flexibel einsetzbare Tage) sowie regelmäßige Berichte und eine abschließende Projektbeschreibung zu verfassen.

Die Entsendeorganisationen stellen je nach Projekt gegebenenfalls weitere Anforderungen an die Bewerberinnen und Bewerber.

Entwicklungspolitisches Engagement

Die Bereitschaft zum entwicklungspolitischen Engagement ist sowohl vor als auch nach dem Auslandseinsatz erwünscht. Für ein entwicklungspolitisches Engagement vor dem Auslandsaufenthalt stellen die Entsendeorganisationen unterschiedliche Angebote bereit: Zum Beispiel die Präsentation eines Projekts in der Öffentlichkeit, das Verfassen von Projektberichten für regionale Zeitungen oder die Betreuung eines Informationsstands bei einer Veranstaltung. Ein solches Engagement ist ausdrücklich erwünscht.

Nach dem Auslandsaufenthalt werden vor allem im Rahmen der Nachbereitungsseminare Möglichkeiten zu einem weiterführenden Engagement angeboten. Dabei kann auch der weltwärts-Fonds finanzielle Unterstützung bieten.

Vor einer Bewerbung sollten sich Interessenten intensiv mit folgenden Fragen auseinandersetzen:

- Warum möchte ich einen Freiwilligendienst gerade in einem Entwicklungsland machen?
- Welche persönlichen Motive begründen mein Interesse?
- Welche Erwartungen habe ich an die Tätigkeit und das Umfeld während meines Freiwilligendienstes?
- Bin ich bereit, meine Ansprüche – insbesondere beim Lebensstandard – für die Zeit mit weltwärts deutlich herabzusetzen?
- Was möchte ich im Gastland und nach meiner Rückkehr erreichen?

Vorbereitungsseminare

Mit Unterstützung von weltwärts führen die Entsendeorganisationen Vorbereitungsseminare durch, die insgesamt mindestens 12 Tage dauern. Die Teilnahme daran ist verpflichtend. Die Seminare behandeln Themen wie interkulturelles Lernen, interkulturelle Kommunikation, Konfliktmanagement, Projektmanagement und Länderkunde. Sie vermitteln den Freiwilligen ein realistisches Bild von den zu erwartenden Lebens- und Arbeitsbedingungen. Sie machen deutlich, wie wichtig es ist, sich Menschen in anderen Lebenslagen behutsam und mit Respekt zu öffnen. Die Seminare führen in entwicklungspolitische Fragestellungen ein. Und sie werden von Ehemaligen begleitet, wodurch die zukünftigen Freiwilligen einen unmittelbaren Eindruck von der Arbeit in Projekten erhalten.

Vorbereitung in Eigenregie

Neben der Teilnahme an den Vorbereitungsseminaren müssen die Freiwilligen bis zur Ausreise viele Aufgaben in eigener Verantwortung erledigen. Die Entsendeorganisationen helfen gerne dabei. Unter anderem sind die Freiwilligen für folgende Punkte verantwortlich:

- Visum: Sobald der Ausreisetermin bekannt ist, sollten die Freiwilligen ein Visum beantragen. In einigen Fällen kann die Ausstellung des Visums längere Zeit in Anspruch nehmen. Die Gebühren für das Visum trägt der Freiwillige.
- Impfungen: Für jedes Land sind die bestehenden Impfempfehlungen und -vorschriften zu beachten. Freiwillige sollten sich frühzeitig bei der Entsendeorganisation oder bei ihrem Hausarzt über die notwendigen Impfungen informieren.
- Um einen zuverlässig wirksamen Impfschutz zu erreichen, müssen verschiedene Impfungen in bestimmten zeitlichen Abständen wiederholt werden.
- Sprache: Bis zur Ausreise sollte jeder Freiwillige seine Sprachkenntnisse auffrischen. Nur mit guten Sprachkenntnissen kann der Bewerber in einem fremden Land sinnvoll eingesetzt werden. Die Entsendeorganisationen übernehmen nach Absprache die dafür anfallenden Kosten.

Mehre Informationen unter: www.weltwaerts.de

AFS Interkulturelle Begegnungen e.V. Hamburg

AFS Interkulturelle Begegnungen e.V.

„weltwärts"-Programm
Siehe auch unter „Soziale Arbeit im Ausland" und „Schulaufenthalt im Ausland".

2. Name:
AFS Interkulturelle Begegnungen e.V.

3. Anschrift:
Friedensallee 48, 22765 Hamburg

4. Telefon / Telefax / E-Mail / Homepage:
Tel.: 040 399222-0 Fax: 040 399222-99
E-Mail: info@afs.de Website: www.afs.de
Facebook: www.facebook.com/AFSgermany

5. Kontakt:
Sekretariat Mo-Fr 10-20 Uhr

6. Altersbegrenzung:
18 bis 27 Jahre

7. Spezielle Voraussetzungen:
Hauptschul- oder Realschulabschluss mit abgeschlossener Berufsausbildung, Fachhochschulreife oder allgemeine Hochschulreife bzw. vergleichbare Schulabschlüsse oder Hochschulabschluss. Grundkenntnisse einer im Gastland gesprochenen Sprache.

8. Dauer des Aufenthalts:
11 Monate

9. Abreisezeitpunkt:
Sommerabreise: Juli - September
Winterabreise: Januar - April

10. Anmeldefrist oder Bewerbungsfrist:
Winterabreise: Bewerbungsphase: 1. - 31. März
Sommerabreise: Bewerbungsphase: 1. - 30. September
Danach Bewerbung auf noch freie Plätze möglich

11. Kosten:
Förderung durch das Bundesministerium für wirtschaftliche Zusammenarbeit und Entwicklung (BMZ) sowie Aufbau eines Förderkreises

12. Lohn während des Aufenthalts:
Unterkunft und Verpflegung frei, Taschengeld

13. Kosten während des Aufenthalts:
Abhängig vom Programm (siehe www.afs.de)

14. Finanzielle Förderung:
Förderung durch das BMZ
Aufbau eines eigenen Förderkreises

15. Träger von FSJ, DJiA, FÖJ, EFD, IJFD u.ä:
„weltwärts", Internationaler Jugendfreiwilligendienst (IJFD)

16. Bestimmte Staatsangehörigkeit vorausgesetzt:
Für deutsche Staatsbürger oder Nicht-Deutsche mit dauerhaftem Aufenthalt und Aufenthaltsrecht in Deutschland.

17. Länder / Gebiete des Aufenthalts:
Afrika, Asien, Mittel- und Südamerika (aktuelle Länder siehe www.afs.de).

DSJW (GSAYA)
Deutsch-Südafrikanisches Jugendwerk e.V.
Bad Honnef

dsjw
gsaya

Das Deutsch-Südafrikanische Jugendwerk e.V. (DSJW) ist ein gemeinnützig anerkannter Verein, der 1991 zur Zeit des Wandels in Südafrika mit dem Ziel gegründet wurde, Rassendiskriminierung zu überwinden, Versöhnung zwischen Schwarzen und Weißen voranzutreiben und vor allem junge Menschen im südlichen Afrika und in Deutschland für interkulturelle (und ethnienübergreifende) Zusammenarbeit zu sensibilisieren.

Unsere Freiwilligendienste: Ein Freiwilligendienst ist für uns ein Dienst vom Menschen an den Menschen. Wir möchten Freiheit und Verantwortung fördern und jungen Menschen die Chance geben, mit ihrem (sozialen) Engagement ein Zeichen für Gerechtigkeit, Frieden und Verständigung zu setzen. Es ist ein Lern- und Hilfsdienst, in dessen Mittelpunkt Begegnung und Austausch steht. Durch die Begegnung mit Anderen wird er zum Ort des wechselseitigen, interkulturellen und sozialen Lernens. Das DSJW begleitet die jungen Menschen bei diesem Lernprozess. Darüber hinaus erhebt das DSJW den Anspruch, durch die strategische Auswahl vorwiegend sozialer Projekte im ländlichen Raum auch einen begrenzten entwicklungspolitischen Beitrag im Rahmen der begrenzten Möglichkeiten von Freiwilligendiensten zu leisten.

2. Name:
DSJW (GSAYA)
Deutsch-Südafrikanisches Jugendwerk e.V.
(German-South African Youth Association)

3. Anschrift:
Austraße 8a
53604 Bad Honnef

4. Telefon / Telefax / E-Mail / Homepage:
Tel.: 02224 9874010
E-Mail: info@dsjw.de, Homepage: www.dsjw.de

5. Kontakt:
siehe Punkt 4.; Ansprechpersonen: Stefanie Reuffel und Bastian Knebel

6. Altersbegrenzung:
weltwärts-Programm: 18-28 Jahre
DSJW-Freiwilligendienst: ab 18 Jahren

7. Spezielle Voraussetzungen:
Gute Englischkenntnisse; Interesse an Land und Kultur; Bereitschafft, kulturelle Unterschiede und Widersprüche zu akzeptieren

8. Dauer des Aufenthalts:
weltwärts-Programm: 12 Monate
DSJW-Freiwilligendienst: 3-12 Monate

9. Abreisezeitpunkt:
weltwärts-Programm: Mitte August
DSJW-Freiwilligendienst: flexibel

10. Anmeldefrist oder Bewerbungsfrist:
weltwärts-Programm: Stichtag im November für Ausreise Mitte August.
DSJW-Freiwilligendienst: 6 Monate vor gewünschter Ausreise

11. Kosten:
weltwärts-Programm: Visakosten; Aufbau eines Spendenförderkreises erwünscht
DSJW-Freiwilligendienst: TeilnehmerInnenbeitrag abhängig von Aufenthaltsdauer; Visakosten, Impfkosten, Flug, Versicherung

12. Lohn während des Aufenthalts:
weltwärts-Programm: gemäß der weltwärts-Richtlinie (u.a. Unterkunft, Verpflegung, Reisekosten, Krankenversicherung, 100 EUR Taschengeld im Monat)
DSJW-Freiwilligendienst: -

13. Kosten während des Aufenthalts:
weltwärts-Programm: Kosten für private Ausgaben (z.B. für Reisen, Verpflegung) über das Taschengeld hinaus
DSJW-Freiwilligendienst: ggf. Kosten für Unterkunft und Verpflegung; Kosten für private Ausgaben (z.B. für Reisen)

14. Finanzielle Förderung:
weltwärts-Programm: Förderung durch das BMZ
DSJW-Freiwilligendienst: -

15. Träger von FSJ, DJiA, FÖJ, EFD, IJFD u.ä:
weltwärts

17. Länder / Gebiete des Aufenthalts:
Südafrika

EIRENE
Internationaler Christlicher Friedensdienst e.V.
Neuwied

EIRENE Internationaler Christlicher Friedensdienst e.v. hat seit über 30 Jahren Erfahrungen in der Freiwilligenentsendung, insgesamt haben bisher mehr als 3.000 Freiwillige einen Dienst mit EIRENE geleistet. EIRENE ist eine internationale Organisation mit internationalen Kooperationen im Globalen Süden und im Globalen Norden. In gemeinsamen Programmen wirken lokale und internationale Fachkräfte und Freiwillige mit. Mit dem Freiwilligenprogramm verfolgt EIRENE das Ziel, jungen und älteren Menschen die Möglichkeit zu bieten, durch ihre Mitarbeit bei Partnerorganisationen im Ausland interkulturelle Erfahrungen im entwicklungspolitischen Kontext zu sammeln. Siehe auch unter „Soziale Arbeit".

2. Name:
EIRENE Internationaler Christlicher Friedensdienst e.V.
International Christian Service for Peace

3. Anschrift:
Postadresse: Postfach 1322, D-56503 Neuwied
Hausadresse: Engerser Str. 81, 56564 Neuwied

4. Telefon / Telefax / E-Mail / Homepage:
Tel.: 0 26 31 / 83 79-0,
Fax: 0 26 31 / 83 79-90
E-Mail: eirene-int@eirene.org, Internet: www.eirene.org
Bürozeiten: Mo-Do.: 8.30 – 13.00, 14.00 – 16.30;
Fr.: 8.30 – 13.00, 14.00 -15.30.

5. Kontakt:
Sekretariat: 02631/8379-0

6. Altersbegrenzung:
Ein Friedensdienst im Rahmen von weltwärts mit EIRENE ist im Alter von 18 bis 28 Jahren möglich.

7. Spezielle Voraussetzungen:
Allgemeine Englischkenntnisse, Spanischgrundkenntnisse in Lateinamerika, Französischkenntnisse in Marokko. Bereitschaft die Sprache des Gastlandes zu lernen, sich in verschiedenen Bereichen der politischen Lobbyarbeit zu engagieren sowie die Bereitschaft zu einem Leben unter einfachen Verhältnissen.

8. Dauer des Aufenthalts:
Die Dauer des Dienstes ist vom jeweiligen Programm abhängig, beträgt im Rahmen des EIRENE „weltwärts"-Programms mindestens 14 Monate.

9. Abreisezeitpunkt:
Juli und August.

10. Anmeldefrist oder Bewerbungsfrist:
Interessierte sollten möglichst frühzeitig mit EIRENE Kontakt aufnehmen. Eine Bewerbung ist erst nach der Teilnahme an einem Info-Seminar möglich. Je früher die Bewerbungsunterlagen bei EIRENE eintreffen, umso größer ist die Auswahl an freien Plätzen. Bis April werden noch Bewerbungen angenommen.

11. Kosten:
Für das Info-Seminar zahlen die Teilnehmenden eine Eigenbeteiligung von jeweils 40 EUR für das gesamte Seminar für Unterbringung und Verpflegung. Die Reisekosten für Hin- und Rückreise während des Freiwilligendienstes werden übernommen. Generell tragen die Teilnehmer die Visakosten bis 100 EUR.

12. Lohn während des Aufenthalts:
Während der Dienstzeit erhalten die Freiwilligen freie Verpflegung, eine einfache Unterkunft und ein angemessenes monatliches Taschengeld.

13. Kosten während des Aufenthalts:
EIRENE animiert die Freiwilligen einen UnterstützerInnenkreis aufzubauen der den Dienst finanziell unterstützt. Versicherungen werden übernommen.

14. Finanzielle Förderung:
Der Freiwilligendienst wird über „weltwärts" kofinanziert.

15. Träger von FSJ, DJiA, FÖJ, EFD, IJFD u.ä:
IJFD, weltwärts, privat rechtlich

16. Bestimmte Staatsangehörigkeit vorausgesetzt:
Ja, die Programme richten sich an Menschen, die dauerhaft in Deutschland leben. Über den EIRENE-Zweig in den Niederlanden können auch Menschen aus diesem Land an Freiwilligenprogrammen teilnehmen.

17. Länder / Gebiete des Aufenthalts:
Bosnien-Herzegowina, Uganda, Marokko, Nicaragua, Bolivien.

Experiment e.V.
Bonn

Experiment e.V.
THE EXPERIMENT IN INTERNATIONAL LIVING

Experiment e.V. ist eine gemeinnützige Organisation mit Sitz in Bonn, die sich seit über 85 Jahren den Austausch zwischen Menschen aller Kulturen, Religionen und Altersgruppen zum Ziel gesetzt hat. Der Verein bietet eine große Bandbreite an interkulturellen Programmen in über 70 verschiedenen Ländern an, u. a., Schüleraustausche, Freiwilligendienste, Ferienprogramme, Praktika und Sprachreisen. Experiment e.V. ist Gründungsmitglied des „Arbeitskreises gemeinnütziger Jugendaustauschorganisationen" (AJA) und legt großen Wert auf die Qualität der Austauschprogramme.
weltwärts: Das vom Bundesministerium für wirtschaftliche Zusammenarbeit und Entwicklung (BMZ) geförderte Programm „weltwärts" ermöglicht Freiwilligendienste weltweit. Bewerben kann sich jede/r zwischen 18 und 28 Jahren. Siehe auch unter „Au-pair", „Soziale Arbeit", „Schulaufenthalt" und „Homestay / Interkulturelle Begegnungen".

2. Name:
Experiment e.V. – The Experiment in International Living

3. Anschrift:
Gluckstraße 1, 53115 Bonn

4. Telefon / Telefax / E-Mail / Homepage:
Tel.: 0228 95722-0, Fax: 0228 358282
E-Mail: info@experiment-ev.de, Internet: www.experiment-ev.de
Gesonderte Notrufnummer für aktive Teilnehmende

5. Kontakt:
Vera Sel,
sel@experiment-ev.de

6. Altersbegrenzung:
18 bis 28 Jahre

7. Spezielle Voraussetzungen:
Abitur, abgeschlossene Ausbildung oder vergleichbare Vorerfahrungen. Kenntnisse der jeweiligen Landessprache von Vorteil.

8. Dauer des Aufenthalts:
9 oder 12 Monate, abhängig vom Zielland

9. Abreisezeitpunkt:
Ausreise im Sommer/Herbst zu festgelegten Startterminen

10. Anmeldefrist oder Bewerbungsfrist:
September bis Mitte Oktober des Vorjahres

11. Kosten:
Gemäß der weltwärts-Richtlinie wird ein Förderkreis von 220 EUR Spenden pro Monat im Ausland erwartet.

12. Lohn während des Aufenthalts:
Gemäß der weltwärts-Richtlinien (u.a. Unterkunft, Verpflegung, pädagogische Begleitung, Reisekosten, Krankenversicherung, 100 EUR Taschengeld im Monat)

13. Kosten während des Aufenthalts:
Kosten für private Ausgaben über das Taschengeld hinaus, Visumskosten

14. Finanzielle Förderung:
Durch das BMZ und Experiment e.V.

15. Träger von FSJ, DJiA, FÖJ, EFD, IJFD u.ä:
Europäischer Freiwilligendienst (EFD), Internationaler Jugendfreiwilligendienst (IJFD), weltwärts

16. Bestimmte Staatsangehörigkeit vorausgesetzt:
Ständiger Wohnsitz in Deutschland erforderlich, außerdem deutsche Staatsangehörigkeit oder dauerhaftes Aufenthaltsrecht

17. Länder / Gebiete des Aufenthalts:
Argentinien, Benin, Chile, Ecuador, Indien, Mexiko, Südafrika, Vietnam

IB VAP Volunteers' Abroad Programs
Internationaler Bund Kassel

Im Rahmen seiner Freiwilligenauslandsprogramme bietet der Internationale Bund jungen Menschen ein vielfältiges Angebot an Einsatzmöglichkeiten weltweit in sozialen oder kulturellen gemeinnützigen Einrichtungen.
Ein Freiwilligendienst im Ausland bedeutet Engagement für Frieden, Gerechtigkeit und den Dialog zwischen verschiedenen Kulturen. In einer zunehmend globalisierten Welt leistet ein internationaler Freiwilligendienst darüber hinaus einen wichtigen Beitrag zur Persönlichkeitsentwicklung junger Menschen.

2. Name:
Internationaler Bund Südwest gGmbH
für Bildung und soziale Dienste
Volunteers' Abroad Programs

3. Anschrift:
Königsplatz 57
34117 Kassel

4. Telefon / Telefax / E-Mail / Homepage:
Tel: 0561 574637-0, Fax: 0561 574637-10
Email: VAP-Kassel@internationaler-bund.de
www.ib-freiwilligendienste.de

5. Kontakt:
siehe Punkt 4.

6. Altersbegrenzung:
Mindestalter bei Ausreise: 18 Jahre
Maximale Altersgrenze: 28 Jahre

7. Spezielle Voraussetzungen:
Die BewerberInnen sollten die Bereitschaft mitbringen, miteinander sowie in Gemeinschaft mit anderen Menschen zu leben, zu arbeiten und voneinander zu lernen. Indem sie sich darauf, sowie auf den jeweiligen Lebensstil einlassen, wird das Bewusstsein dafür geschult, was im Laufe des Dienstes wichtig ist. Wir erwarten von den BewerberInnen ein hohes Maß an Flexibilität, Integrationsfähigkeit, Offenheit und die Bereitschaft, ihre Ansprüche an allgemeine Lebensbedingungen den örtlichen Gegebenheiten anzupassen. Sie sollten Interesse für globale Themen mitbringen und Neugierde für andere Kulturen. Sprachkenntnisse der Landessprache des gewünschten Gastlandes sind zum Teil Voraussetzung, auf jeden Fall aber von Vorteil.

8. Dauer des Aufenthalts:
10 – 12 Monate

9. Abreisezeitpunkt:
Beginn im August/September jeden Jahres

10. Anmeldefrist oder Bewerbungsfrist:
Im Sinne eines partnerschaftlichen Umgangs mit unseren BewerberInnen bemühen wir uns um ein transparentes und differenziertes Bewerbungs- und Auswahlverfahren. Für eine Teilnahme an unseren Freiwilligenauslandsprogrammen ist eine rechtzeitige Bewerbung von Vorteil, da die Besetzung der Plätze sukzessive erfolgt. Das Bewerbungsverfahren beginnt am 1. September eines jeden Jahres für eine Entsendung im Folgejahr. Wir berücksichtigen nur vollständige Bewerbungen unter Verwendung unseres online-Bewerbungsformulars.

11. Kosten:
Je nach Programmart z.B. anteilig Kosten für Reise, Impfungen, Visum. Aufbau eines Unterstützerkreises erwünscht.

12. Lohn während des Aufenthalts:
Taschengeld zwischen 75 und 100 EUR
Unterkunft und Verpflegung stellt in der Regel die Partnerorganisation nach ortsüblichen Bedingungen.

13. Kosten während des Aufenthalts:
abhängig von den persönlichen Bedürfnissen und den Lebenshaltungskosten des jeweiligen Landes

14. Finanzielle Förderung:
Je nach Programmart

15. Träger von FSJ, DJiA, FÖJ, EFD, IJFD u.ä:
Der Internationale Bund ist anerkannter Träger für weltwärts, IJFD, FSJ-A, EFD, ADiA

16. Bestimmte Staatsangehörigkeit vorausgesetzt:
Gemäß Programmdefinition müssen Menschen ohne deutsche Staatsangehörigkeit mindestens seit drei Jahren ihren Aufenthalt in Deutschland nachweisen.

17. Länder / Gebiete des Aufenthalts:
Schwerpunkte unserer Arbeit sind in Afrika, Europa, Lateinamerika und englischsprachige Übersee-Länder wie Australien, Neuseeland und USA

Internationale Jugendgemeinschaftsdienste ijgd
Berlin und Bonn

ijgd
seit 1949 — freiwillig. engagiert. vielfältig.

Die ijgd sind ein unabhängiger, gemeinnütziger Verein der internationalen Jugendarbeit. Seit über 60 Jahren engagieren sich junge Menschen bei ijgd freiwillig im In- und Ausland: zum Beispiel im sozialen, ökologischen und politischen Bereich oder in der Denkmalpflege. In allen Arbeitsbereichen fördern wir das Verständnis zwischen den Kulturen. Wir ermöglichen Gemeinschaft mitzugestalten und eröffnen dadurch neue Erfahrungshorizonte.

2. Name:
Internationale Jugendgemeinschaftsdienste ijgd
Engl.: International Youth Community Services

3. Anschrift:
ijgd Berlin, Glogauer Str. 21, 10999 Berlin (Weltwärts I)
ijgd Bonn, Kasernenstraße 48, 53111 Bonn (Weltwärts II)

4. Telefon / Telefax / E-Mail / Homepage:
Tel.: 030-6120313-50, Fax: 030-6120313-38
Tel.: 0228-22800-54, Fax: 0228-22800-29
E-Mail: aala@ijgd.de bzw. ild.bonn@ijgd.de
www.ijgd.de
Mo-Fr 10.00 -16.00

6. Altersbegrenzung:
18 bis 28 Jahre

7. Spezielle Voraussetzungen:
Sprachkenntnisse des Gastlandes erwünscht, Basiswissen im jeweiligen Einsatzbereich

8. Dauer des Aufenthalts:
Mindestens elf Monate

9. Abreisezeitpunkt:
Jeweils 1. Mai bzw. 1. September

10. Anmeldefrist oder Bewerbungsfrist:
Jeweils im Frühjahr des Abreisejahres

11. Kosten:
Größtenteils kostenfrei. Förderkreis erwünscht

12. Lohn während des Aufenthalts:
100 EUR Taschengeld monatlich

13. Kosten während des Aufenthalts:
keine

14. Finanzielle Förderung:
Bundesministerium für wirtschaftliche Zusammenarbeit (BMZ)

15. Träger von FSJ, DJiA, FÖJ, EFD, IJFD u.ä.:
Die ijgd sind auch Träger des Freiwilligen Sozialen / Ökologischen Jahres / des Europäischen Freiwilligendienstes, des Internationalen Jugendfreiwilligendienstes, des Freiwilligen Jahres in der Denkmalpflege/ im politischen Leben/ in Wissenschaft, Technik und Nachhaltigkeit sowie internationaler Workcamps

16. Bestimmte Staatsangehörigkeit vorausgesetzt:
Deutsche Staatsangehörigkeit, wenn diese nicht vorliegt, dann mindestens die letzten drei Jahre Aufenthalt in Deutschland

17. Länder / Gebiete des Aufenthalts:
Weltwärts I: Ecuador, Ghana, Indien, Indonesien, Kenia, Mexiko, Nicaragua, Südafrika, Togo
Weltwärts II: Armenien, Moldawien, Ukraine, Weißrussland

Service Civil International
Deutscher Zweig e.V.

SCI Service Civil International Deutscher Zweig e.V. Bundesweit

Ob Kinderbetreuung in Italien, Bäume pflanzen in Japan, HIV-Prävention in Sambia oder einen Spielplatz bauen in Russland, ein Workcamp des Service Civil International (SCI) ist immer eine besondere Erfahrung. Seit mehr als 90 Jahren arbeitet der SCI für Frieden und interkulturellen Austausch im Rahmen einer internationalen Freiwilligenbewegung. Soziale, kulturelle oder ökologische Projekte werden in sog. Workcamps für zwei bis drei Wochen unterstützt. Während des „Arbeitsteils" wird praktisch mit angepackt, beim „Studienteil" erfährt die internationale Gruppe mehr über das Projekt, die Region und die Arbeit SCI. Mit einer Dauer von bis zu 12 Monaten vermittelt der SCI auch mittelfristige und längerfristige Freiwilligendienste.
Siehe auch unter „Ökologische Arbeit, Farmstay, Wildlife Experience" und „weltwärts".

2. Name:
SCI
Service Civil International - Deutscher Zweig e.V.

3. Anschrift:
Blücherstr. 14
53115 Bonn

4. Telefon / Telefax / E-Mail / Homepage:
Tel.: 0228 – 212086
Fax: 0228 – 264234
E-Mail: info@sci-d.de
Internet: http://www.sci-d.de

5. Kontakt:
Ulrich Hauke, Geschäftsführer

6. Altersbegrenzung:
Workcamps im Inland ab 16 Jahre,
im Ausland ab 18 Jahre; kein Höchstalter

7. Spezielle Voraussetzungen:
Grundkenntnisse in Englisch

8. Dauer des Aufenthalts:
Workcamps: 2 - 4 Wochen
Längerfristige Aufenthalte: 1 - 12 Monate

9. Abreisezeitpunkt:
Die meisten Workcamps finden in den Sommermonaten statt, längerfristige Dienste das ganze Jahr über.

10. Anmeldefrist oder Bewerbungsfrist:
Für Workcamps ist eine kurzfristige Vermittlung möglich. Die Workcamps werden ab Februar desselben Jahres auf der Webseite veröffentlicht. Für längere Dienste muss man ein Bewerbungsverfahren durchlaufen. Bewerbungsfristen liegen Ende des Vorjahres und Anfang des Ausreisejahres.

11. Kosten:
Kosten für Workcamps:
- Fahrtkosten
- Vermittlungsgebühr für Workcamps im Inland 82 EUR
- im Ausland: 110 EUR
- in „Entwicklungsländern" in Asien, Afrika, Lateinamerika und Nahost zusätzlich eine Vor-Ort-Gebühr von 100 bis 250 EUR für den Aufenthalt. Außerdem ist die Teilnahme an einem Vorbereitungsseminar verpflichtend.
Für längerfristige Dienste gibt es besondere Regelungen.

12. Lohn während des Aufenthalts:
Kost und Logis werden in der Regel gestellt. Es gibt ein gemeinsam in der Gruppe organisiertes Freizeitprogramm.

13. Kosten während des Aufenthalts:
In „Entwicklungsländern" und in einigen anderen Ländern bezahlen die Freiwilligen eine Vor-Ort-Gebühr für den Aufenthalt.

15. Träger von FSJ, DJiA, FÖJ, EFD, IJFD u.ä.:
- Europäischer Freiwilligendienst (EFD)
- Programm „weltwärts"
- Internationaler Jugendfreiwilligendienst (IJFD)

16. Bestimmte Staatsangehörigkeit vorausgesetzt:
Es können alle Menschen mit Wohnsitz in Deutschland vermittelt werden. Menschen mit Wohnsitz in anderen Ländern müssen sich über die dortigen Partner anmelden.

17. Länder / Gebiete des Aufenthalts:
Ca. 1.000 Workcamps in ca. 90 Ländern weltweit.

Deutsches Youth For Understanding Komitee e.V. (YFU) Hamburg

YOUTH FOR UNDERSTANDING
Internationaler Jugendaustausch

Freiwilligendienste in verschiedenen Projekten im Rahmen von weltwärts. Siehe auch unter „Schulaufenthalt im Ausland".

2. Name:
Deutsches Youth For Understanding Komitee e.V. (YFU)

3. Anschrift:
Oberaltenallee 6, 22081 Hamburg

4. Telefon / Telefax / E-Mail / Homepage:
Tel: 040 227002-0, Fax: 040 227002-27
E-Mail: info@yfu.de, Homepage: www.yfu.de

5. Kontakt:
Geschäftsstelle: Montag bis Freitag von 9:30 bis 16:30 Uhr, dienstags und mittwochs bis 17:30 Uhr

6. Altersbegrenzung:
Bei Abreise zwischen 18 und 25 Jahre alt

7. Spezielle Voraussetzungen:
Für Ecuador, Argentinien und Paraguay sollten Spanisch Grundkenntnisse vorhanden sein

8. Dauer des Aufenthalts:
Je nach Projekt zehn bis zwölf Monate

9. Abreisezeitpunkt:
Juli bis September

10. Anmeldefrist oder Bewerbungsfrist:
Aktueller Stand siehe www.yfu.de/freiwilligendienst

11. Kosten:
keine

12. Lohn während des Aufenthalts:
Kost und Logis frei, Taschengeld

13. Kosten während des Aufenthalts:
keine

14. Finanzielle Förderung:
75 Prozent der Kosten für den Freiwilligendienst mit weltwärts übernimmt das Bundesministerium für wirtschaftliche Zusammenarbeit und Entwicklung (BMZ). Um die übrigen 25 Prozent zu finanzieren, sollten die Teilnehmenden sich einen so genannten „Spenderkreis" aufbauen.

15. Träger von FSJ, DJiA, FÖJ, EFD, IJFD u.ä:
weltwärts, EFD

16. Bestimmte Staatsangehörigkeit vorausgesetzt:
Deutsche Staatsbürgerschaft oder ein dauerhaftes Aufenthaltsrecht

17. Länder / Gebiete des Aufenthalts:
Ecuador, Argentinien, Paraguay und Thailand (evtl. weitere Länder siehe www.yfu.de/freiwilligendienst

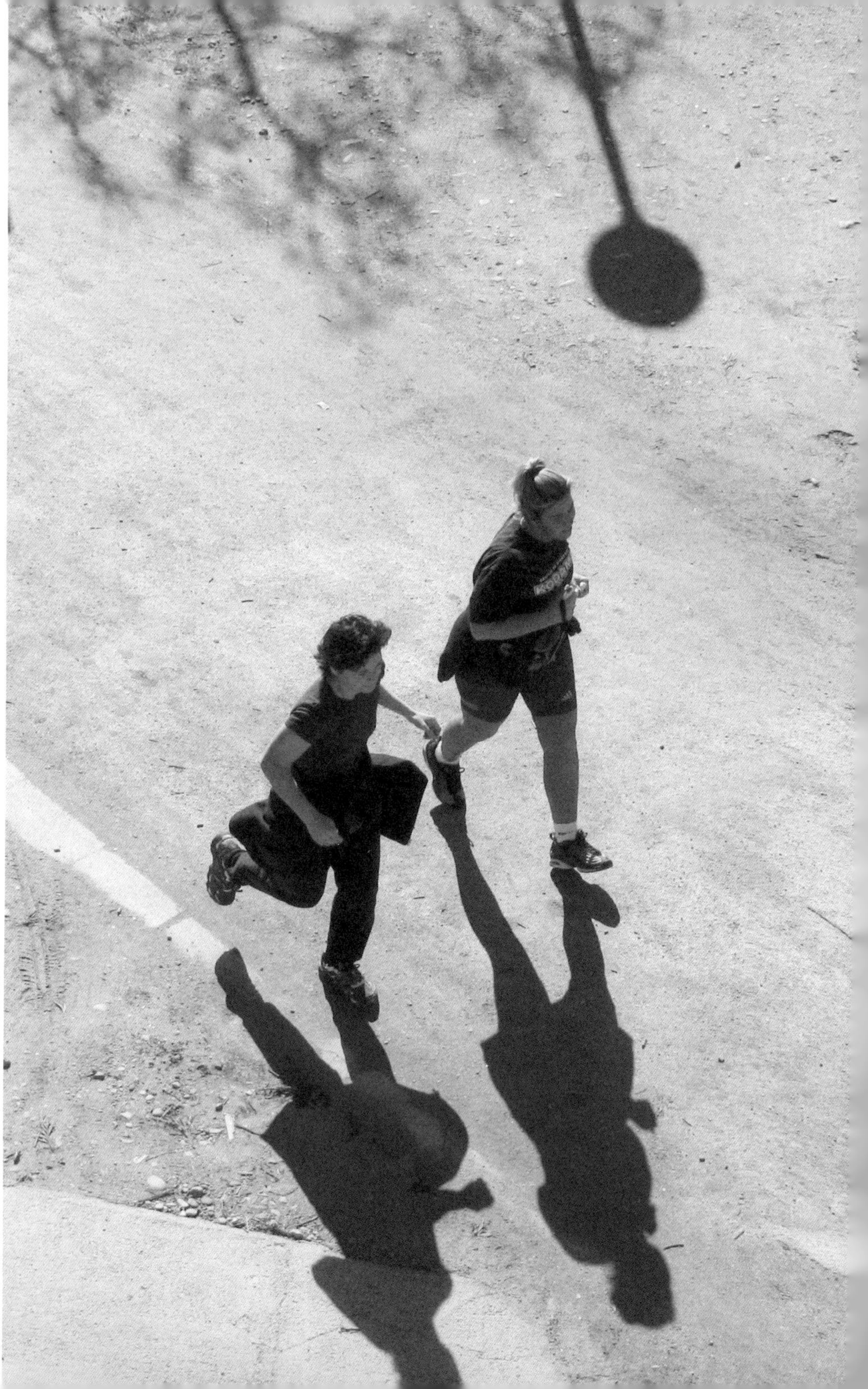

FREIWILLIGENARBEIT- UND DIENSTE

„*Experience more.*"

KIBBUZ UND MOSCHAW

Arbeitsgemeinschaft in der Landwirtschaft

Ein Kibbuz in Israel ist eine Arbeitsgemeinschaft in der Landwirtschaft mit zusätzlichen Gewerben wie Industrie oder Tourismus. Ein Moschaw ist ein kleiner Bauernhof. Seit der Gründung des Staates Israel haben viele Jugendliche aus der ganzen Welt Volontärarbeit in einem Kibbuz oder Moschaw geleistet.

Die einzelnen Kibbuzim können sehr unterschiedlich sein. Es gibt Kibbuzim, deren Einwohner außer der Arbeitsgemeinschaft auch die religiöse oder politische Überzeugung teilen. Sie haben eine Größe von 200 bis über 2000 Einwohner (ein Moschaw ist etwas kleiner).

Typische Arbeitsbereiche für einen Volontär sind zum Beispiel Wäscherei, Küchenarbeit, Obsternte, Kinderbetreuung, Altenpflege oder Fabrikarbeit. Während eines Aufenthalts ist es üblich, in unterschiedlichen Bereichen zu arbeiten. Es gibt auch in einigen Kibbuzim die Möglichkeit, einen ULPAN Kurs zu besuchen und Hebräisch zu lernen. Dann arbeitet man halbtags oder nur einige Tage pro Woche und studiert nebenbei.

Ein Kibbuzaufenthalt bedeutet nicht nur Arbeit. Die Volontäre bekommen einen guten Einblick in die israelische Kultur und das Alltagsleben, da sie sehr eng mit den Einheimischen zusammenleben und gemeinsam mit ihnen Sabbat und Feiertage feiern. Die meisten Kibbuzim organisieren auch 1-2-tägige Ausflüge pro Monat.

Ein Kibbuzaufenthalt ist auch Möglich im Rahmen von einem Freiwilligen Sozialen Jahr im Ausland. Im Kapitel: „Soziale Arbeit- und Dienste im Ausland" sind einige Träger hierfür.

Farbpalette Freiwilligenzeit

Grün als Farbe der Hoffnung und des Aufbruchs passt ganz gut zu den ersten Monaten. Voller Neugier und ängstlicher Vorfreude flog ich nach Israel. Ein faszinierendes Land, eine neue Sprache und eine fremde Kultur wollte ich kennen lernen. Einblicke in eine andere Religion und Lebensrealität habe ich mir, nicht zu Unrecht, erhofft. Offen und wach für die Andersartigkeit meines Gegenübers wollte ich sein. Wie ein Schwamm sog ich die vielfarbigen und vielschichtigen Bilder und Begegnungen in diesem anregenden und zugleich anstrengenden Land in mich auf.

Rot ganz klassisch für Emotion. Selten bin ich Menschen begegnet, die sich so freuen mich zu treffen und mit mir zusammen zu arbeiten wie an meinem Haupteinsatzort, der Schule Beit Sefer Rachel Strauß. Wie oft kam ich am Morgen ins Klassenzimmer und Adam begrüßte mich mit „...D'ena, sameach!" („Magdalena, Freude!) oder Robbin schloss mich mit einem liebevollen „Hey, Magdalenusch" spontan in die Arme... Immer häufiger bemerkte ich im Verlauf meiner Freiwilligenzeit, dass mir die „Behinderten" - ich nenne sie lieber „Menschen mit speziellen Bedürfnissen" – auf der emotionalen Ebene viel voraushaben. Dabei denke ich nicht nur an ihre Herzlichkeit, sprühende Lebensfreude und Begeisterungsfähigkeit, sondern vielmehr an ihre verblüffende und oft so befreiende Ehrlichkeit. Sie blockieren und verbiegen sich nicht, um einer unbewusst verinnerlichten Umgangsform oder Wertvorstellung gerecht zu werden. Nein, sie zeigen und leben scheinbar genauso selbstverständlich Traurigkeit, Schwäche, Enttäuschung, Wut und Hilflosigkeit!

Braun. Unweigerlich erinnert mich diese Farbe an das beschämendste Kapitel deutscher Geschichte und Gegenwart, das samt seinen furchtbaren Auswirkungen in Israel nach wie vor zum Greifen nahe ist. Nach meinem Freiwilligendienst mit der Aktion Sühnezeichen Friedensdienste sind mir „Schlussstrichdebatten" oder die ablehnende und müde Reaktion im Geschichtsunterricht hinsichtlich Shoa und Nationalsozialismus so unbegreiflich und beängstigend wie nie zuvor. Vielleicht, weil die „sechs Millionen" durch die Begegnung mit Überlebenden plötzlich ein Gesicht haben oder Nationalsozialismus durch familienbiographische Recherchen kein abstraktes Phänomen mehr ist.

Verdichtet hat sich diese Auseinandersetzung am Holocaustgedenktag Ende April. Die Sirenen, die das komplette öffentliche Leben zum Stillstand brachten, tönen mir noch heute in den Ohren. Ich erinnere mich an die gespenstige Atmosphäre und traurigen Gesichter während der Gedenkminuten und an Gesprächsfetzen aus der Diskussion mit vierzig israelischen Neuntklässlern: „Wie redet ihr in Deutschland über Holocaust? Warum gibt es in Deutschland nach wie vor Antisemitismus und Neonazis? Was haben deine Großeltern vor 60 Jahren getan? Warum haben auch so viele Christen geschwiegen?" ...

Blau - Zeichen der Zuversicht: Channa, die ihre Familie in Auschwitz verloren hat, öffnete mir als Deutsche jeden Sonntagnachmittag Tür und Herz. Sie sprach über ihre schmerzvolle Vergangenheit, vertraute mir ihre Wunden, Narben, Entwurzelung und Enttäuschung an. Wir redeten, schwiegen und weinten gemeinsam. Am Ende jedes Treffen nahmen wir uns in den Arm und freuten uns beide, dass sich unsere Wege kreuzen durften!

Gelb als Symbol für empfangene Gastfreundschaft und viele offene wie aufmerksame Menschen, die ich in Israel kennen und schätzen lernte. Laubhüttenfest bei Medina, Hilas Purimparty, Sederabend mit Familie Flusser, unzählige Sabbateinladungen bei Kollegen, Bekannten und Freunden. Die so gewonnenen Einblicke, das vertiefte Verständnis für jüdische Religion und Kultur bereichern mich. Mein Bild und mein Verständnis vom Judentum sind nach einem Jahr Israel um ein Vielfaches bunter, differenzierter und realistischer. Vielleicht auch, weil ich es mir weniger aus Büchern angelesen habe, als vielmehr beobachten, direkt (nach-)fragen und mitfeiern konnte.

Magdalena Beyer war mit ASF in Israel

Vereinigte Kibbutzbewegung Frankfurt

Volontäraufenthalte in Kibbuzim
Sprachaufenthalte (ULPAN) in Kibbuzim (3 Monate/6 Monate)
Praktikumaufenthalte in Kibbuzim (Beruf/Studium)

2. Name:
Vereinigte Kibbutzbewegung

3. Anschrift:
Berger Straße 158
60385 Frankfurt

4. Telefon / Telefax / E-Mail / Homepage:
Tel: 49-(0) 69-4930673
Fax: 49-(0) 3221-113-2299
E-Mail: info@stobezki-literatur.de
Internet: www.stobezki-literatur.de

5. Kontakt:
Eldad Stobezki

6. Altersbegrenzung:
18-35

7. Spezielle Voraussetzungen:
Grundkenntnisse Englisch. Dazu motiviert, hart zu arbeiten und überall.

8. Dauer des Aufenthalts:
2 - 6 Monate.

9. Abreisezeitpunkt:
Volontäraufenthalt nach Wunsch und Vereinbarung.
Sprachaufenthalte nach Programmplan.

10. Anmeldefrist oder Bewerbungsfrist:
1 Monat vor Abreise

11. Kosten:
Einschreibegebühren und Versicherungen: 850 NIS.
Flug gemäß aktuellen Preisen

12. Lohn während des Aufenthalts:
Kost und Logis frei. Taschengeld: 300 NIS pro Monat

13. Kosten während des Aufenthalts:
Kosten für persönliche Ausgaben

16. Bestimmte Staatsangehörigkeit vorausgesetzt:
Alle können teilnehmen

17. Länder / Gebiete des Aufenthalts:
Israel (Nord und Süd)

Links und Informationen zum Thema

KIBBUTZ PROGRAM CENTER - TAKAM-ARTZI
13 Leonardo De Vinci St.,
Floor # 6 Tel Aviv 6473315
Israel

Kontakt:
Aya Sagi oder Nava Grebler
Tel: 00972-3-5246154/6
Fax: 00972-3-5239966
E-Mail: kpc@volunteer.co.il
Homepage: www.kba.org.il/volunteers/
sowie   www.kibbutzvolunteers.org.il/

Zentrale Stelle für die Vermittlung von Volontären in Kibbuzim:
Büro Sonntags bis Donnerstags jeweils von 8.30 bis 14.30 Uhr geöffnet.

Moshav Movement in Israel
Volunteer Centre
Leonardo da Vinci St. 19
Tel Aviv 64733, Israel

Tel.: 00972 3 6958473
Fax 00972 3 6960139

Links mit weiteren vielfältigen Informationen:

http://www.hagalil.com/israel/kibbutz/kibbutz.htm
http://www.klartexxt.de/israel/kibbutz.htm

Literaturtipps

Becker, Claus Stefan
Kibbuz, Moschaw und Freiwilligendienste. Israel
Interconnections.1997.

Pybus, Victoria
Kibbutz Volunteer
Vacation Works. 2004.

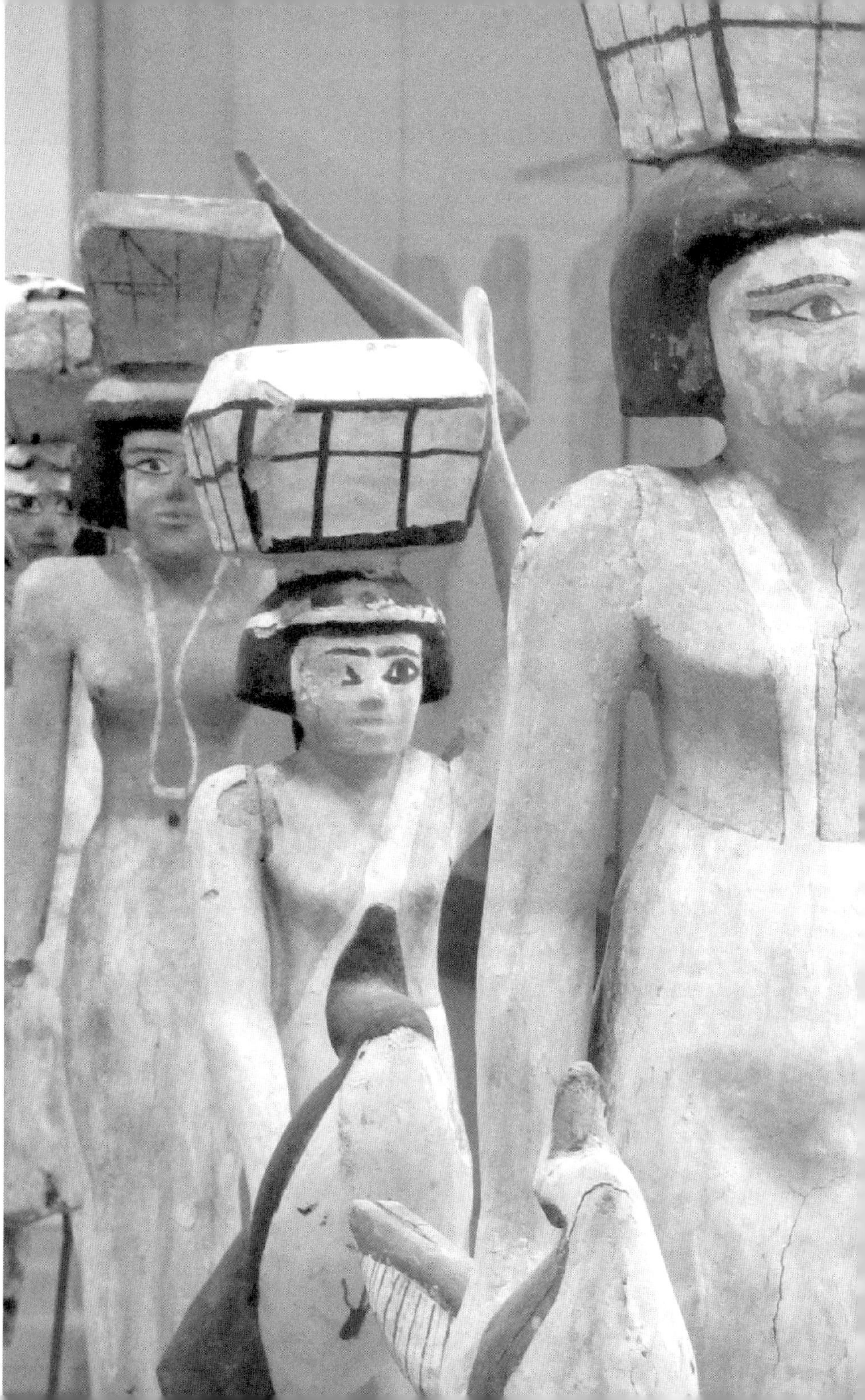

FREIWILLIGENARBEIT- UND DIENSTE

ARCHÄOLOGISCHE AUSGRABUNGEN

ARCHÄOLOGISCHE AUSGRABUNGEN

„Wohin man schaut, weltberühmt."

Eine Expedition in die Vergangenheit

Die Wikinger waren vor langer Zeit in New York. Heinrich Schliemann entdeckte Troja. Er hat sicher große Fußspuren hinterlassen, aber es ist noch lange nicht alles entdeckt, was unsere Erde verborgen hält. Oft ist es der Faktor Zufall, der zu Kulturschätzen aus vergangenen Tagen führt. Beim Bau von Straßen oder beim Ausheben eines neuen Fundaments werden Reste alter Bauwerke entdeckt. Die dann durchgeführten archäologischen Ausgrabungen stehen unter enormem Zeitdruck, da erst nach Abschluss der Ausgrabungen das neue Projekt durchgeführt werden kann. Helfende Hände und eine gute körperliche Kondition sind hier gefragt.

Archäologische Ausgrabungen sind vor allem für diejenigen interessant, die sich intensiver mit Kulturgeschichte, Archäologie und Architektur beschäftigen.

Während des Studiums der Archäologie werden vor allem von den Universitäten Studienreisen zu Ausgrabungsstätten angeboten und Ausgrabungen selbst organisiert.

Tipps zur Mitarbeit bei archäologischen Ausgrabungen

Die Tipps von der Israel Antiquities Authority für freiwillige Helfer bei archäologischen Ausgrabungen sind auch für Ausgrabungen in anderen Teilen der Welt sehr hilfreich.

Volontärarbeit
Viele Archäologen haben gerne Freiwillige bei ihren Ausgrabungen, weil diese hoch motiviert und sehr neugierig sind. Sie sammeln Erfahrungen, obwohl die Arbeit oft sehr schwierig und anstrengend ist. Normalerweise sind keine Vorkenntnisse notwendig. Die Arbeit besteht aus graben, schaufeln, Körbe mit Erde oder Steinen füllen, Scherben reinigen und vieles mehr. Volontäre müssen selbst ihre Reisearrangements zum Ausgrabungsort und zurück organisieren.

Unterkunft
Die Unterkunft für Volontäre variiert vom Schlafsack im Freien, ein Zimmer in einer Jugendherberge, (einem Kibbuz - nur für Israel), bis hin zu einem 3-Sterne Hotel in der Nähe der Ausgrabung. In der Regel bezahlt man selbst für Kost und Logis. Ausgrabungen, bei denen alles bezahlt wird ist die Ausnahme. Bei Ausgrabungen in der Nähe von Städten müssen Volontäre oft selbst Ihre Unterkunft finden.

Bekleidung und Ausrüstung
Volontäre sollten strapazierfähige Kleidung tragen. Im Sommer sind Sonnenhüte wichtig. Die weitere Ausrüstung ist abhängig von der Art der Ausgrabung und der Unterkunft: Arbeitshandschuhe, Schlafsack, Camping Besteck, Handtücher und Sonnencreme.

Arbeitsstunden
Der Arbeitsplan ist sehr unterschiedlich. Ein Arbeitstag beginnt im allgemeinen vor Sonnenaufgang und endet am Mittag. Normalerweise gibt es eine Ruheperiode nach der Mittagspause. Der Nachmittag und Abend ist oft reserviert für Vorlesungen, weitere Ausgrabungsarbeit, Reinigen und Sortieren von Fundstücken oder die Zeit ist zur freien Verfügung.

Kurse und Vorlesungen
Auf einigen Expeditionen werden Kurse von Sponsorinstituten angeboten. Einzelheiten bezüglich Themen sowie Kosten sind bei der Expeditionsleitung erhältlich. Die meisten Expeditionsleiter (oder andere Expeditionsmitglieder) bieten Vorlesungen über die Geschichte und die Archäologie der Ausgrabungsstätte, sowie Diskussionen an. Volontäre sollten sich darüber informieren.

Freizeit und Ausflüge
Freizeit Aktivitäten (Swimmingpools, Strände und Fitness) sind zum Teil vorhanden. Die meisten Expeditionen organisieren Ausflüge zu Ausgrabungen im Gebiet und zu benachbarten Museen.

Versicherung
Meist muss man sich selbst versichern (Unfall- und Krankenversicherung). Auch wenn die Expedition für die Unfallversicherung sorgt, wird empfohlen, sich vor Abreise versichern zu lassen.

Anmeldung und Registrierung
Wenn schon Ausgrabungserfahrung vorhanden ist, sollte dies bei der Anmeldung dem Expeditionsleiter mitgeteilt werden. Auch wenn es um Studien in verwandten Fächern geht, wie Anthropologie, Architektur, Erdkunde, Forschung, Graphische Kunst.

Israel Antiquities Authority

Das israelische Außenministerium veröffentlicht jährlich in Zusammenarbeit mit der Israel Antiquities Authority (www.israntique.org.il) eine Liste über aktuelle archäologische Ausgrabungen in Israel, die für Volontäre offen sind. (http://mfa.gov.il/MFA/IsraelExperience/History/Pages/Archaeological-Excavations-in-Israel-2018-.aspx)
In 2018 finden folgende Ausgrabungen statt:

Shikhin/Asochis: 26.05. - 25.06.2018
Horvat Kur: 17.06. - 08.07.2018
Tell Es-Safi/Gath: 20 .06.- 24.07.2018
Tel Abel Beth Maacah: 24.06. - 20.07.2018
Khirbet El-Eika: 24.06. - 27.07.2018
Hippos (Sussita): 01.07.- 26.07.2018

Aufenthaltsdauer: In der Regel 1-3 Wochen.

Archaeological Institute of America

Ob studierter Archäologe - oder "nur" interessierter Freiwilliger, das Archaeological Institute of America informiert über Ihre Homepage von Ausgrabungen weltweit, mit genauer Beschreibung der einzelnen Projekte (www.archaeological.org, unter: Fieldwork - Fieldwork Opportunities (AFOB)) - zum Beispiel:

Pollentia auf Mallorca für Schüler zwischen 16-17 Jahren. (1. - 28. Juli 2018)
Beschreibung: Dieses Programm ist für Schüler, um ihnen die Möglichkeiten und Herausforderungen archäologischer Methoden und Praktiken zu zeigen. Die Teilnehmer erhalten einen Einführungskurs, ein Praktikum in archäologischer Feldarbeit, und Ausführungen zur spanischen prähistorischen Geschichte. In 70 vor Chr. gründeten die Römer die Stadt Pollentia im Norden der charmanten Insel Mallorca. Im Sommer 2018 liegt der Schwerpunkt der Arbeit bei der Fortsetzung der Ausgrabungen des Forums der Stadt. Die Studenten unterstützen die Forschungen der Einführung und der Entwicklung der römischen Kultur im Mittelmeerraum und speziell auf den Ballearen. ArchaeoSpain Teilnehmer sind an allen Aufgaben beteiligt, inkl. Vermessungen, Fotografie, Ausgrabung, Konservierung und Ausstellung der Kunstgegenstände.

Kontakt:
ArchaeoSpain, 5 Ironwood Lane, West Hartford, Connecticut 06117, USA
Tel: 001 866-932-0003, Fax: 001 866-932-0003, programs@archaeospain.com
Weitere Infos, Anmeldung und Bewerbungsunterlagen: http://www.archaeospain.com/highschoolpolromforprogram.html

Earthwatch

Auch Earthwatch informiert über Ausgrabungen weltweit, an denen man als Freiwilliger teilnehmen kann (http://www.earthwatch.org/europe/expeditions, unter Archaelogy&Culture) - hier ist ein Beispiel von einer Ausgrabung:

Populonia in Italien. Das Ziel dieser Expedition ist einfach: die Experten bei ihrer Arbeit zu unterstützen, die komplexe Vergangenheit von Populonia zu rekonstrurieren. Populonia war einst ein Zentrum für Metallarbeiten und Handel.

Kontakt:
Earthwatch Institute (Europe), 256 Banbury Road, Oxford, OX2 7DE, UK
Tel : 0044 (0) 1865 318 838, Email: info@earthwatch.org.uk, Internet: www.earthwatch.org

Weitere Ausgrabungsmöglichkeiten:

Großbritannien
Das Council for British Archaeology (CBA) informiert über archäologische Übungsausgrabungen in Großbritannien. Die Informationen sind auf der Homepage zugänglich: http://new.archaeologyuk.org/?aspxerrorpath=/briefing/field.asp oder in der Zeitschrift: British Archaeology (kann auch online bestellt werden).

Council for British Archaeology,
Beatrice De Cardi House,
66 Bootham, York, YO30 7BZ.
Großbritannien
Tel: 0044(0)1904 671417
Fax: 0044 (0)1904 671384
E-Mail: digs@britarch.ac.uk

Deutsche Gesellschaft zur Förderung der Unterwasserarchäologie e.V.
Teilnahme an Ausgrabungen in Polen, Italien, Frankreich, Peru und Tunesien
Die praktische archäologische Arbeit der DEGUWA konzentriert sich vornehmlich auf forschungsorientierte Prospektionen und Ausgrabungen, die unter der Leitung von Archäologen und anderen Fachwissenschaftlern mit behördlicher Genehmigung durchgeführt werden. Die Teilnahme von anderen taucherfahrenen Helfern ist ausdrücklich erwünscht. Vorraussetzung für die Teilnahme als Nicht-Archäologe ist gewöhnlich der Abschluss eines NAS Kurses, in dem die Grundlagen der Unterwasserarchäologie in Praxis und Theorie vermittelt werden (www.deguwa.org, unter Expeditionen).

Archäologische Ausgrabungen im Rahmen von kulturweit über das Deutsche Archäologische Institut (DAI)
Um das Deutsche Archäologische Institut (DAI) in seiner Arbeit zu unterstützen, werden Freiwillige beispielsweise in Istanbul im Bereich der öffentlich zugänglichen Fachbibliothek oder der Betreuung von wissenschaftlichen Veranstaltungen tätig sein. Möglich ist auch die Mitwirkung in den archäologischen Archiven oder zeitweise bei Ausgrabungen an Einsatzorten im Ausland. Freiwillige beim DAI werden immer für 6 Monate eingesetzt.

Weitere Informationen
im Kapitel „Weltwärts, Kulturweit" auf den Seiten 152-153 sowie unter
https://www.kulturweit.de/netzwerk/deutsches-arch%C3%A4ologisches-institut

SCHULAUFENTHALT IM AUSLAND

„Faszinierend. Das Land hat seine eigenen Rituale und seine eigene Sprache. Es ist ein großer Lernprozess."

SCHULAUFENTHALT IM AUSLAND

Schulalltag im Ausland

Eine Möglichkeit, als Schüler/in ins Ausland zu kommen, ist die Teilnahme an einem Austauschprogramm: Man lebt für einige Zeit im Ausland in der Familie eines Austauschpartners oder einer Austauschpartnerin und besucht dort die Schule. In der Folgezeit kommt der/die Partner/in nach Deutschland. Außer den Reisekosten fallen dann kaum weitere Kosten an. Der Unterricht im Ausland wird an den meisten deutschen Schulen anerkannt. Genaue Informationen hierüber erhält man an der Heimatschule.

Neben den Austauschprogrammen, bietet sich auch die Möglichkeit, an Schulaufenthalten teilzunehmen, bei denen man während des Aufenthalts - wie bei der Austauschvariante - in Gastfamilien lebt, die kein Geld für die Unterbringung ihrer Gastschüler erhalten. Dann besteht im allgemeinen auch keine Wahlmöglichkeit, was die Familie oder den Schulort betrifft. Eine größere Wahlfreiheit bietet die Variante, bei der man sowohl Schulort, Schultyp als auch Gastfamilie wählen kann. Darüber hinaus gibt es die klassischen Internatsaufenthalte an den weltweit unterschiedlichsten Orten, bei denen in der Regel die Unterbringung an der Schule erfolgt.

Die meisten Schüler/innen reisen über eine der vielen Vermittlungsorganisationen. Diese helfen bei der Erledigung der bürokratischen Angelegenheiten und sollten die Teilnehmer auch auf den Aufenthalt vorbereiten und vor Ort betreuen. Dies ist z.B. bei einem möglichen Wechsel der Gastfamilie wichtig.

Wer den Aufenthalt selbst organisieren will, kann sich beispielsweise an eine der deutschen Schulen im Zielland wenden. Diese Schulen werden nicht nur von deutschen Schüler/innen besucht, sondern auch von Einheimischen, die häufig an einem Austauschplatz in Deutschland interessiert sind. Mit etwas Glück ist dann die Schule bei der Partnersuche behilflich.

Eine der beliebtesten Möglichkeiten ist ein High School Jahr in den USA. Hinweise hierzu Seite 205 von Education USA.

Literaturtipps

Gundlach, Christian / Schill, Sylvia:
Ein Schuljahr in den USA und weltweit:
Austausch-Organisationen auf dem Prüfstand
Recherchen-Verlag. 2013.

Terbeck, Thomas:
Handbuch Fernweh
Der Ratgeber zum Schüleraustausch
weltweiser Verlag. 2015.

Ich persönlich habe bei diesem Abenteuer auch noch wirklich tolle Freunde gefunden!

Ich wusste, wann mein Flug ging, ich wusste, dass mein Gepäck fertig war und dass mein Vater mit mir fliegen würde, trotzdem konnte ich die ganze Nacht, bevor es losging, nicht schlafen. Einfach so für vier Monate in ein anderes Leben, mit hoffentlich neuen Freunden, anderen Sitten, anderen Regeln und vielen neuen Erfahrungen, klang in der Nacht, bevor es losging, total unwirklich, aber im Nachhinein war es genauso.

In den ersten drei Tagen waren nur die neuen Boarder da und ich weiß noch wie am ersten Abend ungefähr 20 neue Mädchen, mich eingeschlossen, versucht haben nicht zu sehr aufzufallen. Es gab Hot-Dogs zu essen, darf man das jetzt mit den Fingern essen oder muss man Messer und Gabel dafür benutzen? Diese Frage ging uns allen durch den Kopf, aber keiner traute sich irgendetwas zu sagen, geschweige denn so eine Frage zu stellen.

Nach drei Tagen stießen dann auch die ganzen Mädchen hinzu, die schon in den Jahren davor auf der Schule waren, und auf einmal wurde es sehr laut im Common Room. Alle redeten durcheinander und so schnell, dass ich und die zwei anderen Deutschen, die sehr gute Freunde geworden sind, nur gedacht haben, dass wir die niemals verstehen, geschweige denn genauso schnell sprechen können würden. Aber ich kann euch beruhigen, nach ca. zwei Wochen haben wir genauso schnell gesprochen, gedacht und fast alles verstanden.

Nach und nach pendelte sich dann auch bei uns Neuen der Alltag ein und damit ihr wisst, worauf ihr euch einstellen könnt, erzähl ich euch einfach mal, wie eine normale Woche abgelaufen ist. Mein Tag fing um 7.15 Uhr an und um 7.40 Uhr musste ich fertig in Uniform zum „Check" am Büro vorbei kommen und von dort aus ging es zum Frühstück. Danach schnell zurück ins Haus zum Zähneputzen und es ging einmal über die Wiese in die Schule. Der Unterricht lief dann von 8.40 Uhr bis 16 Uhr, allerdings mit einer einstündigen Mittagspause und 50 Minuten E4. Das ist so etwas wie Art-club oder eine Schulversammlung. Als Schulfächer hatte ich Englisch, Mathe, Science, PE, Drama (mein Lieblingsfach) Art, Geography, Informatik, und Media.

Nach der Schule gab es viele Clubs, denen man sich anschließen konnte. Ich war im Hockeyteam, das mache ich auch hier in Deutschland, außerdem habe ich angefangen zu rudern, ganz typisch britisch auf der Themse :), ich war beim Mädchenfußball und bin manchmal auch noch zum Strickclub, der bei uns im Haus war, gegangen, aber eher um zu quatschen, als um zu stricken :). Um 17.50 Uhr war dann der erste Callover, da versammelte sich das ganze Haus im Common Room und es wurde geguckt, ob alle anwesend sind und danach ging man zusammen zum Abendessen. Von 18.45 Uhr bis 20.45 Uhr war Preptime, dass ist die Zeit, in der man seine Hausaufgaben machen muss, ich persönlich habe nie länger als 30 Minuten für die Hausaufgaben gebraucht, aber viele meiner Freunde haben diese Zeit fast ganz benötigt. Um 21.30 Uhr war dann der zweite und letzte Callover, bei dem noch alle wichtigen Informationen für den nächsten Tag besprochen wurden. Um 22.30 Uhr musste ich schlafen gehen, was auch nicht schwer einzuhalten war, denn die Tage waren viel anstrengender und ausgefüllter als zu Hause.

An den Wochenenden war alles viel entspannter, mit Frühstück im Schlafanzug und vielen Stunden quatschen, coolen Ausflügen, dem ein oder anderen Filmabend und z.B. Tannenbaum schmücken, um dabei lauthals Weihnachtslieder zu singen. Jetzt bin ich schon fast zwei Monate wieder zu Hause und vermisse meine neue große „Familie" sehr. Und auch mit diesem Abstand zu meiner „Time abroad" kann ich nur zu allen, die mich fragen, sagen: Mach es einfach, du wirst die schönste Zeit deines Lebens haben, auch wenn es Momente geben wird, in denen du am liebsten alles schmeißen möchtest und nach Hause willst. Es gibt 1.000.000 mal mehr Momente, an die du dich erinnern wirst und noch im Nachhinein sehr gerne daran zurück denkst und schmunzeln musst. Ich persönlich habe bei diesem Abenteuer auch noch wirklich tolle Freunde gefunden!

Paulina K. verbrachte einen Term an einer Internatsschule in England, vermittelt durch die Carl Duisberg

AbroadConnection
München und Bremen

AbroadConnection organisiert High School-Aufenthalte in Kanada, USA, Australien und Neuseeland. Siehe auch unter "Au-pair".

2. Name:
AbroadConnection

3. Anschrift:
Dachauer Str. 173, 80636 München
Beethovenstr. 27, 28209 Bremen

4. Telefon / Telefax / E-Mail / Homepage:
Tel.: München: 089 379 48 283
Fax: München: 089 379 45850
Tel.: Bremen: 0421 2237218
E-Mail: caudera@abroadconnection.de
www.abroadconnection.de

5. Kontakt:
Susanne Caudera-Preil, Saskia Nunes, Bettina Schoeps

6. Altersbegrenzung:
14-19 Jahre

7. Spezielle Voraussetzungen:
Englischkenntnisse

8. Dauer des Aufenthalts:
3 bis 12 Monate

9. Abreisezeitpunkt:
Vier mal pro Jahr

10. Anmeldefrist oder Bewerbungsfrist:
Möglichst 5 Monate vor der geplanten Abreise.

11. Kosten:
Je nach Zielland, Schule und Aufenthaltsdauer zwischen EUR 5.000 und 22.000,-
Ggf. Visumsgebühren, Flüge

13. Kosten während des Aufenthalts:
Taschengeld, empfohlen ca. EUR 200 pro Monat
Ggf. Schuluniform

17. Länder / Gebiete des Aufenthalts:
USA, Kanada, Australien, Neuseeland

Abroad Study Down Under
Margit Fahrländer
Emmendingen

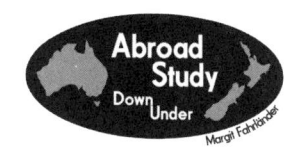

Abroad Study Down Under, der Spezialist für Schulaufenthalte in Australien und Neuseeland ist eine bewusst kleine und familiäre Organisation. Mit einer über 15-jährigen Erfahrung im Bereich High School Down Under ist es unsere Philosophie, die Teilnehmerzahlen klein zu halten, um jedem Schüler und seinen Eltern eine individuelle und umfassende Beratung und Betreuung gewährleisten zu können. Wir besuchen persönlich jede Familie und bringen zur Beratung den Wünschen des Schülers entsprechende Schulvorschläge mit, aus denen er seine Wunschschule aussucht. Bei einem eintägigen Vorbereitungsseminar erhalten die Schüler und die Eltern alle notwendigen Informationen, bevor wir gemeinsam nach Down Under aufbrechen.

2. Name:
Abroad Study Down Under
Margit Fahrländer

3. Anschrift:
Carl-Orff-Weg 4
79312 Emmendingen

4. Telefon / Telefax / E-Mail / Homepage:
Tel: 07641 9599410
Fax: 07641 9599411
E-Mail: info@abroad-study.eu
Homepage: www.abroad-study.eu

5. Kontakt:
Margit Fahrländer

6. Altersbegrenzung:
13 – 18 Jahre (Ausnahmen auf Anfrage)

7. Spezielle Voraussetzungen:
Toleranz gegenüber anderen Kulturen, Aufgeschlossenheit und Offenheit gegenüber Neuem, Flexibilität und das Bewusstsein, Vertreter des eigenen Landes zu sein.
Ausreichende Englischkenntnisse sind von Vorteil. Schüler aus Gesamtschulen, Realschulen und Gymnasien können am Programm teilnehmen.

8. Dauer des Aufenthalts:
Kurzzeitaufenthalt: 4 – 8 Wochen (z.B. während der deutschen Sommerferien)
3, 6, 9 oder 12 Monate (1 – 4 Terms)
1 ½ - 2 Jahre (für einen Schulabschluss im Gastland)

9. Abreisezeitpunkt:
Jeweils im Januar und Juli eines jeden Jahres mit begleitetem Gruppenflug.
Weitere, individuelle Abreisetermine sind möglich.

10. Anmeldefrist oder Bewerbungsfrist:
Keine. Jedoch garantiert eine frühzeitige Anmeldung (ca. 10 bis 12 Monate vor Abreise) einen Platz an der Wunschschule)

11. Kosten:
Gesamtkosten für Schule, Gastfamilie, Flüge, Organisation, Versicherung, Visum
Beispiele:
für 3 Monate Neuseeland ab ca. 8.000,- EUR + Taschengeld
für 3 Monate Australien ab ca. 8.300,- EUR + Taschengeld

13. Kosten während des Aufenthalts:
Taschengeld nach individuellen Bedürfnissen, ca. 150,- bis 200,- EUR im Monat

14. Finanzielle Förderung:
Auslands-Bafög möglich.
Wechselnde Stipendien von verschiedenen Schulen in Neuseeland und Privatschulen in Australien

16. Bestimmte Staatsangehörigkeit vorausgesetzt:
Nein. Für manche Nationalitäten gibt es jedoch abweichende Visavoraussetzungen.

17. Länder / Gebiete des Aufenthalts:
Australien, Neuseeland

AFS Interkulturelle Begegnungen e.V. Hamburg

AFS Interkulturelle Begegnungen e.V.

Ein Schulbesuch im Ausland (ganzes oder halbes Schuljahr in rund 50 Ländern weltweit) Siehe auch unter „Soziale Arbeit im Ausland" und „weltwärts"

2. Name:
AFS Interkulturelle Begegnungen e.V.

3. Anschrift:
Friedensallee 48, 22765 Hamburg

4. Telefon / Telefax / E-Mail / Homepage:
Tel.: 040 399222-0 Fax: 040 399222-99
E-Mail: info@afs.de Website: www.afs.de
Facebook: www.facebook.com/AFSgermany

5. Kontakt:
Sekretariat Mo-Fr 10-20 Uhr

6. Altersbegrenzung:
15 bis 18 Jahre bei Abreise

7. Spezielle Voraussetzungen:
Für USA: Vorkenntnisse in Englisch
Für China: Vorkenntnisse in Mandarin wünschenswert
Für die Musikprogramme: musikalische Vorbildung
Sonst keine Voraussetzungen.

8. Dauer des Aufenthalts:
4,5 bis 11 Monate
Zusätzliches Angebot an Programmen mit kürzerer Dauer

9. Abreisezeitpunkt:
Sommerabreise: Juli - September
Winterabreise: Januar - März

10. Anmeldefrist oder Bewerbungsfrist:
15. Oktober (Sommerabreise des Folgejahres)
15. Mai (Winterabreise des Folgejahres)
Danach noch Bewerbung auf offene Plätze möglich

11. Kosten:
5.090 - 12.990 EUR (in Abhängigkeit von Dauer und Zielland), ohne Visakosten, inkl.: Unterstützung bei der Anreise / teilw. Flugbetreuung, Visaunterstützung und -beratung, Reisekosten (Hinreise ins Gastland von dem von AFS festgelegten Abreiseort in Deutschland und Rückreise), Reisekosten innerhalb des Gastlandes, Aufenthalt als Gastkind in einer Familie, Besuch einer weiterführenden Schule im Gastland, Betreuung der Schülerinnen, Schüler, Gastfamilien durch AFS vor Ort, mind. zwei Vorbereitungsseminare (evtl. geringe Zusatzkosten), Orientierungs- und Auswertungsseminar im Gastland, mind. ein Nachbereitungsseminar (evtl. geringe Zusatzkosten), Reisearrangements in Notfällen, 24-Stunden-Notfalltelefon, Kranken- und Unfallversicherung, Insolvenzversicherung nach § 651 k BGB, USA: SLEP-Test, ELTis Test, Informationsmaterialien, Betreuung der Eltern im Heimatland

13. Kosten während des Aufenthalts:
Taschengeld und ggf. Schuluniform

14. Finanzielle Förderung:
30% der Teilnehmer erhalten ein Stipendium (von AFS, Unternehmen, Stiftungen, Initiativen), außerdem Schüler-Auslands-BaföG, Parlamentarisches Partnerschafts-Programm (PPP), teilweise lokale/regionale Förderungen

16. Bestimmte Staatsangehörigkeit vorausgesetzt:
Nein

17. Länder / Gebiete des Aufenthalts:
Sommerabreise: Ägypten, Argentinien, Australien, Belgien, Bolivien, Bosnien und Herzegowina, Brasilien, Chile, China, Costa Rica, Dänemark, Dominikanische Republik, Ecuador, Finnland, Frankreich, Großbritannien, Hongkong, Indien, Indonesien, Irland, Island, Italien, Japan, Kanada, Kolumbien, Kroatien, Lettland, Malaysia, Mexiko, Niederlande, Norwegen, Panama, Paraguay, Peru, Philippinen, Polen, Portugal, Russland, Schweden, Schweiz, Serbien, Slowakei, Slowenien, Spanien, Südafrika, Thailand (englischsp. Schule), Thailand (Thai-sprachige Schule) Tschechien, Türkei, Ungarn, USA und Vietnam
Winterabreise: Argentinien, Australien, Bolivien, Brasilien, Chile, Costa Rica, Frankreich, Großbritannien, Irland, Italien, Japan, Kolumbien, Malaysia, Mexiko, Neuseeland, Panama, Paraguay, Peru, Portugal, Spanien, Thailand (englischsp. Schule), Thailand (Thai-sprachige Schule) und USA

AIFS
American Institute For Foreign Study
Bonn

AIFS
EDUCATIONAL TRAVEL

AIFS ist eine der ältesten und größten Organisationen für kulturellen Austausch weltweit und ein führender Anbieter im Bereich Jugend- und Bildungsreisen. Neben den USA wird das Schüleraustausch Programm auch in Kanada, Australien, Neuseeland, England und Irland angeboten. Siehe auch unter „Au Pair", „Work & Travel", „Camp Counselor", „Soz. Arbeit/Dienste", „Studium", „Sprachreisen" und „Erlebnisreisen".

2. Name:
AIFS (American Institute For Foreign Study)

3. Anschrift:
Friedensplatz 1, 53111 Bonn

4. Telefon / Telefax / E-Mail / Homepage:
Tel.: +49 (0) 228 957 30-0, Fax: +49 (0) 228 957 30-110
E-Mail: info@aifs.de; www.aifs.de/www.aifs.at/www.aifs.ch

5. Kontakt:
Johannes Knauer

6. Altersbegrenzung:
14 bis 18 Jahre bei Ausreise

7. Spezielle Voraussetzungen:
Schülerstatus; mindestens drei Jahre Englisch als Unterrichtsfach; gute psychische und physische Gesundheit; neugierig, tolerant, aufgeschlossen und anpassungsfähig

8. Dauer des Aufenthalts:
USA: Schulhalbjahr oder Schuljahr; Kanada, Australien, Neuseeland, England, Irland: Trimester Term, Schulhalbjahr oder Schuljahr; England zusätzlich: Kurzprogramm von 4 bis 6 Wochen

9. Abreisezeitpunkt:
USA: Januar oder August/September; Kanada: Januar/Februar; April oder August/September; Australien und Neuseeland: Januar, April, Juli oder Oktober; England und Irland: Januar oder August/September (Kurzprogramm England: Ausreise zwischen September und Mai/Juni nach Absprache)

10. Anmeldefrist oder Bewerbungsfrist:
USA: 30. September (Januar) / 31. März (August)
Kanada: min 6 Wochen vor Ausreise, Australien: min. 10 Wochen vor Ausreise, NZ, England, Irland: min 4 Wochen vor Ausreise

11. Kosten:
USA: ab 9.400 EUR; Kanada: ab 6.800 EUR; Australien: ab 6.400 EUR; Neuseeland: ab 6.100 EUR; England: ab 3.300 EUR (Kurzprogramm); Irland: ab 6.300 EUR. Im Preis u. a. enthalten: Hin- und Rückflug (bei USA), Beratung und Betreuung vor der Abreise und während des gesamten Aufenthaltes vor Ort, Vorbereitungsseminar, Package mit AIFS Hoodie, AIFS T-Shirt und Handbüchern für Schüler und Eltern, Vermittlung an eine High School, Vermittlung in eine Gastfamilie inkl. Unterkunft und Verpflegung, Orientation-Days zu Beginn des Aufenthalts (außer bei Australien, Neuseeland, England, Irland und Kanada), bei allen außereuropäischen Zielen: umfangreiches Versicherungspaket.

13. Kosten während des Aufenthalts:
Schulextras (Bücher und Lehrmaterialien, Schuluniform, Verpflegung etc.), Taschengeld, bei allen europäischen Zielen: Krankenversicherung

14. Finanzielle Förderung:
In Zusammenarbeit mit dem Deutschen Fachverband für High School e. V. (DFH) vergibt AIFS ein Stipendium für Kanada für das Schuljahr 2018/19; Sir Cyril Taylor Scholarship für ein Schuljahr in den USA

16. Bestimmte Staatsangehörigkeit vorausgesetzt:
Deutschland, Österreich, Schweiz

17. Länder / Gebiete des Aufenthalts:
USA, Kanada, Australien, Neuseeland, England, Irland

ASSE Germany GmbH
Köln

ASSE (ASSE International Student Exchange Programs) ist eine der größten und renommiertesten Schüleraustauschorganisationen weltweit. Seit den Anfängen, die bis ins Jahr 1938 zurückreichen, hat ASSE seine Angebotspalette erweitert und bietet neben Austauschprogrammen für Sekundarschüler auch Austauschmöglichkeiten für Au Pairs, Abiturienten, Studierende, Work & Travel Teilnehmer, Praktikanten und Trainees an. Zusammen mit den Partnerorganisationen iSt - Internationale Sprach- & Studienreisen, GIVE Gesellschaft für Internationale Verständigung und team! Sprachen & Reisen - haben annähernd 25.000 deutsche Schüler mit ASSE ein „High School"-Jahr in Amerika oder Kanada verbracht. ASSE ist weltweit einer der größten High School-Programmanbieter und ermöglicht jährlich tausenden Schülern einen internationalen Austausch in über 30 verschiedene Länder.Anfang 2016 wurde ASSE Germany als Geschäftsstelle in Deutschland eröffnet, um den deutschen Teilnehmern die verschiedenen Austauschprogramme nun auch direkt anbieten zu können. Siehe auch unter: „Au-Pair" und „Studium im Ausland".

2. Name:
ASSE Germany GmbH

3. Anschrift:
Gürzenichstr. 21 a- c, 50667 Köln

4. Telefon / Telefax / E-Mail / Homepage:
Tel: 0221 – 5481 4500, Fax: 0221 – 5481 4499
E-Mail: info@assegermany.de, www.assegermany.de

5. Kontakt
Beate Held (E-Mail: bheld@assegermany.de)

6. Altersbegrenzung:
High School Programme: 14 – 18 Jahre bzw. 15 – 18 Jahre (je nach Programm)

7. Spezielle Voraussetzungen:
Körperlich und geistig gesund; Gute schulische Leistungen; in den letzten 2 Jahren die Klasse nicht wiederholt; Schulenglischkenntnisse; Kulturell offen und motiviert

8. Dauer des Aufenthalts:
Ein Schulhalbjahr oder ein Schuljahr. In dieser Zeit lebst du bei einer sorgfältig ausgewählten Gastfamilie. Du gehst nicht nur in deinem Gastland zur Schule, sondern erlebst auch den typischen Alltag in einer anderen Kultur. Außerdem steht dir ein Betreuer vor Ort mit Rat und Tat zur Seite.

9. Abreisezeitpunkt:
August/September bzw. Januar/Februar und je nach Programm

10. Anmeldefrist oder Bewerbungsfrist:
In der Regel Mitte April für eine Ausreise im August/September bzw. September für eine Ausreise im Januar/Februar (Eine Bewerbung ist jedoch jederzeit möglich. Wir fragen Schulplätze gerne individuell an)

11. Kosten:
Variiert je nach Gastland. USA ab 9.480,00 EUR inklusive Flug und umfangreiches Versicherungspaket (Kranken-, Unfall- und Haftpflichtversicherung)

13. Kosten während des Aufenthalts:
Classic Programme: Freie Kost und Logis bei der Gastfamilie. Unsere Teilnehmer werden als Familienmitglied aufgenommen. Choice Plus Programme: Gastfamilien erhalten einen Haushaltskostenzuschuss, um einen Teil der Kosten für die Aufnahme eines Gastschülers aufzufangen; Taschengeld; Ausflüge und Field Trips; Mittagessen in der Schule; Transportkosten zur Schule (falls öffentliche Verkehrsmittel notwendig sind): Schulbücher und Unterrichtsmaterial für Wahlfächer, sowie Schuluniform (falls benötigt)

14. Finanzielle Förderung:
USA High School Classic Programm: ASSE vergibt jedes Jahr eine begrenzte Anzahl von Teilstipendien in Höhe von 1.000 EUR an ausgewählte Schülerinnen und Schüler, die ein Schuljahr in den USA verbringen möchten. Ggf. Beantragung von Auslandsbafög möglich

16. Bestimmte Staatsangehörigkeit vorausgesetzt:
Neben deutschen Staatsbürgern, nehmen wir auch Schweizer und Österreicher in unsere Programme auf, sowie Bewerber mit unbefristeter Aufenthaltsgenehmigung für diese Länder.

17. Länder / Gebiete des Aufenthalts:
Nordamerika: USA, Kanada, Mexiko
Europa: Dänemark, England, Estland, Finnland, Frankreich, Italien, Moldawien, Niederlande, Norwegen, Portugal, Rumänien, Schweden, Slowakei, Spanien, Tschechien, Ukraine
Asien/Ozeanien: Australien, China, Japan, Mongolei, Neuseeland, Taiwan, Thailand, Südkorea
Afrika: Südafrika
Südamerika: Argentinien, Brasilien

ASSE hat folgende Siegel/Listings: Council on Standards for International Educational Travel (CSIET), WYSE Travel Confederation, Alliance for International Exchange

Breidenbach Educational Consulting GmbH
Stuttgart / Hamburg

Breidenbach Education

Breidenbach Education bietet als echter Kanadaspezialist ausschließlich High School Programme in Kanada an. Seit 2003.

Wir vertreten über 150 öffentliche High Schools, Privatschulen und Internate in allen Provinzen und in unserem Angebot finden Sie sowohl englische als auch französische Schulen - und auch bilinguale Programme sind möglich.

Wir bieten eine individuelle Schulwahl, eine gewissenhafte und durchgehende Betreuung auch vor Ort in Kanada, transparente Preise und natürlich ein volles Servicepaket.

2. Name:
Breidenbach Educational Consulting GmbH

3. Anschrift:
Büro Stuttgart
Mozartstraße 20a
70180 Stuttgart

Büro Hamburg
Elbchaussee 28
22765 Hamburg

4. Telefon / Telefax / E-Mail / Homepage:
Stuttgart: 0711 219560-0, fax 0711 219560-40
Hamburg: 040 2286420-0, fax 040 2286420-40
info@breidenbach-education.com
www.breidenbach-education.com

5. Kontakt:
Erstkontakt: Kristin Schwab

6. Altersbegrenzung:
Mindestalter: 13 Jahre
Höchstalter: 19 Jahre

7. Spezielle Voraussetzungen:
Nein

8. Dauer des Aufenthalts:
5 Monate, Start im September oder Februar
10 Monate, Start im September

9. Abreisezeitpunkt:
Abhängig nach Schuldistrikt:
Ende August oder Anfang September bzw. Ende Januar oder Anfang Februar.

10. Anmeldefrist oder Bewerbungsfrist:
Keine

11. Kosten:
Abhängig nach Schuldistrikt

13. Kosten während des Aufenthalts:
Taschengeld und sonstige persönliche Ausgaben

14. Finanzielle Förderung:
Nein

16. Bestimmte Staatsangehörigkeit vorausgesetzt:
alle Nationalitäten willkommen

17. Länder / Gebiete des Aufenthalts:
Kanada

Carl Duisberg Centren Köln

Die Abteilung Internationale Schulprogramme der Carl Duisberg Centren organisiert Schulaufenthalte an öffentlichen und privaten Schulen, mit der Unterbringung in Gastfamilien oder an Internatsschulen im englischsprachigen Ausland. Dabei können gezielt Schulplätze in den USA, Kanada, Australien, Neuseeland, England oder Irland vermittelt werden. Eine individuelle, an die Bedürfnisse der Teilnehmer angepasste Beratung und professionelle Vorbereitung der Schüler auf den Aufenthalt durch unser erfahrenes Team sind zentrale Bestandteile unseres Angebots.
Siehe auch unter „Praktikum", „Work & Travel" und „Summer School".

2. Name:
Carl Duisberg Centren gemeinnützige GmbH
Abt. Internationale Schulprogramme

3. Anschrift:
Hansaring 49-51
50670 Köln

4. Telefon / Telefax / E-Mail / Homepage:
Tel: (0221) 16 26 207 / Fax: (0221) 16 26 217
E-Mail: highschool@cdc.de
Homepage: www.carl-duisberg-highschool.de
Öffnungszeiten: 9.00 – 17:30 Uhr

5. Kontakt:
Frau Tasja Frenzel

6. Altersbegrenzung:
Mindestalter: 14
Höchstalter: 17 (IRL, England), 18 (CAN, USA), 19 (NZL, AUS)

7. Spezielle Voraussetzungen:
Aufgeschlossenheit für andere Länder und Kulturen; Anpassungsbereitschaft an Gegebenheiten des Gastlandes; Selbstständigkeit im Rahmen der landesüblichen Möglichkeiten; Zufriedenstellende Kenntnisse der Landessprache, Mindestnotendurchschnitt variiert nach Zielland, dokumentiert durch das letzte vorliegende Zeugnis.

8. Dauer des Aufenthalts:
Je nach Land und Wunsch 3 bis 18 Monate, z.T. auch Programme von 6 bis 12 Wochen Dauer.

9. Abreisezeitpunkt:
Januar/Februar oder Juli/August/September, in AUS/NZL auch April und Oktober.

10. Anmeldefrist oder Bewerbungsfrist:
01.04. für den Beginn im Juli/August/September bzw. 01.10. für den Beginn Januar/Februar, Spätbewerbungen z.T. möglich.

11. Kosten:
Die Kosten sind abhängig von der Dauer des Aufenthaltes, der Schulform und dem Zielland. Im Folgenden ein paar Beispiele. Eine genaue Auflistung der Preise und Leistungen entnehmen Sie bitte unserer Webseite: www.carl-duisberg-highschool.de

Preisbeispiele:

USA (inklusive Flug):
Semester: ab 8.990 EUR

Kanada (inklusive Flug):
Semester: ab 10.170 EUR

Australien (inklusive Flug):
2 Terms: ab 11.690 EUR

Neuseeland (inklusive Flug):
2 Terms: ab 11.180 EUR

Irland (ohne Flug):
1 Term ab Sept: 7.690 EUR

England (ohne Flug):
1 Term ab Sept: 6.490 EUR

12. Kosten während des Aufenthalts:
Taschengeld (ca. 250 EUR monatlich),
Versicherung je nach Programm 30, 40 od. 60 EUR monatlich

16. Bestimmte Staatsangehörigkeit vorausgesetzt:
Alle Nationalitäten sind willkommen, sofern keine Visumsbestimmungen der Teilnahme entgegenstehen. Für uns ist es wichtig, unsere Teilnehmer zu einem persönlichen Beratungsgespräch zu treffen.

17. Länder / Gebiete des Aufenthalts:
USA, Kanada, Australien, Neuseeland, Irland, England

Experiment e.V. Bonn

Experiment e.V.
THE EXPERIMENT IN INTERNATIONAL LIVING

Experiment e.V. ist eine gemeinnützige Organisation mit Sitz in Bonn, die sich seit über 85 Jahren den Austausch zwischen Menschen aller Kulturen, Religionen und Altersgruppen zum Ziel gesetzt hat. Der Verein bietet eine große Bandbreite an interkulturellen Programmen in über 70 verschiedenen Ländern an, u. a., Schüleraustausche, Freiwilligendienste, Ferienprogramme, Praktika und Sprachreisen. Experiment e.V. ist Gründungsmitglied des „Arbeitskreises gemeinnütziger Jugendaustauschorganisationen" (AJA) und legt großen Wert auf die Qualität der Austauschprogramme.

Schüleraustausch: Die Partnerorganisationen in den Gastländern sind sorgsam ausgewählt und stehen Experiment e.V. sowie den Programmteilnehmenden rund um die Uhr als kompetente und verlässliche Ansprechpartner zur Verfügung. Die Schüler/innen sind vor Ort in Gastfamilien untergebracht, so dass sie von Anfang an in die Kultur und den Alltag des Gastlandes integriert sind. Siehe auch unter „Au-pair", „Soziale Arbeit", „weltwärts" und „Homestay / Interkulturelle Begegnungen".

2. Name:
Experiment e.V. – The Experiment in International Living

3. Anschrift:
Gluckstraße 1, 53115 Bonn

4. Telefon / Telefax / E-Mail / Homepage:
Tel: 0228 95722-0
Fax: 0228 358282
Gesonderte Notrufnummer für Programmteilnehmende
E-Mail: info@experiment-ev.de
Internet: www.experiment-ev.de
Öffnungszeiten: Montag bis Donnerstag 9:00 Uhr bis17:30 Uhr, Freitag 9:00 Uhr bis 15:00 Uhr

5. Kontakt:
Sabine Stedtfeld, school@experiment-ev.de

6. Altersbegrenzung:
14 bis 18 Jahre zum Zeitpunkt der Ausreise

7. Spezielle Voraussetzungen:
Interesse an interkulturellem Austausch, Eigeninitiative, Aufgeschlossenheit, Offenheit und Toleranz

8. Dauer des Aufenthalts:
Ab 3 Monaten bis zu einem Schuljahr

9. Abreisezeitpunkt:
Juli/August/September oder Januar

10. Anmeldefrist oder Bewerbungsfrist:
Offizieller Bewerbungsschluss ist der 1. Februar für Sommerausreisen und der 1. August für Winterausreisen. Danach werden Bewerbungen noch so lange angenommen, wie Plätze verfügbar sind.

11. Kosten:
Ab 4.300 EUR, je nach Dauer und Land.

12. Lohn während des Aufenthalts:
Unterkunft und Verpflegung bei einer Gastfamilie.

13. Kosten während des Aufenthalts:
Taschengeld, Schulmaterialien, evtl. Transport zur Schule

14. Finanzielle Förderung:
Umfangreiches eigenes Stipendienprogramm mit einem Volumen von 85.000 EUR, Vollstipendien für die USA als durchführende Austauschorganisation für den Bundestag (Parlamentarisches Patenschafts-Programm), China-Stipendien über die Stiftung Mercator, weitere Stipendien über die Kreuzberger Kinderstiftung.

15. Träger von FSJ, DJiA, FÖJ, EFD, IJFD u.ä:
Europäischer Freiwilligendienst (EFD), Internationaler Jugendfreiwilligendienst (IJFD), weltwärts.

16. Bestimmte Staatsangehörigkeit vorausgesetzt:
Angebote offen für alle.

17. Länder / Gebiete des Aufenthalts:
Argentinien, Australien, Chile, China, Costa Rica, Dänemark, Ecuador, Estland, Finnland, Frankreich, Großbritannien, Indien, Irland, Italien, Japan, Kanada, Neuseeland, Norwegen, Schweden, Spanien, Südafrika, Thailand, USA.

GLS Sprachenzentrum Berlin

Seit über 30 Jahren Erfahrung im internationalen Schüleraustausch, 18 Destinationen weltweit, eine große Auswahl an staatlichen und privaten Schulen, Colleges und Internaten, Aufenthalte von 1 bis 24 Monaten – bei GLS findet sich für jeden ein passendes Programm. Regelmäßige Besuche bei unseren Partnern im Ausland, eine individuelle und persönliche Betreuung vor und nach Abreise, motivierte Mitarbeiter sowie Workshops zur Vor- und Nachbereitung sind für uns selbstverständlich. GLS ist DIN-geprüfter Veranstalter nach EU-Norm DIN EN 14804 und Mitglied des DFH (Deutscher Fachverband High School). Zusätzlich: Region- oder Schulwahl (teilw. mit IB) in den meisten Gastländern möglich, bilinguale Programme: z. B. spanischsprachige Gastfamilie, englischsprachige Schule in Miami bzw. in Kombination mit Französisch in Montreal/Kanada. Kombiprogramme: z. B. ein Semester in Chile, ein Semester in Australien. Siehe auch unter „Praktikum" und „Sprachreisen".

2. Name:
GLS Sprachenzentrum

3. Anschrift:
Kastanienallee 82, 10435 Berlin

4. Telefon / Telefax / E-Mail / Homepage:
Tel: 030 - 780 089-80, Fax: 030 - 787 41-91
E-Mail: highschool@gls-sprachenzentrum.de
Homepage: www.gls-sprachenzentrum.de
Öffnungszeiten: Mo.- Fr. 09:00 - 18:00 Uhr

5. Kontakt:
Maja Van Grasdorff (Leitung High School)
maja.van.grasdorff@gls-sprachenzentrum.de

6. Altersbegrenzung:
11 bis 18 Jahre (Teilnahme auch nach dem Schulabschluss möglich)
College Programme in den USA, Kanada und Mexiko: 18+

7. Spezielle Voraussetzungen:
Motivation, Anpassungsbereitschaft, Flexibilität

8. Dauer des Aufenthalts:
1 bis 24 Monate

9. Abreisezeitpunkt:
Abhängig von Zielland und Programm. Für die meisten Länder Winterabreisen im Januar/Februar; Sommerabreisen im Juli/August. Individuelle Starttermine auf Anfrage sowie Kurzprogramme (z. B. in den Sommerferien) buchbar.

10. Anmeldefrist oder Bewerbungsfrist:
Je nach Zielland (siehe Homepage), in der Regel 3 oder 4 Monate vor Abreise. Kurzfristige Anmeldungen auf Anfrage möglich.

11. Kosten:
Abhängig von Zielland und Aufenthaltsdauer, siehe Homepage www.gls-sprachenzentrum.de. Beispielpreise: 1 Schuljahr in Argentinien ab 7.390 EUR inkl. Flug; 4 Monate England mit Wahl einer Region ab 7.690 EUR.
Unser Leistungspaket umfasst: Schulbesuch und Unterkunft wie gebucht, Flug (optional buchbar) mit einer renommierten Fluggesellschaft, Abholung am Zielflughafen und Transfer zur Gastfamilie/Internat, Betreuung im Gastland durch eine Partnerorganisation (inkl. 24h Notrufhandy) und in Deutschland durch GLS. Wir garantieren umgehende Reaktion und Hilfestellung, Teilnahme an Orientierungsveranstaltungen in verschiedenen Städten Deutschlands, GLS Teilnehmerhandbuch, monatliches Infomailing, Unterstützung beim Beantragen eines Visums, Returnee-Treffen nach Rückkehr (in Berlin), GLS Zertifikat über den Schulaufenthalt, Zugang zur GLS Community für Austauschschüler. In Berlin werden darüber hinaus Workshops und Sprachkurse zur intensiven Vorbereitung optional (gegen Aufpreis) angeboten.

13. Kosten während des Aufenthalts:
Taschengeld (ca. 200 EUR / Monat), ggf. Schulnebenkosten (u. a. Schulbücher, Uniform, Transport), Exkursionen und Reisen vor Ort. RRV sowie Versicherungspaket (Kranken-, Haftpflicht- und Unfallversicherung) zusätzlich buchbar.

14. Finanzielle Förderung:
GLS Teilstipendien (10 x 1.000 EUR, freie Länderwahl), Coverwettbewerb für den GLS Katalog mit der Möglichkeit, bis zu 800 EUR zu gewinnen. Infos zu Stipendien und zu weiteren Fördermöglichkeiten (Auslands-BAföG und regionale Förderungen der Bundesländer Hamburg und Brandenburg) auf unserer Homepage.

16. Bestimmte Staatsangehörigkeit vorausgesetzt:
Nein

17. Länder / Gebiete des Aufenthalts:
Argentinien, Australien, Belgien, Brasilien, Chile, China, Costa Rica, England & Schottland, Frankreich, Irland, Italien, Japan, Kanada, Mexiko, Neuseeland, Spanien, Südafrika, USA.

HiCo Education – High School & College Consulting Bensheim

HiCo Education berät Jugendliche individuell und persönlich auf ihrem Weg ins Ausland. Als Agentur für internationale Schulprogramme vermittelt HiCo Education High School Aufenthalte (öffentliche High Schools, Privatschulen & Internate) College-Programme und Sprachreisen. Unser Schwerpunkt liegt im englischsprachigen Ausland: USA, Kanada, England und Irland. Unser Hauptprogramm liegt im Schulwahlbereich. Das bedeutet wir bieten je nach den Vorgaben und Wünschen der Schüler geeignete Schulen an. Dies kann sein im Bereich Sport, Kunst, Schulabschluss (IB-Programme) oder eine bestimmte Stadt bzw. und Region. Darüber hinaus bieten wir in allen Ländern auch Kurzprogramme ab 4 Wochen an. Als kleinere Agentur mit ca. 200 Schülern im Jahr beraten wir individuell und persönlich. Siehe auch unter „Sprachreisen".

2. Name:
HiCo Education – High School & College Consulting

3. Anschrift:
Darmstädter Str. 162, 64625 Bensheim, Germany

4. Telefon / Telefax / E-Mail / Homepage:
Tel. +49 (0) 6251 5850688
Fax +49 (0) 6251 5830002
Email: info@hico-education.de
Homepage: www.hico-education.de

5. Kontakt:
High School USA: Ilona Wondratschek
High School CAN/GB/IRL: Andrea Wetzel
Internate: Ilona Wondratschek

6. Altersbegrenzung:
Bei Privatschulen ab 14 Jahren (ab Klasse 9)

7. Spezielle Voraussetzungen:
Aufgeschlossen anderen Ländern und Kulturen gegenüber
Ausreichende Sprachkenntnisse, Toleranz, Flexibilität

8. Dauer des Aufenthalts:
Kurzprogramme bei allen Ländern ab 4 Wochen
Semester: ca. 5 Monate
Schuljahr: ca. 10 Monate

9. Abreisezeitpunkt:
Kurzprogramme: Flexibel je nach Platzkapazität
Semester: August/September/Januar
Schuljahr: August/September

10. Anmeldefrist oder Bewerbungsfrist:
Classic Programm USA: bis 31.03. bei Ausreise Sommer, bis 30.09. bei Ausreise Winter.
Privatschulen und Select-Programmen werden auch späte Bewerbungen berücksichtigt

11. Kosten:
Classic Programm USA (inkl. Flug)
Semester: 7.500 EUR / Schuljahr 8.500 EUR
Kurzprogramm 3 Monate ab 6.500 EUR
Alle weiteren Programmgebühren detailliert auf unserer Homepage

12. Lohn während des Aufenthalts:
Beim Classic Programm USA (Kost & Logis frei)

13. Kosten während des Aufenthalts:
Taschengeld ca. 200 EUR im Monat, evtl. Schuluniform, Schulausflüge, außerschulische Aktivitäten

14. Finanzielle Förderung:
Wir vergeben jedes Jahr Teilstipendien, Infos hierzu stehen auf unserer Homepage

16. Bestimmte Staatsangehörigkeit vorausgesetzt:
Wir akzeptieren Schüler jeglicher Nationalitäten.
Wir haben jedes Jahr Schüler aus Österreich, Luxemburg und der Schweiz mit im Programm

17. Länder / Gebiete des Aufenthalts:
USA, Kanada, Großbritannien, Irland, Costa Rica, Australien, Neuseeland, Südafrika

iE international Experience e.V. Lohmar

international Experience e.V., gemeinnützig anerkannte Organisation, wurde im Jahre 2000 von ehemaligen Austauschschülern und -lehrern gegründet. Wir bieten internationalen Schüleraustausch für 3, 5 oder 10 Monate in den USA, Kanada, Australien, Neuseeland, Südafrika, Argentinien, Chile, Costa Rica, Spanien, England, Irland, Schottland, Italien, Belgien und Frankreich. Wir sehen uns als Partner für individuelle maßgeschneiderte Programme und bieten daher in Zeiten weltweiter Globalisierung den jungen Menschen einen wichtigen Baustein in ihrer persönlichen Entwicklung. Sie können wählen zwischen einem Aufenthalt an einer öffentlichen High School, einer speziell ausgesuchten Privatschule mit Gastfamilienaufenthalt oder hervorragenden Internaten weltweit.

2. Name:
iE international Experience e.V.

3. Anschrift:
Amselweg 20, 53797 Lohmar

4. Telefon / Telefax / E-Mail / Homepage:
Tel: 02246/915 49 0,
Fax: 02246/ 915 49 12
E-Mail: info@international-experience.net
Homepage: www.international-experience.net
Online Bewerbung:
www.international-experience.net link: online bewerben
Öffnungszeiten:
Mo - Do: 9:00 Uhr bis 17:00 Uhr
Fr: 9:00 Uhr bis 15:00 Uhr

5. Kontakt:
USA Öffentliche Schulen:
Frau Anne Seien / Herr Julian Gillner
USA Privatschulen und Internate:
Frau Andrea Bauer / Frau Mareike Freitag
Australien, Neuseeland, Südafrika, Kanada und Inbound:
Frau Maxi de la Haye, Herr Patric Müller
Argentinien, Spanien, Chile, Costa Rica: Frau Nicola Gillner
England, Irland, Schottland: Frau Andrea Dahmen
Belgien, Frankreich: Frau Mareike Freitag

6. Altersbegrenzung:
14 bis 18 Jahre, auf Anfrage auch College und „After School" Programme möglich

7. Spezielle Voraussetzungen:
Aufgeschlossenheit, Flexibilität, Offenheit und Toleranz gegenüber anderen Kulturen.
Gute Kenntnisse der Sprache des Ziellandes, besonders in den englischsprachigen Ländern. Argentinien: Spanischkenntnisse hilfreich, jedoch nicht erforderlich.

8. Dauer des Aufenthalts:
Normalerweise 5 -10 Monate (1 oder 2 Semester)
Kurzzeitprogramme möglich (3 Monate, z.B. in Irland), in einigen Ländern (z.B. Südafrika, Neuseeland, Australien) 1 bis 4 Quartale möglich

9. Abreisezeitpunkt:
Richtet sich nach Schulbeginn im Gastland
Sommerausreise: Juli – September
Winterausreise: Januar - Februar

10. Anmeldefrist oder Bewerbungsfrist:
Sommer: 31. März des Jahres
Winter: 30. September des Vorjahres

11. Kosten:
Basisprogramm USA, Public High School:
7.745.- EUR / 5 Monate, 8.475.- EUR / 10 Monate (inkl. Versicherung) zzgl. Flüge und Visagebühren.
Basisprogramm USA Private Day School:
6.745,- / 5 Monate, 7.495,- / 10 Monate (inkl. Versicherung), zzgl. Flüge, Visagebühren und Schulgebühren.
Andere Programme siehe iE - Preislisten auf der Website.

13. Kosten während des Aufenthalts:
Versicherung: 75.- EUR / Monat
Taschengeld: ca. 150 - 200.- EUR / Monat
USA freie Logis im öffentlichen Schulbereich, andere Länder evtl. Gastfamiliengelder (siehe iE-Preisliste)

14. Finanzielle Förderung:
Grundsätzlich Auslands Bafög möglich
Teilstipendium von iE e.V. und iE-USA nach Bewerbung möglich (begrenzte Anzahl Plätze)

16. Bestimmte Staatsangehörigkeit vorausgesetzt:
Unsere Programme sind für alle Nationalitäten offen

17. Länder / Gebiete des Aufenthalts:
USA, Kanada, Australien, Neuseeland, Südafrika, Argentinien, Chile, Costa Rica, Spanien, England, Irland, Schottland, Belgien, Italien, Frankreich.

MAP MUNICH ACADEMIC PROGRAM GMBH
München

Mit mehr als 30 Jahren Erfahrung hat sich MAP auf langfristige High School Aufenthalte mit einer Programmdauer ab 5 Monaten in den USA bzw. ab 3 Monaten in Kanada, Australien, Neuseeland, Argentinien, Spanien und Irland spezialisiert. Die Schüler wohnen in ausgewählten Gastfamilien und besuchen entweder eine öffentliche High School oder auf Wunsch eine Privatschule bzw. ein Internat. MAP bietet dabei ein umfangreiches und individuelles Service-Paket an.

2. Name:
MAP MUNICH ACADEMIC PROGRAM GMBH

3. Anschrift:
Türkenstraße 104
80799 München

4. Telefon / Telefax / E-Mail / Homepage:
Tel: 089/35 73 79 77
Fax: 089/35 73 79 78
E-Mail: info@map-highschoolyear.com
Homepage: www.map-highschoolyear.com
Öffnungszeiten: Mo. - Do.: 9.00 - 18.00 Uhr,
                Fr.: 9.00 - 15.00 Uhr

5. Kontakt:
Trautlinde Bohlen und das MAP Team

6. Altersbegrenzung:
14 – 18 Jahre
Im USA Classic Program ist ein bestimmtes Alter (15 Jahre, auf Grund von Visumsbestimmungen) zu berücksichtigen.

7. Spezielle Voraussetzungen:
Bewerber für das USA Classic Program dürfen im Fach Englisch keine Note Fünf haben, in den letzten 2 Jahren keine Klasse wiederholt haben und müssen einen guten Notendurchschnitt vorweisen. Für alle anderen Programme und Länder gibt es keine bestimmten Notenvorgaben. Für den Besuch einer Private High School sind gute Noten notwendig. Selbstständigkeit, Reife, Aufgeschlossenheit, Kontaktfreude sowie Anpassungsfähigkeit und Kompromissbereitschaft werden vom Schüler erwartet.

8. Dauer des Aufenthalts:
3 (außer USA), 5 oder 10/12 Monate

9. Abreisezeitpunkt:
Richtet sich nach Schulbeginn im Gastland
Sommerausreise: Juli/August/September
Winterausreise: Januar/Februar
In manchen Ländern auch individuell möglich

10. Anmeldefrist oder Bewerbungsfrist:
USA: Sommerausreise: 10. April des Jahres, Winterausreise: 15. Oktober des Vorjahres, spätere Bewerbung auf Anfrage.
In allen anderen Ländern ist ein Vorlauf von ca. 4 bis 12 Wochen bis zum Schulbeginn ausreichend.

11. Kosten:
Abhängig von der Programmdauer und dem Gastland.
Aktuelle Preise siehe Website.
Preisbeispiel: USA Classic Program 2018/2019 exkl. Flug: 5 Monate EUR 8.400, 10 Monate EUR 8.600

13. Kosten während des Aufenthalts:
Taschengeld ca. EUR 200 – 250 monatlich, Versicherung, Kosten für Schulbücher/-ausflüge etc., richtet sich nach individuellen Bedürfnissen und Aufenthaltsort/land.

14. Finanzielle Förderung:
MAP vergibt 5 Teilstipendien im Wert von je EUR 1.000 für Aufenthalte ab 5 Monaten in allen Ländern (ausgenommen Privatschulaufenthalte).

16. Bestimmte Staatsangehörigkeit vorausgesetzt:
Nein.

17. Länder / Gebiete des Aufenthalts:
Australien, Argentinien, Irland, Kanada, Neuseeland, Spanien, USA (Staatenwahl möglich)

Open Door International e.V.
Open Door International e.V. Köln

open your mind

ODI ist ein gemeinnütziger Verein mit Sitz in Köln, der seit 1983 internationale Austauschprogramme organisiert. Wir sind als Träger der freien Jugendhilfe anerkannt, Mitglied im Arbeitskreis gemeinnütziger Jugendaustausch-Organisationen in Deutschland (AJA) und sind zudem offizielle Partnerorganisation beim „Parlamentarischen Patenschafts-Programm" (PPP) des Deutschen Bundestages und des Kongresses der USA. Wir möchten interkulturelles Lernen, Verständigung, Toleranz und den Respekt für andere Lebensweisen fördern. Deshalb organisiert ODI langfristige Schulbesuche im Ausland, Kurzzeitprogramme, Freiwilligenarbeit sowie den Aufenthalt internationaler Gäste in Deutschland.

2. Name:
Open Door International e.V. (ODI)

3. Anschrift:
Thürmchenswall 69, 50668 Köln

4. Telefon / Telefax / E-Mail / Homepage:
Tel: 0221-6060 855-0
Fax: 0221-6060 855-19
E-Mail: info@opendoorinternational.de
Homepage: www.opendoorinternational.de
Facebook: www.facebook.com/opendoorinternational
Öffnungszeiten: Montag bis Donnerstag 10 Uhr bis 18 Uhr, Freitag 10 Uhr bis 15 Uhr

5. Kontakt:
Gaby Kühn (Leiterin Schüleraustausch),
gaby.kuehn@opendoorinternational.de

6. Altersbegrenzung:
14 bis 18 Jahre

7. Spezielle Voraussetzungen:
Offenheit, Toleranz und Anpassungsfähigkeit; gute allgemeine schulische Leistungen; Vorkenntnisse der Landessprache, in den spanischsprachigen Ländern sowie in Italien sind Vorkenntnisse wünschenswert, aber nicht zwingend notwendig

8. Dauer des Aufenthalts:
Je nach Land zwischen drei Monaten und einem Schuljahr

9. Abreisezeitpunkt:
Sommerausreisen je nach Gastland: Juli bis September
Winterausreisen je nach Gastland: Januar bis Februar
Individuelle Ausreisetermine auf Anfrage in einigen Ländern möglich

10. Anmeldefrist oder Bewerbungsfrist:
Je nach Gastland unterschiedlich; nähere Informationen durch die Programmbetreuer

11. Kosten:
Ab 4.790 EUR (je nach Gastland und Dauer); aktuelle Preise siehe Homepage; je nach Gastland Visumskosten

13. Kosten während des Aufenthalts:
Taschengeld zwischen 150-300 EUR/Monat (je nach Gastland), Versicherungen ca. 50 EUR/Monat, Schulmaterialien, ggf. Schuluniform

14. Finanzielle Förderung:
ODI vergibt für das Programmjahr 2019/2020 ein Teilstipendium für die USA und weitere vier Teilstipendien für alle ODI-Programmländer.

17. Länder / Gebiete des Aufenthalts:
Argentinien, Australien, Chile, Costa Rica, Großbritannien, Frankreich, Kanada, Irland, Italien, Neuseeland, Spanien, Südafrika, USA

OUTDOOR COLLEGE
Sundsacker

Das OUTDOOR COLLEGE ist ein Naturschulprojekt für deutsche Schüler in Norwegen. Hier werden Jugendliche im ersten Halbjahr der 9. Klasse in ihrer ganzheitlichen Entwicklung unterstützt. Sie lernen mit Freiheit, Selbstständigkeit und Verantwortung umzugehen. In SüdNorwegen, in der Kommune Sirdal befindet sich die Dr. Rolf Hoffmann Skole, das Zuhause des OUTDOOR COLLEGE. Der schulische Alltag findet in kleinen Lerngruppen statt. Der Unterrichtsinhalt basiert auf dem „deutschen Lehrplan" und wird mit dem unterrichten der norwegischen Sprache ergänzt. Was das OUTDOOR COLLEGE auszeichnet ist die Verknüpfung theoretischer Inhalte mit dem praktischen Leben in und mit der Natur. Die Schüler versorgen und verpflegen sich eigenständig in der Gruppe, sie arbeiten und trainieren mit Huskys, monatlich finden einwöchige Expeditionen z.B. in Kajak, auf einer Wandertour im Fjell oder mit Schneeschuhen statt. Im Winter zahlt sich das Training mit den Huskys aus, denn dann geht es mit den Hundeschlitten raus in die weiße Winterlandschaft. Unterstützt und gefördert werden die Schüler von der Projektleitung sowie dem Lehrerteam, das ebenfalls in der Dr. Rolf Hoffmann Skole lebt. Selbstständigkeit, Verantwortung und der Umgang mit Freiheit das sind die drei Säulen des OUTDOOR COLLEGE. Die naturbelassene Landschaft Norwegens bietet mit ihrem Wildnischarakter einen besonderen Lehrraum. Bei den natursportlichen Herausforderungen können Grenzen erfahren und überwunden werden, um so ein besonderes Vertrauen in die eigenen Fähigkeiten zu entwickeln. Die nachhaltige Persönlichkeitsentwicklung wird von uns gefördert, wobei die Wildnis hierfür das perfekte "Klassenzimmer" bietet.

2. Name:
OUTDOOR COLLEGE

3. Anschrift:
Mühlenberg 4, 24398 Sundsacker

4. Telefon / Telefax / E-Mail / Homepage:
Tel: +49 (0)4644 973 71 70
E-Mail: info@outdoor-college.de
Homepage: www.outdoor-college.de

5. Kontakt:
Initiatoren des Projekts: Maike & Günther Hoffmann
allgemeine Fragen: Deike Schmidt

6. Altersbegrenzung:
Schüler, die nach den Sommerferien in die 9. Jahrgangsstufe einer Gemeinschaftsschule oder Gymnasium eintreten. Ziel ist es, das die Schüler in die zweite Hälfte des Schuljahres zurück in ihre Heimatschule und Klasse gehen können. Ein Zeugnis mit Noten erhalten die Schüler für die Leistungen im OUTDOOR COLLEGE

7. Spezielle Voraussetzungen:
Für jeden OUTDOOR COLLEGE Durchgang werden auch immer ausgebildete Lehrkräfte für den Unterricht gesucht. Voraussetzung ist mindestens der erfolgreiche Abschluss des 1. Staatsexamens

8. Dauer des Aufenthalts:
1. August bis 28. Februar (7 Monate).

9. Abreisezeitpunkt:
An- und Abreise der Schüler erfolgt ab/nach Schleswig Holstein gemeinschaftlich im Bus. Während des siebenmonatigen Aufenthalts werden die Schüler nicht nach Hause reisen. Weihnachten und Silvester feiern sie gemeinschaftlich in ihrem neuen Zuhause in Norwegen. Besuche von Familie oder Freunden während des Aufenthalts ist nicht möglich.

10. Anmeldefrist oder Bewerbungsfrist:
1. März 2019

11. Kosten:
Die monatlichen Kosten betragen EUR 2.250. Darin sind die An- und Abreisekosten, die Unterbringung, Verpflegung, Betreuung, Unterricht, Expeditionstouren inkl. Equipment und die persönliche Grund Outdoor Ausrüstung enthalten. Die Schüler erhalten Rucksack, Schlafsack, Wanderschuhe, Schutzjacke -und Hose, Funktionsunterwäsche und Handschuhe, das später auch im persönlichen Besitz jedes einzelnen bleibt.

13. Kosten während des Aufenthalts:
Wir empfehlen ein Taschengeld in Höhe von EUR 100 pro Monat mitzugeben. Eine Krankenversicherung, Reiserücktritt und evtl. Unfallversicherung sollten individuell abgeschlossen werden.

14. Finanzielle Förderung:
Es handelt sich beim OUTDOOR COLLEGE um ein Privatschulprojekt, das von den Initiatoren eigenständig ins Leben gerufen wurde. Finanzielle Unterstützungen sollten sich die Schüler individuell und eigenständig organisieren.
16. Bestimmte Staatsangehörigkeit vorausgesetzt:
Grundsätzlich nein, jedoch wird in den 7 Monaten im OUTDOOR COLLEGE der „deutsche Lehrplan" gelehrt.

17. Länder / Gebiete des Aufenthalts:
Norwegen

Partnership International e.V.
ehemals Fulbright Gesellschaft (PI)
Köln

Partnership International e.V. (PI) ist ein gemeinnütziger Verein für Schüleraustausch mit Sitz in Köln. Wir sind seit über 55 Jahren Dein Experte für Austauschprogramme ins englischsprachige Ausland. Mit uns kannst Du als Austauschschüler in das Schul- und Familienleben in England, Irland, Kanada oder in den USA eintauchen. Wir bieten Programme über drei, fünf oder zehn Monate und Ferienprogramme zwischen drei und sechs Wochen an. In den USA kannst Du auch an unseren Privatschulprogrammen teilnehmen. Besonders wichtig sind uns eine intensive Vorbereitung und persönliche Betreuung während des Programms. Wir kennen jeden unserer Schüler persönlich und können so auf mögliche Herausforderungen während des Austauschs individuell eingehen.

2. Name:
Partnership International e.V.
ehemals Fulbright Gesellschaft (PI)

3. Anschrift:
Hansaring 85, 50670 Köln

4. Telefon / Telefax / E-Mail / Homepage:
Telefon: 0221-913 97 33, Fax: 0221-913 97 34
E-Mail: office@partnership.de
Homepage: www.partnership.de
Facebook: www.facebook.com/Partnership.Schueleraustausch
Instagram: www.instagram.com/partnership_international_ev/
Öffnungszeiten: Mo-Do 09:30-17:00 Uhr, Fr 09:30-14:00 Uhr

5. Kontakt:
Team Bewerbungsmanagement
Stefan Krein, Claudia Kühne, Jessica Panitz

6. Altersbegrenzung:
Kurzzeitprogramme in den Ferien: Schüler zwischen 13 und 17 Jahren
Langzeitprogramme: Schüler zwischen 14 und 18 Jahren

7. Spezielle Voraussetzungen:
An unseren Austauschprogrammen können aufgeschlossene und offene Schüler teilnehmen. Teilweise können auch 17-jährige Abiturienten einen Austausch in die USA nach England absolvieren. Mehr zu den Voraussetzungen findest Du auf unserer Internetseite.

8. Dauer des Aufenthalts:
Kurzzeitprogramme: 3 bis 6 Wochen in den Ferien
Langzeitprogramme: 3 Monate (Term), 5 Monate (Halbjahr), 10 Monate (Schuljahr)

9. Abreisezeitpunkt:
Kurzzeitprogramme: Oster-, Herbst- oder Sommerferien
Langzeit- und Privatschulprogramme: Sommerausreise von Juli bis September, Winterausreise im Januar

10. Anmeldefrist oder Bewerbungsfrist:
Kurzeitprogramme: 15. Januar für Osterferien, 15. April für Sommerferien, 15. August für Herbstferien, danach auf Anfrage und Verfügbarkeit. Langzeit- und Privatschulprogramme: 31. März für Sommerausreise, 30. September für Winterausreise, danach auf Anfrage und Verfügbarkeit

11. Kosten:
Kurzzeitprogramme: 1.990 EUR - 3.200 EUR (abhängig von Dauer und Austauschregion)
Langzeitprogramme: 5.950 EUR - 12.950 EUR (abhängig von Dauer und Austauschregion)
Die aktuellen Programmbeiträge findest Du auf unserer Internetseite: www.partnership.de. Gerne senden wir Dir auch ein Gratisexemplar unserer aktuellen Broschüre zu.

13. Kosten während des Aufenthalts:
Wir empfehlen ein Taschengeld von circa 200 EUR pro Monat.

14. Finanzielle Förderung:
Wir vergeben jedes Jahr mehrere Teilstipendien für unsere Langzeitprogramme. So möchten wir besonders motivierte Schüler dabei unterstützen, ihr Austauschprogramm zu finanzieren. Im Auftrag des Deutschen Bundestages vergeben wir darüber hinaus jedes Jahr 57 Stipendien im Rahmen des Parlamentarischen Patenschafts-Programms (PPP). In unserem Privatschulprogramm vergeben unsere Partnerschulen Stipendien. Mehr Informationen findest Du auf unserer Internetseite: www.partnership.de/stipendien

16. Bestimmte Staatsangehörigkeit vorausgesetzt:
nein

17. Länder / Gebiete des Aufenthalts:
England, Irland, Kanada, USA

PRAKTIKAWELTEN
Freiwilligenarbeit • Work & Travel • Praktika • High School
München

Lebe deinen Traum!
Seit über 12 Jahren gibt Praktikawelten jungen Menschen die Möglichkeit, eine bisher fremde Kultur hautnah zu erleben – nicht nur als Tourist, sonders als Teil der Gesellschaft vor Ort. Bei unseren High School Programmen **in acht Ländern weltweit** besucht ihr eine Schule in eurem Gastland, könnt spannende neue Kursfächer belegen, wohnt in sorgfältig ausgewählten Gastfamilien und profitiert von unserem **360-Grad-Rundumbetreuungs-Konzept:** Darunter verstehen wir eine optimale Vorbereitung sowie eine umfassende Betreuung vor, während und nach deinem Aufenthalt.

It's your choice – mit unseren Programmoptionen kannst du deinen High School Aufenthalt **flexibel und individuell** gestalten, zum Beispiel eine Region oder Schule auswählen und somit Einfluss nehmen auf deinen Aufenthaltsort, deine Fächerwahl, Sportarten oder Aktivitäten. Ein besonderes Highlight sind die Orientation Camps, die beispielsweise in New York, Sydney, Vancouver und London zu Beginn angeboten werden. **Lass dich durch uns beraten oder besuche eine Infoveranstaltung in deiner Nähe!**

2. Name:
PRAKTIKAWELTEN
Freiwilligenarbeit • Work & Travel • Praktika • High School

3. Anschrift:
Nymphenburger Str. 113, 80636 München, Deutschland

4. Telefon / Telefax / E-Mail / Homepage:
Tel: +49 (0)89 – 28 67 51 - 12
Fax: +49 (0)89 – 28 67 51 - 29
Email: info@praktikawelten.de
Homepage: www.praktikawelten.de

6. Altersbegrenzung:
Je nach Zielland, in der Regel 14-18 Jahre

7. Spezielle Voraussetzungen:
Offenheit und Anpassungsfähigkeit, je nach Zielland Sprachkenntnisse und

8. Dauer des Aufenthalts:
Ab 3 Monate; wir empfehlen mindestens Schulhalbjahr

9. Abreisezeitpunkt:
Je nach Zielland Starttermine meist im Sommer und Winter

10. Anmeldefrist oder Bewerbungsfrist:
Je nach Zielland und Visumsart mind. 3 Monate vor geplantem Reisebeginn empfohlen

11. Kosten:
z.B. Südafrika: Schulhalbjahr: 6.980 EUR,
USA: Schuljahr: 9.940 EUR
Inklusivleistungen: persönliches Interview, Betreuung vor, während und nach Aufenthalt, 2-tägiges interkulturelles Vorbereitungsseminar, Hin- und Rückflug (je nach Land begleiteter Gruppenflug),Flughafenempfang sowie Hin-, Rücktransfer, Schulbesuch, Unterkunft und Verpflegung in der Gastfamilie, umfangreiches Versicherungspaket, 24-h-Notfallnummer in Deutschland und im Gastland, Teilnahmezertifikat

16. Bestimmte Staatsangehörigkeit vorausgesetzt:
Nein, abhängig vom Visum

17. Länder/ Gebiete des Aufenthalts:
USA, Kanada, Australien, Neuseeland, Großbritannien, Irland, Südafrika, Costa Rica

Rotary Jugenddienst Deutschland e.V. (RJD) Hamburg

Seit über 75 Jahren erweitert der internationale Jugendaustausch von Rotary International den Horizont junger Menschen. Mehr als 8.000 junge Menschen in über 80 Ländern nehmen jährlich an den Programmen teil. Während ihres Austauschjahres leben die Jugendlichen bei Gastfamilien. Die Organisation erfolgt auf lokaler Ebene über die Rotary Clubs und auf regionaler Ebene über die Rotary Distrikte. Eine umfassende Vorbereitung aller Beteiligten sowie kompetente und geschulte Ansprechpartner vor Ort sorgen für eine optimale Sicherheit der Teilnehmer. Als Mitglied im Dachverband gemeinnütziger Jugendaustauschorganisationen (AJA) erfüllt der Rotary Jugenddienst Deutschland zudem besondere Qualitätsrichtlinien.

2. Name:
Rotary Jugenddienst Deutschland e.V. (RJD)

3. Anschrift:
Rotary Verlag, Raboisen 30, 20095 Hamburg

4. Telefon / Telefax / E-Mail / Homepage:
Tel.: +49 (0)441-885 08 88
Fax: +49 (0)441-885 07 70
E-Mail: info@rotary-jd.de
www.rotary-jd.de

5. Kontakt:
Dr. Franz Josef Aka, 1. Vorsitzender RJD
Jeder Rotary Club vor Ort, Clubfinder: https://rotary.de/clubs/

6. Altersbegrenzung:
Die Teilnehmer des Jahresaustausch müssen am 1. August des Austauschjahres 16 bis 18 Jahre alt sein, die 10. Schulklasse mit guten Noten abgeschlossen haben und gesundheitlich den Anforderungen gewachsen sein.

7. Spezielle Voraussetzungen:
Der uneingeschränkte Wille, am Austausch teilnehmen zu wollen. Hinzu kommen Aufgeschlossenheit für andere Länder und Kulturen, Anpassungsbereitschaft sowie Selbstständigkeit.

8. Dauer des Aufenthalts:
Angeboten werden die Programme „Kurzaustausch" und „Jahresaustausch" Der Jahresaustausch endet nach etwa 11 Monaten im Juli des Folgejahres.

9. Abreisezeitpunkt:
Das rotarische Austauschjahr beginnt für die Länder der Südhemisphäre im letzten Drittel des Juli und für die Länder der Nordhemisphäre Mitte August.

10. Anmeldefrist oder Bewerbungsfrist:
Die Bewerbung für den Jahresaustausch erfolgt im Jahr vor dem geplanten Austausch im Frühsommer bis Anfang Oktober beim örtlichen Rotary Club. Unterschiedliche Bewerbungszeiträume in den einzelnen deutschen Rotary Distrikten. Die Bewerbungsfristen für den Kurzaustausch (family to family) sind je nach Land unterschiedlich. Frühzeitige Absprachen mit den örtlichen Rotary Clubs sind sinnvoll.

11. Kosten:
Durch das Engagement der Rotary Clubs auf lokaler Ebene können die Kosten für einen Auslandsaufenthalt für Teilnehmer und Familien gering gehalten werden. In der Regel entstehen im Wesentlichen nur sachbezogene Kosten wie z.B. Flugkosten, Krankenversicherung, Haft- und Unfallversicherung.

13. Kosten während des Aufenthalts:
Kost und Logis sind frei. Zusätzlich erhalten die Teilnehmer über die Rotary Clubs ein kleines Taschengeld. Unterschiedliche Ausgaben für Orientierungsseminare, Ausstattung und Ausrüstung, Teilnahme an Freizeiten und Touren, die von Rotary organisiert werden. Krankenversicherung, Haft- und Unfallversicherung, event. einen Zuschuss zum Taschengeld.

14. Finanzielle Förderung:
Bei Bedürftigkeit kann der Kostenanteil für Orientierungsseminare, Ausstattung und Ausrüstung durch ein „Stipendium" ausgeglichen werden.

16. Bestimmte Staatsangehörigkeit vorausgesetzt:
An den Programmen des Rotary Jugendaustausches (Jahresaustausch, Familienaustausch, New Generations Service Exchange (NGSE) und internat. Sommercamps) kann jeder teilnehmen.

17. Länder / Gebiete des Aufenthalts:
Der Rotary Jugendaustausch erfolgt weltweit in einem von 40 Gastländern.

Schul- und Studienberatung Hauser Rednitzhembach

Schul- und Studienberatung

hauser

Wer eine kleine Agentur sucht und nicht nur die bekannten Wege ins Ausland, ist bei Schul- und Studienberatung Hauser gut aufgehoben. Ich berate persönlich und individuell zu den Möglichkeiten eines Schulaufenthaltes in der Ferne. Dabei werden Deine Vorstellungen und Wünsche soweit möglich aufgegriffen und berücksichtigt. Über meine Agentur biete ich ein reines Schulwahlprogramm an. Ich arbeite mit öffentlichen und privaten Schulen zusammen, mit Internaten und Gastfamilienprogrammen. Der Schwerpunkt sind die englischsprachigen Länder, wir haben jedoch auch sehr gute Partnerschaften mit französisch- und spanischsprachigen Programmen sowie mit einem chinesischen und brasilianischen Partner. Siehe auch unter "Sprachreisen" und „Summer School"

2. Name:
Schul- und Studienberatung Hauser

3. Anschrift:
Bahnhofstraße 3
91126 Rednitzhembach

4. Telefon / Telefax / E-Mail / Homepage:
Tel: 09122-6954433
E-Mail: info@schuljahrimausland.de
www.schuljahrimausland.de

5. Kontakt:
Katharina Hauser

6. Altersbegrenzung:
Ca. 13 – 19 Jahre

7. Spezielle Voraussetzungen:
Motivation und Offenheit, in einem fremden Land zu leben. Grundkenntnisse der Sprache im Zielland meist erwünscht, aber nicht überall zwingend notwendig

8. Dauer des Aufenthalts:
Ab 3 Monate; Kurzzeitprogramme ab 4 Wochen; Schulabschlussprogramme 2 Jahre; in der Regel halbes oder ganzes Schuljahr

9. Abreisezeitpunkt:
Juli/August/September für 1. Schulhalbjahr; Januar/Februar für 2. Schulhalbjahr
Kurzzeitprogramme: nach Vereinbarung

10. Anmeldefrist oder Bewerbungsfrist:
Für öffentliche Schulen ca. 5-6 Monate vor Schulbeginn, an Privatschulen bis zu einem Jahr; „last minute"-Bewerbungen willkommen

11. Kosten:
Abhängig vom Zielland
Reisekosten (An- und Abreise), ggf. Visum

13. Kosten während des Aufenthalts:
Taschengeld, in manchen Programmen eigene Versicherung, Extras vor Ort (z.B. Instrumentalunterricht, Clubmitgliedschaften, optionale Trips, etc.)

14. Finanzielle Förderung:
An Privatschulen ist oft eine Bewerbung für Stipendien möglich

16. Bestimmte Staatsangehörigkeit vorausgesetzt:
Alle Nationalitäten sind willkommen, Programmwahl nach Rücksprache mit den Partnern

17. Länder / Gebiete des Aufenthalts:
Großbritannien, Irland, USA, Kanada, Neuseeland, Australien, Dänemark, Frankreich, Spanien, Italien, Malta, Tschechische Republik, Argentinien, Brasilien, China, Thailand, Dubai, Karibik, Schule auf dem Schiff

SCHULE, STUDIUM UND WEITERBILDUNG

Stepin GmbH
Bonn

Stepin
Student Travel & Education
Programmes International

Wenn ihr offen seid und euch für Neues begeistern könnt, ist ein Auslandsschuljahr eine Zeit voller Chancen. Ihr werdet nicht nur eine Fremdsprache perfekt lernen, sondern auch ein anderes Land mit seinen Menschen und kulturellen Eigenarten in allen Facetten erleben. Die Erfahrungen, die ihr bei solch einem Schüleraustausch macht, werden euch euer ganzes Leben lang begleiten. Und zu dem Spaß kommt auch noch das Plus, das ihr durch das Auslandsjahr an der High School später im Berufsleben habt. Denn bei fast allen Unternehmen steht heute das Thema Fremdsprachen und interkulturelle Kompetenz ganz oben auf der Liste der Erwartungen an künftige Mitarbeiter. Stepin verfügt über 20 Jahre Erfahrung im Kulturaustausch. Siehe auch unter „Au-pair", „Praktikum", „Work & Travel", „Soziale Arbeit im Ausland" und „Sprachreisen"

2. Name:
Stepin GmbH
(Student Travel & Education Programmes International)

3. Anschrift:
Kaiserstraße 19, 53113 Bonn

4. Telefon / Telefax / E-Mail / Homepage:
Tel. 0228/71005-300, Fax: 0228/ 71005-999
E-Mail: info@stepin.de, Internet: www.stepin.de
Beratungszeiten: montags bis freitags von 9.00 - 18.00 Uhr

5. Kontakt:
Kristina Heck (High School-Programmberatung)

6. Altersbegrenzung:
13-18 Jahre (je nach Land und Programm unterschiedlich)

8. Dauer des Aufenthalts:
Ab 3 bis 12 Monate, (je nach Land und Programm unterschiedlich)

9. Abreisezeitpunkt:
Winter (Jan.—Feb.), Sommer (Jul.- Sep.), Frühling und Herbst auf Anfrage (je nach Land und Programm unterschiedlich)

10. Anmeldefrist oder Bewerbungsfrist:
Je nach Land und Programm unterschiedlich
(Bewerbungsfristen für Sommerausreise zwischen März und Juni; Bewerbungsfristen für Winterausreise zwischen Oktober und November, frühzeitige Anmeldung empfohlen

11. Kosten:
USA: ab EUR 8.940,-; Kanada: ab EUR 5.640; Australien: ab EUR 6.310; Neuseeland: ab EUR 6.240; Großbritannien: ab EUR 8.090,- Irland: ab EUR 8.140,- ; Costa Rica: ab EUR 8.190,- ;Spanien: ab EUR 5.800,-

Im Programmpreis enthalten: Vorbereitungsseminar für Eltern und Schüler, FUN-Wochenende (mit geringer Kostenbeteiligung), ausführliche Informationen bis zur Ausreise, persönlicher Pate, Handbuch für Schüler und Eltern, Vermittlung in eine Gastfamilie und Schule, Betreuung durch Stepin und Partnerorganisation

Notrufnummer, Returnee-Wochenende (mit geringer Kostenbeteiligung). Flug & Versicherung (je nach Programm inklusive oder optional) Ausführliche Informationen auch unter www.stepin.de/highschool oder in unserer High School Broschüre (kann online kostenlos bestellt oder heruntergeladen werden)

13. Kosten während des Aufenthalts:
Taschengeld, Kosten für Schulbücher, Unterrichtsmaterial, Schulausflüge, ggf. Schulbus, je nach Land auch Schuluniform, Visumsgebühren

14. Finanzielle Förderung:
Stepin vergibt jährlich zwei Vollstipendien für High School-Aufenthalte in unterschiedlichen Ländern sowie ein Stipendium, das in Kooperation mit dem Deutschen Fachverband High School DFH ausgeschrieben wird. Ausführliche Informationen zu den Stipendien und dem Bewerbungsablauf unter www.stepin.de/stipendien

16. Bestimmte Staatsangehörigkeit vorausgesetzt:
Alle EU Bürger, andere Nationalitäten nach Rücksprache mit den örtlichen Partnerorganisationen.

17. Länder / Gebiete, des Aufenthaltes:
USA, Kanada, Australien, Neuseeland, Großbritannien, Irland, Costa Rica, Spanien

TravelWorks Münster

Schulaufenthalte

Siehe auch unter „Au Pair", „Praktikum", „Work & Travel ", „Soz. Arbeit", „Sprachreisen", „Summer School", „Studium im Ausland" und „Erlebnisreisen".

2. Name:
TravelWorks

3. Anschrift:
Münsterstr. 111
48155 Münster

4. Telefon / Telefax / E-Mail / Homepage:
Tel: 02506-8303-600, Fax: 02506-8303-230
E-Mail: highschool@travelworks.de
Homepage: www.travelworks.de
Öffnungszeiten: 09:00 Uhr bis 18:00 Uhr

5. Kontakt:
Tanja Kranz, Vivien Heuke, Laura Sanhueza Pino, Carina Koch, Maike Höpper

6. Altersbegrenzung:
12-19 Jahre (je nach Land/Programm).

7. Spezielle Voraussetzungen:
SchülerInnen einer weiterführenden Schule (Hauptschule, Realschule, Gesamtschule oder Gymnasium), Notendurchschnitt und Englischkenntnisse müssen größtenteils mindestens befriedigend sein; Bewerber sollten flexibel, motiviert, weltoffen und anpassungsfähig sein.

8. Dauer des Aufenthalts:
Term (3-3,5 Monate), Semester/Halbjahr (ca. 5 Monate), Schuljahr (10-12 Monate). Summer School Aufenthalte in den Sommerferien möglich (1-6 Wochen; USA, Australien, Neuseeland, Kanada, Großbritannien, Irland und Costa Rica).

9. Abreisezeitpunkt:
Abhängig vom gewählten Land von Juni bis September (Sommerausreise), im Januar/Februar (Winterausreise), April (Frühjahrsausreise) oder Oktober. Individuelle Anreisetermine auf Anfrage in einigen Ländern möglich.

10. Anmeldefrist oder Bewerbungsfrist:
Abhängig vom Programm und Ausreisedatum.

11. Kosten:
Je nach Reiseland und gewählter Schulform, z.B. komplettes Schuljahr USA (öffentliches Programm Classic): 9.550 EUR. Enthaltende Leistungen: Vorbereitungsseminar (inkl. Elternseminar) in Deutschland bzw. Österreich, Visumsdokument DS-2019, Visumsservice und SEVIS-Gebühr (ca. 180 USD), Hin- und Rückflug inkl. Zubringerflug), Flugbegleitung durch TravelWorks bei Sommerausreise, 2- (Winterausreise) bzw. 3tägiges (Sommerausreise) Orientierungsseminar in New York City, Flug New York City - Wohnort der Gastfamilie, Unterkunft und Verpflegung in einer ausgewählten Gastfamilie, Vermittlung an eine High School, Kranken-, Unfall- und Haftpflichtversicherung, Betreuung durch einen festen Programmkoordinator während der gesamten Vorbereitungen und vor Ort, 24-StundenNotrufnummer, Handbücher, Welcome Back-Paket uvm. (Visumsgebühren sind nicht enthalten). Alle enthaltenen Leistungen, Programmvarianten und Details siehe www.travelwoks.de bzw. im aktuellen Katalog.

13. Kosten während des Aufenthalts:
Taschengeld (ca. 200 EUR/Monat), je nach Gastland ggf. Ausgaben für Schuluniform, Schulausflüge, Verkehrsmittel, Bücher und Lernmaterial.

14. Finanzielle Förderung:
Vollstipendium Australien über den DFH, mehrere weitere Teilstipendien.

16. Bestimmte Staatsangehörigkeit vorausgesetzt:
USA Öffentlich Classic nicht mit amerikanischer Staatsangehörigkeit möglich.

17. Länder / Gebiete des Aufenthalts:
Nordamerika: USA und Kanada. Lateinamerika: Costa Rica. Ozeanien: Australien und Neuseeland. Afrika: Südafrika. Europa: Großbritannien, Irland.

Deutsches Youth For Understanding Komitee e.V. (YFU) Hamburg

YOUTH FOR UNDERSTANDING
Internationaler Jugendaustausch

Schüleraustausch in über 40 Länder weltweit mit Aufenthalt in Gastfamilien und Schulbesuch vor Ort. Siehe auch unter „weltwärts".

2. Name:
Deutsches Youth For Understanding Komitee e.V. (YFU)

3. Anschrift:
Oberaltenallee 6, 22081 Hamburg

4. Telefon / Telefax / E-Mail / Homepage:
Tel: 040 227002-0, Fax: 040 227002-27,
E-Mail: info@yfu.de, Homepage: www.yfu.de

5. Kontakt:
Geschäftsstelle: Montag bis Freitag von 9:30 bis 16:30 Uhr, dienstags und mittwochs bis 17:30 Uhr

6. Altersbegrenzung:
15 bis 18 Jahre zum Zeitpunkt der Abreise (genaue Altersgrenzen auf www.yfu.de/voraussetzungen)

7. Spezielle Voraussetzungen:
Austauschschüler sollten aufgeschlossen, anpassungsfähig und verantwortungsbewusst sein. Sie müssen psychisch stabil und belastbar sein und sollten mindestens durchschnittliche Schulleistungen vorweisen. Vorkenntnisse der Landessprache sind nur in manchen Ländern nötig.

8. Dauer des Aufenthalts:
Ein Schuljahr oder Schulhalbjahr

9. Abreisezeitpunkt:
Je nach Gastland zwischen Ende Juni und Anfang September. Ausnahme: Japan (Februar/März).

10. Anmeldefrist oder Bewerbungsfrist:
YFU nimmt Bewerbungen ab ab Mitte/Ende April des Jahres vor der Abreise entgegen. Die Bewerbungsfrist für ein Land wird erst dann festgelegt, wenn absehbar ist, dass in Kürze alle Plätze für dieses Land vergeben sein werden. Den aktuellen Stand gibt es unter www.yfu.de/fristen.

11. Kosten:
YFU bietet einen Gesamtpreis an, in dem alle zentralen Leistungen enthalten sind. Je nach Gastland beträgt er zwischen 4.400 und 22.500 EUR (gültig für das Schuljahr 2018/19). Enthalten sind:
• Auswahlverfahren
• Einwöchige Vorbereitungstagung

• Zwei- bis dreitägige Nachbereitungstagung
• Hin- und Rückreise
• Versicherung (nicht im Europa-Programm, da hier in der Regel der eigene Versicherungsschutz ausreicht)
• Organisation und Betreuung in Deutschland und im Gastland
• Vermittlung von Gastfamilie und Schule Begleitende Seminare im Gastland
• Regionale Elternveranstaltungen in Deutschland
• Beitrag zum YFU-Stipendienfonds

13. Kosten während des Aufenthalts:
Taschengeld, ggf. Kosten für Schuluniform, -bücher, -essen, Fahrtkosten zur Schule und zu YFU-Seminaren, Teilnahme an Klassenfahrten oder anderen Reisen.

14. Finanzielle Förderung:
Jedes Jahr vergibt YFU rund 300 Teilstipendien in einer Gesamthöhe von etwa einer halben Million EUR an Schüler, deren Familien sich das Austauschprogramm sonst nicht leisten können. Viele Unternehmen, Stiftungen und öffentliche Förderer unterstützen die YFU- Austauschschüler mit eigenen Stipendienprogrammen. Eine Übersicht über die verschiedenen Stipendien gibt es unter www.yfu.de/stipendien.

15. Träger von FSJ, DJiA, FÖJ, EFD, IJFD u.ä:
YFU bietet Projekte in Argentinien, Thailand, Paraguay und Ecuador im Rahmen des entwicklungspolitischen Freiwilligendienstes weltwärts an.

16. Bestimmte Staatsangehörigkeit vorausgesetzt:
Nein.

17. Länder / Gebiete des Aufenthalts:
Argentinien, Aserbaidschan, Australien, Belgien, Brasilien, Bulgarien, Chile, China, Costa Rica, Dänemark, Ecuador, Estland, Finnland, Frankreich, Großbritannien, Indien, Irland, Italien, Japan, Kanada, Lettland, Litauen, Mexiko, Moldawien, Niederlande, Norwegen, Paraguay, Polen, Rumänien, Russland, Schweden, Schweiz, Serbien, Slowakei, Spanien, Südafrika, Thailand, Tschechien, Ungarn, Uruguay, USA

High School Aufenthalt in den USA.
Was man beachten muss.

Bei einem privat-organisierten Aufenthalt (F-1 Visum) an einer Schule (ohne Ausnahme) sind folgende Voraussetzungen zu beachten, unabhängig von der Dauer des Aufenthaltes:

Die gastgebende Schule muss beim United States Citizenship and Immigration Service (USCIS) http://www.ice.gov/sevis/schools/index.htm die Teilnahme am Student and Exchange Visitor Program (SEVP) beantragt haben. Erst wenn die Schule am SEVP teilnimmt kann sie das Visumsvordokument I-20 ausstellen. Dieses Formular benötigt der Schüler, um in Deutschland das Visum (F-1) zu beantragen.

Bei öffentlichen Schulen ist nur der Besuch der Klassen 9-12 möglich. Der Besuch einer öffentlichen Schule ist auf 12 Monate begrenzt.

Eine Liste der Schulen, die das I-20 ausstellen dürfen finden Sie unter http://studyinthestates.dhs.gov/school-search/ Wenn die Schule nicht in der Liste geführt wird, hat die Schule keine Berechtigung das Formular I-20 auszustellen.

Öffentliche Schulen sind gesetzlich verpflichtet, ein angemessenes Schulgeld zu erheben. Informationen zu School Districts, einschliesslich der Summe, die jährlich pro Schüler verwendet wird (= Schulgebühr) finden Sie unter http://nces.ed.gov/ccd/districtsearch/ Wenn Sie im Suchfeld den Bundesstaat und den Ort eingeben, wird/werden der/die School District(s) aufgeführt. Klicken Sie auf den gesuchten District, und bei den erscheinenden Informationen „Fiscal" (in der Mitte des Bildschirms) an, um die ungefähre Höhe des Schulgeldes zu ermitteln. Den genauen Betrag kann Ihnen nur die Schule nennen. In der Regel sind es aber mehrere tausend Dollar, so dass ein Aufenthalt mit einer Organisation sogar preiswerter sein kann. Ein notariell beglaubigter Nachweis der Zahlung, d.h. Eingang auf dem Konto der Schule/des Schulbezirks muss zum Visainterview mitgebracht werden.

Auch für den Besuch einer Privatschule benötigen Sie das I-20 Visumsvordokument von der Schule. Die Zahlung des Schulgeldes müssen Sie selbst mit der Schule regeln, wobei die Schule auch auf den Betrag verzichten darf. Die Übertragung der Erziehungsgewalt (Transfer of Guardianship/Custodianship) auf Personen in den USA hat keine Auswirkung auf diese Vorschriften, ebensowenig die Zusage der Schule, dass ein Schüler aufgenommen wird.

Informationen zum High School Aufenthalt finden Sie auf auch der Webseite
http://educationusa.de/themen/high-school/

Quelle:
EducationUSA
Diplomatische Vertretung der USA in Deutschland
e-mail: info@educationusa.de
web: www.educationusa.de

DFH – Deutscher Fachverband High School e.V.

Der Deutsche Fachverband High School (DFH), www.highschool.de, ist ein Zusammenschluss führender deutscher Anbieter von Gastschuljahrprogrammen zum Zweck exakter Kundeninformation und Qualitätskontrolle. Unser Ziel ist es, Schülern und Eltern zuverlässige und objektive Informationen an die Hand zu geben, anhand derer sie die Programmangebote vergleichen können.

Strenge Qualitätsrichtlinien zur Durchführung von High-School-Programmen.
Der DFH hat strenge Qualitätsrichtlinien zur Ausschreibung und Durchführung von High-School-Programmen erarbeitet, zu deren Einhaltung sich sämtliche Mitgliedsunternehmen des Verbandes verpflichtet haben.

Qualitätskontrolle durch unabhängigen Fachbeirat.
Als unabhängiges Kontroll- und Beratungsgremium überprüft ein aus erfahrenen Pädagogen und einem Psychologen bestehender Fachbeirat die Einhaltung dieser Richtlinien und die Zufriedenheit der Schüler sowohl während des Aufenthalts wie auch während der hiesigen Vorbereitung und nach Beendigung des Programms. Dies erfolgt durch breitangelegte Teilnehmerbefragungen.

Informationen für Schüler und Eltern
Eine Infobroschüre für Schüler und Eltern beantwortet die meistgestellten Fragen zum Thema High School und enthält auch die Qualitätsrichtlinien des Verbandes, die eine gute Checkliste zum Vergleich der Veranstalterangebote darstellen.
Die Broschüre wird auf Anfrage von der Geschäftsstelle versandt. www.dfh.org

AJA – Arbeitskreis gemeinnütziger Jugendaustauschorganisationen

AJA ist der Dachverband gemeinnütziger Jugendaustauschorganisationen in Deutschland. Der Arbeitskreis wurde 1993 gegründet mit dem Ziel Qualitätsstandards zu setzen und die Interessen des internationalen Jugendaustausches als Mittel zur interkulturellen Verständigung gegenüber Politik und Medien zu vertreten.

Die Mitglieder AFS Interkulturelle Begegnungen e.V., Deutsches Youth For Understanding Komitee e.V., Experiment e.V., Open Door International e.V., Partnership International e.V. und Rotary Jugenddienst Deutschland e.V führen seit Jahrzehnten weltweit langfristige, bildungsorientierte Schüleraustauschprogramme durch.

Die Basis gemeinsamer Qualitätskriterien, zu denen sich alle Mitglieder verpflichten, sind Gemeinnützigkeit / Ehrenamtlichkeit, beidseitiger internationaler Austausch, Persönlichkeitsentwicklung und Sicherheit der Teilnehmer durch umfassende Betreuung sowie der Austausch von Expertise / Erfahrung untereinander. Darüber hinaus vergeben die Mitgliedsorganisationen im großen Umfang Stipendien, um möglichst vielen jungen Menschen interkulturelle Erfahrungen zu ermöglichen.
Homepage: www.aja-org.de

C.S.I.E.T.
(Council on Standards for International Educational Travel)

Im Rahmen einer Initiative des amerikanischen Präsidenten forderte dieser im Jahr 1982 alle Schulen und Gemeinden auf, sich aktiv am internationalen Schüleraustausch zu beteiligen. In diesem Zusammenhang wurde seitens der Schulen, Gemeinden und Sponsoren von Jugendaustauschverfahren die Notwendigkeit erkannt, allgemeingültige Standards und Auswahlkriterien für Austauschschüler sowie die Durchführung der Reise zu erarbeiten. In Folge davon gab die Abteilung für Schüleraustausch der United States Agency im amerikanischen Außenministerium (U.S.I.A.) bei der US-Bundesbehörde für Schulwesen eine Studie zum Thema "Schüleraustausch" in Auftrag. Die Studie ergab, dass zahlreiche Schulen und Gemeinden das Fehlen allgemeingültiger Richtlinien und Standards für Schüleraustauschverfahren beklagten und sich deshalb nicht daran beteiligten.

Die Studie empfahl deshalb, unverzüglich ein Gremium aus Vertretern von Schulen, gemeinnützigen Stiftungen, Elternverbänden, Gemeinden und aus der Privatwirtschaft mit dem Ziel zusammenzustellen, für den Schüleraustausch verbindliche Richtlinien zu entwickeln. So wurde im Dezember 1984 die Council on Standards for International Educational Travel (C.S.I.E.T.) ins Leben gerufen, die verbindliche Richtlinien für den internationalen Schüleraustausch mit den USA entwickelte, deren Einhaltung sie bis heute ständig überprüft.

Die richtlinienkonform arbeitenden Austauschorganisationen werden auf einer jährlich von der C.S.I.E.T. herausgegebenen Empfehlungsliste veröffentlicht (www.csiet.org, unter: Advisory List).

Anerkennung von ausländischen Schulabschlüssen in Deutschland

Ein ausländisches „Abitur", ist nur in einigen Fällen gleichbedeutend mit dem deutschen Abitur. Mit einem ausländischen Abschluss erhält man also nicht immer eine allgemeine Zugangsberechtigung zu deutschen Hochschulen und Universitäten.

Wenn man nach einem ausländischem Schulabschluss in Deutschland studieren möchte, sollte man sich daher bereits im Vorfeld bei den entsprechenden Universitäten informieren, ob sie den Abschluss anerkennen. Generell kann die Kultusministerkonferenz bei Fragen behilflich sein (www.kmk.org).

Für die "Übersetzung" von Abschlüssen, damit diese in anderen Ländern verwendet werden können, ist die „Anerkennung und Bewertung ausländischer Bildungsnachweise" eine zentrale Anlaufstelle. Infos unter: http://anabin.kmk.org/

Die Anerkennung von Auslandsschuljahren im Rahmen der Schulzeitverkürzung (G8) wurde im AJA aktiv diskutiert: Seit 2008 veröffentlicht der AJA zusammen / in Kooperation mit zurzeit 15 Kultusministerien der Bundesländer die Informationsblätter „Anerkennung eines Auslandsschuljahrs bei 12-jährigem Abitur". Diese umfassenden Informationen für Lehrer, Eltern und Schüler kostenlos unter: http://aja-org.de/downloadcenter/

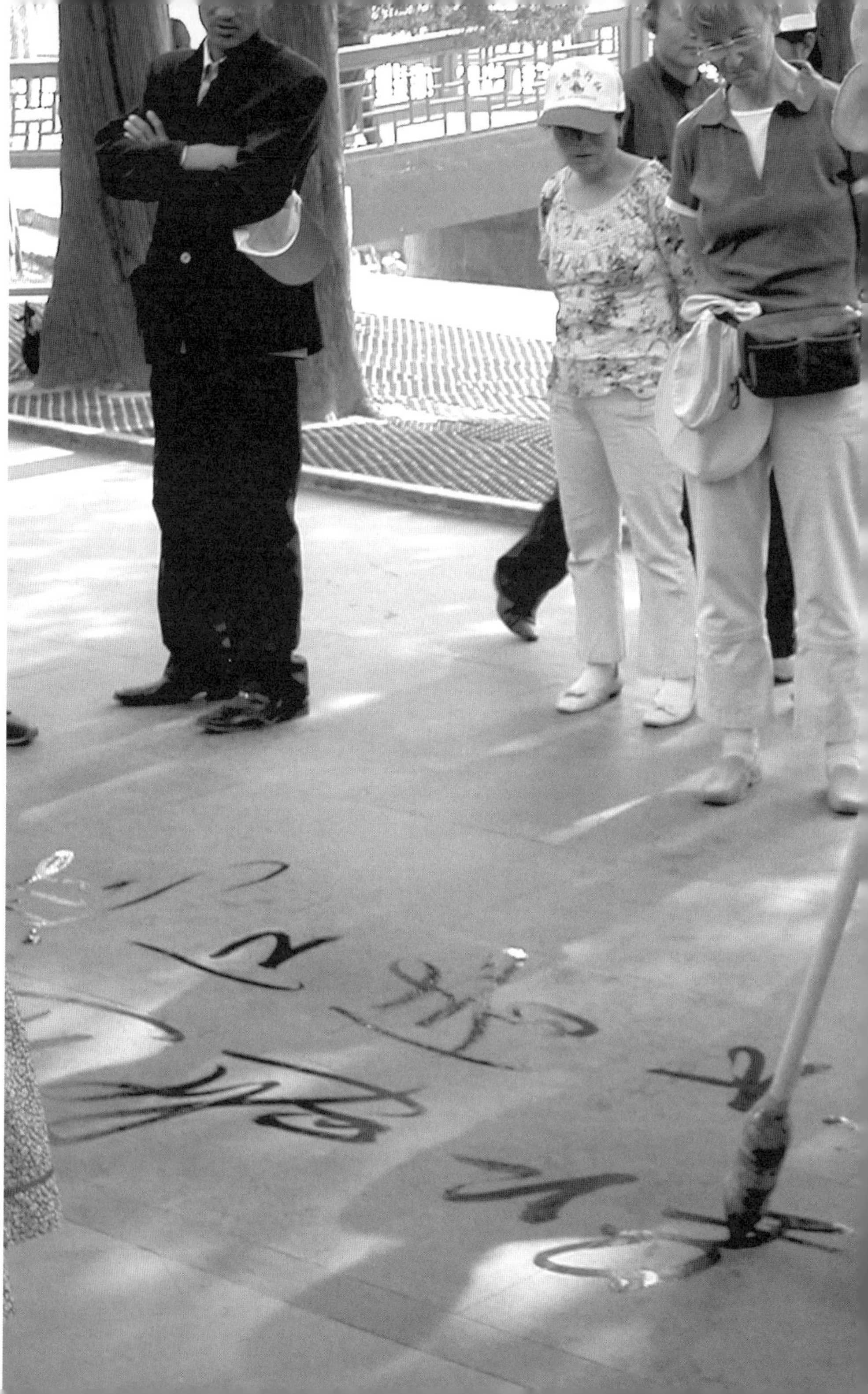

SCHULE, STUDIUM UND WEITERBILDUNG

„Man lernt viel über sich selbst und noch mehr über die Welt."

AUS- UND WEITERBILDUNG IM AUSLAND

Es gibt viele Möglichkeiten

Nach dem Schulabschluss steht die ganze Welt offen. Mit einer Berufs- oder Weiterbildung im Ausland kann man auf Reisen gehen und gleichzeitig seine Qualifikation für den Arbeitsmarkt verbessern.

Deutschland ist Exportweltmeister, dass heißt fundierte Fremdsprachenkenntnisse und das Wissen über andere Märkte, Gewohnheiten und kulturelle Unterschiede werden immer wichtiger. Nicht nur im Austausch mit ausländischen Kollegen zu hause, sondern auch auf den Zielmärkten des künftigen Arbeitgebers.

Bei der Ausbildung im Ausland ist besonders darauf zu achten, dass die meisten Länder ein anderes Ausbildungssystem haben. Daher sollte man im Vorfeld klären, welches Ausbildungsniveau und welche Anerkennung der Ausbildungsplatz besitzt und mit welchen Kosten zu rechnen ist. Im Ausland erfolgt die Ausbildung vielfach an privaten Fachschulen, die Schulgebühren erheben. In einigen Ländern wie Frankreich oder Spanien kann man sich auch für eine binationale Ausbildung bewerben.

Studienreisen und -aufenthalte dienen der Weiterbildung und können auch zur Abrundung eines Studiums oder einer bestimmten Fachrichtung hilfreich sein. Aber auch weitere interessante Angebote wie Film- und Schauspielkurse gehören zum Bereich Aus- und Weiterbildung.

Die skandinavischen (Heim-)Volkshochschulen sind Internatsschulen mit zwei- bis zwölfmonatigen Kursangeboten. Die Kurse richten sich an Erwachsene, die meisten Teilnehmer sind zwischen 17 und 25 Jahre alt. Ziel dieser Schulen ist es, den Schülern eine fachliche, soziale und persönliche Weiterentwicklung zu ermöglichen.

Fabrica Spa (Benetton research and Development Communication Centre) Italien

F A B R I C A

Fabrica ist das Benetton Research und Entwicklungszentrum für Kommunikation. Von einem kreativen Team geleitet, unterstützt Fabrica junge Künstler und Forscher aus der ganzen Welt. Nach einem harten Auswahlverfahren, lädt Fabrica junge Künstler ein, an unterschiedlichen Kommunikationsaktivitäten teilzunehmen: Kino oder Grafik, Design oder Musik, als Teil des Colors Magazine oder innerhalb von neuen Medien oder Fotografie. In ihrer Rolle als Labor für übertragene Kreativität, beschäftigt sich Fabrica mit neuen Formen der Kommunikation, begleitet von zwei Schlüsselprinzipien: Lernen durch Praxis, und der „Multi-Disziplin-Ansatz".

2. Name:
Fabrica Spa (Benetton research and Development Communication Centre)

3. Anschrift:
Fabrica Spa
Applications Office
Via Ferrarezza
31020 Catena di Villorba (TV)
Italien

4. Telefon / Telefax / E-Mail / Homepage:
Tel: + 39 (0)422 516202
Fax: + 39 (0)422 516251
E-Mail: fabrica@fabrica.it
Homepage: www.fabrica.it
www.colorsmagazine.com

6. Altersbegrenzung:
Max. 25 Jahre

7. Spezielle Voraussetzungen:
Die Bewerbung muss eine Kopie von Kollektionen beinhalten, sowie eine schriftliche Empfehlung von einem Lehrer, Professor oder jemand anderem, der sich mit der Arbeit intensiv beschäftigt hat. Alle digitalen Kollektionen auf CD-Rom müssen auch in einer Printversion vorliegen. Bewerbungssprache: Englisch, Italienisch oder Französisch. Wenn Ihre Kollektionen den Auswahlkriterien entspricht, werden Sie nach Fabrica für eine Probezeit von 2 Wochen eingeladen.

8. Dauer des Aufenthalts:
1 Jahr

10. Anmeldefrist oder Bewerbungsfrist:
Bewerbungen können das ganze Jahr eingereicht werden.

11. Kosten:
Die Reisekosten Deutschland-Italien hin/zurück.

14. Finanzielle Förderung:
Kost und Logis (auch während der Probezeit). Nach der Probezeit Mittagessen von Montag bis Freitag, ein monatlicher Geldbetrag, um die Lebenshaltungskosten zu decken, sowie Versicherung für die ganze Vertragslaufzeit.

16. Bestimmte Staatsangehörigkeit vorausgesetzt:
Alle Nationalitäten können teilnehmen

17. Länder / Gebiete des Aufenthalts:
Italien

HØJSKOLEN ØSTERSØEN

**Højskolen Østersøen
Dänemark**

Die Højskolen Østersøen wurde 1993 als Volkshochschule mit Internatsbetrieb gegründet. Ausgangspunkt waren die europaweiten Veränderungen um das Jahr 1989, die zunehmende Internationalisierung und die damit verbundenen tiefgreifenden gesellschaftlichen Veränderungen. Das Ziel der Højskolen Østersøen ist die Förderung des sprachlichen, kulturellen und wirtschaftlichen Austausches zwischen Dänemark und dem europäischen Ausland. An einer Højskole ist der Unterricht selbstverständlich wichtig. Daneben stehen jedoch auch das Zusammenleben unter einem Dach und die Teilnahme an den täglichen Pflichten und Freuden. Wo verschiedene Nationalitäten zusammen leben und lernen, besteht eine nahezu kontinuierliche Kontaktmöglichkeit, was den sozialen und sprachlichen Lernprozess bedeutend fördert. Nicht zuletzt entstehen hier enge menschliche Beziehungen, die in der Eingewöhnungsphase in eine neue Umgebung wertvoll sein können, und die vielleicht das ganze Leben hindurch andauern werden.

2. Name:
Højskolen Østersøen

3. Anschrift:
Flensborgvej 48-50,
6200 Aabenraa,
Dänemark

4. Telefon / Telefax / E-Mail / Homepage:
Tel.: 0045 74 62 47 00
Fax: 0045 74 62 47 01
E-Mail: adm@hojoster.dk
Homepage: hojoster.dk/de/

6. Altersbegrenzung:
ab 17,5 Jahre

7. Spezielle Voraussetzungen:
Arbeitssprache Englisch

8. Dauer des Aufenthalts:
Langer Kurs im Herbst 2018:
11. August - 14. Dezember 2018

Deutsch-dänischer Kultur- und Sprachkurs:
21. - 27. Oktober 2018

10. Anmeldefrist oder Bewerbungsfrist:
Bis unmittelbar vor Anfang des Kurses

11. Kosten:
Langer Kurs im Herbst 2018:
130 EUR/Woche im Doppelzimmer. Einzelzimmer:180 EUR/Woche. Studienreise: ca. 600 EUR

Deutsch-dänischer Kultur- und Sprachkurs:
Preis pro Person im Doppelzimmer: 630 EUR
Einzelzimmer: 710 EUR.

Der Preis beeinhaltet:
Unterricht und Unterrichtsmaterial, Unterkunft, Bettwäsche, Handtücher, Vollverpflegung. Exkursionen und programmgebundene Eintrittsgelder

13. Kosten während des Aufenthalts:
Taschengeld, Versicherungen

17. Länder / Gebiete des Aufenthalts:
Süddänemark

Industrie- und Handelskammer Aachen
École Franco-Allemande de Commerce et d'Industrie Paris
Aachen/Paris

Deutsch-französische kaufmännische Ausbildung in Paris
- *Industriekauffrau / Industriekaufmann*
- *BTS (Brevet de Technicien Supérieur) Comptabilité-Gestion.*

"Interkulturelle Kompetenzen, Zweisprachigkeit, Praxisbezug, internationales Arbeitsumfeld, zwei anerkannte Abschlüsse, sehr gute Berufsperspektiven"

2. Name:
Industrie- und Handelskammer Aachen
École Franco-Allemande de Commerce et d'Industrie Paris

3. Anschrift:
Theaterstr. 6-10
52062 Aachen

4. Telefon / Telefax / E-Mail / Homepage:
Tel.: 0241 / 4460352
Fax: 0241 / 4460314
E-Mail: angelika.ivens@aachen.ihk.de
Homepage: www.ausbildunginternational.de

5. Kontakt:
Dr. Angelika Ivens

6. Altersbegrenzung:
Höchstalter: 21 Jahre

7. Spezielle Voraussetzungen:
Allgemeine Hochschulreife / Fachhochschulreife
Gute Französisch- / Mathematikkenntnisse

8. Dauer des Aufenthalts:
2 Jahre
Beginn: Im September eines jeden Jahres

10. Anmeldefrist oder Bewerbungsfrist:
Fortlaufend (begrenzte Anzahl an Ausbildungsplätzen)

12. Lohn während des Aufenthalts:
Ausbildungsvergütung im jeweiligen Unternehmen

13. Kosten während des Aufenthalts:
Miete / Taschengeld

14. Finanzielle Förderung:
Wohngeld

17. Länder / Gebiete des Aufenthalts:
Paris (Frankreich)

New York Film Academy
New York, USA

New York Film Academy

Praxisbezogene Film- und Schauspielkurse. Außerdem bieten wir ebenfalls Editingkurse sowie Scriptwriting-Kurse an.

2. Name:
New York Film Academy

3. Anschrift:
100 E. 17th Street,
New York, NY 10003, USA

4. Telefon / Telefax / E-Mail / Homepage:
Telefon: 001-212.674.4300
Telefax: 001- 212.477.1414
E-Mail: film@nyfa.edu
Homepage: www.nyfa.edu

6. Altersbegrenzung:
Es gibt keine Altersbegrenzung, jedoch sind die Kurse der New York Film Academy sehr intensiv und setzen daher ein gewisses Maß an Teamfähigkeit und Durchhaltevermögen voraus. Studenten arbeiten in Crews zusammen und müssen anderen gegenüber verantwortlich handeln. Im Sommer werden Kurse speziell für jüngere Schüler (ca. 13-17 Jahre) angeboten.

7. Spezielle Voraussetzungen:
Ein gutes Hörverständnis der englischen Sprache.

8. Dauer des Aufenthalts:
Neben Kurzprogrammen von 4, 6 und 8 Wochen werden ein einjähriger Filmkurs sowie ein 12-wöchiger Abendkurs angeboten.

9. Abreisezeitpunkt:
Die 4- und 8-wöchigen Kurse beginnen jeden ersten Montag im Monat. 6-wöchige Kurse werden im Sommer und im Dezember angeboten. Der einjährige Kurs sowie der Abendkurs beginnen jeweils im Januar, März, Juni und September.

10. Anmeldefrist:
Wir empfehlen Interessenten, sich mindestens einen Monat vor Kursbeginn anzumelden. Da die Teilnehmerzahl pro Kurs begrenzt ist, sollten sich jedoch vor allem Studenten für den einjährigen Kurs frühzeitig bewerben

11. Kosten:
4-Wochen Filmmaking: 3.528 USD
4-Wochen Acting for film: 4.062 USD
4-Wochen Broadcast Journalism: 3.795 USD
One Year Hands-on Conservatory Musical Theatre Program: 33.088 USD
Die Kosten für Filmmaterial und −entwicklung sowie Reisekosten und Unterbringung sind nicht im Preis enthalten.

13. Kosten während des Aufenthalts:
Lebenshaltungskosten in New York sind vergleichsweise hoch. Für Unterkunft ist mit mindestens 700 USD pro Woche zu rechnen (Wohngemeinschaften oder Studentenwohnheime) zuzüglich mindestens 250 USD für Transport und (Basis-)Verpflegung.

14. Finanzielle Förderung:
Die New York Film Academy ist eine private Organisation und kann daher in der Regel keine Vergünstigungen anbieten.

16. Bestimmte Staatsangehörigkeit vorausgesetzt:
Keine Begrenzungen

17. Länder / Gebiete des Aufenthalts:
New York City, Universal Studios, Hollywood
Abu Dhabi, UAE
Harvard Univ
Disney Studios, Florida
Florenz, Italien
Mumbai, Indien
Paris, Frankreich

Pasvik Folkehøgskole
Svanvik / Norwegen

a. Schuljahr: *(9 Monate) Norwegische Sprache und Kultur, kombiniert mit einer Vertiefung in einer der folgenden Fächer: Foto, Film und Video / Jagd, Fischerei, und Naturleben / Kreative Kunst / Pferdesport / Leben in der Natur und Hundeschlittenfahrt / Internationale Studien.*
b. Kurzer Kurs: Z.B. mit der Transsibirischen Eisenbahn nach Russland, Mongolei und China, Wildlife–Kursus im Nationalpark, Russlandkursus (Reise durch die Kolahalbinsel, Karelen, St. Petersburg und Finnland), Sprachkursus: Norwegisch, Finnisch, Russisch oder Samisch, „Fortgeschrittene und Anfänger" (Kurs zum Naturverständnis für Kinder- und Jugendbetreuer), Forellenfischerei auf der Kolahalbinsel.

2. Name:
Pasvik Folkehøgskole (Volkshochschule)

3. Anschrift:
9925 Svanvik
Norwegen

4. Telefon / Telefax / E-Mail / Homepage:
Tel.: 0047-78964100
Fax: 0047-789964101
E-Mail: pasvik@ffk.no
Homepage: www.pasvik.fhs.no

5. Kontakt:
Rektor Ketil Foss

6. Altersbegrenzung:
Langer Kurs: 18-30 Jahren / Kurzer Kurs: ab 16 Jahren

7. Andere Begrenzungen:
Ausländische Bewerber müssen Englisch beherrschen.

8. Dauer des Aufenthalts:
Schuljahr: 9 Monate ab August bis Mai.
Kurzer Kurs: 1 bis zu 2 Wochen.

9. Abreisezeitpunkt:
Das Schuljahr fängt in der letzten Augustwoche an.
Kurzer Kurs fängt das ganze Jahr hindurch an.
Weitere Informationen bei der Schule

10. Anmeldefrist oder Bewerbungsfrist:
So früh wie möglich. Weitere Informationen bei der Schule.

11. Kosten:
Ein Schuljahr: ca. 9.800 EUR

Kurs - und Preisbeispiele:
Pferdesport: 1.750 EUR
Hundeschlitten: 885 EUR
Foto und Reise: 1.750 EUR
Sprachkurs: 625 EUR

Preise sind inkl. Kost und Logis, aber ohne Reise
Deutschland - Svanvik hin/rück.

13. Kosten während des Aufenthalts:
Eventuelle Extrakosten für Reisen während des Kurses.
Weitere Informationen bei der Schule.
Kost und Logis ist inklusive. Taschengeld und Versicherung sind extra

16. Bestimmte Staatsangehörigkeit vorausgesetzt:
Für alle

17. Länder / Gebiete des Aufenthalts:
Norwegen

Stratford-upon-Avon College of Further Education
England

*English als Fremdsprache: A-levels
(nähere Informationen auf unserer Website) -
Fächer wie: Travel and Tourism, Drama, Performing Arts, Maths, Science & Engineering,
Art & Design.*

2. Name:
Stratford-upon-Avon College of Further Education

3. Anschrift:
Stratford-upon-Avon College,
The Willows North, Alcester Road,
Stratford-upon-Avon, Warwickshire, CV37 9QR, UK

4. Telefon / Telefax / E-Mail / Homepage:
Tel: 0044 1789 266245
Fax: 0044 1789 267524
E-Mail: college@stratford.ac.uk
Homepage: www.stratford.ac.uk
Öffnungszeiten: Mo - Fr: 08.30 - 17.00

6. Altersbegrenzung:
Mindestalter: 18

8. Dauer des Aufenthalts:
1 Schuljahr von September bis Juni / Juli

10. Anmeldefrist oder Bewerbungsfrist:
Für einige unserer Kurse gibt es eine Bewerbungsfrist.
Nähere Informationen siehe Website

11. Kosten:
Reise Deutschland – Stratford hin/rück. Einschreibegebühr
(zur Zeit 30 GBP) für die meisten Kurse. Einige Kurse sind
teurer (siehe Website)

13. Kosten während des Aufenthalts:
110 GBP für Verpflegung und Unterkunft

16. Bestimmte Staatsangehörigkeit vorausgesetzt:
Alle Nationalitäten können teilnehmen

17. Länder / Gebiete des Aufenthalts:
England

zis
Stiftung für Studienreisen
Salem

Die gemeinnützige zis Stiftung für Studienreisen fördert Schüler und Auszubildende mit einem 600-Euro-Stipendium für eine selbst organisierte Auslandsreise. Thema, Reiseland sowie Reisezeitpunkt bestimmst du selbst. Du musst allerdings dazu bereit sein, alleine für mindestens vier Wochen ins Ausland zu gehen, um ein Thema deiner Wahl zu bearbeiten. Die Stipendiensumme darf während der Reise nicht überschritten werden. Flüge sind tabu! Du führst Reisetagebuch und fertigst nach der Reise einen Studienbericht an. Gemeinsam mit einer Kostenabrechnung werden diese Unterlagen anschließend bei zis eingereicht und juriert. Die zis Stiftung wird von der Deutschen UNESCO Kommission unterstützt. Besonders gelungene Reiseprojekte werden anschließend der Studienstiftung des Deutschen Volkes vorgeschlagen.
Pro Jahr werden bis zu 50 Reisen gefördert.

2. Name:
zis Stiftung für Studienreisen,
gemeinnützige Stiftung des bürgerlichen Rechts

3. Anschrift:
c/o Schule Schloss Salem
88682 Salem

4. Telefon / Telefax / E-Mail / Homepage:
Tel.: 07553 / 919 332
Fax: 07553 / 919 301
info@zis-reisen.de
www.zis-reisen.de
Mo und Mi 14 bis 18 Uhr
Di und Do 9 bis 13 Uhr

5. Kontakt:
Dagmar Baltes

6. Altersbegrenzung:
Mind. 16 bis max. 20 Jahre

7. Spezielle Voraussetzungen:
Du musst dazu bereit sein, alleine für mindestens vier Wochen ins Ausland zu reisen. Du gehst sparsam mit den Reiseausgaben um, denn die Stipendiensumme von 600 EUR darf auf der gesamten Reise nicht überschritten werden.

8. Dauer des Aufenthalts:
Mindestens vier Wochen.

9. Abreisezeitpunkt:
Bestimmst du selbst

10. Anmeldefrist oder Bewerbungsfrist:
Bewerbungen werden ab November bis 15. Februar jeden Jahres angenommen.

11. Kosten:
Die An- und Abreise sowie der gesamte Aufenthalt müssen mit der Stipendiensumme in Höhe von 600 EUR abgedeckt werden. Unterkünfte organisierst du selbst, idealerweise im direkten Zusammenhang mit deinem Reisethema.

12. Lohn während des Aufenthalts:
Während der Reise darf Geld hinzuverdient werden

13. Kosten während des Aufenthalts:
keine

14. Finanzielle Förderung:
Du erhältst ein Stipendium in Höhe von 600 EUR pro Reise

16. Bestimmte Staatsangehörigkeit vorausgesetzt:
Bewerben kann sich jeder, unabhängig von Nationalität.

17. Länder / Gebiete des Aufenthalts:
Nur Länder, die ohne Flugreise erreichbar sind.

Berufsausbildung im Ausland

Und wo soll es hingehen? In die USA, nach Schweden, Spanien oder China: Das Auslandsschuljahr in der Oberstufe und das Auslandspraktikum während des Studiums sind schon lange gang und gäbe. Weniger bekannt ist: Auch Auszubildende können an Austauschprogrammen teilnehmen und für mehrere Wochen vom heimischen Betrieb in ein Unternehmen im Ausland wechseln.

Früher war der Weg durch die Lande eine Selbstverständlichkeit. Zu Fuß und per Anhalter zog jeder junge Geselle seit dem 13. Jahrhundert drei Jahre lang durch die Lande. Wer auf der Walz war, durfte seinem Zuhause niemals näher als 50 Kilometer kommen und musste ständig weiterziehen.

Heute nehmen von den ca. 1,6 Millionen Auszubildenden in Deutschland lediglich zwei Prozent die Chance wahr, Auslandserfahrung bereits während der Ausbildung zu sammeln. Zu den Hindernissen gehören die von Land zu Land verschiedenen Ausbildungsinhalte, Stundenpläne und Prüfungsordnungen sowie die damit zusammenhängenden Schwierigkeiten der gegenseitigen Anerkennung von Berufsabschlüssen.

Eine zukunftsorientierte Berufsbildung erfordert zunehmend die Einbeziehung europäischer und internationaler Aspekte. Das Bundesministerium für Bildung und Forschung (BMBF) unterstützt daher grenzüberschreitende Bildungskooperationen, stärkt die Transparenz von Abschlüssen und Qualifikationen und fördert die Mobilität in der beruflichen Bildung. Auszubildende können durch Aufenthalte in ausländischen Betrieben, die in die Ausbildung integriert sind und mindestens drei Wochen dauern, internationale Qualifikationen erwerben. Fachkräfte können ihre Qualifikationen erweitern.

Neben den Mobilitätsmaßnahmen im EU-Programm Erasmus+ (siehe auch Kapitel Finanzierung und EU-Förderung), der den bilateralen Austausch in der beruflichen Aus- und Weiterbildung fördert, gibt es einige Programme, über die Azubis einen Teil ihrer Ausbildung im Ausland absolvieren können. Gemeinsam ist ihnen, dass man sich nicht selbst um eine Teilnahme bewerben kann, sondern den Weg über das Ausbildungsunternehmen gehen muss. Wer sich für eines der nachfolgenden Programme interessiert, kann auch einfach seinen Arbeitgeber direkt darauf ansprechen.

Frankreich
Deutsch-französisches Austauschprogramm in der beruflichen Bildung
Das deutsch-französische Sekretariat organisiert und fördert einen bis zu vierwöchigen Austausch zwischen Auszubildenden der beiden Länder.
http://www.dfs-sfa.org

Auszubildenden Austausch
Organisiert vom deutsch-französischen Jugendwerk. Einen Überblick über die Austauschmöglichkeiten mit Frankreich bietet die Broschüre „Deutsch-französischer Austausch in der beruflichen Bildung":
http://www.eu-info.de/static/common/files/1256/deutsch-franzoesischer_austausch_id_bb.pdf

Compagnons du devoir
Die französische Wandergesellenvereinigung bietet jungen Handwerkerinnen und Handwerkern berufliche Aus- und Weiterbildungsmöglichkeiten in Frankreich.
http://www.compagnons-du-devoir.com

Tschechien
Das Programm „Freiwillige Berufliche Praktika" richtet sich an Berufsschulen, Ausbildungsbetriebe und überbetriebliche Ausbildungseinrichtungen, die an einer deutsch-tschechischen Zusammenarbeit in der beruflichen Bildung interessiert sind.
http://www.tandem-org.de/arbeitsbereiche/freiwillige-berufliche-praktika.html

Austauschprogramme von GIZ:
Die deutsche Gesellschaft für Internationale Zusammenarbeit (GIZ) GmbH bietet für Auszubildende insgesamt zwei Austauschprogramme an:

Niederlande
BAND: bilateraler Austausch von Auszubildenden und Ausbildern mit den Niederlanden

Norwegen
GJØR DET: bilaterales Austauschprogramm Norwegen-Deutschland
In der Regel dauert ein Austausch drei bis sechs Wochen und findet in der Gruppe statt.
www.giz.de/bilaterale-programme

Weiter Programme:

ELCA Landschaftsgärtner-Austausch
Die European Landscape Contractors Association fördert seit mehreren Jahren den europäischen Austausch von jungen Landschaftsgärtnern
https://www.bildungsserveragrar.de/weiterbildung/praktikum-im-ausland/elca/

Euregio-Zertifikat
Das Projekt der deutsch-französisch-schweizerischen Oberrheinkonferenz vermittelt Praktika in den beteiligten Ländern
http://www.mobileuregio.org/deutschland/home.html

XCHANGE
Vierwöchiger Lehrlingsaustausch zwischen Deutschland, Österreich, Italien und der Schweiz. Träger des Projekts sind die Internationale Bodenseekonferenz und die Arbeitsgemeinschaft Alpenländer
http://www.xchange-info.net

Deutsche Auslandshandelskammern
Zahlreiche AHKs bieten an ihren Standorten im Ausland berufliche Aus- und Weiterbildungsdienstleistungen an. Dabei arbeiten sie eng mit deutschen Unternehmen zusammen.
http://www.ahk.de

Mobilitätsberatung in den Kammern - Berufsbildung ohne Grenzen
Der Zentralverband des Deutschen Handwerks (ZDH) und der Deutsche Industrie- und Handelskammertag e.V. (DIHK) fördert die Berufsbildung im Ausland. Für einen erfolgreichen und interessanten beruflichen Aufenthalt im Ausland gibt es einiges zu bedenken und viele Fragen zu klären. Konkrete Hilfe und Antworten gibt es bei einer/einem von den z.Z. 35 MobilitätsberaterInnen an Handwerkskammern und Industrie- und Handelskammern.
Weitere Informationen: **http://www.berufsbildung-ohne-grenzen.de/**

Gesamte Ausbildung im Ausland
Das duale System der Berufsausbildung, wie wir es in Deutschland kennen, gibt es in anderen Ländern nicht. Wer die gesamte Ausbildung im Ausland absolvieren möchte, sollte sich genau über das Berufsbildungssystem des jeweiligen Landes, den Ausbildungsweg sowie Stellenwert und Niveau der Ausbildung informieren. Einen Überblick über die europäischen Berufsbildungssysteme gibt es beispielsweise unter:
http://www.bildung-weltweit.de/Berufsbildungssysteme-6712.html

SCHULE, STUDIUM UND WEITERBILDUNG

STUDIUM IM AUSLAND

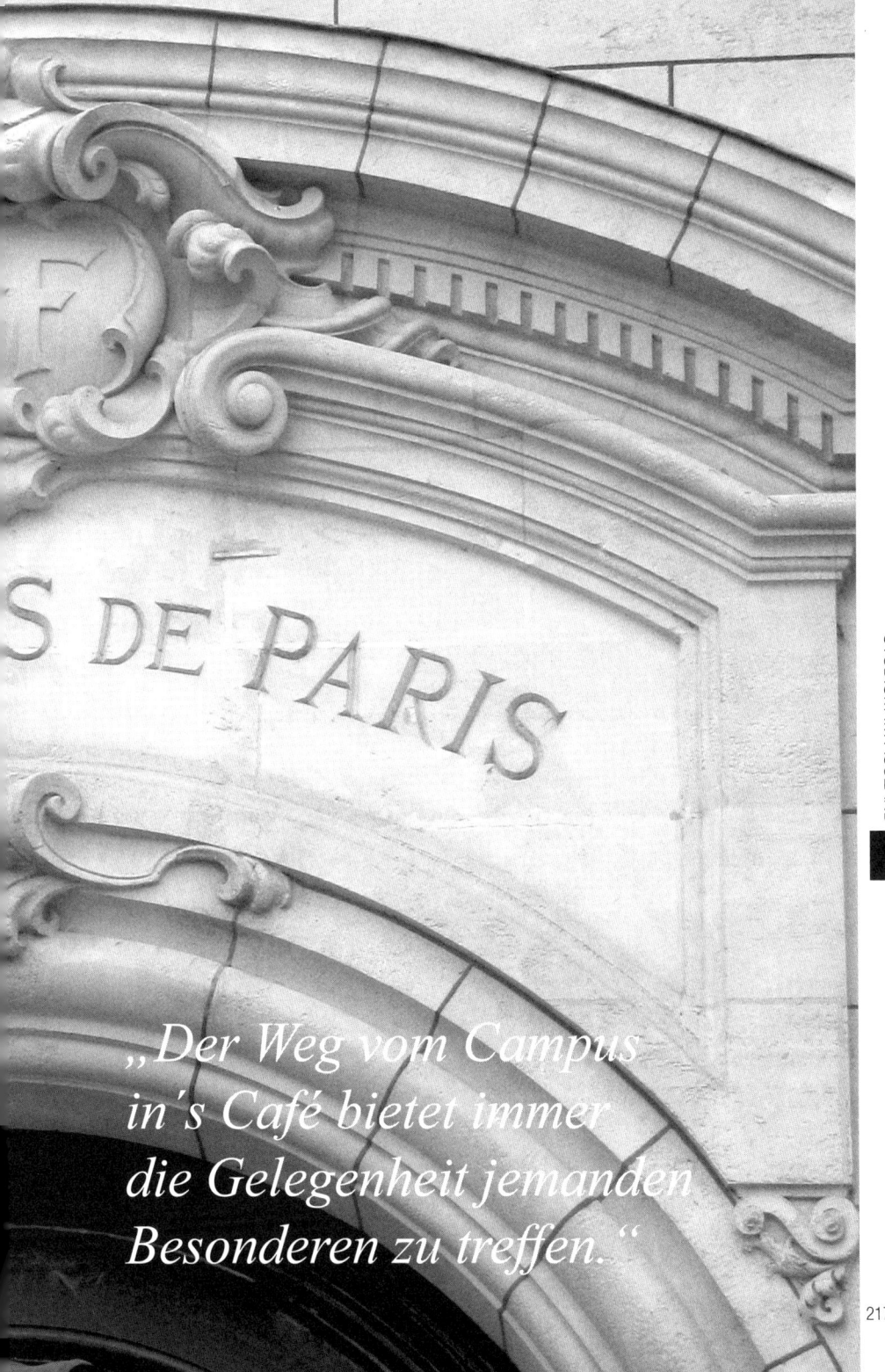

„Der Weg vom Campus in's Café bietet immer die Gelegenheit jemanden Besonderen zu treffen."

Auslandssemester sind eine Bereicherung für jeden Studiengang

Immer mehr deutsche Studenten gehen für einige Semester oder gar für das gesamte Studium ins Ausland. Nicht nur außerhalb der EU, sondern gerade innerhalb der europäischen Gemeinschaft sind viele Regelungen zu beachten.

Um die Voraussetzungen und die beste Wahl der Universität und des Studienfaches zu klären, sollten rechtzeitig alle notwendigen Informationen gesammelt werden. Erste Anlaufstelle für eine Beratung ist die Heimatuniversität und der DAAD (deutsche akademische Austauschdienst).

Im Anschluss sind die häufigsten Fragen zum Thema aufgelistet, sowie Adressen für weiterführende Informationen. Am Ende des Kapitels finden sich einige der besten und bekanntesten Universitätsadressen. Im Internet findet sich die passende Suchmaschine für das richtige Studienfach und die dazugehörige Universität.

Literaturtipps

Princeton Review:
The Best 380 Colleges, 2016 Edition (College Admissions Guides)
Princeton Review. 2015.

Horndasch, Sebastian:
Master nach Plan. Erfolgreich ins Masterstudium: Auswahl, Bewerbung, Finanzierung, Auslandsstudium, mit Musterdokumenten
Springer Berlin Heidelberg. 2011.

Horndasch, Sebastian:
Bachelor nach Plan. Dein Weg ins Studium: Studienwahl, Bewerbung, Einstieg, Finanzierung, Wohnungssuche, Auslandsstudium
Springer Berlin Heidelberg. 2010.

„Herzlichen Glückwunsch zur Zusage der University of New South Wales".

Hi, ich bin Jonas aus Heidelberg. Im Wintersemester Juli – November 2012 habe ich an der University of New South Wales in Sydney, Australien Law studiert. Ich möchte euch etwas mehr über die Vorbereitung und die fantastische Zeit in Australien und an der UNSW erzählen.

Aus eigener Erfahrung kann ich nur empfehlen, mit der Vorbereitung ein Jahr vor Antritt des Auslandsstudiums zu beginnen.

Attraktive Finanzierungsmöglichkeiten ergeben sich aus Auslands-BAföG, dem Bildungskredit und dem Studienkredit der KFW, sowie dem Studenten-Bildungsfond der DKB . Bewerben kann und sollte man sich auf die verschiedenen Finanzierungsmöglichkeiten 1 Jahr oder 6 Monate vor Abreise ins Ausland, um dann bereits vor Abreise auf der sicheren Seite zu sein. Ebenfalls möglich und extrem empfehlenswert: Bewerbt Euch vor Antritt des Auslandsstudiums auf ein Scholarship der UNSW für Study-Abroad-Students. Einen Versuch ist es wert! Freude kommt auf wenn man endlich die ersten Kurse wählen kann und dann der große Tag kommt, auf den man sehnsüchtig gewartet hat – man findet eine E-Mail in seinem E-Mail-Postfach: „Herzlichen Glückwunsch zur Zusage der University of New South Wales". Ist der Flug gebucht und hält man das Ticket in den Händen, beginnt man die Tage zu zählen. Die Zeit an der UNSW beginnt mit einer Einführungstour über den gesamten Campus, bei der die verschiedenen Einrichtungen besichtigt werden. Ganz wichtig ist die Einschreibung in die Kurse während der O-Week, der Einführungswoche für alle neuen australischen und internationalen Studenten.

Der technisch hochmodern ausgerüstete Campus der UNSW selbst liegt in Kensington, einem ruhigen, schönen Suburb in Sydney und ganz in der Nähe des bezaubernden Coogee-Beach. Er erstreckt sich über eine große Fläche und ist sehr grün. Als Student an der UNSW hat man die Möglichkeit, sich in einem der vielen Society-Clubs einzubringen und zu engagieren. Die Themenbereiche reichen von Football über traditionelle Speisen bis hin zu Menschenrechten, so dass für jeden etwas dabei ist.

Für Studenten der UNSW ist es durch die Nähe zum Campus sehr angenehm, in den Suburbs Kensington, Kingsford, Randwick, Coogee, Bronte oder Bondi zu wohnen. Ob man lieber im Wohnheim oder einer WG wohnt, muss man für sich selbst entscheiden. Unbedingt beachten solltet Ihr, nicht schon von Deutschland aus ein Zimmer oder eine Wohnung anzumieten. Es reicht völlig aus, direkt in Sydney vom Hostel aus loszuziehen, um Wohnungen zu besichtigen.

Der Law School der UNSW steht eine eigene hochmoderne Einrichtung zur Verfügung, in der sich mehrere Vorlesungssäle, Büros der Professoren und Angestellten, eine juristische Bibliothek und eine Küche für Studenten befinden. Die Professoren an der UNSW sind sehr kompetent und freundlich, und didaktisch spitze. Ganz anders als in Deutschland, herrscht zwischen den Studenten und den Professoren in Australien ein enges persönliches Verhältnis. Der Unterricht an der UNSW ist gespickt durch Vorträge, kleine Hausarbeiten und Tests. In jeder Unterrichtseinheit wird viel diskutiert und in Gruppen gearbeitet. Diese Verbindung von mündlichen und schriftlichen Leistungen sowie der enge Kontakt zu den Professoren machen das Studium an der UNSW zu einem spannenden, interessanten und großartigen Erlebnis. Die Vorlesungen finden an drei oder vier Tagen unter der Woche statt. Trotz der vielen Freizeit ist das Arbeitspensum nicht zu unterschätzen, da viel Eigeninitiative gefordert wird. Durch das Auslandsstudium an der UNSW hat man die einmalige Möglichkeit, „anders" zu studieren, das Studium aus der Perspektive einer Nation mit einem anderen kulturellen, gesellschaftlichen und historischen Hintergrund zu erkunden. Dies ist unheimlich interessant und spannend.

Aber auch das Erleben und Entdecken Australiens kommt nicht zu kurz. Denn zu bieten haben Sydney und der gesamte Kontinent einiges. Sydney selbst bietet seinen Besuchern unzählige Möglichkeiten um sich dort wohlzufühlen. Es werden viele Feste gefeiert, es gibt zahlreiche Märkte, Museen, Parks, Cafés und andere Freizeitmöglichkeiten um die Stadt und auch das Umland ausgiebig zu erkunden. Wenn das große Reisen beginnt, locken neben dem unendlichen australischen Kontinent selbst, natürlich auch Ziele wie Neuseeland, Fidschi, Bali und im Prinzip der gesamte asiatische Raum.

Fazit: Ein Auslandsstudium dient nicht nur dazu, Sprachkenntnisse zu vertiefen, Studienbedingungen in einem anderen Land kennen zu lernen, neue Menschen zu treffen, Kontakte zu knüpfen und den eigenen Horizont zu erweitern. Auch spätere Arbeitgeber schätzen Auslandserfahrung heute sehr. Es zeigt, dass man weltoffen, dynamisch, flexibel, interessiert, selbstbewusst und selbständig ist. Damit garantiert Euch ein Auslandsstudium gute Chancen im Berufsleben. Wagt den Schritt zum Auslandsstudium, denn es wird Euch und Euer Leben positiv verändern!

Jonas war durch GOstralia! in Australien

Ein Studium in den Niederlanden

Ob in den Niederlanden, Österreich, Frankreich oder Dänemark, viele Studierende zieht es in Nachbarländer. Hier ist ein Gespräch mit einer Studentin aus Deutschland, die international Teacher Education for Primary Schools in Stenden studiert.

Alter: 18 Jahre
Name: Kaike Johanna Pauschert
Herkunftsort/Land: Deutschland
Seit wann Studium im Ausland: September 2015

Warum hast du dich für die Niederlande entschieden? Kamen noch andere Länder in die engere Auswahl?
Ich wollte ursprünglich nach der Schule als Au pair Auslanderfahrungen sammeln. Über eine Messe bin ich dann auf das Studium in den Niederlanden gestoßen. Mir hat das System und mein Studiengang (ITEPS – International Teacher Education for Primary Schools) sehr gefallen. Ich muss ehrlich dazu sagen, dass ich so begeistert war, dass ich mir gar keine Gedanken mehr über andere Möglichkeiten im Ausland zu studieren gemacht habe. Also nein, es kamen für mich keine anderen Länder in Frage. Warum ich mich für die Niederlande entschieden habe, hat damit zu tun, wie ich dazu gekommen bin. Mir wurde der Studiengang und die Hochschule an einem Messestand erklärt und die haben selbstverständlich nur über die Niederlande gesprochen. Da mir der Studiengang und auch die Hochschule sehr gefielen, habe ich mich dahingehend informiert, ein Informationsgespräch geführt und mich schließlich entschieden.

Hattest du ein Wartesemester oder hast du dich direkt nach dem Abitur für ein Studium in den Niederlanden entschieden?
Ein Wartesemester hatte ich nicht, stattdessen habe ich mich bereits während meiner Schulzeit beworben. Meine Entscheidung in den Niederlanden zu studieren ist schon sehr früh gefallen. Eine Zusage von meiner Hochschule (Stenden Hogeschool) habe ich bereits vor meinem Abitur bekommen; natürlich unter der Bedingung, dass ich mein Abitur schaffe und das entsprechende Zeugnis nachreiche.

Welche Voraussetzungen musst du erfüllen um in den Niederlanden studieren zu können?
Für meinen Studiengang (ITEPS) muss man Abitur haben, an einem der Taster-Tage teilgenommen, ein Motivationsschreiben eingeschickt, ein „Intake-Interview" (so eine Art Vorstellungsgespräch) gemacht und nach Möglichkeit einen niederländisch Kurs im eigenen Land gemacht haben. Das hört sich viel an, ist es aber eigentlich nicht.

Wie viele Bewerber gab es auf einen Studienplatz? Wie lief das Bewerbungsverfahren ab?
Ich weiß leider nicht genau wie viele Bewerber es gab. Ich habe zunächst eine Bewerbung über das Internet an die Hochschule (Stenden) geschickt. Diese beinhaltete ein Motivationsschreiben, meinen Lebenslauf und mein aktuellstes Zeugnis. Danach erhielt ich eine Einladung zu einem „Intake-Interview" mit einem der Dozenten. Bei mir fiel der Termin auf den Taster-Tag (Infoveranstaltung), weshalb ich beides an einem Tag vor Ort machen konnte. Es ist aber auch möglich, das „Intake-Interview" über Skype zu machen. Während dieses Interviews testet der Dozent das Level der Englischkenntnisse und die Motivation des Bewerbers. Bestenfalls erhält man danach eine Zusage für das Studium.

Wo hast du Informationen über den Studiengang in den Niederlanden gesammelt?
Ich habe von diesem Studiengang auf der Messe „vocatium" in Hamburg erfahren. Dort wurde mir alles Wichtige erklärt und Möglichkeiten aufgezeigt, wie ich mich genauer informieren kann. Ich habe dann zunächst mit meinen Eltern auf der Internetseite geschaut und schließlich einen Termin ausgemacht, um vor Ort ein Informationsgespräch zu führen. Das war ein Jahr vor Studienbeginn.

Brauchst du für das Studium die Landessprache? Welche Sprachen benötigst du?
Grundvoraussetzung für meinen Studiengang sind Niederländisch und Englisch. Niederländisch lernt man hier an der Hochschule. Man bekommt vor Studienbeginn einen 4-wöchigen Einführungskurs. Während der Studienzeit bekommen wir dann weiterführenden Unterricht. Im Moment muss man die Landessprache (Niederländisch) noch zwingend erlernen, da man nach erfolgreichem Studium nicht nur Lehrer für internationale Grundschulen ist, sondern auch für niederländische Grundschulen.

Wie kommst du mit der Sprache im alltäglichen Leben zurecht?
Im Großen und Ganzen ganz gut. Im alltäglichen Leben (Einkaufen, Bahn fahren, Smalltalk etc.) fällt es mir relativ leicht die Sprache anzuwenden. Auch mit einigen niederländischen Mitstudenten klappt es ganz gut.

Hast du dich für ein Stipendium beworben?
Nein, ich habe mich nicht für ein Stipendium beworben.

Wie hoch sind die Studiengebühren?
Wie finanzierst du dich und dein Leben?
Die Studiengebühren betragen für das Jahr 2017/18 1.984 EUR. Ich werde von meinen Eltern finanziert, doch mittlerweile habe ich einen Job, womit ich meine Eltern entlasten kann, dennoch tragen sie den Hauptteil meiner Kosten (für Essen, Bücher, Miete und Studiengebühren).

Was machst du in deiner Freizeit?
In meiner Freizeit gehe ich viel Laufen und Schwimmen, aber ich treffe mich auch mit Freunden, zum Beispiel zum Shoppen oder zum Kochen. Es ist aber auch möglich Tagesausflüge nach Zwolle oder Giethoorn zu unternehmen.

Was gefällt dir an der Stadt, in der du studierst?
Meppel ist eine relativ kleine Stadt, dennoch bekommt man hier alles was man braucht und es gibt eine gute Anbindung an größere Städte, wie zum Beispiel Zwolle.

Ziehst du es nach dem Vordiplom/Bachelor in Erwägung wieder in Deutschland zu studieren?
Wenn ja, in welche Stadt würdest du gerne ziehen?
Vielleicht mache ich nach meinem Bachelor noch meinen Master in Deutschland. Wo, weiß ich jetzt noch nicht sicher, aber da ich aus Norddeutschland stamme, würde ich das sehr gerne in Flensburg machen, sofern es möglich ist.

Welche Unterschiede bestehen zu einem Studium in Deutschland?
Ich bin an der Fachhochschule Stenden in Meppel. Der Unterricht / die Vorlesungen sind eher mit dem Schulunterricht zu vergleichen. Die kleine Klassen von 25 Studenten ermöglichen eine sehr individuelle Förderung. In meinem Studiengang wird sehr viel Wert auf praktische Erfahrungen gelegt. So absolvieren wir schon sehr früh verschiedene Praktika, um so viele eigene Erfahrungen wie möglich zu sammeln. Ein weiterer Unterschied zu Deutschland ist wohl, dass ich als Lehramtsstudentin nicht von Anfang an bestimmte Fächer (Spezialisierungen) wählen muss. Wir spezialisieren uns während dem Minor, welchen wir im Ausland für ein halbes Jahr absolvieren.

Wo siehst du dich in 10 Jahren?
Ich denke, dass ich in 10 Jahren vor irgendeiner Klasse von internationalen Schülern stehen werde. Ich hoffe dies in so vielen verschiedenen Ländern tun zu können, wie möglich. Daher weiß ich noch nicht in welchem Land ich in 10 Jahren sein werde.

Was kannst du Studenten, die an einem Studiengang in den Niederlanden interessiert sind, mit auf den Weg geben?
Lasst euch nicht davon abschrecken, dass ihr eine weitere Sprache lernen müsst, noch dazu eine, die außerhalb der Niederlande kaum gesprochen wird. Wer mit der Entfernung hadert, dem kann ich nur sagen, dass es für mich (aus Norddeutschland) viel weiter weg gewesen wäre, wenn ich zum Beispiel nach München gegangen wäre. Zudem denke ich, dass es gut ist Auslandserfahrungen zu sammeln und die Sprachkenntnisse zu verbessern.

Vielen Dank für das informative Gespräch!

Academic Embassy Bonn

Academic Embassy unterstützt Schüler, Abiturienten, Studenten und ihre Eltern bei wichtigen Entscheidungen rund um das Auslandsstudium. Bei der Planung eines Studienaufenthaltes im Ausland spielt die Wahl der passenden Universität, des richtigen Programms, die Finanzierung sowie die korrekte und vollständige Zusammenstellung der Bewerbungsunterlagen eine wichtige Rolle, um die Bewerbung an der persönlichen Traumuniversität erfolgreich zu gestalten. Um bei diesen Aufgaben den Überblick zu behalten, bietet Academic Embassy als offizielle Vertretung seiner Partneruniversitäten in Europa, USA, Kanada, Südafrika, Peru und China eine für die Bewerber kostenlose Beratung und Organisation, die durch die ausländischen Universitäten finanziert wird. Hier eine Übersicht über die möglichen Programme: Auslandssemester, Bachelor- und Masterstudium, Pathway Programme, Medizinstudium im Ausland, Summer Sessions, Kombination Studium & Praktikum, Universitäre Sprachprogramme, Gap Year.

2. Name:
Academic Embassy

3. Anschrift:
Markt 39, 53111 Bonn

4. Telefon / Telefax / E-Mail / Homepage:
Tel: 0228/90871-555, Fax: 0228/2864-333
E-Mail: beratung@academic-embassy.de
Homepage: www.academic-embassy.de
Facebook: www.facebook.com/AcademicEmbassy
Öffnungszeiten: Montag bis Freitag 9:00 Uhr - 18:00 Uhr
Unverbindliche Beratung per Telefon, E-Mail oder nach Vereinbarung durch einen Termin in unserem Bonner Büro.

5. Kontakt:
Studienberatung: Lars Zimmermann

6. Altersbegrenzung:
ab 17 Jahre

7. Spezielle Voraussetzungen:
(Fach-)Abitur, gutes Englisch, Motivation und Begeisterung für Abenteuer.

8. Dauer des Aufenthalts:
Je nach gewähltem Programm kann die Dauer des Aufenthaltes zwischen vier Wochen (z.B. universitäres Sprach- oder Sommerprogramm) und mehreren Jahre dauern (komplettes Bachelor- oder Masterstudium).

9. Abreisezeitpunkt:
Abhängig von der Universität und dem Programm.
Die Studien- und Sprachprogramme starten an vielen Universitäten mehrmals pro Jahr, so dass sich die Ausreise sehr flexibel gestalten lässt.

10. Anmeldefrist oder Bewerbungsfrist:
Einige Universitäten bieten eine kurzfristige Bewerbung an; grundsätzlich sollte man sich aber bereits ein Jahr vor Ausreise mit den notwendigen Bewerbungsschritten befassen.

11. Kosten:
Die anfallenden Studiengebühren unterscheiden sich sehr nach Universität, Studiengang und Programmdauer. Weitere Infos entnehmen Sie bitte unserer Website unter der Rubrik „Auslandsstudium": www.academic-embassy.de

13. Kosten während des Aufenthalts:
Neben den Studien- bzw. Programmgebühren sollte zusätzlich Geld für Unterkunft und Verpflegung eingeplant werden, da diese sich nach Zielland und persönlichen Lebensgewohnheiten unterscheiden können. Hinzu kommen Kosten für Freizeitausgaben, Bücher, Versicherung und die An- und Abreise sowie Ausflüge innerhalb des Ziellandes.

14. Finanzielle Förderung:
Wer im Bachelor- oder Masterstudium ein oder zwei Semester im Ausland studieren möchte, hat die Möglichkeit Auslands-BAföG in Anspruch zu nehmen. „Das neue BAföG" unterstützt Studierende mit bis zu 4600 EUR für Studiengebühren, die nicht zurückgezahlt werden müssen, 1000 EUR für Reisekosten sowie Zuschläge für Lebenshaltungskosten und Auslandsversicherung.
Für Bewerber, die einen kompletten Bachelor oder Master im Ausland absolvieren möchten, bieten die Universitäten (abhängig von den vorher im Abitur oder Bachelor erzielten Noten) Stipendien an, die eine beachtliche Studiengebührenermäßigung darstellen.
Mehr zur Finanzierung des Auslandsstudiums auf unserer Website: http://www.academic-embassy.de/auslandsstudium/finanzierung/

17. Länder / Gebiete des Aufenthalts:
USA, Kanada, Südafrika, Lettland, Spanien, China u.a.

Academy of European Studies & Communication Management
The Hague Univ of Applied Science
Niederlande

THE HAGUE UNIVERSITY OF APPLIED SCIENCES

- *Interessante, innovative praxisorientierte Bachelor-Abschlüsse mit starken beruflichen Elementen*
- *Interdisziplinäre, integrative Studienprogramme*
- *Vorlesungen, Seminare, Workshops und Diskussionsrunden bringen die Theorie ins Klassenzimmer*
- *Studenten aus aller Welt*
- *Ein Semester Arbeiterfahrung in einer internationalen Umgebung während eines Praktikums*
- *Intensivkurs: ein 4-Jahres-Programm innerhalb 3 Jahre*

2. Name:
Academy of European Studies & Communication

3. Anschrift:
Academy of European Studies & Communication Management, Johanna Westerdijkpl 75, P.O Box 13336, 2501 EH The Hague, The Netherlands

4. Telefon / Telefax / E-Mail / Homepage:
Tel: 00 31 70 445 8600, Fax: 00 31 70 445 8625
Montag-Freitag 09.00-17.00 Uhr
www.thehagueuniversity.com

5. Kontakt:
Rajash Rawal, Head of Internationalisation
Academy of European Studies & Communication Management, Johanna Westerdijkpl 75, P.O Box 13336, 2501 EH The Hague, The Netherlands
Tel: 00 31 70 445 8694, Fax: 00 31 70 445 8625
Email: R.Rawal@hhs.nl, Web: www.thehagueUniv.nl

6. Altersbegrenzung:
Mindestalter von 18 Jahren vor Ende des ersten Studienjahres

7. Spezielle Voraussetzungen:
- Vollständige Anmeldung für das Auslandsstudium
- Kopie des Ausweises mit den persönlichen Daten und Gültigkeitsdatum
- Beglaubigte englische Abschriften der Zeugniskopien
- Ausbildungsbegleitende Zeugnisse und Fachgebiet (in Englisch)
- Nachweis der englischen Sprachkenntnis
- Chronologischer Lebenslauf der Ausbildung
- Bewerbungsschreiben

8. Dauer des Aufenthalts:
3 Jahre

9. Abreisezeitpunkt:
Akademisches Jahr von Ende August bis Mitte Juli

10. Anmeldefrist oder Bewerbungsfrist:
Bewerbung bis 1. August, falls kein Visa notwendig – wenn Visa erforderlich ist der Anmeldeschluss 15. Juni

11. Kosten:
1.620 EUR Schulgeld pro Jahr (für EU)
5.500 EUR (für nicht EU/EEA Nationalität)

13. Kosten während des Aufenthalts:
Gruppe A: EU/EEA-Bürger, Studenten aus der Schweiz oder Surinam: Full-time programmes: 1.620 EUR
Gruppe B: nicht EU/EEA-Bürger, Neu aufgenommene Studenten in Gruppe B: 5.500 EUR.

16. Bestimmte Staatsangehörigkeit vorausgesetzt:
Es gelten die Visumbestimmungen. Studenten außerhalb der EU, Norwegen, Island, Australien, Kanada, Japan, Monaco, Neuseeland, Vatikan und den USA sind verpflichtet vor Einreise in die Niederlanden ein MVV (Einreisevisa) zu beantragen. Dieses Verfahren kann bis zu 8 Monaten dauern. The Hague Uni bietet ihren Studenten die MVV zu beantragen, was das Verfahren stark verkürzt. Studenten, die nicht aus der EU, Island, Norwegen oder Schweiz kommen benötigen eine Aufenthaltsgenehmigung nach der Einreise in die Niederlanden. Weitere Informationen über die Visumbestimmungen und die Aufenthaltsgenehmigung werden nach der Prüfung der eingesendeten Bewerbungsunterlagen zugesendet.

17. Länder / Gebiete des Aufenthalts:
Niederlande

AIFS American Institute For Foreign Study Bonn

AIFS ist eine der ältesten und größten Organisationen für kulturellen Austausch weltweit und ein führender Anbieter im Bereich Jugend- und Bildungsreisen. Im Rahmen des Programms Studieren im Ausland (Study Abroad) können junge Leute eine zeitlang in den USA am Foothill College (Kalifornien), am Miami Dade College (Florida), am NOVA College (Washington D.C.), am Kapiolani Community College (Hawaii), am Moraine Valley Community College (in Chicago), oder an der SUNY in Plattsburgh (New York State), in Südafrika an der Stellenbosch University (Stellenbosch), in Costa Rica auf der Veritas University (San José), in Kanada an der Capilano University (Vancouver) oder am Camosun College (Vancouver Island), in Australien an der Wollongong University (New South Wales), in Neuseeland an der Victoria University (Wellington) und in England an der Richmond – The American International University (London) studieren. Weitere Hochschulen sind in Planung.
Siehe auch unter „Au Pair", „Work & Travel", „Camp Counselor", „Soz. Arbeit/Dienste", „Schule", „Sprachreisen" und „Erlebnisreisen".

2. Name:
AIFS – American Institute For Foreign Study

3. Anschrift:
Friedensplatz 1, 53111 Bonn

4. Telefon / Telefax / E-Mail / Homepage:
Tel.: +49 (0)228/95730-0, Fax: +49 (0)228.95730-110;
E-Mail: info@aifs.de; www.aifs.de/www.aifs.at/www.aifs.ch

5. Kontakt:
Ute Müller

6. Altersbegrenzung:
je nach Hochschule ab 17 bzw. ab 18 Jahre.

7. Spezielle Voraussetzungen:
mindestens (Fach-)Abitur bzw. Matura der einen gleichwertigen Abschluss; gutes Schulenglisch; stabile psychische und physische Gesundheit; für England: . . Motivationsschreiben sowie Referenz über schulische und soziale Kompetenzen.

8. Dauer des Aufenthalts:
ein bis zwei Semester bzw. ein bis drei Quarter

9. Abreisezeitpunkt:
je nach Hochschule unterschiedlich

10. Anmeldefrist oder Bewerbungsfrist:
Je nach Hochschule unterschiedlich; Anmeldung spätestens 4 Monate vor Ausreise

11. Kosten:
USA: ab 8.200 EUR; Kanada: ab 9.500 EUR; Australien: ab 13.900 EUR; Neuseeland: ab 12.900 EUR; Südafrika: ab 9.300 EUR; Costa Rica: ab 9.700 EUR; England: ab 11.900 EUR.
Im Preis u. a. enthalten: Vermittlung des Studienplatzes inkl. Studien- und Anmeldegebühren, Unterkunft (Gastfamilie, Studentenwohnheim oder Apartment), Betreuung vor dem Aufenthalt und während des Aufenthaltes durch den jeweiligen Partner vor Ort, Hin- und Rückflug, umfassendes Versicherungspaket.

13. Kosten während des Aufenthalts:
ggf. für öffentliche Verkehrsmittel für den Weg zur Hochschule; Verpflegung bei Unterkunft im Apartment; private Ausgaben

16. Bestimmte Staatsangehörigkeit vorausgesetzt:
Deutschland, Österreich, Schweiz

17. Länder / Gebiete des Aufenthalts:
USA, Kanada, Australien, Neuseeland, Südafrika, Costa Rica, England

ASSE Germany GmbH
Köln

ASSE (ASSE International Student Exchange Programs) ist eine der größten und renommiertesten Schüleraustauschorganisationen weltweit. Seit den Anfängen, die bis ins Jahr 1938 zurückreichen, hat ASSE seine Angebotspalette stetig erweitert und bietet neben Austauschprogrammen für Sekundarschüler auch Austauschmöglichkeiten für Abiturienten, Studierende, Au Pairs, Work & Travel Teilnehmer, Praktikanten und Trainees an. Seit der Gründung haben Zehntausende junge Menschen aus Deutschland über die Partnerorganisation iSt Internationale Sprach- & Studienreisen an ASSE Austauschprogrammen teilgenommen. Im Jahr 2016 eröffnete ASSE eine eigene Geschäftsstelle in Deutschland. Damit ist ASSE nunmehr in der Lage, qualifizierten jungen Menschen hier in Deutschland seine Programme direkt anbieten zu können.

Mit dem ASSE Programm ‚Go Campus' kann grundsätzlich jeder Abiturient oder Studierende Stipendienangebote von amerikanischen Universitäten erhalten, die bis zu 70% der Kosten für Studiengebühren, Unterkunft und Verpflegung abdecken.

Siehe auch unter: „Au-Pair" und „Schulaufenthalt".

2. Name:
ASSE Germany GmbH

3. Anschrift:
Gürzenichstr. 21 a- c
50667 Köln

4. Telefon / Telefax / E-Mail / Homepage:
Tel: 0221 – 5481 4500
Fax: 0221 – 5481 4499
E-Mail: info@assegermany.de
www.assegermany.de

5. Kontakt
Beate Held (E-Mail: bheld@assegermany.de)

6. Altersbegrenzung:
17 - 28 Jahre

7. Spezielle Voraussetzungen:
Teilnahmevoraussetzung ist ein bestandenes Fachabitur oder Abitur bei Abreise

8. Dauer des Aufenthalts:
Ab zwei Semestern bis zum kompletten Studium

9. Abreisezeitpunkt:
Zwei Abreisedaten:
August (zum Herbstsemester), Januar (zum Frühjahrssemester)

10. Anmeldefrist oder Bewerbungsfrist:
1. Mai (für Studienstart im August).
1. Oktober (für Studienstart im Januar)
Auf Anfrage ggfs. auch später

11. Kosten:
2480,- EUR Vermittlungsgebühr, eigene Anreise

13. Kosten während des Aufenthalts:
Krankenversicherung, Taschengeld, Lehrbücher, Studiengebühren, die nach Abzug des Teilstipendiums übrig bleiben. Die Gebühren beinhalten Studiengebühren sowie die Kosten für Unterkunft und Verpflegung auf dem amerikanischen Uni-Campus.

14. Finanzielle Förderung:
Stipendien, die bis zu 70% der Kosten für Studiengebühren, Unterkunft und Verpflegung abdecken.

16. Bestimmte Staatsangehörigkeit vorausgesetzt:
Für Bewerberinnen und Bewerber aus Deutschland, Österreich und der Schweiz.

17. Länder / Gebiete des Aufenthalts:
Stipendien für USA und Kanada

Fontys International Campus in Venlo
Universitiy of Applied Sciences Holland

Fontys – University of Applied Sciences

Fontys International Campus in Venlo bietet Studenten aller Nationen ein breit gefächertes Angebot an Bachelor- und Master-Studiengängen in den Bereichen Wirtschaftswissenschaften, Technik und Informatik sowie Logistik. Ein Teil der Studiengänge wird in englischer Sprache angeboten, andere auf Deutsch und Niederländisch mit einigen englischen Modulen, einige sowohl auf Englisch als auch auf Deutsch und Niederländisch.

Allen Angeboten gemein ist eine starke internationale Ausrichtung, die sich nicht nur inhaltlich sondern auch in weiteren Facetten niederschlägt. So gibt es mit Hochschulen in Europa, Amerika und Asien enge Kooperationen, die es den Studenten ermöglichen, einen Teil ihrer Studienzeit an einer Partnerhochschule zu absolvieren. Organisation, Anerkennung der Studienleistung und Hilfe bei der Inanspruchnahme eventueller Stipendien sind gewährleistet. Darüber hinaus gibt es einen großen Pool internationaler Unternehmen, die als aktive Partner im Bereich von Praktika, Projekten und Diplomarbeiten Angebote an Studenten machen.

2. Name:
Fontys International Campus in Venlo, Universitiy of Applied Sciences

3. Anschrift:
Hulsterweg 2-6, Venlo.
Postalisch: Postbus 141, NL 5900 AC Venlo

4. Telefon / Telefax / E-Mail / Homepage:
Tel: 0031 877 879 210, Fax: 0031 877 874 855
E-Mail: campusvenlo@fontys.nl
Homepage: www.fontys.nl/campusvenlo

5. Kontakt:
Bitte nutzen Sie eine der unter 4. angegebenen Kontaktmöglichkeiten!

6. Altersbegrenzung:
Richtet sich nach den unter 7. angegebenen Voraussetzungen. Bitte beachten Sie, dass die Studiengebühren nach Alter variieren können!

7. Spezielle Voraussetzungen:
Fachhochschulreife

8. Dauer des Aufenthalts:
Regelstudienzeit 4 Jahre

9. Abreisezeitpunkt:
Beginn des Studienjahres jährlich Anfang September

10. Anmeldefrist oder Bewerbungsfrist:
Laufend während des Studienjahres

11. Kosten:
Studenten mit EU/EEA-Nationalität zahlen am International Campus in Venlo pro Jahr eine Studiengebühr in Höhe von derzeit 1.984 EUR und 47 EUR Einschreibegebühr, sofern sie bei Studienbeginn nicht jünger als 18 und nicht älter als 30 sind. Unabdingbare Voraussetzung ist, dass sie während des Studiums einen Wohnsitz in NRW, Niedersachsen, Bremen, den Niederlanden oder Belgien haben. Studenten, die nicht aus der EU/EEA stammen, zahlen 6.400 EUR. Kosten für Bücher und Skripte sind selber zu tragen.

13. Kosten während des Aufenthalts:

Unterbringung	325 EUR
Lebenshaltung	200 EUR
Öffentliche Vekehrsmittel	30 EUR
Bücher	40 EUR
Unterhaltung	90 EUR
Gesamt (geschätzt)	685 EUR

Die Aufstellung oben soll nur ein Anhaltspunkt sein, die tatsächlichen Kosten können davon abweichen!

16. Bestimmte Staatsangehörigkeit vorausgesetzt:
Frei für alle Nationen

17. Länder / Gebiete des Aufenthalts:
Niederlande. Bedingt durch die Grenznähe wohnen viele Studenten in Deutschland.

GOstralia!-GOzealand!

Kostenlose Studienplatzvermittlung in Australien, Neuseeland, Singapur, Malaysia und Vietnam.

Stuttgart, Hamburg, Berlin und Dortmund

GOstralia!-GOzealand! ist offizielle Vertretung australischer und neuseeländischer Hochschulen in Deutschland und hat sich seit 2000 auf die Vermittlung von Abiturienten und Studenten, die ein Studium in Down Under oder deren Campussen in Asien absolvieren möchten, spezialisiert. Die Einrichtung mit Vertretungen in Stuttgart, Hamburg, Berlin und Dortmund bietet wertvolle Vorabinformationen zu den Universitäten und Studienangeboten, umfangreiche Unterstützung beim Bewerbungsprozess sowie eine persönliche Beratung und Betreuung durch erfahrene Studienberater, die selbst in Down Under studiert haben. Der gesamte Service ist kostenfrei. Neben dem Auslands-BAföG, welches die Studiengebühren rückzahlungsfrei und teils vollständig finanziert und auch die Reisekosten abdeckt, gibt es zahlreiche weitere Finanzierungsmöglichkeiten. Weitere Informationen unter www.gostralia.de oder www.gozealand.de.

2. Name:
GOstralia!-GOzealand!

3. Anschrift:
Stuttgart: Jägerstraße 53, 70174 Stuttgart
Hamburg: Alstertor 1, 20095 Hamburg
Berlin: Gormannstraße 14, 10119 Berlin
Dortmund: Sudermannstraße 41, 44137 Dortmund

4. Telefon / Telefax / E-Mail / Homepage:
Stuttgart: T: 0711 400 910 40, stuttgart@gostralia.de
Hamburg: T: 040 368 813 160, hamburg@gostralia.de
Berlin: T: 030 467 260 810, berlin@gostralia.de
Dortmund: T: 0231 950 981 39, dortmund@gostralia.de
Homepage: www.gostralia.de, www.gozealand.de

5. Kontakt:
Stuttgart: Rebecca Fischer: fischer@gostralia.de,
Hamburg: Dr. Michaela Krug-von Vacano: krug@gostralia.de
Berlin: Sonja Hanisch: hanisch@gostralia.de,
Dortmund: Elke Meinert: meinert@gostralia.de
6. Altersbegrenzung:

Es gibt keine Altersbeschränkungen.
7. Spezielle Voraussetzungen:
Bewerber müssen Englischkenntnisse und eine Hochschulberechtigung (mindestens FH-Reife) nachweisen. Für die Zulassung in Masterprogramme muss ein Bachelor- oder ein äquivalenter Abschluss vorliegen. Dies kann sein: Vordiplom +2 weitere Semester, Uni- oder FH-Diplom, Magister. Bei der Suche nach dem passenden Studienprogramm bzw. der passenden Universität sind erfahrene Studienberater von GOstralia!-GOzealand! behilflich.

8. Dauer des Aufenthalts:
Ein Aufenthalt ist ab einem Semester, mind.12-14 Wochen möglich. Masterprogramme können je nach Studienfach und Vorleistungen in 2-4 Semestern abgelegt werden. Bachelorabschlüsse dauern je nach Uni 2 bis 4 Jahre. Den Doktorgrad erlangt man in 3 bis 4 Jahren.

9. Abreisezeitpunkt:
Semesterbeginn je nach Uni: Jan, Mär, Mai, Jul, Aug, Sep, Okt

10. Anmeldefrist oder Bewerbungsfrist:
Idealerweise spätestens 3 Monate vor Studienbeginn bei GOstralia!-GOzealand!. Kurzfristig möglich.

11. Kosten:
Die Flugkosten liegen zwischen 900-1.300 EUR. Eine Krankenversicherung ist kostet ca. 200 EUR pro Semester. Die Studiengebühren beginnen bei 3.700 EUR pro Semester.

12. Lohn während des Aufenthalts:
Studierende können während des Studiums 20 Stunden/Woche und Vollzeit in den Semesterferien jobben und dabei ca. 20 AUD pro Stunde verdienen.

13. Kosten während des Aufenthalts:
Die Kosten für Unterkunft variieren je nach Stadt, Uni und Unterkunftsart. WG-Zimmer kosten ca. 400-600 EUR pro Monat. Wohnheime sind meist teurer. Die Lebenshaltungskosten sind vergleichbar mit Deutschland, abhängig von der Lebensweise.

14. Finanzielle Förderung:
Das Auslands-BAföG ermöglicht einen rückzahlungsfreien Zuschuss zu den Studiengebühren bis max 4.600 EUR sowie eine finanzielle Unterstützung zu den Reisekosten in Höhe von 1.000 EUR und den Krankenversicherungs- und Lebenshaltungskosten, welche individuell berechnet wird. Zahlreiche weitere Finanzierungsmöglichkeiten wie Bildungsfonds, Bildungskredit und verschiedene, auch leistungsunabhängige Stipendien durch GOstralia!-GOzealand! sowie durch die Universitäten selbst machen ein Studium Down Under möglich. Infos unter www.gostralia.de/stipendien, www.gozealand.de/stipendien

17. Länder / Gebiete des Aufenthalts:
Australien und Neuseeland, Singapur, Malaysia und Vietnam

Lynn Univ Study Abroad
Irland

Lynn Univ Study Abroad bietet Möglichkeiten für Studien in Dublin während des Semesters und in den Semesterferien. Jeder erfolgreich absolvierte Kurs wird akademisch anerkannt durch die Lynn Univ. Weiter gibt es für Kursteilnehmer ein individuell ausgerichtetes internationales Praktikumprogramm. Siehe auch unter „Sprachschulen".

2. Name:
Academic Adventures in Ireland - Lynn Univ Study Abroad

3. Anschrift:
Lynn Univ
Study Abroad Office
3601 North Military Trail
Boca Raton, FL 33431-5598
USA

4. Telefon / Telefax / E-Mail / Homepage:
Tel: 001 (561) 237-7185
Fax: 001 (561) 237-7189
E-Mail: studyabroad@lynn.edu
Homepage: www.lynn.edu/studyabroad

6. Altersbegrenzung:
Abiturienten (also ab 17-19 Jahre)

7. Spezielle Voraussetzungen:
Studenten müssen eine gute Durchschnittsnote haben – entsprechend 2.0 (3 nach deutschen Noten).

8. Dauer des Aufenthalts:
Es gibt folgende Programme: Herbstsemester (August – Dezember), Frühlingssemester (Januar – Mai), ein ganzes akademisches Jahr (August – Mai), 4 -Wochen Sommer Programm, und 6 -Wochen Sommer Programm

10. Anmeldefrist oder Bewerbungsfrist:
Laufend. So lange Plätze frei sind.

11. Kosten:
Sommer, 6-Wochen (9 Std.):
Unterricht und Unterkunft 4.900 USD
Residence Center Deposit 150 USD (wird rückvergütet)
Internationale Versicherung (Alter unter 25 Jahren) 70 USD.
Voraussichtliche Kosten pro Student 5.120 USD

Sommer, 4-Wochen (6 Std)
Unterricht und Unterkunft 3.450 USD
Residence Center Deposit 150 USD (wird rückvergütet)
Internationale Versicherung (Alter unter 25 Jahren) 35 USD.
Voraussichtliche Kosten pro Student 3.635 USD

Sommer Internship Programm, 9-Wochen (6Std.):
Unterricht und Unterkunft 6.250 USD
Residence Center Deposit 150 USD (wird rückvergütet)
Internationale Versicherung (Alter unter 25 Jahren) 105 USD. Voraussichtliche Kosten pro Student 6.505 USD

Akademische Studienreise (zusätzliche Kosten):
Irish Commerce Studienreise 1.950 USD
Irish Mini Tour 250 USD
Arts & Humanities Studienreise nach Italien 1.950 USD

14. Finanzielle Förderung:
Alle neuen Studenten werden für das jährliche Stipendium vorgeschlagen 1.000 - 10.000 USD.

16. Bestimmte Staatsangehörigkeit vorausgesetzt:
Alle können teilnehmen

17. Länder / Gebiete des Aufenthalts:
Studenten haben die Möglichkeit einer Teilnahme an einer Studienreise nach Italien oder an einer Rundreise in Irland (zusätzliche Kosten).

NHL Stenden University of Applied Sciences
Leeuwarden, Emmen, Meppel, Terschelling
Niederlande

Die NHL Stenden ist eine internationale Fachhochschule mit rund 25.000 Studenten. Neben den Niederlassungen in den Niederlanden hat die NHL Stenden auch Standorte in Katar, Thailand, Indonesien und Südafrika an denen je nach Studiengang Teile des Studiums absolviert werden können. Studenten der der NHL Stenden können aus Bachelor und Master Studiengängen in den Bereichen: Wirtschaft & Management, Bildung & Soziales, Kommunikation Medien & IT, Naturwissenschaften und Technik sowie Maritim wählen. Je nach Studiengang ist die Unterrichtssprache Niederländisch oder Englisch. Studenten arbeiten an der NHL Stenden im Gruppenverband daran, fachspezifische Lösungsansätze für reale Probleme zu finden.

2. Name:
NHL Stenden University of Applied Sciences

3. Anschrift:
Postadresse:
P.O. Box 1298, 8900 CG Leeuwarden, Niederlande
Besucheradressen:
Leeuwarden:
Rengerslaan 8-10, 8917 DD Leeuwarden
Emmen:
Van Schaikweg 94, 7811 KL Emmen
Meppel:
Van der Duijn van Maasdamstraat 1, 7941 AT Meppel
Terschelling:
Dellewal 8, 8881 EG West-Terschelling

4. Telefon / Telefax / E-Mail / Homepage:
Deutschland Team
Tel.: 0031 58 244 1259
WhatsApp: 0031 6 10 940 747
E-Mail: deutschland@nhlstenden.com
Internet: www.nhlstenden.com/de

5. Kontakt:
Deutschland Team Tel: 0031 58 244 1259
Email: deutschland@nhlstenden.com
WhatsApp: 0031 6 10 940 747

6. Altersbegrenzung:
Richtet sich nach den unter Punkt 7. angegebenen Voraussetzungen.

7. Spezielle Voraussetzungen:
Nachweis der Fachhochschulreife (schulischer Teil ausreichend) oder Allgemeinen Hochschulreife, Interessenten ohne Fachhochschulreife können, wenn sie 21 Jahre oder älter sind, durch einen Zulassungstest den Zugang zur NHL Stenden erlangen.

8. Dauer des Aufenthalts:
Regelstudienzeit ist 4 Jahre. Fast Track (3 jähriges Studium) und Short Track (verkürztes Studium) möglich unter bestimmten Voraussetzungen.

9. Abreisezeitpunkt:
Studienbeginn ist September und Februar.

10. Anmeldefrist oder Bewerbungsfrist:
Laufend während des Studienjahres. Mehr Informationen findest du unter www.nhlstenden.com/de

11. Kosten:
Studenten mit EU/EEA-Nationalität zahlen an der NHL Stenden
pro Jahr eine Studiengebühr in Höhe von EUR 2060,- (staatlich festgelegt für das Studienjahr 2018/19). Alle weiteren Informationen findest du unter www.nhlstenden.com/de

14. Finanzielle Förderung:
Möglichkeiten: Auslands-BAföG (aus Deutschland, zu beantragen in Köln), Studienfinanzierung (NL), Collegegeldkrediet (NL), österreichische Studienfinanzierung, Stipendien, Studienkredite.

16. Bestimmte Staatsangehörigkeit vorausgesetzt:
Zugänglich für alle Nationalitäten.

17. Länder / Gebiete des Aufenthalts:
Studenten der NHL Stenden können entweder an einem der 4 internationalen Standorte oder an einer der über 120 Partnerhochschulen weltweit ihr Auslandssemester
absolvieren. Die im Studium integrierten Praktika können weltweit absolviert werden. Studenten anderer Hochschulen können Austauschprogramme an Standorten der NHL Stenden belegen.

The Emirates Academy of Hospitality Management
Vereinigte Arabische Emirate

Auslandsstudium (auf Wunsch mit Praktikum) als:

1. *Bachelor of Business Administration (Hons.) in International Hospitality Management*
2. *Master of Business Administration (MBA) in International Hospitality Management*

The Emirates Academy of Hospitality Management (EAHM) in Dubai ist eine der weltweit führenden Hotel Management Universitäten für Hospitality Business und gehört zur internationalen Luxus Hotel Unternehmensgruppe Jumeirah Group. EAHM ist ein führender Anbieter von Hospitality Business Studiengängen in Vollzeit oder als Auslandsstudium für Bachelor- und Masterstudenten. EAHM unterhält eine akademische Zusammenarbeit mit der Ecole hôtelière de Lausanne und alle Studiengänge sind voll akkreditiert durch das Ministerium für Höhere Bildung und Forschung (VAE), das Institute of Hospitality (GB) und bei THE-ICE (International Centre of Excellence in Tourism and Hospitality Education) (AUS). EAHM ist ebenfalls Vollmitglied im Universitätskreis des Council of International Schools (CIS).

2. Name:
The Emirates Academy of Hospitality Management

3. Anschrift:
PO Box 29662
Umm Suqeim 3, Al Saqool Street, Building 69
Opposite Burj Al Arab
Dubai, United Arab Emirates

4. Telefon / Telefax / E-Mail / Homepage:
Tel: +971 4 315 5555
Fax: +971 4 315 5556
Email: info@emiratesacademy.edu
Website: www.emiratesacademy.edu
Öffnungszeiten: 08:00 – 18:00, Sonntag bis Donnerstag

5. Kontakt:
Name: Andreas Beisser
Email: Andreas.Beisser@emiratesacademy.edu

6. Altersbegrenzung:
18+

7. Spezielle Voraussetzungen:
- Student an einer anerkannten Hochschule oder Universität
- Sehr gute Sprachkenntnisse in Englisch
- Abitur oder einen vergleichbaren Schulabschluss

8. Dauer des Aufenthalts:
Aufenthaltsdauer von einem bis drei Trimester im Auslandsstudienprogramm

9. Abreisezeitpunkt:
Zwei Tage vor Trimesterbeginn

10. Anmeldefrist oder Bewerbungsfrist:
Ende August
Ende November
Ende Februar

11. Kosten:
Ca. USD 13,000 per Trimester, inklusive Campusunterkunft und Visum

13. Kosten während des Aufenthalts:
Ca. 500 EUR pro Monat

14. Finanzielle Förderung:
Eigenfinanzierung, Auslands Bafög, Teilzeitarbeit vor Ort

16. Bestimmte Staatsangehörigkeit vorausgesetzt:
alle Nationalitäten

17. Länder / Gebiete des Aufenthalts:
Dubai, Vereinigte Arabische Emirate

TravelWorks Münster

Campus Experience

Siehe auch unter „Au Pair", „Praktikum", „Work & Travel ", „Soz. Arbeit", „Schule", „Sprachreisen", „Summer School" und „Erlebnisreisen".

2. Name:
TravelWorks

3. Anschrift:
Münsterstr. 111,
48155 Münster

4. Telefon / Telefax / E-Mail / Homepage:
Tel: 02506-8303-600, Fax: 02506-8303-230
Homepage: www.travelworks.de
E-Mail: tkranz@travelworks.de
Öffnungszeiten: 09:00 Uhr bis 18:00 Uhr

5. Kontakt:
Tanja Kranz

6. Altersbegrenzung:
Ab 16 Jahren.

7. Spezielle Voraussetzungen:
Abitur / Matura, bei einigen Programmen genügt ein Realschulabschluss / Fachabitur, mindestens befriedigende Englischkenntnisse, Bewerber sollten motiviert und weltoffen sein, je nach Land und Programm greifen ggf. weitere Teilnahmebedingungen.

8. Dauer des Aufenthalts:
4 Wochen bis zu 1 Jahr, je nach Programm.

9. Abreisezeitpunkt:
Unterschiedlich: Januar/Juli/August/September, bei Kanada i.d.R. ganzjährig.

10. Anmeldefrist oder Bewerbungsfrist:
3-4 Monate vor Ausreise (auf Anfrage auch kurzfristiger).

11. Kosten:
Je nach Reiseland und gewählter Schulform, z.B. Concordia College, New York (USA): 12 Wochen 10.950 EUR. Enthaltene Leistungen: Hilfe bei Beantragung des F1-Visums, Hin- und Rückflug, Transfer Flughafen – Unterkunft, Studien- und Einschreibegebühren, Orientierungsveranstaltung vor Ort, Kranken-, Unfall- und Haftpflichtversicherung, Betreuung durch feste Programmkoordinatoren vor Abreise, 24Stunden-Notrufnummer, TravelWorks-Community, Zertifikat uvm. Alle enthaltenen Leistungen, Programmvarianten und Details siehe www.travelworks.de bzw. im aktuellen Katalog.

13. Kosten während des Aufenthalts:
Taschengeld (ca. 250 EUR/Monat), Teil der Mahlzeiten, Ausgaben für Ausflüge und Verkehrsmittel, Bücher und Lernmaterial, je nach Programmland ggf. Visumsgebühr, weitere Versicherungen.

14. Finanzielle Förderung:
Verschiedene Teilstipendien.

16. Bestimmte Staatsangehörigkeit:
EU-Staatsangehörigkeit.

17. Länder / Gebiete des Aufenthalts:
Nordamerika: USA und Kanada.
Europa: Großbritannien und Irland.

University College South Denmark
Esbjerg-Haderslev
Dänemark

Das College bietet unter anderem eine international Lehreraubildung gezielt auf dänische Schulen und eine Sprach- und Kommunikationsausbildung an.

2. Name:
University College South Denmark

3. Anschrift:
Die internationalen Ausbildungen:
Lembckesvej 3-7
DK-6100 Haderslev
Dänemark

4. Telefon / Telefax / E-Mail / Homepage:
Tel (+45) 72 66 20 00
E-Mail: ucsyd@ucsyd.dk
Homepage: ucsyd.dk/international
Öffnungszeiten: Montag bis Donnerstag 8-16, Freitag 8-14

5. Kontakt:
Die internationale Lehrerausbildung
Jacob Buris Andersen
E-Mail: jban@ucsyd.dk
Durchwahl: (+45) 72 66 50 37
Wirtschaftssprache und IT-basierte Marketingkommunikation
Troels Ravn Klausen
E-Mail: trkl@ucsyd.dk
Durchwahl: (+45) 72 66 51 39

6. Altersbegrenzung:
Es gibt keine Altersbeschränkungen

7. Spezielle Voraussetzungen:
Abitur oder Fachabitur

8. Dauer des Aufenthalts:
Die internationale Lehrerausbildung (Bachelorstudiengang):
4 Jahre
Die sprach- und Kommunikationsausbildung (Bachelorstudiengang): 3,5 Jahre

9. Abreisezeitpunkt:
Mitte August

10. Anmeldefrist oder Bewerbungsfrist:
1. Februar bis 15. März, 12h

13. Kosten während des Aufenthalts:
Lebensunterhalt und
Hausmiete kostet etwa
EUR 650 bis 800 pro Monat.

14. Finanzielle Förderung:
EU-Bürger sind von Studiengebühren befreit.

16. Bestimmte Staatsangehörigkeit vorausgesetzt:
Nein

17. Länder / Gebiete des Aufenthalts:
Dänemark.

Viaa
Christian University of Applied Sciences
Zwolle, Niederlande

Die Viaa ist eine christliche Fachhochschule in den Niederlanden die dir drei soziale Studiengänge anbietet, die ausschließlich auf die Arbeit mit dem Menschen ausgerichtet sind: Sozialpädagogik, Soziale Arbeit und Pastorale Arbeit. Unter bestimmten Voraussetzungen gibt es auch die Möglichkeit, den Studiengang Grundschullehramt zu studieren. Einen Numerus Clausus gibt es in den Niederlanden nicht. Die Fachhochschule im Herzen von Zwolle ist für die angenehme Atmosphäre und das positive Lernklima bekannt. Niederländische und internationale Studenten studieren und leben hier zusammen. Desweiteren sind die praktische Arbeitserfahrung und Forschungsprojekte wichtige Teile des Studiums an der Viaa und können nach Belieben im In- und Ausland absolviert werden.

2. Name:
Viaa – Christian University of Applied Sciences

3. Anschrift:
Besucheradresse:
Grasdorpstraat 2
8012 EN Zwolle
Niederlande

Postadresse:
Postbus 10030
8000 GA Zwolle
Niederlande

4. Telefon / Telefax / E-Mail / Homepage:
Tel: +31 384 25 55 42
Fax: +31 384 23 07 85
E-Mail: studieren@viaa.nl
Homepage: www.viaa.nl/willkommen

5. Kontakt:
Team-Viaa
studieren@viaa.nl
Tel: +31 384 25 55 42

7. Spezielle Voraussetzungen:
- Nachweis der Fachhochschulreife oder Allgemeinen Hochschulreife
- Nachweis der Niederländischen Sprachkenntnisse

8. Dauer des Aufenthalts:
4 Jahre
Es besteht die Möglichkeit das Studium auf 3 bzw. 3,5 Jahre zu verkürzen. Für mehr Informationen wenden Sie sich bitte an studieren@viaa.nl
9. Abreisezeitpunkt:
Studienbeginn im September

10. Anmeldefrist oder Bewerbungsfrist:
1. Mai

11. Kosten:
Ca. 2000 EUR Schulgeld pro Jahr

14. Finanzielle Förderung:
Auslands-BAföG aus Deutschland, Niederländische Studienfinanzierung, Collegegeldkredite (NL), Studienkredite

16. Bestimmte Staatsangehörigkeit vorausgesetzt:
Zugänglich für alle Nationalitäten

17. Länder / Gebiete des Aufenthalts:
Niederlande
Auslandsaufenthalte während Praktika und Austauschsemester möglich

Aus Stenden UAS und der NHL UAS wird jetzt NHL Stenden

Was wird jetzt neu?

Die NHL Stenden ist ein Zusammenschluss von der Stenden UAS und der NHL UAS*).

In dem man seine Grenzen überwindet erreicht man mehr. Deshalb fordern wir unsere Studenten, täglich ihre Talente zu entdecken und zu entwickeln. Auf dieser Entdeckungsreise werden neue Horizonte außerhalb des eigenen Fachgebietes und der eigenen Umgebung erschlossen.

Wie sieht das Ausbildungskonzept der Universität aus?

Das Ausbildungskonzept der NHL Stenden heißt Design Based Education, kurz DBE. Dies Unterrichtsform verbindet die Theorie mit der Praxis, wodurch die Studenten an realen Aufträgen von regionalen und internationalen Firmen arbeiten. Der Unterricht findet in Kleingruppen von etwa 24 Studenten statt und wird von einem Dozenten betreut. Der Dozent unterstützt die Studenten hierbei im Lernprozess. Neben dem eigenen Lernfortschritt steht auch interdisziplinäre Zusammenarbeit im Mittel Punkt. Diese Unterrichtsform wird ab September 2019 von ein paar Studiengängen angewendet.

Der Studiengang Kommunikation und Multimedia Design (KMD) legt insbesondere großen Wert auf die Lernziele die sich die Studenten selber legen. Der Unterricht wird der Basis von den Wünschen und Lernzielen des Studenten aufgebaut zusammen mit dem Dozenten.
Wie hoch ist der Anteil an internationalen Studenten?

Die englischsprachigen Studiengänge haben einen Anteil von 25% internationalen Studenten. Insgesamt sind fast 90 Nationalitäten an der NHL Stenden vertreten.

Wie sieht die internationale Ausrichtung der Studiengänge aus?

Viele Studiengänge der NHL Stenden werden auf Englisch angeboten. So zum Beispiel der Studiengang Creative Business, Media Management. Natürlich ist die Sprache nicht die einzige internationale Ausrichtung dieses Studienganges. Studenten haben die Möglichkeit ein Auslandsemester im internationalen Raum zu absolvieren. Das ist an Partnerhochschulen sowie an den Internationalen Standorten (Südafrika, Katar, Thailand und Indonesien) der NHL Stenden möglich.

Was bedeutet dies für die Studenten?

Für die Studenten Bedeute es, das sie in der Zukunft gerade durch DBE mehr interdisziplinar arbeiten werden. Auch stehen neue Studiengänge für deutschsprachige Studenten zur Verfügung. Wer sich zum Beispiel für den Bereich Kommunikation begeistert und die Herausforderung sucht auf einer neuen Sprache zu studieren, kann ab September 2018 an der NHL Stenden den Studiengang Kommunikation auf Niederländisch belegen.

*)UAS steht für University of Applied Sciences und ist der Englische Begriff für die Fachhochschule. Auch deutsche Fachhochschulen nutzen seit einigen Jahren vermehrt diesen Namen. In den Niederlanden ist der Begriff University of Applied Sciences oder UAS gang und gebe.

Zitate:

CB MM:

Carina Novy, dritte Jahr (Media & Entertainment Management, ab Sep 2018 Creative Business Media Management)

"I knew this was an international course, but learning together with so many people from different countries and cultures, which allowed me to become more creative, I did not expect. The amount of real clients we worked with, a local event venue for instance, surprised me as well, but showed me how the industry really works."

KMD:

Sjoukje Nijp, Student Kommunikation & Multimedia Design

„Ich wollte unbedingt einen kreativen Studiengang belegen, bei dem man für echte Auftraggeber arbeitet. Ein Unternehmen gibt beispielsweise eine Campagne oder einen Film in Auftrag. Mit diesem Studiengang stehen einem wirklich alle Wege offen: von Design, Fotografie, Internet, 3D bis zu Game Design und noch vielem mehr. Man erhält viel persönliche Begleitung bei den Projekten und bei der Ausbildung ist unkonventionelles und kreatives Denken und Handeln gefragt."

Kommunikation:

Niels Remigius, viertes Jahr Kommunikation

„Als ich gesehen habe, dass die NHL Stenden mit Hongkong zusammenarbeitet, dachte ich: Das ist meine Chance! Das halbe Jahr, das ich dort verbracht habe, war einfach klasse. Es war eine völlig andere Welt und trotzdem sehr westlich orientiert. Die Studenten kamen von überall in der Welt. Wir haben spontan viele Dinge zusammen unternommen und ich habe in der Zeit sehr viel gelernt. Ich konnte selbst meine Fächer auswählen, aber insbesondere Documentary Making hat mir gut gefallen, wir haben in diesem Fach eine Dokumentation über ein lokales Spezialbier in Hongkong gemacht."

Studium im Ausland.
FAQ: Frequently asked questions

1. Für wen ist ein Auslandsstudium sinnvoll?

Für alle, die später in einer internationalen Firma arbeiten möchten, oder im Ausland für eine einheimische oder ausländische Firma tätig werden wollen. Im Hinblick auf die fortschreitende Globalisierung gibt es kaum noch ein Argument gegen einen Auslandsaufenthalt, und sei es nur für ein Semester.

2. Welche Termine sind einzuhalten?

Die Informationssuche sollte mindestens 1 Jahr vor dem Auslandsaufenthalt erfolgen. Es gibt viele Fristen zu beachten: Visumantrag, Arbeits- und Aufenthaltsgenehmigungen, Bewerbungsfristen bei den Universitäten. Wichtig sind eventuelle Aufnahmeprüfungen, wie Sprachtests, die vor dem eigentlichen Aufenthalt abgelegt werden müssen.

3. Welche Möglichkeiten für ein Studium gibt es?

Es besteht die Wahl zwischen Vollstudium, Teilstudium und Einzelaufenthalten oder Gruppenprogrammen. Das **Vollstudium** beginnt an einer ausländischen Universität und endet mit dem Studienabschluss an dieser Universität. Besonders zu beachten sind die Zulassungsbeschränkungen und die Anerkennung des Abschlusses in anderen Ländern (z.B. öffentlicher Dienst in Deutschland). Bei einem **Teilstudium** (ein oder mehrere Semester) sollte zunächst das gewünschte Studium an einer deutschen Hochschule begonnen werden. Über Anerkennung des Auslandsaufenthalts und der erreichten Studienleistungen entscheidet die Hochschule, an der das Studium fortgesetzt wird. **Einzelaufenthalt oder Gruppenprogramme** haben den Vorteil, dass ein Großteil der organisatorischen Fragen geregelt ist. Hierzu zählen die Austauschprogramme, viele deutsche Hochschulen anbieten. Mit einem **Aufbaustudium** nach einem an einer deutschen Hochschule abgeschlossenen Studium können weitere Qualifikationen erworben werden, z.B. mit einem durch ein Stipendium geförderten Promotionsstudium im Ausland. Das **duales Studium** bietet die Möglichkeit Theorie und Praxis zu kombinieren. Der praktische Teil wird bei internationalen Unternehmen absolviert. Entweder als BA Studium oder an Universitäten, die diese Auslandspraktikas vermitteln.

4. Welche Sprachkenntnisse sind erforderlich?

Für ein erfolgreiches Studium im Ausland ist die Beherrschung der Sprache des Gastlandes in Wort und Schrift unabdingbar. Die Sprache sollte daher vor einem Studium erlernt werden, idealerweise mit Besuchen des Gastlandes. Einige Hochschulen setzen einen Sprachtest für die Aufnahme voraus.

5. Welche Hochschule ist die richtige?

Neben den Vorlieben für ein bestimmtes Land sollte natürlich auch das Hochschulsystem des Gastlandes begutachtet werden. Welche Studiengänge und Spezialisierungsmöglichkeiten werden auf welchem Niveau angeboten. Die Studienlaufzeit entscheidet nicht zuletzt auch über die Finanzierungsmöglichkeiten. Durch den Studienführer des Deutschen Akademischen Austauschdienstes kann man die Wunschhochschule im Ausland finden. Eine Liste der Universitäten und die angebotenen Studienfächer finden sich bequem mit der Suchmaschine unter:
https://www.daad.de/ausland/studieren/leben/de/61-studienfach-suche-weltweit/

6. Welche Zulassungsbeschränkungen gibt es?

In der Regel gibt es im Ausland ähnliche Zugangsvoraussetzungen wie im Inland: Allgemeine Hochschulreife, Numerus Clausus, Sprachprüfungen (Wichtiger Hinweis: Gültigkeitsdauer von Sprachprüfungen sind zu beachten), Anerkennung von deutschen Leistungsnachweisen bei Studienfortsetzern (z.B. Vordiplom), Semestertermine. Auskunft über Einzelheiten erteilt die jeweilige Hochschule.

7. Welche Prüfungsleistungen werden anerkannt?

Die Anerkennung von im Ausland erbrachten Studienleistungen nimmt bei Magister- und Diplom-Studiengängen die deutsche Hochschule vor, an der das Studium fortgesetzt wird. Unproblematisch ist die Anerkennung bei europäischen integrierten Studiengängen. Wichtigster Rat: Vor Antritt des Studiums/Semesters sollte die Anerkennung geklärt werden (DAAD, Heimatuniversität). Bei einem Vollstudium entscheidet letztendlich der zukünftige Arbeitgeber über die Qualität der Ausbildung.

8. Welche Studiengebühren fallen an?

Viele ausländische Universitäten erheben Studiengebühren pro Semester. Die Höhe der Gebühren variiert zum Teil beträchtlich. Es ist daher sinnvoll die Möglichkeit von Stipendien zu klären. (siehe auch Kapitel Finanzierung und EU-Förderung)

9. Wie sieht die Finanzierung des Auslandsaufenthalts aus?

Die Lebenshaltungskosten können je nach Gastland sehr unterschiedlich ausfallen. Trotzdem gibt es viele verschiedene Möglichkeiten den Studienaufenthalt zu finanzieren. Staatliche Förderung über BAföG und Stipendien sind nur ein Weg. Ein Praktikum im Ausland kann ebenfalls das Studium, nicht nur fachlich, unterstützen. Durch Homestay in einer Gastfamilie lassen sich neben dem Familienanschluss auch die Kosten für die Unterkunft senken. Hinweis: In einigen Ländern wie der USA ist eine Arbeitserlaubnis notwendig, wenn man neben dem Studium jobben möchte. Ein Vorteil kann der Kontakt zu internationalen Konzernen sein, die im Rahmen einer Werksausbildung den Auslandsaufenthalt organisieren helfen, z.B. das Daimler Berufsakademie-Studium.

10. Welchen Wert hat ein internationaler Studienabschluss?

Man sollte bei seinen Entscheidungen berücksichtigen, dass der Studienabschluss auch in zehn bis zwanzig Jahren international als intellektuelle, wissenschaftliche und wirtschaftliche Reputation anerkannt ist. Die Umbrüche in der Weltordnung haben auch die Rangordnung der Universitäten durcheinander geworfen. Während bis zum Anfang der 90er Jahre europäische Studenten hauptsächlich in die USA zum Studieren gegangen sind, schreiben sich heute 90% der europäischen Austausch-Studenten in einem anderen europäischen Land ein. Spitzenposition in Europa halten Großbritannien, Frankreich, Spanien und Belgien. Wachsende Bedeutung als Zielkontinent für ausländische Studenten wird Asien, allen voran China und Japan. Der berufliche Wert eines Studienabschlusses macht sich auch am „Netzwerk der Ehemaligen" fest, die morgen so wichtig sein werden. Und diese Netzwerke verschieben sich von den USA nach Eurasien (siehe Erasmus-Programme). Der Curriculum und die Verbindung unter den Universitäten wird wichtiger, als der Ruf der einzelnen Universität. Die berühmten MBA der US-Universitäten besitzen kein Monopol mehr. Durch die Bachelor- und Masterstudiengänge besteht die Möglichkeit an weltweit unterschiedlichen Universitäten die Ausbildung international zu gestalten und auch eine Phase der Berufstätigkeit oder ein Praktikum im Ausland aufzunehmen.

Die besten 100 Universitäten weltweit

Das Shanghai-Ranking stößt weltweit auf große Beachtung. Es gilt als einflussreichster internationaler Hochschulvergleich.

Indikatoren hinter dem Ranking sind Faktoren wie:
- *Qualität der Ausbildung: Alumni, die einen Nobelpreis oder Ähnliches gewonnen haben.*
- *Qualität des Personals: Wissenschaftler mit Nobel-Preis oder Ähnliches.*
- *Häufig zitierte Forscher in 21 Fächern.*
- *Output in der Forschung: In Nature & Science publizierte Artikel, Artikel im Web of Science (SCI Expanded & SSCI Expanded).*
- *Größe der Institutionen*
- *Akademische Leistung mit Blick auf die Größe.*

Hier sind die aktuellen Ergebnisse von 2017:

1	Harvard University	US
2	Stanford University	US
3	University of Cambridge	UK
4	Massachusetts Inst. of Technology	US
5	University of California, Berkeley	US
6	Princeton University	US
7	University of Oxford	UK
8	Columbia University	US
9	California Institute of Technology	US
10	University of Chicago	US
11	Yale University	US
12	University of California, LA	US
13	University of Washington	US
14	Cornell University	US
15	University of California, San Diego	US
16	University College London	UK
17	University of Pennsylvania	US
18	Johns Hopkins University	US
19	ETH Zurich – Swiss Fed. Inst. of Tech.	CH
20	Washington University in St Louis	US
21	University of California, San Francisco	US
22	Northwestern University	US
23	University of Toronto	CA
24	University of Tokyo	JP
24	University of Michigan	US
26	Duke University	US
27	Imperial College London	UK
28	University of Wisconsin-Madison	US
29	New York University	US
30	University of Copenhagen	DK
31	University of British Columbia	CA
32	University of Edinburgh	UK
33	Univ. of North Carolina at Chapel Hill	US
34	University of Minnesota, Twin Cities	US
35	Kyoto University	JP
36	The Rockefeller University	US
37	Univ. of Illinois at Urbana-Champaign	US
38	University of Manchester	UK
39	University of Melbourne	AU
40	Pierre and Marie Curie University	FR
41	Paris-Sud University	FR
42	Heidelberg University	DE
43	University of Colorado Boulder	US
44	Karolinska Institute	SE
45	University of California, Santa Barbara	US
46	King's College London	UK
47	Utrecht University	NL
48	Univ.o.Texas SW. Med. Center at Dallas	US

48	Tsinghua University	CN
50	Technical University of Munich	DE
51	University of Texas at Austin	US
52	Vanderbilt University	US
53	University of Maryland, College Park	US
54	University of Southern California	US
55	University of Queensland	AU
56	University of Helsinki	FI
57	LMU Munich	DE
58	University of Zurich	CH
59	University of Groningen	NL
60	University of Geneva	CH
61	University of Bristol	UK
62	University of Oslo	NO
63	Uppsala University	SE
64	University of California, Irvine	US
65	Aarhus University	DK
66	McMaster University	CA
67	McGill University	CA
68	University of Pittsburgh	US
69	École Normale Supérieure	FR
69	Ghent University	BE
71	Mayo Medical School	US
71	Peking University	CN
73	Erasmus University Rotterdam	NL
74	Rice University	US
74	Stockholm University	SE
76	École Polytechnique Féd. de Lausanne	CH
77	Purdue University	US
78	Monash University	AU
79	Rutgers, The State Univ. of New Jersey	US
80	Boston University	US
80	Carnegie Mellon University	US
80	Ohio State University	US
83	University of Sydney	AU
84	Nagoya University	JP
85	Georgia Institute of Technology	US
85	Pennsylvania State University	US
85	University of California, Davis	US
88	Leiden University	NL
88	University of Florida	US
90	KU Leuven	BE
91	National University of Singapore	SN
91	University of Western Australia	AU
93	Lomonosov Moscow State University	RU
93	Technion Israel Institute of Technology	IL
95	University of Basel	CH
95	University of Göttingen	DE
97	Australian National University	AU
98	University of California, Santa Cruz	US
99	Cardiff University	UK
99	University of Arizona	US

(mehrere Universitäten mit gleichem Ranking)

Quelle: Center for World-Class Universities, Shanghai Jiao Tong University

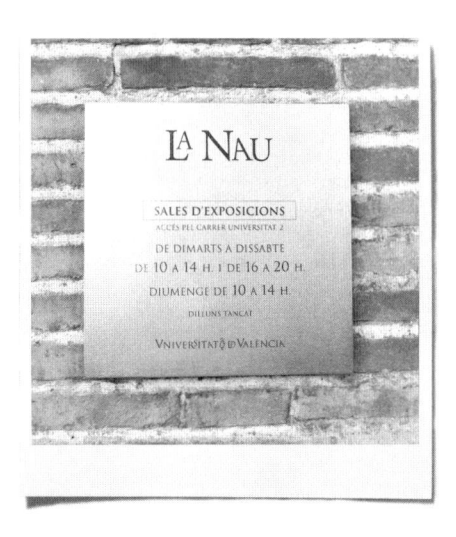

Hier eine Auswahl der bekanntesten Universitäten

Univ of Cambridge
International Office
Fitzwilliam House, 32 Trumpington Street,
Cambridge CB2 1QY, UK
Tel: 0044 1223 332262
Fax: 0044 1223 764679
E-Mail: international.education@admin.cam.ac.uk
Homapage: www.cam.ac.uk

Univ of Oxford
International Office
Wellington Square
Oxford OX1 2JD, UK
Tel: 0044 (0)1865 (2)70105 / (2)80650
E-Mail: International.Office@admin.ox.ac.uk.
Homepage: www.ox.ac.uk

Università degli Studi di Roma "La Sapienza"
P.le Aldo Moro,5 00185 Roma,
Italien
Tel: 0039 0649911
E-Mail: urp@uniroma1.it
Homepage: www.uniroma1.it

Universidad Complutense de Madrid
Avda. Complutense, s/n
28040 Madrid, Spanien
Tel: 0034 1 3941299/98
Homepage: www.ucm.es

Université Paris-Sorbonne (Paris IV)
The International Relations Division,
Bureau F 664
1, rue Victor Cousin
75005 Paris, France
Tel: 0033 (0) 01 40 46 26 47
E-Mail: relations.internationales@paris-sorbonne.fr
Homepage: www.paris-sorbonne.fr

Columbia Univ in the City of New York
International Students and Scholars Office (ISSO)
524 Riverside Drive, Suite 200
New York, N.Y. 10027, USA
Tel: (212) 854-3587
Fax: (212) 854-3966
E-Mail: isso@columbia.edu
Homepage: www.columbia.edu

Harvard Univ
Harvard International Office
1350 Massachusetts Avenue
Holyoke Center Room 864
Cambridge, MA 02138-3800, USA
Tel: 001 617-495-2789
Fax: 001 617-495-4088
Homepage: www.hio.harvard.edu

Princeton Univ
Undergraduate Admission Office
P.O. Box 430
Princeton Univ
Princeton, New Jersey 08544-0430, USA
Tel: 001 (609) 258-3060
Fax: 001(609) 258-6743
E-Mail: uaoffice@princeton.edu
Graduate Admission Office
P.O. Box 270, Princeton Univ
Princeton, New Jersey 08544-0270
Tel : 001 609 258-3034
Fax: 001 609 258-6180
E-Mail: gsadmit@princeton.edu
Homepage: www.princeton.edu

Univ of California
UCLA Undergraduate Admissions
1147 Murphy Hall, Box 951436
Los Angeles, CA 90095-1436
Tel: 001 (310) 825-3101
E-Mail: ugadm@saonet.ucla.edu
UCLA Graduate Division
1237 Murphy Hall, Box 951419
Los Angeles, CA 90095-1419
Tel: 001 (310) 825-3819
E-Mail:gadmission@gdnet.ucla.edu
Homepage: www.ucla.edu

Yale Univerity
The Registrar's Office Yale Univ
P.O. Box 208321
New Haven, CT 06520-8321, USA
Tel: 001 203 432 2331
FAX: 001 203 432 2334
E-Mail: fas.registrar@yale.edu
Homepage: www.yale.edu

Internationales Studium mit starken Partnern
Internationale duale Studiengänge

In Deutschland international studieren. Entweder bei einer Firma, die in Zusammenarbeit mit einer Hochschule einen internationalen BA-Abschluss ermöglicht oder an einer deutschen Hochschule mit Kooperations-Universitäten im Ausland.

Zirka 220 Hochschulen in Deutschland bieten im Rahmen von Kooperationsabkommen international ausgerichtete Studiengänge an. Das Besondere ist die Internationalität. So ist in der Regel ein unterschiedlich langer Aufenthalt im Ausland integriert. Oft kann dabei auch ein doppelter Studienabschluss (ein deutscher und ein ausländischer) erworben werden. Darüber hinaus stellen im Zuge der Internationalisierung der Hochschullandschaft derzeit zahlreiche Akademien und Hochschulen auf den neuen Bachelor-Abschluss um, der durch die internationale Vergleichbarkeit und Anerkennung ein weiterer Schritt in Richtung internationales Studium darstellt.

Unter http://www.hochschulkompass.de/ befinden sich alle internationalen Kooperationsbeziehungen deutscher Hochschulen mit ausländischen Hochschulen.

In der Datenbank AusbildungPlus sind zahlreiche duale Studiengänge enthalten, die eine umfassende internationale Orientierung aufweisen. Beispiele für international ausgerichtete Studienangebote sind:

Die European Business School (EBS) in Oestrich-Winkel verfügt nicht nur über ein quantitativ, sondern vor allem auch qualitativ hochwertiges Netzwerk an Partnerhochschulen: In 23 von den 30 wirtschaftlich wichtigsten Ländern (nach Größe GDP), welche 88% des Welt-GDPs und zudem 65% der Weltbevölkerung umfassen, mindestens eine der drei top Business Schools. Und in 13 der 15 wichtigsten Emerging Markets (Wichtigkeit nach Economist) mindestens eine, meistens aber zwei oder drei Partnerhochschulen aus den Top 3 Business Schools des jeweiligen Landes.

Bayer Industry Services GmbH & Co. OHG. bietet "Marketing and International Business Studies (MIBS)" an. Nach dreieinhalb Jahren wird die Diplomprüfung (FH) abgelegt, die durch ein einjähriges Auslandsstudium ergänzt wird.

Die Württembergischen Verwaltungs- und Wirtschafts-Akademie (VWA) bietet „International Business Administration" an. Das 4. Semester der Fachrichtung International Business Administration ist als verpflichtendes Auslandssemester an einer der acht VWA-Partneruniversitäten in Europa und den USA ausgelegt. Abgeschlossen wird das Studium mit dem Diplom-Betriebswirt/in (BA) und "Bachelor of Arts with Honours" der Open Univ (London).

Die Berufsakademie Mosbach „Engineering Technology Management - Internationales Technisches Management". Hier finden alle Vorlesungen des dritten Jahres an einer Partneruniversität in Großbritannien in englischer Sprache statt. Kooperationen bestehen derzeit mit der Univ of Glamorgan, der Cardiff Univ und der Anglia Polytechnic Univ. Die Absolventen erhalten ebenfalls ein Doppeldiplom bzw. Dual Degree.

BASF Trainee International Hotelmanagement. Die Ausbildung dauert 2 Jahre. Das daran anschließende Studium „International Management im Praxisverbund" an der Fachhochschule Worms mit Abschluss Bachelor of Arts dauert regulär 6 Semester. Das 2. Studienjahr wird komplett im Ausland verbracht. Mit dem Ausbildungsgang „International Business Administration" bieten wir eine Kombination aus praxisorientiertem Hochschulstudium und betrieblichen Phasen im In und Ausland. Die Verzahnung von Theorie und Praxis fördert von Anfang an unternehmerisches Handeln und wissenschaftliches Denken. Durch die enge Kooperation der BASF mit der Fachhochschule Ludwigshafen werden Sie optimal auf die Anforderungen des Berufslebens vorbereitet.

Weitere Infos und Datenbanksuche: https://www.bibb.de/de/ausbildungplus_index.php

SPRACHREISEN UND SPRACHSCHULEN

„Wait, wait, wait, don't tell."

SPRACHEN LERNEN IM AUSLAND

SPRACHREISEN UND SPRACHSCHULEN

Sprachen sind der Schlüssel zum Erfolg

Jeder Aufenthalt, der hier im Buch beschrieben wird, ist auch eine Art Sprachaufenthalt, weil es ja unvermeidbar ist, die Landessprache des Reiseziels ein wenig besser kennen zu lernen. Durch Gespräche mit den Einheimischen, Zeitung lesen oder fernsehen lernt man etwas vom Alltagsleben vor Ort und man kann sich der Sprache nicht entziehen.

Da lauert aber auch die „Gefahr", die Sprache „falsch" zu lernen. Man kommt z.B. von Schottland zurück und spricht eine interessante Mischung aus Schulenglisch und schottischer Alltagssprache oder man war mit vielen anderen Ausländern aus aller Welt zusammen und hat sich vor Ort englisch unterhalten. Wenn Deutsche, Dänen und Spanier zusammen englisch sprechen, übernehmen sie oft unbewusst die Sprachfehler von den anderen.

Wenn man die Sprache gründlich und neutral lernen möchte oder wenn die Zeit wegen der Arbeit, Schule oder dem Studium nicht reicht, ist die Sprachreise die perfekte Lösung.

Die vielen Sprachreiseanbieter auf dem deutschen Markt bieten Sprachreisemöglichkeiten und Sprachschulen für fast alle Bedürfnisse, ob für Kinder oder für Erwachsene: von ein oder zwei Wochen bis hin zu mehreren Wochen - von einfachen Anfängerkursen bis hin zu Sprachintensivkursen.

Die 12 meistgesprochenen S p r a c h e n der Welt.

Rang	Sprache	Muttersprache	Sprecher insgesamt
1.	Englisch	375 Mio.	1.500 Mio.
2.	Chinesisch	982 Mio.	1.100 Mio.
3.	Hindi	460 Mio.	650 Mio.
4.	Spanisch	330 Mio.	420 Mio.
5.	Französisch	79 Mio.	370 Mio.
6.	Arabisch	206 Mio.	300 Mio.
7.	Russisch	165 Mio.	275 Mio.
8.	Portugiesisch	216 Mio.	235 Mio.
9.	Bengalisch	215 Mio.	233 Mio.
10.	Deutsch	105 Mio	185 Mio.
11.	Japanisch	127 Mio.	128 Mio.
12.	Koreanisch	78 Mio.	78 Mio.

Quelle: weltsprachen.net, 2018

Eine super Zeit in New York.

Ende September ging es endlich los. Von München über Frankfurt nach New York JFK. Etwas müde, aber voller Vorfreude und Neugierde auf meine Gastmutter und meine Unterkunft bin ich mit der Subway vom Flughafen nach Brooklyn gefahren. Ein freundlicher New Yorker hat mir ungefragt meinen Koffer vom Bahnsteig die Treppen hinauf getragen – wahrscheinlich sah ich so aus, als würde ich vor Schwäche gleich zusammen brechen. Erster Eindruck: sehr gut!

Angekommen an meinem neuen Zuhause für zwei Wochen, wurde ich sehr herzlich von Sharon, meiner Gastmutti aufgenommen. Sie hat mir gleich das Haus und die Nachbarschaft gezeigt. Hier in Park Slope wohnen viele Familien, es gibt kleine Geschäfte (Second Hand, Antiquitäten, Accessories, ...), Bars und Restaurants. Der Prospect Park ist auch nicht weit. Nach einer unruhigen ersten Nacht (der Jetlag!) bin ich mit der Subway zur Schule gefahren. Von Tür zu Tür habe ich keine halbe Stunde gebraucht. Auch in der Schule ist die Begrüßung sehr herzlich, aber der Blick aus dem Fenster toppt alles! Hier im 36. Stock hat man einen „amazing" Blick über Brooklyn Heights, zur Brooklyn Bridge, bis hinüber nach Manhattan. „Wow", alle Neuankömmlinge stehen mit offenem Mund da. Als wir uns alle wieder gefasst haben, machen wir uns untereinander bekannt. Das plaudern auf Englisch fällt hier viel leichter als zu Hause.

Nach einem schriftlichen und mündlichen Einstufungstest wurden wir in unterschiedliche Klassen zugeteilt. Das Sprachniveau ist sehr unterschiedlich bei den Schülern, aber für jeden gibt es eine geeignete Klasse. In der Pause am Vormittag treffen sich alle in der Küche, und bei einer Tasse Kaffee kommt man auch schnell mit den Schülern anderer Klassen ins Gespräch. Franzosen, Italiener, Schweizer, Spanier, Argentinier, Niederländer, Japaner, Schweizer, Deutsche – die Mischung ist kunterbunt und es wird viel gelacht. Die Schule ist eher klein und damit sehr familiär. Richard, der Schuldirektor, kennt alle Schüler beim Namen und das gesamte Team ist bei allen Fragen rund um Schule, Unterkunft oder New York allgemein sehr hilfsbereit. Auch mit den Lehrern hatten wir sehr viel Spaß während des Unterrichts. Mein Englisch ist leider in den letzten Jahren etwas „eingerostet", da ich es in meinem Beruf nur sehr selten benötige. Da war es sehr gut, dass Gabi, unsere Lehrerin dem Ganzen wieder auf die Sprünge geholfen hat.

Nach der Schule werden oft noch Ausflüge angeboten, z.B. zur Brooklyn Bridge, in ein Museum, eine Broadway Tour oder in ein Broadway Musical. Ich habe sehr viel mit Mitschülern unternommen, wir waren gemeinsam im MOMA, am Wochenende bei Lady Liberty und auf Ellis Island, auf dem „Top of the Rock", im Central Park beim Relaxen, am Times Square zum Staunen, im Kino, und natürlich waren die Girls gemeinsam shoppen. Auch abends musste man nicht alleine sein, wenn man nicht wollte. Essen in Chinatown oder ein Bier in einer Bar in Brooklyn.

Die Zeit in New York ging wahnsinnig schnell vorbei und gleichzeitig hatte ich am Ende das Gefühl, schon Monate hier zu sein. Der tägliche Weg zur Schule und nach Hause war mir schon so vertraut und ich konnte ganz cool anderen Touristen helfen, die sich in dem manchmal etwas verwirrenden Subway-Labyrinth verfahren hatten. Zwei Wochen New York sind aber auch anstrengend. Zwischendurch braucht es da eine kleine Auszeit im Central Park, um dem Lärm und der Hektik zu entkommen. An meinem vorletzten Abend war ich noch mal im Brooklyn Bridge Park, um einen letzten Blick auf die nächtliche Skyline von Manhattan und der Brooklyn Bridge zu werfen. Wehmütig wurden die Abreisenden am letzten Tag in der Schule verabschiedet. Ich hatte eine super Zeit in New York.

Elisabeth H. (2 Wochen Englischsprachkurs in den USA – New York, Brooklyn. Mit TravelWorks)

active abroad
Freising/München

active abroad wurde 1998 gegründet und bietet in Zusammenarbeit mit ausgewählten Partnern weltweit eine zuverlässige Vermittlung und Betreuung an. Wir helfen abenteuerlustigen Menschen mit einer individuellen und persönlichen Beratung bei der Auswahl des passenden Programmes. Im Sommer 2012 wurde uns als einer der ersten deutschen Au Pair Agenturen das RAL-Gütezeichen Outgoing verliehen, welches sicherstellt, dass die von der Gütegemeinschaft Au Pair e.V. vorgegebenen Qualitätsstandards eingehalten werden. Unsere Sprachkurse im Ausland bieten die einzigartige Möglichkeit, das im Unterricht Gelernte direkt vor Ort im alltäglichen Leben anzuwenden und so automatisch zu vertiefen. Außerdem kann man so in die Kultur des jeweiligen Landes eintauchen und Gebräuche und Sitten live miterleben. Weitere Programme, die wir anbieten: „Au Pair", „Praktikum", „Work & Travel", „Soziale Arbeit im Ausland" und „Ökologische Arbeit, Farmstays, Wildlife Experience"

2. Name:
active abroad

3. Anschrift:
Obere Hauptstr. 8, 85354 Freising

4. Telefon / Telefax / E-Mail / Homepage:
Tel: 08161-40288-0, Fax: 08161-40288-20
contact@activeabroad.net / www.activeabroad.de

5. Kontakt:
Maria Riedmaier, Franziska Hanisch, Theresa Scheil

6. Altersbegrenzung:
12-17 Jahre (Junior Programme), 18+, auch Kurse für Familien und kleine Gruppen möglich

7. Spezielle Voraussetzungen:
Keine Vorkenntnisse notwendig

8. Dauer des Aufenthalts:
Ab einer Woche

9. Abreisezeitpunkt:
Ganzjährig, Junior-Sommercamps von Juni bis Mitte/Ende August

10. Anmeldefrist oder Bewerbungsfrist:
Wir empfehlen eine frühzeitige Buchung, je nach Verfügbarkeit auch kurzfristig möglich.

11. Kosten:
Abhängig von Land, Unterkunft und Kursart, Preise auf Anfrage

13. Kosten während des Aufenthalts:
Persönliche Ausgaben

16. Bestimmte Staatsangehörigkeit vorausgesetzt:
Auf Anfrage

17. Länder / Gebiete des Aufenthalts:
England, Schottland, Irland, Frankreich, Martinique, Italien, Malta, Spanien, Portugal, Australien, USA, Kanada, Neuseeland, Südafrika, Lateinamerika, Südkorea, weitere Länder auf Anfrage

AIFS
American Institute For Foreign Study
Bonn

AIFS ist eine der ältesten und größten Organisationen für kulturellen Austausch weltweit und ein führender Anbieter im Bereich Jugend- und Bildungsreisen. Im Rahmen des Programms Sprachreisen können junge Leute Englisch-Sprachkurse in New York und San Francisco (USA), Vancouver und Toronto (Kanada), Sydney (Australien), Auckland (Neuseeland), London und Oxford (England) und Kapstadt (Südafrika) absolvieren.
Siehe auch unter „Au Pair", „Work & Travel", „Camp Counselor", „Soz. Arbeit/Dienste", „Schule", „Studium" und „Erlebnisreisen".

2. Name:
AIFS (American Institute For Foreign Study)

3. Anschrift:
Friedensplatz 1
53111 Bonn

4. Telefon / Telefax / E-Mail / Homepage:
Tel.: +49 (0)228.95730-0
Fax: +49 (0)228.95730-110
E-Mail: info@aifs.de
www.aifs.de/www.aifs.at/www.aifs.ch

5. Kontakt:
Kristina Winter

6. Altersbegrenzung:
ab 16 Jahre, Kanada ab 17, Südafrika ab 18

7. Spezielle Voraussetzungen:
Grundkenntnisse Englisch

8. Dauer des Aufenthalts:
1 bis 8 Wochen, jeweils zwischen 20 und 28 Unterrichtseinheiten pro Woche.

9. Abreisezeitpunkt:
ganzjährig

10. Anmeldefrist bzw. Bewerbungsfrist:
spätestens 7 Wochen vor Kursbeginn

11. Kosten:
USA: ab 560 EUR; Kanada: ab 580 EUR; Australien: ab 500 EUR; Neuseeland: ab 430 EUR; England: ab 560 EUR; Südafrika (inkl. Unterkunft): ab 1.060 EUR.

13. Kosten während des Aufenthalts:
Hin- und Rückflug, private Ausgaben während des Aufenthaltes; wenn Gastfamilienunterkunft nicht gebucht wird: Unterkunft und Verpflegung.

16. Bestimmte Staatsangehörigkeit vorausgesetzt:
Deutschland, Österreich, Schweiz

17. Länder / Gebiete des Aufenthalts:
USA, Kanada, Neuseeland, Australien, Südafrika und England

University of Delaware
English Language Institute
Newark, Delaware, USA

Die University of Delaware ist eine wunderschöne Campus Style University und eine der ältesten Universitäten in den USA. Die ideale Lage an der Ostküste macht einen Aufenthalt hier zu einem Traumurlaub. Das English Language Institute ist als eine der Top10 Sprachschulen in den USA bekannt und bietet eine Vielzahl interessanter Sprachprogramme für Schüler, Studenten und Berufstätige an. Vertiefe deine Sprach- und Kulturkenntnisse, besuche Washington DC, New York, Philadelphia und den Atlantischen Ozean, die alle innerhalb von ein bis zwei Stunden erreichbar sind. Erweitere deinen Horizont und maximiere den Lernerfolg, indem du bei einer amerikanischen Familie wohnst, und Freundschaften mit Schülern und Studenten aus aller Welt schließt.

2. Name:
University of Delaware-English Language Institute

3. Anschrift:
189 West Main Street
Newark, Delaware 19716 USA

4. Telefon / Telefax / E-Mail / Homepage:
Telefon: +1-302-831-2674
Fax: +1-302-831-6765
Email: ud-eli@udel.edu
Internet: www.udel.edu/eli

5. Kontakt:
Baerbel Schumacher

6. Altersbegrenzung:
Nicht jünger als 15 nach oben kein Limit

7. Spezielle Voraussetzungen:
Lust auf Abenteuer und Horizonterweiterung!

8. Dauer des Aufenthalts:
4 Wochen, 8 Wochen oder solange du möchtest

9. Abreisezeitpunkt:
Kurse werden das ganze Jahr angeboten

10. Anmeldefrist oder Bewerbungsfrist:
4 Wochen vor Kursbeginn

11. Kosten:
Abhängig von der Kursdauer. Zum Beispiel: Sprache und Abenteuer Sommersprachkurs USD 3950 für 4 Wochen all inclusive ohne Flug. Weitere Infos unter:
www.udel.edu/eli/languageadventureusa

13. Kosten während des Aufenthalts:
Taschengeld je nach persönlichen Einkaufsgewohnheiten

14. Finanzielle Förderung:
Nach einem abgeschlossenen 8 Wochenkurs können die Studenten sich für eine 8-wöchige Verlängerung um ein Partial Scholarship bewerben

16. Bestimmte Staatsangehörigkeit vorausgesetzt:
Studenten aus der ganzen Welt!

17. Länder / Gebiete des Aufenthalts:
Delaware, Washington DC, New York, Philadelphia, Baltimore

ESL - Sprachreisen
München, Köln, Hamburg, Berlin, Frankfurt am Main, Freiburg im Breisgau

ESL

ESL Sprachreisen bietet 20 Sprachen auf 5 Kontinenten an und ist der Spezialist wenn es um Sprachreisen, bezahlte Jobs, Praktika und Volontariate geht. Von Englisch in Indien, Praktikum in New York bis Japanisch in Tokyo, ja sogar Türkisch in Istanbul bietet ESL Sprachreisen an. Die große Auswahl an Destinationen ermöglicht Ihnen das Umfeld Ihren Wünschen und Prioritäten entsprechend auszuwählen. In unseren Programmen enthalten sind allgemeine Sprachkurse, Vorbereitungskurse für offizielle Prüfungen, Unternehmenspraktika und Volontariate, bezahlte Jobs und Berufsbildungskurse. Unser erfahrenes Team bietet Ihnen eine auf Sie zugeschnittene und kostenlose Beratung. Wir kümmern uns von A bis Z um Ihr Studienprojekt im Ausland.

2. Name:
ESL Sprachreisen

3. Anschrift:
Adalbertstrasse 16 RGB, 80799 München
Apostelnstrasse 11, 50667 Köln
Friedrichstrasse 115, 10117 Berlin
Rothenbaumchaussee 3, 20148 Hamburg
Kaiserstrasse 55, 60329 Frankfurt am Main
Granatgässle 5, 79102 Freiburg im Breisgau

4. Telefon / Telefax / E-Mail / Homepage:
München: Tel: 089 232 391 60
Köln: Tel: 0221 570 879 39
Berlin: Tel: 030 200 892 668
Hamburg: Tel: 040 533 08 79 77
Frankfurt: Tel: 069 247 501 348
Freiburg: Tel: 0761 285 35 321
E-Mail: info@esl.de Homepage: www.esl.de
Mo - Fr: 8.00 - 19.00, Sa: 10:00 - 17:00

5. Kontakt:
Ansprechpartner München: Kristina Endres
Ansprechpartner Berlin: Christin Schreyl
Ansprechpartner Frankfurt am Main: Kirsten Kolodziej
Ansprechpartner Freiburg im Breisgau und Köln: Thea Greuel
Ansprechpartner Hamburg: Nadine Weidinger

6. Altersbegrenzung:
Kinder und Jugendliche: 7 - 17 Jahren
Erwachsene: ab 16 Jahren.

8. Dauer des Aufenthalts:
1 - 48 Wochen

9. Abreisezeitpunkt:
Beginn Erwachsenen-Programm: jede Woche montags, zum Teil spezielle Starttermine für Anfänger-, Kinder- und Jugendprogramme im Frühjahr, Sommer und Herbst.

10. Anmeldefrist oder Bewerbungsfrist:
Keine konkrete Anmeldefristen, eine frühzeitige Buchung wird in der Hochsaison empfohlen.

11. Kosten:
Je nach Programmdauer und Kursort (siehe aktuelle Gratis-Broschüre)

13. Kosten während des Aufenthaltes:
Je nach Bedarf, ca. 100-150 EUR pro Woche

14. Finanzielle Förderung:
Begabtenförderung nach Ausbildung der IHK + Weltbürger-Stipendium

16. Bestimmte Staatsangehörigkeit vorausgesetzt:
Angebote gelten für alle Nationalitäten.

17. Länder / Gebiete des Aufenthalts:
Kanada, Südafrika, England, Australien, Irland, Nordirland, Indien, Malta, Neuseeland, USA, Schottland, Barbados, Philippinen, Spanien, Argentinien, Bolivien, Chile, Kolumbien, Costa Rica, Kuba, Ecuador, Mexiko, Peru, Panama, Dominikanische Republik, Frankreich, Westschweiz, Guadeloupe, Japan, Italien, China, Portugal, Brasilien, Ägypten, Griechenland, Russland, Niederlande, Belgien, Thailand, Martinique, Monaco, Lettland, Ukraine, Georgien, Jordanien, Marokko, Vereinigte Arabische Emirate, Taiwan, Südkorea, Türkei, Tschechische Republik, Ungarn, Polen, Dänemark, Norwegen, Schweden und Finnland

fee Sprachreisen Stuttgart

Intensivkurse, Abiturvorbereitung, Sommercamps, Sportkurse, Musikakademien oder Theater- und Kunstprogramme: fee Sprachreisen bietet für Teilnehmer zwischen 6 und 20 Jahren zahlreiche Angebote in Großbritannien, Frankreich, Spanien, Belgien, USA und Kanada.
Siehe auch unter „Summer School" und „Schulaufenthalt'

2. Name:
fee Sprachreisen

3. Anschrift:
Mozartstr. 20a
70180 Stuttgart

4. Telefon / Telefax / E-Mail / Homepage:
tel 0800 33 88 110 (gebührenfrei) 0711 229313-0
fax 0711 229313-43
www.fee-sprachreisen.de, info@fee-sprachreisen.de
Montag bis Freitag 08:00 bis 20:00

5. Kontakt:
Kristin Schwab
Jacob W. Woehrle

6. Altersbegrenzung:
Mindestalter 6 Jahre
Höchstalter 20 Jahre
(abhängig vom gewählten Programm. Jeweils getrennte Altersgruppen.)

7. Spezielle Voraussetzungen:
keine

8. Dauer des Aufenthalts:
1 Woche bis 8 Wochen, längere Aufenthalte möglich

9. Abreisezeitpunkt:
ganzjährig

10. Anmeldefrist oder Bewerbungsfrist:
keine

11. Kosten:
2 Wochen EUR 1.370,00 bis EUR 3.695,00 zzgl. Flug
Unterbringung in Gastfamilien oder im Internat

13. Kosten während des Aufenthalts:
Taschengeld, ggf. weitere Kosten (abhängig vom Programm)

16. Bestimmte Staatsangehörigkeit vorausgesetzt:
alle Nationalitäten willkommen

17. Länder / Gebiete des Aufenthalts:
Großbritannien, Frankreich, Spanien, Belgien, USA, Kanada

GLS Sprachenzentrum Berlin

SPRACHEN ZENTRUM BERLIN

Jedes Jahr gehen rund 3.000 Schüler und Erwachsene aus Deutschland, Österreich und der Schweiz mit GLS ins Ausland, um dort eine Sprachreise, ein Praktikum oder einen Highschool Aufenthalt zu absolvieren. Unsere Programmpalette umfasst außerdem Abiturkurse, spezielle Angebote direkt nach dem Schulabschluss (Gap Year), 30+ und 50+ Kurse, Business Englisch und Intensivkurse, die als Bildungsurlaub anerkannt werden. Zudem bietet GLS Prüfungsvorbereitungskurse für diverse Sprachen an. Unter anderem TOEFL, IELTS, Cambridge, DELF/DALF, DELE, JLPTL uvm. Außerdem können zusätzliche Optionen in einigen Destinationen wie Surfen, Kochen, Yoga oder Tauchen gebucht werden. GLS ist DIN geprüfter Veranstalter nach EU Norm DIN EN 14804 und Mitglied beim Fachverband deutscher Sprachreiseveranstalter (FDSV). Siehe auch unter „Praktikum" und „Schulaufenthalt".

2. Name:
GLS Sprachenzentrum

3. Anschrift:
Kastanienallee 82
10435 Berlin

4. Telefon / Telefax / E-Mail / Homepage:
Tel: 030 – 780 089-10
Fax: 030 – 780089-894
E-Mail: sprachreisen@gls-sprachenzentrum.de
Homepage: www.gls-sprachenzentrum.de
Öffnungszeiten: Mo.-Fr. 09:00 – 18:00 Uhr

5. Kontakt:
Claudia Herrmann (Programmverantwortung Schülersprachreisen)
claudia.herrmann@gls-sprachenzentrum.de
Irene Kuschel (Programmverantwortung Erwachsenensprachreisen)
irene.kuschel@gls-sprachenzentrum.de

6. Altersbegrenzung:
Schüler: zwischen 8 und 20 Jahren
Erwachsene: ab 16 Jahren

7. Spezielle Voraussetzungen:
Keine speziellen Voraussetzungen. Bei einigen Kursorten sind Grundkenntnisse in der jeweiligen Zielsprache notwendig.

8. Dauer des Aufenthalts:
Schüler: 1 – 6 Wochen
Erwachsene: ab 1 Woche

9. Abreisezeitpunkt:
Schüler: während der Schulferien
Erwachsene: ganzjährig buchbar, Kursbeginn i.d.R. jeden Montag möglich

10. Anmeldefrist oder Bewerbungsfrist:
Keine Anmeldefrist, es empfiehlt sich jedoch eine frühzeitige Buchung für Termine in der Hochsaison.

11. Kosten:
Variiert je nach Programmdauer und Kursart. Detaillierte Preise siehe Homepage www.gls-sprachenzentrum.de.

13. Kosten während des Aufenthalts:
Taschengeld, teilweise Kosten für öffentliche Verkehrsmittel; RRV sowie Versicherungspaket (Kranken-, Haftpflicht- und Unfallversicherung) zusätzlich buchbar.

14. Finanzielle Förderung:
Erwachsene: Förderung durch Bildungsprämie/ Bildungsscheck bzw. Begabtenförderungswerk/IHK möglich. Ganzjährig Angebote und Specials.

16. Bestimmte Staatsangehörigkeit vorausgesetzt:
Die Angebote gelten für alle Nationalitäten, jedoch müssen die Visabestimmungen des jeweiligen Landes beachtet werden.

17. Länder / Gebiete des Aufenthalts:
Ägypten, Argentinien, Australien, Brasilien, Chile, China, Costa Rica, Dominikanische Republik, England & Schottland, Frankreich, Griechenland, Hong Kong, Irland, Italien, Japan, Jordanien, Lettland, Kanada, Kuba, Malta, Marokko, Mexiko, Neuseeland, Peru, Polen, Portugal, Russland, Spanien, Südafrika, Türkei, USA.

LAL Sprachreisen GmbH
München

Mit acht eigenen Sprachschulen auf Malta, in Großbritannien, den USA, in Südafrika und Ägypten sowie 7 Summer Schools und knapp 75 Partnerschulen ist LAL Deutschlands Nummer 1 für Sprachreisen. Unter dem Motto „love a language" können Schüler betreute und Erwachsene individuelle Sprachreisen zu den schönsten Plätzen der Welt unternehmen. Insgesamt werden 10 Sprachen auf allen Kontinenten angeboten. Zusätzlich können Vorbereitungskurse zu international anerkannten Examen, Business- oder fachspezifische Kurse, Langzeitkurse wie Academic Semester/Year sowie Work & Travel Programme, Work Experiences und Summer Schools gebucht werden. Das Programm ist modular aufgebaut: zu jeder Destination stehen mehrere Kurstypen, Unterkunftsvarianten und Freizeitarrangements zur Auswahl.

2. Name:
LAL Sprachreisen GmbH

3. Anschrift:
Landsberger Straße 88
80339 München, Deutschland

4. Telefon / Telefax / E-Mail / Homepage:
Tel:+49 (0)89 / 25 25 - 24 02, Fax:+49 (0)89 / 25 25 - 35 35
E-Mail: service@lal.de,   Internet: www.lal.de

5. Kontakt:
Kontaktieren Sie unser Reservierungsteam unter der Leitung von Herrn Moritz Giebel

6. Altersbegrenzung:
Schüler und junge Erwachsene ab 7 Jahren bis zum Abitur
Erwachsene ab 16 bis ins hohe Alter

7. Spezielle Voraussetzungen:
Keine speziellen Voraussetzungen. In einigen Zielgebieten sind Grundkenntnisse in der jeweiligen Sprache notwendig sowie ein Visum. Gerne berät Sie unser Service Team.

8. Dauer des Aufenthalts:
Ab einer Woche möglich

9. Abreisezeitpunkt:
Schüler zu den Ferienterminen, Erwachsene ganzjährig

10. Anmeldefrist oder Bewerbungsfrist:
Keine Anmeldefrist, jedoch empfehlen wir eine frühzeitige Buchung vor allem zu Ferienzeiten. Verfügbarkeitsgarantie bis eine Woche vor Kursbeginn in den LAL eigenen Schulen.

11. Kosten:
Reisekosten. (An- und Abreise, Unterbringung)
Eine Woche Sprachkurs mit Unterkunft ist zum Beispiel in Malta ab 239 EUR buchbar. Passende günstige Flüge zu tagesaktuellen Preisen bieten wir Ihnen gerne direkt an.

12. Lohn während des Aufenthalts:
Bei einigen Work Experience Programmen ist eine Vergütung des Praktikums möglich.

13. Kosten während des Aufenthalts:
Zusätzliche Ausgaben können anfallen z.B. für Ausflüge, Shopping, Eintrittsgelder, Verpflegung, Transfer. Das variiert je nach Reise und Reiseziel. In vielen Zielgebieten sind Zusatzleistungen bereits im Preis enthalten.

14. Finanzielle Förderung:
Bei einem überdurchschnittlich guten Abschluss der Berufsausbildung können junge Erwachsene von Förderungsprogrammen der IHK/ des Begabtenförderungswerks profitieren. In vielen Bundesländern haben Sie die Möglichkeit, für Intensivkurse Bildungsurlaub in Anspruch zu nehmen. Eine große Auswahl an anerkennungsfähigen Kursen steht zur Verfügung. Nutzen Sie die staatliche Förderung.
Günstige Angebote und Special sind ganzjährig verfügbar.

15. Träger von FSJ, DJiA, FÖJ, EFD, IJFD u.ä:
LAL Sprachreisen ist Mitglied im FDSV, Partner im BundesForum für Kinder- und Jugendreisen und nach der Europäischen Norm DIN EN 14804 zertifiziert.

16. Bestimmte Staatsangehörigkeit vorausgesetzt:
Die Angebote gelten für jedermann. Ein international gemixtes Publikum ist an allen unseren Schulen gegeben. Der gemeinsame Nenner für alle Teilnehmer ist dabei die gewählte Fremdsprache.

17. Länder / Gebiete des Aufenthalts:
Ägypten, Argentinien, Australien, China, Costa Rica, Deutschland, Dominikanische Republik, Ecuador, England & Schottland, Frankreich, Indien, Irland, Italien, Japan, Kanada, Kuba, Malta & Gozo, Mexiko, Neuseeland, Portugal, Russland, Singapur, Spanien, Südafrika, USA & Hawaii

Maltalingua School of English
St. Julians, Malta

Die Sprachschule Maltalingua bietet Sprachreisenden qualitativ hochwertige Englischkurse auf der Sonneninsel Malta für jedes Sprachlevel an. Sprachschüler können dabei zwischen allgemeinen Englischkursen, Business-Sprachkursen und Prüfungsvorbereitungskursen in Hinblick auf Tests, wie z.B. IELTS, wählen.

Alle Englischlehrer bei Maltalingua sind qualifizierte englische Muttersprachler und können in den kleinen Klassen individuell auf die Bedürfnisse der Sprachschüler eingehen (auf Wunsch sogar in Privatkursen).

Die Schule selbst wurde im April 2012 komplett neu renoviert und zeichnet sich durch ihre familiäre Atmosphäre, die hellen, modern ausgestatteten Klassenzimmer sowie die freundliche, sonnige Dachterrasse mit eigenem Swimming-Pool aus. Zudem ist Maltalingua eine der wenigen Schulen auf Malta, die über das renommierte EAQUALS-Qualitätssiegel verfügt. Sprachschüler aus der ganzen Welt lernen Englisch unter der maltesischen Sonne bei Maltalingua!

2. Name:
Maltalingua School of English

3. Anschrift:
Anschrift der Sprachschule:
Maltalingua School of English, 2, Birkirkara Hill,
St. Julians STJ 1141 , Malta
Anschrift des deutschen Vermittlungsbüros:
Maltalingua Ltd.
Vermittlungsbüro in Deutschland
Schwanthalerstr. 5, 80336 München, Deutschland

4. Telefon / Telefax / E-Mail / Homepage:
Tel: (0049) 089 599455716
Fax: (0049) 089 599455711
E-Mail: frage@maltalingua.de
Homepages: www.maltalingua.de
www.maltalingua.com
Öffnungszeiten: Mo-Fr: 08.30 - 18.00 Uhr

5. Kontakt:
Nico Schaber

6. Altersbegrenzung:
Erwachsenenprogramm: ab 16 Jahre
Schülerprogramm: 8-17 Jahre

7. Spezielle Voraussetzungen:
keine

8. Dauer des Aufenthalts:
ab Kursdauer eine Woche

9. Abreisezeitpunkt:
Individuell, da fortlaufende Kurse

10. Anmeldefrist oder Bewerbungsfrist:
Keine, auch Last-Minute-Buchungen möglich

11. Kosten:
Standardkurse ab 192,- EUR , Intensivkurse ab 252,- EUR
Oder ab 360,- EUR für Sprachkurs inklusive Unterkunft
(1 Woche)

12. Lohn während des Aufenthalts:
keiner

13. Kosten während des Aufenthalts:
Ausflüge, die zusätzlich zum Kursprogramm angeboten werden; Taschengeld

14. Finanzielle Förderung:
Bildungsurlaub, Stipendien

16. Bestimmte Staatsangehörigkeit vorausgesetzt:
nein

17. Länder / Gebiete des Aufenthalts:
Malta

Panke Sprachreisen GmbH
Ratekau

Panke Sprachreisen veranstaltet Ferien-, Klassen und Erlebnis-Sprachreisen nach Bournemouth/Südengland und Valletta/Malta für Schüler und Erwachsene sowie in das Sprachcamp Deutschland in Hattingen an der Ruhr (nur für Schüler). Eigene Schulen, eigene Busse, qualifizierter Sprachunterricht, beste Betreuung, jede Menge Ausflüge – das alles mit Best Price-Garantie: Mit diesem Erfolgskonzept hebt das Familienunternehmen sich von anderen Sprachreiseveranstaltern ab – seit über 30 Jahren. Die Englisch-Sprachlehrer unterrichten auf Muttersprachler-Niveau und sind bestens qualifiziert (mindestens CELTA). Die Unterbringung der Sprachschüler erfolgt, je nach Reisewahl, bei ausgewählten Gastgebern oder in Schulunterkünften. Das Motto von Panke Sprachreisen lautet "Lernen mit Fun", denn auch Spaß und gute Laune kommen beim Sprachurlaub mit Panke Sprachreisen garantiert nicht zu kurz.

2. Name:
Panke Sprachreisen GmbH

3. Anschrift:
Sereetzer Weg 20, 23626 Ratekau

4. Telefon / Telefax / E-Mail / Homepage:
Telefon: 0800-7265324 (kostenfrei) oder
+49 (0)4503-89 831-0
E-Mail: info@panke-sprachreisen.de
Website: www.panke-sprachreisen.de
Öffnungs- und Beratungszeiten
Mo - Fr 08:30 Uhr - 18:00 Uhr Sa 08:30 Uhr - 17:00 Uhr

5. Kontakt:
Stefan Panke

6. Altersbegrenzung:
Jugendsprachreisen (je nach Programm) von 9-17 Jahren
Erwachsenensprachreisen & Sprachkurse ab 16 Jahren

8. Dauer des Aufenthalts:
Sprachreisen, je nach Programm ab 1 Woche bis zu 8 Wochen. Sprachkurse ab 1 Woche bis unbegrenzt

9. Abreisezeitpunkt:
Schülersprachreisen finden in den Schulferien (Ostern, Pfingsten, Sommer, Herbst) statt, Erwachsenensprachreisen im Frühjahr und im Herbst. Sprachkurse werden ganzjährig durchgeführt, Beginn immer montags

10. Anmeldefrist oder Bewerbungsfrist:
Es gibt keine Anmeldefristen. Wir empfehlen jedoch aufgrund der starken Nachfrage (insbesondere bei den Sommerprogrammen) und der Möglichkeit, Frühbucherrabatte zu nutzen, eine möglichst frühzeitige Buchung.

11. Kosten:
Zum Beispiel:
16 Tage Sommersprachreise 2018 für Jugendliche von 10-17 Jahren nach Bournemouth/Südengland, Hin- und Rückreise im Bus, mit Unterbringung bei privaten Gastgebern und Vollverpflegung

Standard
- 40 Unterrichtsstunden à 40 Min.
- 7 Ausflüge, davon 1x London
- Schüler fahren mit öffentlichen Verkehrsmitteln zur Schule (Fahrausweis im Reisepreis enthalten) Gesamtpreis 993 EUR

Premium
- 45 Unterrichtsstunden à 40 Min.
- 9 Ausflüge, davon 2x London
- Schüler werden von unseren eigenen Bussen bis zu viermal täglich in der Nähe der Gastunterkunft abgeholt und auch wieder dorthin zurückgebracht Gesamtpreis 1.258 EUR

13. Kosten während des Aufenthalts:
Taschengeld

14. Finanzielle Förderung:
Einige Sprachkurse sind in vielen Bundesländern als Bildungsurlaub anerkannt.

16. Bestimmte Staatsangehörigkeit vorausgesetzt:
Sprachschüler aller Nationalitäten sind willkommen.

17. Länder / Gebiete des Aufenthalts:
England, Malta und Deutschland (Sprachcamp Englisch)

Panke Sprachreisen ist qualitätsgeprüftes Mitglied im Deutschen Fachverband für Jugendreisen (Reisenetz), im Fachverband Deutscher Sprachreise-Veranstalter (FDSV) sowie Partner des BundesForum Kinder- und Jugendreisen e.V. Das Unternehmen und die unternehmenseigenen Sprachschulen erhielten das DIN-geprüft Siegel gemäß DIN EN 14804. Zudem ist die Sprachschule in Bournemouth/England beim British Council und EnglishUK zertifiziert und Mitglied im Verband der englischen Sprachschulen, die Sprachschule in Valletta/Malta ist vom ELT Council (Ministery for Education and Employment, Malta) zertifiziert.

Schul- und Studienberatung Hauser
Rednitzhembach

Schul- und Studienberatung Hauser vermittelt nach intensiver Beratung Kurse an Sprachschulen im Ausland. In Vorgesprächen besprechen wir Ihre individuellen Bedürfnisse, um den passenden Kurs und Kursort zu finden. Viele Sprachschulen bieten „Extras" an, z.B. Sprache in Kombination mit Musik, Tanz, Kochen, Kultur oder Sport. Auch gibt es intensivere Varianten, Business English, Lehrerfortbildung und Fachsprachenkurse. Ob für den Beruf, das Studium oder für die Freizeit – es gibt für alle den richtigen Kurs. Siehe auch unter "Schulaufenthalt" und „Summer School".

2. Name:
Schul- und Studienberatung Hauser

3. Anschrift:
Bahnhofstraße 3, 91126 Rednitzhembach

4. Telefon / Telefax / E-Mail / Homepage:
Tel: 09122-6954433
E-Mail: info@sprachenimausland.de
www.sprachenimausland.de

5. Kontakt:
Katharina Hauser

6. Altersbegrenzung:
Meist ab 18 Jahre, manche Sprachschulen ab 16 oder 17 Jahren

7. Spezielle Voraussetzungen:
Motivation und Spaß daran, eine Sprache zu lernen und neue kulturelle Erfahrungen zu machen

8. Dauer des Aufenthalts:
Ab 1 Woche

9. Abreisezeitpunkt:
jederzeit

10. Anmeldefrist oder Bewerbungsfrist:
Ohne Unterkunft bis 1 Woche vor Kursbeginn.
Mit Unterkunft bis ca. 6 Wochen vor Kursbeginn.

11. Kosten:
Abhängig von Art und Dauer des Programms sowie von der Unterkunft vor Ort
Reisekosten, ggf. Visum

13. Kosten während des Aufenthalts:
Taschengeld, Versicherung, Extras vor Ort (z.B. optionale Trips, etc.)

16. Bestimmte Staatsangehörigkeit vorausgesetzt:
Alle Nationalitäten sind willkommen

17. Länder / Gebiete des Aufenthalts:
Großbritannien, USA , Kanada, Neuseeland, Australien, Irland, Frankreich, Italien, Belgien, Polen, Russland, Spanien, Malta, Brasilien, Costa Rica, La Réunion, China, Japan, Korea

Sprachdirekt GmbH
München

Sprachdirekt ist einer der renommiertesten deutschen Anbieter von Sprachreisen weltweit. Das Unternehmen bietet nicht nur Erwachsenen-, sondern auch Schüler- und Familien-Sprachaufenthalte an. Je nach Destination können Englisch-, Spanisch-, Französisch- oder Italienischkurse an ausgezeichneten Sprachschulen im Ausland besucht werden.

Dabei sind die Sprachkurse an die Lernziele der Sprachreisenden angepasst. Alle Lehrkräfte sind qualifizierte Pädagogen und die Schulen sind modern ausgestattet. Die hohe Qualität der Sprachreisen von Sprachdirekt ist mehrfach zertifiziert worden, unter anderem von der Association of Language Travel Organisations (ALTO), der World Youth Student & Educational (WYSE), der British Chamber of Commerce in Germany (BCCG), dem Bundesforum für Kinder- und Jugendreisen, vom Reisenetz e.V. oder von durch English UK.

Durch die enge Zusammenarbeit mit seinen Sprachschulen kann Sprachdirekt allen Interessenten günstige, direkte Preise ohne Buchungsgebühren anbieten.

3. Anschrift:
Sprachdirekt GmbH

3. Anschrift:
Schwanthalerstr. 5
80336 München

4. Telefon / Telefax / E-Mail / Homepage:
Tel: (0049) 089 599 455 70
Fax: (0049) 089 599 455 711
info@sprachdirekt.de
www.sprachdirekt.de
Mo. - Fr.: 08:30 - 18:00 Uhr

5. Kontakt:
Frau Virginia Haschake

6. Altersbegrenzung:
Ab 8 Jahren

7. Spezielle Voraussetzungen:
Keine

8. Dauer des Aufenthalts:
Mindestens eine Woche

9. Abreisezeitpunkt:
Individuell, da fortlaufende Kurse

10. Anmeldefrist oder Bewerbungsfrist:
Gibt es nicht

11. Kosten:
Ab 190 EUR für eine Woche Standardkurs

13. Kosten während des Aufenthalts:
Ausflüge, die zusätzlich zum Kursprogramm angeboten werden; Taschengeld

14. Finanzielle Förderung:
Bildungsurlaub, Stipendien

16. Bestimmte Staatsangehörigkeit vorausgesetzt:
Nein

17. Länder / Gebiete des Aufenthalts:
England, Malta, USA , Spanien, Frankreich, Italien, Irland, Mexiko, Costa Rica, Argentinien, Südafrika, Kanada, Neuseeland, Australien

STA Travel GmbH

Bei STA Travel kannst du aus Sprachreisen auf 5 Kontinenten und mehr als 200 Schulen wählen. Das Programm beinhaltet unter anderem Englisch, Französisch, Spanisch, Portugiesisch, aber auch Italienisch, Mandarin und Japanisch. Zur Auswahl stehen neben den klassischen Zielen wie England, Malta oder USA auch exotische Destinationen wie Peru, Goa sowie Australien. Ob Prüfungsvorbereitung, Examenskurse, Business- oder Zusatzkurse wie Tanzen, Tauchen und Surfen – das Angebot, aus dem du wählen kannst, ist breit gefächert.
Finde STA Travel auch unter „Soziale Arbeit/Dienste" und „Work & Travel".

2. Name:
STA Travel GmbH

3. Anschrift:
Über 70 Shops in Deutschland, Österreich und der Schweiz. Adressen und Telefonnummern siehe Homepage des jeweiligen Landes.

4. Telefon / Telefax / E-Mail / Homepage:
Deutschland:
Telefon: +49 (0)69 – 255 15 0000 zum Ortstarif
E-Mail: info@statravel.de, Homepage: www.statravel.de

Österreich:
Telefon: +43 (0)1 – 267 53 600 zum Festnetz-Tarif
E-Mail: info@statravel.at, Homepage: www.statravel.at

Schweiz:
Telefon: +41 (0)43 – 550 0010 zum Festnetz-Tarif
E-Mail: info@statravel.ch, Homepage: www.statravel.ch

6. Altersbegrenzung:
Je nach Programm ab 18 Jahren.
Jugendsprachreisen bereits ab 12 Jahren.

8. Dauer des Aufenthalts:
Je nach Programm ab 1 Woche bis zu teilweise 48 Wochen.

9. Abreisezeitpunkt:
Je nach Programm unterschiedliche Abreisetermine.

10. Anmeldefrist oder Bewerbungsfrist:
Keine – wir empfehlen eine Buchung bis ca. 60 Tage vor Projektbeginn.

11. Kosten:
Der Preis hängt vom jeweiligen Programm und der Destination ab. z.B. Australien: Englisch lernen an der Sunshine Coast (Noosa), Standardkurs, 1 Woche, ab 630 EUR p.P.

13. Kosten während des Aufenthalts:
Taschengeld, evtl. Lebensmitel, öffentliche Verkehrsmittel, Ausflüge etc. Diese Kosten belaufen sich auf ca. 50 - 100 EUR pro Woche.

17. Länder / Gebiete des Aufenthalts:
zum Beispiel
Asien: China, Indien, Japan
Mittelamerika: Costa Rica, Guatemala, Kuba, Mexiko, Panama
Südamerika: Argentinien, Bolivien, Brasilien, Ecuador, Chile, Peru
Europa: Frankreich, Großbritannien, Irland, Italien, Malta, Spanien, Türkei
Afrika: Südafrika
Nordamerika: Kanada, USA (inkl. Hawaii)
Ozeanien: Australien, Neuseeland

Stepin GmbH
Bonn

Nirgends lernt man eine Sprache so intensiv und auf so spannende Weise wie im Land selbst. Wo man 24 Stunden am Tag von ihr umgeben ist, den Alltag mit den Muttersprachlern teilt, ihre Sitten und Gebräuche hautnah erlebt. Stepin verfügt über 20 Jahre Erfahrung im Kulturaustausch und bietet ein umfangreiches Angebot an Sprachreisen in 10 Ländern weltweit mit der Möglichkeit zum völligen Eintauchen in eine fremde Sprache und ihre Kultur. Egal welches Land es geht – neben dem Sprachkurs gibt es überall ein spannendes Freizeit- und Kulturprogramm mit teilweise spektakulären Aktivitäten, Ausflügen und Reisen. Da macht das Lernen doppelt Spaß!
Siehe auch unter „Au-pair", „Praktikum", „Work & Travel", „Soziale Arbeit im Ausland" und „Schulaufenthalt im Ausland"

2. Name:
Stepin GmbH
(Student Travel & Education Programmes International)

3. Anschrift:
Kaiserstraße 19, 53113 Bonn

4. Telefon / Telefax / E-Mail / Homepage:
Tel. 0228/71 005-200, Fax: 0228/71 005 999
E-Mail: info@stepin.de, Internet: www.stepin.de
Beratungszeiten: montags bis freitags von 9:00 - 18:00 Uhr,

5. Kontakt:
Leonie Corsten, Marina Skaletz, Regina Kruse, Katharina Schönert (Programmberatung Sprachreisen)

6. Altersbegrenzung:
Je nach Land und Programm unterschiedlich.
Ab 16 Jahren:
USA, Kanada, England, Schottland, Irland, Frankreich, Spanien, Kanada (Vancouver/Toronto),
Australien, Neuseeland (Auckland)
Ab 18 Jahren: Malta, Kanada (Montreal), Neuseeland (Wellington)
ab 25 Jahren: England/ London Leicester Square

8. Dauer des Aufenthalts:
Je nach Land und Programm unterschiedlich:
Ab 2 Wochen möglich

9. Abreisezeitpunkt:
Ganzjährig

10. Anmeldefrist oder Bewerbungsfrist:
Spätestens 4-6 Wochen vor geplanter Ausreise

11. Kosten:
USA: ab EUR 820,- (o. Flug); Kanada: ab EUR 560,- (o. Flug); Neuseeland: ab EUR 550,- (o. Flug); Australien: ab EUR 510,- (o. Flug); England: ab EUR 740,- (o. Flug); Irland: ab EUR 690,-; Malta: ab EUR 440,- (o. Flug); Frankreich: ab EUR 625,-; Schottland: EUR 740.-; Spanien ab EUR 520,-
Im Programmpreis enthaltene Leistungen sind je nach Land und Programm unterschiedlich.
Beispiel Sprachreise USA: u.a. ausführliche Beratung und Informationen vor Ausreise, Beratung durch festen Programmkoordinator, Informationen/Unterstützung zur/ bei Visumsbeantragung, Einstufungstest, Sprachkurs (wie gebucht), Unterkunft und Verpflegung (wie gebucht), Kursmaterial, fester Ansprechpartner in Partnerschule, Notrufnummer, organisierte Freizeitaktivitäten (teilweise gegen Aufpreis), Sprach- und Teilnahmezertifikat nach Abschluss des Kurses

13. Kosten während des Aufenthalts:
Je nach Programm und Land unterschiedlich. U.a. Visumkosten, Kosten für An- und Abreise, Flughafentransfer, Transfer von Unterkunft zur Schule, ggf. Prüfungsgebühr bei Examenskurse

17. Länder / Gebiete, des Aufenthalts:
USA, Kanada, Australien, Neuseeland, England, Schottland Irland, Malta, Frankreich, Spanien

TravelWorks Münster

Sprachreisen

Siehe auch unter „Au Pair", „Praktikum", „Work & Travel ", „Soz. Arbeit", „Schule", „Summer School" , „Studium im Ausland" und „Erlebnisreisen".

2. Name:
TravelWorks

3. Anschrift:
Münsterstr. 111
48155 Münster

4. Telefon / Telefax / E-Mail / Homepage:
Tel: 02506-8303-300, Fax: 02506-8303-230
E-Mail: sprachreisen@travelworks.de
Homepage: www.travelworks.de
Öffnungszeiten: 09:00 Uhr bis 18:00 Uhr

5. Kontakt:
Nina Westermann, Sandra Große-Höötmann, Kai Fröchling

6. Altersbegrenzung:
Sprachreisen: ab 16 Jahren. Sprachferien und English Adventure Camps für 10- bis 17-Jährige.

8. Dauer des Aufenthalts:
Ab 1 Woche; Langzeitaufenthalte bis zu 36 Wochen.

9. Abreisezeitpunkt:
Anreise: Samstag/Sonntag. Kursbeginn i.d.R. ganzjährig jeden Montag möglich. Abreise: Samstag/Sonntag. Sprachferien und English Adventure Camps konzentrieren sich auf die Ferienzeiten (vorwiegend Sommer, teilweise Ostern, Pfingsten und Herbst).

10. Anmeldefrist oder Bewerbungsfrist:
Es gibt keine direkte Anmeldefrist; vor allem in der Hochsaison empfiehlt sich jedoch eine frühzeitige Buchung; sonst ca. 4 Wochen vor Kursbeginn für Sprachreisen (3-4 Monate vor Kursbeginn für die USA).

11. Kosten:
Je nach Land, Dauer und Art der Unterkunft, z.B. Sprachreise London Central: 684 EUR (2 Wochen Standardkurs I, Gastfamilie/Einzelzimmer/Selbstverpflegung). English Adventure Camp Osmington Bay: 1.250 EUR (2 Wochen Englischkurs und Adventure-Aktivitäten inkl. Hin- und Rückreise im Bus, Unterkunft im Camp mit Vollpension). Sprachferien Brighton: 1.550 EUR (2 Wochen Standardkurs im Sommer, Freizeitprogramm und Unterkunft bei einer Gastfamilie mit Vollpension). Alle enthaltenen Leistungen, Programmvarianten und Details siehe www.travelworks.de bzw. im aktuellen Katalog.

13. Kosten während des Aufenthalts:
Richten sich nach den individuellen Bedürfnissen; ca. 150 EUR pro Woche sind ein realistischer Durchschnittswert (Ausgaben z.B. für öffentliche Verkehrsmittel, Ausflüge etc.).

14. Finanzielle Förderung:
Nach dem Ende einer Ausbildung kann man, wenn man zu den Jahrgangsbesten zählt, ein Stipendium für eine Sprachreise über das Begabtenförderungswerk beantragen.

16. Bestimmte Staatsangehörigkeit vorausgesetzt:
Die Angebote gelten i.d.R. für alle.

17. Länder / Gebiete des Aufenthalts:
Sprachreisen ab 16 Jahren Englisch: Großbritannien, Irland, Malta, Südafrika, Australien, Neuseeland, USA, Kanada; Spanisch: Spanien, Kuba, Mexiko, Costa Rica, Panama, Dominikanische Republik, Ecuador, Argentinien; Französisch: Frankreich, Martinique, Kanada; Italienisch: Italien; Portugiesisch: Portugal; Russisch: Russland; Japanisch: Japan; Chinesisch: China. Sprachferien für 10- bis 17-Jährige Englisch: Großbritannien, Irland, Malta, USA, Kanada; Französisch: Frankreich; Spanisch: Spanien. English Adventure Camps für 10-bis 17-Jährige Englisch: Großbritannien.

FDSV

TravelWorks ist Mitglied im FDSV (Fachverband Deutscher Sprachreise-Veranstalter e.V.) und im Reisenetz (Deutscher Fachverband für Jugendreisen). Die Sprachreisen sind DIN-zertifiziert.

Sprachen lernen als Bildungsurlaub

In den meisten Bundesländern haben Arbeitnehmer und Arbeitnehmerinnen einen gesetzlichen Anspruch auf Bildungsurlaub, das heißt auf fünf Tage pro Jahr bezahlte Freistellung von der Arbeit zum Zweck der beruflichen Weiterbildung. Es ist aber auch möglich den Bildungsurlaub von zwei aufeinander folgenden Jahren für eine zweiwöchige Sprachreise zu verwenden. Bei eine länger dauernde Sprachreise ist es möglich, einen Teil davon als Bildungsurlaub zu nutzen und für den Rest regulären Urlaub zu nehmen. Gesetzlicher Anspruch auf Bildungsurlaub kann vom Arbeitgeber nicht abgelehnt werden. Der Zeitpunkt der Inanspruchnahme muss jedoch vereinbart und genehmigt werden.

In Baden-Württemberg, Bayern, Sachsen und Thüringen gibt es zurzeit keinen gesetzlichen Anspruch auf Bildungsurlaub. Wenn man trotzdem an Bildungsurlaub für eine Sprachreise interessiert ist, klären soll es mit dem Arbeitgeber abgeklärt sein, ob einen tariflich vereinbarten Anspruch auf Bildungsurlaub vorhanden ist oder ob auf freiwilliger Basis Bildungsurlaub gewährt werden kann.

Die Buchung einer Sprachschule als Bildungsurlaub ist eine weitaus kompliziertere Angelegenheit als es zunächst scheint:
Weil in Deutschland die Bundesländer Bildungshoheit haben gibt es für den Bildungsurlaub in Berlin, Brandenburg, Hessen, NRW, Niedersachsen, Hamburg etc. überall unterschiedliche Regelungen und Anforderungen.

Generell gilt:
* Mindestens 30 Unterrichtseinheiten Sprachkurs pro Woche belegt werden
* Bildungsurlaub kann für eine oder für zwei Wochen gebucht werden
* Die Sprachschule muss für Bildungsurlaub vom jeweils betroffenen Bundesland (Kultusministerium) anerkannt sein

Beim Antrag verlangen die Bundesländer häufig detaillierte Lehrpläne, die bis hin zu den Modulen des Unterrichts gehen. Ein Fragebogen im Anschluss prüft, ob die Lehrinhalte auch eingehalten wurden.

Weitere Informationen zum Thema unter: http://www.bildungsurlaub.de/

Der Fachverband Deutscher Sprachreise-Veranstalter e.V. (FDSV)

Was ist der FDSV?
Der Fachverband Deutscher Sprachreise-Veranstalter e.v. (FDSV) ist ein Zusammenschluss führender deutscher Sprachreise-Veranstalter, die sich den strengen Qualitätsrichtlinien des FDSV – auf Grundlage der Europäischen Sprachreise-Norm DIN EN 14804 – verpflichten. Der Fachverband wurde vor 40 Jahren gegründet und zählt derzeit 29 Mitglieder. Der FDSV war federführend an der Erarbeitung der Europäischen Sprachreise Norm beteiligt.

Aufgaben des FDSV
Der FDSV berät Sprachreise-Interessenten jeden Alters und für alle Zielländer und gibt konkrete Empfehlungen zu allen Punkten, die vor, während und nach einer Sprachreise zu beachten sind. Der Fachverband kümmert sich um die Qualitätssicherung und prüft in Zusammenarbeit mit einem unabhängigen Fachbeirat die Einhaltung der FDSV-Richtlinien.

Geprüfte Qualität
Wichtigste Voraussetzung für den Erfolg einer Sprachreise ist deren Qualität. Der wissenschaftliche Beirat des FDSV überprüft deshalb regelmäßig Kataloge und Internetauftritte und begutachtet die Angebote der FDSV-Mitglieder durch Inspektionen vor Ort. Bei den regelmäßigen Überprüfungen der Sprachschulen, Sprachkurse und Unterkünfte wird sichergestellt, dass die Qualitätsrichtlinien des FDSV und die Vorgaben der Europäischen Sprachreise-Norm DIN EN 14804 eingehalten werden. Über 1000 dieser Schulinspektionen fanden bereits statt. Der Beirat ist unabhängig und nur den Qualitätsrichtlinien des FDSV verpflichtet.
Erst wenn alle Vorgaben erfüllt sind, wird das FDSV-Siegel vergeben.

Ziele des FDSV
In Deutschland gibt es eine Vielzahl von Sprachreise-Anbietern. Der FDSV schafft für Verbraucher überprüfbare Qualitätsstandards, zu deren Einhaltung sich die FDSV-Mitglieder verpflichten.
Durch kontinuierliche Marktbeobachtung sorgt der Fachverband für Transparenz und ist Sprachreise-Interessenten behilflich, den für ihren Bedarf geeigneten Veranstalter zu finden. Ein hilfreiches Tool hierfür ist der Sprachreise-Finder: Eine Suchmaschine mit allen Angeboten der FDSV-Mitglieder, unter www.fdsv.de

Kontaktdaten:
Fachverband Deutscher Sprachreise-Veranstalter e.V., Kastanienallee 82, 10435 Berlin
Tel.: 030-789 53 640, Fax: 030-789 54 313, info@fdsv.de, www.fdsv.de

„*Schule für's Leben!*"

SPRACHEN LERNEN IM AUSLAND

SUMMER SCHOOL

Sprachen lernen und Urlaub machen

Anstelle die ganzen Ferien zu Hause bei den Eltern zu verbringen, kann man mit anderen Schülern aus aller Welt Spaß haben und Ferien von zuhause machen. Toll für Schüler und für Eltern.

Schüler haben die Möglichkeit im Sommer während der Schulferien eine Summer School bzw. ein Summer Camp zu besuchen. Neben dem Sprachunterricht bieten solche Camps sportliche Aktivitäten und Exkursionen und man lernt Schüler und Jugendliche aus aller Welt kennen. Der beste Beitrag zur interkulturellen Kommunikation auf spielerische Art. Die Kinder zwischen 7 und 18 Jahren entwickeln Freundschaften und Teamgeist, aber vor allem haben sie Spaß am Spiel.

Für Kleinkinder gibt es auch Summer School Angebote, bei denen die Eltern am gleichen Ort Urlaub machen können. Sozusagen eine Sprachreise für Eltern und Kind. Einige Anbieter reagieren auf diese Anforderungen mit eigens hierfür eingerichteten Programmen.

Noch nie habe ich in solch einer kurzen Zeit so viele Freundschaften geknüpft…

Zusammen mit einer Freundin hatte ich mich entschieden, an einer zweiwöchigen Schülersprachreise nach Dublin teilzunehmen. Wir freuten uns schon sehr, besonders auch auf unseren ersten Flug ganz alleine! Alles hat gut geklappt und bei unserer Ankunft wurden wir gleich von einer Mitarbeiterin der Sprachschule sehr freundlich begrüßt und unserem Taxifahrer übergeben, der uns direkt bis vor die Haustür unserer Gastfamilien gebracht hat. Wir hatten uns für zwei unterschiedliche Gastfamilien entschieden, was auch im Nachhinein die beste Entscheidung war! Wir wohnten in Stillorgan, einem wirklich schönen, ruhigen und sicheren Vorort Dublins. Ich wurde sehr herzlich und offen empfangen und fühlte mich gleich wohl in meiner Familie.

Wir waren eine kleine Klasse mit zehn Schülern und haben uns alle auf Anhieb gut verstanden; die Atmosphäre war sehr locker und angenehm. Nach ersten Begegnungen wartete ein erster kurzer Stadtrundgang auf uns. Mit unseren Betreuern fuhren wir das erste Mal mit der Straßenbahn (luas) in die Innenstadt und erkundeten die verschiedenen Ecken Dublins. Noch nie hatte ich so viele Straßenmusiker, überall mit Blumen geschmückte Straßen und bunte Pubs gesehen! Obwohl es eine Großstadt ist, hat Dublin auf mich einen sehr gemütlichen, sicheren und idyllischen Eindruck gemacht.

Wir waren ein bunt gemischter Haufen: Spanier, Italiener, ein Russe, eine Tschechin und wir zwei Deutschen. Gerade diese internationale Zusammensetzung war etwas ganz Besonderes und etwas, das wir aus den gewohnten Englischstunden in der Schule nicht kannten. Die Vormittage waren gefüllt mit jeweils drei Unterrichtsstunden: Zwei Stunden grammar, speaking, reading und skills und eine dritte Stunde Irish culture. Die Arbeitsatmosphäre war die ganze Zeit über gut. Man brauchte keine Angst zu haben, Fehler zu machen, denn auch die anderen konnten die Sprache nicht perfekt! Für die Nachmittage waren abwechselnd Ausflüge in die Umgebung und Aktivitäten in der Schule organisiert. Die Halbtagesausflüge waren sehr abwechslungsreich und interessant und auch an den Abenden wurde es durch gemeinsame Unternehmungen wie Minigolfspielen oder Bowling nie langweilig. An den „freien" Abenden haben wir unser eigenes Programm zusammengestellt, weil wir so viel Zeit wie möglich mit unseren neugewonnenen Freunden verbringen wollten. In dieser Hinsicht gaben mir meine Gasteltern alle Freiheiten, ich hatte einen eigenen Schlüssel zum Haus. Des Öfteren bin ich auch einfach Zuhause geblieben und habe mit den Kindern gespielt, was ich sehr genossen habe. Besonders beeindruckt war ich neben den überaus höflichen und zuvorkommenden Umgangsformen der Iren von deren großer Gastfreundschaft, die wirklich von Herzen kommt, und der liebevollen Art, was ich alles sehr bei meinen Gasteltern schätzte.

An dem freien Samstag haben wir uns selbst eine Tagestour überlegt und sind auf eigene Faust ans Meer gefahren. Die zweite Woche verlief ganz ähnlich wie die erste. Allerdings kannte man jetzt die anderen schon viel besser und es hatten sich Gruppen aus den Schülern gebildet, die sich am besten verstanden. Das war ein sehr schönes Gefühl, denn man hat gemerkt, wie sehr man zusammenwächst! Gerade hatten wir uns so richtig eingelebt und schon waren wir leider am letzten Schultag angelangt! Nach einer Abschiedsfeier in der Schule und der Übergabe der Zertifikate hieß es schon bei den Ersten, Abschied zu nehmen. Alle hatten die Hoffnung auf ein Wiedersehen und wir versprachen uns, auf jeden Fall in Kontakt zu bleiben (was sich bis heute gehalten hat!). Auch der Abschied von meiner Gastfamilie ist mir überaus schwer gefallen. Am Flughafen wartete schon ein Mitarbeiter der Organisation auf uns, der uns beim Einchecken geholfen und uns bis an den Sicherheitscheck gebracht hat.

Fazit: Ich bin sehr froh, dass meine Eltern mir diese Reise ermöglicht haben! Noch nie habe ich in solch einer kurzen Zeit so viele Menschen kennengelernt, enge Freundschaften geknüpft, eine fremde Kultur hautnah miterlebt und einmal ganz auf mich gestellt das Leben in einem anderen Land gespürt! Das war eine einmalige, unvergessliche Erfahrung, die mich geprägt hat und an die ich oft und sehr gerne zurückdenke!

Suzan Beutel, 17J, 2 Wochen Schülersprachkurs in Dublin. Die Reise wurde organisiert von den Carl Duisberg Centren

Carl Duisberg Centren Köln

Die Carl Duisberg Centren vermitteln anspruchsvolle Schülersprachreisen und Summer Camps mit unterschiedlichen Schwerpunkten akademischer oder freizeitorientierter Art (z. B. Englisch und Fußball, Outdoor Adventure, Reiten, Tennis oder Filmmaking), Sprachcamps für ältere Jugendliche mit fortgeschrittenen Sprachkenntnissen (Young Leaders, Academic English) sowie Familiensprachreisen. Wir bilden keine deutschen Gruppen; unsere Teilnehmer reisen als einzelne Teilnehmer an und werden in die international gemischten Gruppen der Camps integriert.
Siehe auch unter „Praktikum", „Work & Travel" und „Schulaufenthalt im Ausland".

2. Name:
Carl Duisberg Centren gemeinnützige GmbH
Abt. Sprachreisen

3. Anschrift:
Hansaring 49-51
50670 Köln

4. Telefon / Telefax / E-Mail / Homepage:
Tel: 0221-16 26-289
Fax: 0221-16 26-225
Email: sprachreisen@cdc.de
www.carl-duisberg-sprachreisen.de

5. Kontakt:
Marion Wesener

6. Altersbegrenzung:
Ab 7 Jahren in Begleitung der Eltern, ansonsten ab ca. 11 bis 18 Jahre.

8. Dauer des Aufenthalts:
1 - 4 Wochen.

9. Abreisezeitpunkt:
In den Schulferien (Oster-, Sommer- und Herbstferien).

10. Anmeldefrist oder Bewerbungsfrist:
2-4 Wochen vor Kursbeginn, viele Programme sind aber schon sehr früher ausgebucht.

11. Kosten:
Je nach Art und Dauer des Aufenthaltes ab 1.350 EUR für 2 Wochen (Kurs, Unterkunft mit Vollpension, Freizeitprogramm, Ausflüge).

13. Kosten während des Aufenthalts:
Taschengeld.

17. Länder / Gebiete des Aufenthalts:
USA, Kanada, Großbritannien, Irland, Malta, Australien, Frankreich, Spanien.

Die Carl Duisberg Centren sind Mitglied im Fachverband Deutscher Sprachreiseveranstalter (FDSV) und durch die Canadian Tourist Commission bzw. die Australian Tourist Commission ausgezeichnet als Canada Specialist / Aussie Specialist.

ENFOREX
Internationale Sommer Camps Spanien

ENFOREX - Internationale Englische oder Spanische Sommer Camps in Spanien. 60% der Schüler sind Spanier und 40% sind international.
Spanish in the Spanish World: Barcelona, Granada, Madrid, Marbella, Salamanca und Valencia

2. Name:
ENFOREX Internationale Sommer Camps

3. Anschrift:
Enforex Head Office
C/ Alberto Aguilera 26
28015 Madrid

4. Telefon / Telefax / E-Mail / Homepage:
Tel:++34 91 594 37 76
Fax: ++34 91 594 51 59
E-Mail: info@enforex.es
Homepages: www.enforex.com
www.enfocamp.com/camps

5. Kontakt:
Antonio Anadon

6. Altersbegrenzung:
5 – 18 Jahre

8. Dauer des Aufenthalts:
Mindestens 2 Wochen

9. Abreisezeitpunkt:
Termine ab 02. Juli bis 12. August 2018

10. Anmeldefrist oder Bewerbungsfrist:
Kurzfristige Buchung möglich,
bevorzugt 3-4 Wochen vor Beginn

11. Kosten:
Transport hin/zurück Deutschland – Spanien,
Transfer Flughafen hin/rück

Kosten „Sommer Camp"
Beispiel Salamanca 2 Wochen (20 Wochenstunden):
1.250 EUR
Beinhaltet: Unterricht, Unterkunft, Vollpension,
Krankenversicherung, Textbuch, Aktivitäten,
Exkursionen + Sport

13. Kosten während des Aufenthalts:
Taschengeld

17. Länder / Gebiete des Aufenthalts:
Spanien: Barcelona, Granada, Madrid, Marbella, Salamanca, Valencia

NB: Granada Junior Programme:
nur internationale Studenten von 14-18 Jahren

fee Sprachreisen Stuttgart

Die hochwertigen Summer Schools von fee zeichnen sich durch intensiven Unterricht in kleinen, internationalen Klassen und anspruchsvolle Aktivitäten aus. Die Programme finden an renommierten Colleges und Internaten in England, Kanada und den USA statt. Zur Auswahl stehen neben klassischen Summer Schools auch Sportakademien, Musikprogramme, Theater- und Musicalkurse oder die „Art & Design Summer School". Weitere Programme: Sprachreisen, Abiturvorbereitung, High Schools und Internate.

Siehe auch unter „Sprachreisen" und „Schulkaufenthalt"

2. Name:
fee Sprachreisen

3. Anschrift:
Mozartstr. 20a, 70180 Stuttgart

4. Telefon / Telefax / E-Mail / Homepage:
tel 0800 33 88 110 (gebührenfrei) 0711 229313-0
fax 0711 229313-43
www.fee-sprachreisen.de, info@fee-sprachreisen.de
Montag bis Freitag 08:00 bis 20:00

5. Kontakt:
Kristin Schwab
Jacob W. Woehrle

6. Altersbegrenzung:
Mindestalter 6 Jahre
Höchstalter 20 Jahre
(abhängig vom gewählten Programm. Jeweils getrennte Altersgruppen.)

7. Spezielle Voraussetzungen:
keine

8. Dauer des Aufenthalts:
1 Woche bis 8 Wochen, längere Aufenthalte möglich

9. Abreisezeitpunkt:
Sommerferien, Osterferien, Herbstferien (ganzjährige Programme siehe „Sprachreisen")

10. Anmeldefrist oder Bewerbungsfrist:
keine

11. Kosten:
2 Wochen EUR 2.155,00 bis EUR 3.695,00 zzgl. Flug
Transfer vom Flughafen inklusive
Unterbringung im Internat, Ausflüge und Aktivitäten inkl.
Individuelle Betreuung vor Ort

13. Kosten während des Aufenthalts:
Taschengeld

16. Bestimmte Staatsangehörigkeit vorausgesetzt:
alle Nationalitäten willkommen

17. Länder / Gebiete des Aufenthalts:
Großbritannien, USA, Kanada

Schul- und Studienberatung Hauser Rednitzhembach

Wenn Du den Sommer mal anders verbringen möchtest als zu Hause auf dem Sofa, solltest Du mal eine „Summer School" in Erwägung ziehen. „School" kann ja etwas befremdlich klingen – eigentlich hast Du ja Ferien - aber es erwartet Dich mehr Spaß, als Du es einer „School" zutrauen würdest! Schul- und Studienberatung Hauser bietet für die Ferien Sprachkursprogramme in mehreren Ländern an. Mit uns kannst Du Deine Sprachkenntnisse verbessern und in der Schule die Früchte ernten! Aber nicht nur Sprachenlernen steht an: Du kannst Deinen Aufenthalt mit Sport kombinieren, mit Musik oder Kunst, mit Kochen oder Kartfahren. Du kannst einen Einblick bekommen in die großen Fragen der Wissenschaft, Technik und Wirtschaft, kannst in den Rocky Mountains campen oder auf der Chinesischen Mauer spazieren gehen. Das große Abenteuer wartet auf Dich!. Siehe auch unter "Schulaufenthalt" "Sprachreisen"

2. Name:
Schul- und Studienberatung Hauser

3. Anschrift:
Bahnhofstraße 3, 91126 Rednitzhembach

4. Telefon / Telefax / E-Mail / Homepage:
Tel: 09122-6954433
E-Mail: info@sprachenimausland.de
www.sprachenimausland.de

5. Kontakt:
Katharina Hauser

6. Altersbegrenzung:
Abhängig vom Programm; meist zwischen 10 und 17 Jahren; Eltern-Kind-Kurse ab 4 Jahren

7. Spezielle Voraussetzungen:
Offenheit für Neues; Interesse, in den Ferien etwas zu „lernen".

8. Dauer des Aufenthalts:
1 bis 8 Wochen

9. Abreisezeitpunkt:
In den Ferien

10. Anmeldefrist oder Bewerbungsfrist:
So früh wie möglich, manche Kurse sind schnell ausgebucht

11. Kosten:
Ab ca. 400 EUR/Woche für Kurs, Unterkunft, Verpflegung, Betreuung; dazu Reisekosten, eventuell Versicherung, ggf. Visum

12. Kosten während des Aufenthalts:
Taschengeld

16. Bestimmte Staatsangehörigkeit vorausgesetzt:
In der Regel alle Nationalitäten willkommen, nach Absprache mit dem Partner; eventuell bestimmte Visabedingungen

17. Länder / Gebiete des Aufenthalts:
Großbritannien, Irland, Malta, Kanada, USA, Frankreich, Belgien, Italien, Spanien, Dänemark, Polen, China, Korea, Japan, Russland

TravelWorks Münster

Summer School

Siehe auch unter „Au Pair", „Praktikum", „Work & Travel", „Soz.-Arbeit", „Schule", „Sprachreisen", „Studium im Ausland" und „Erlebnisreisen".

2. Name:
TravelWorks

3. Anschrift:
Münsterstr. 111
48155 Münster

4. Telefon / Telefax / E-Mail / Homepage:
Tel: 02506-8303-600, Fax: 02506-8303-230
Homepage: www.travelworks.de
E-Mail: ckoch@travelworks.de
Öffnungszeiten: 09:00 Uhr bis 18:00 Uhr

5. Kontakt:
Carina Koch

6. Altersbegrenzung:
I.d.R. ab 12 bis 18 Jahren
(ab 14 Jahren in Australien und Costa Rica)

7. Spezielle Voraussetzungen:
SchülerIn einer weiterführenden Schule, Englischnote mindestens ausreichend, Bewerber sollten offen für Neues sein.

8. Dauer des Aufenthalts:
1-6 Wochen

9. Abreisezeitpunkt:
In den Oster- bzw. Sommerferien, genaue Termine je nach Schule. In Großbritannien an den öffentlichen Schulen: ganzjährig von September bis Juli.

10. Anmeldefrist oder Bewerbungsfrist:
I.d.R. 6 Wochen vor Programmstart.

11. Kosten:
Je nach Reiseland und gewählter Schulform, z.B. 4 Wochen Summer School Dublin: 2.940 EUR. Enthaltene Leistungen: Hin- und Rückflug, Transfer Flughafen – Unterkunft, Schul- und Kursgebühr, Unterkunft in Gastfamilie mit Vollpension, Freizeitaktivitäten und Ausflüge, Eintrittsgelder und Transfers für alle Programmaktivitäten, TravelWorks-Shirt, Betreuung durch TravelWorks und durch Partner vor Ort, 24-Stunden-Notrufnummer, TravelWorks-Community, Teilnahmezertifikat uvm. Alle enthaltenen Leistungen, Programmvarianten und Details siehe www.travelworks.de bzw. im aktuellen Katalog.

13. Kosten während des Aufenthalts:
Taschengeld, ggf. Zubringerflug nach Deutschland, ggf. Bücher und Lernmaterial, ggf. Visumsgebühr, ergänzende Versicherungen.

16. Bestimmte Staatsangehörigkeit vorausgesetzt:
Keine.

17. Länder / Gebiete des Aufenthalts:
Nordamerika: USA und Kanada. Lateinamerika: Costa Rica. Ozeanien: Australien und Neuseeland. Europa: Großbritannien und Irland.

TravelWorks ist Mitglied im FDSV (Fachverband Deutscher Sprachreise-Veranstalter e.V.) und im Reisenetz (Deutscher Fachverband für Jugendreisen). Die Sprachreisen sind DIN-zertifiziert.

Links und Informationen zum Thema

Von Jahr zu Jahr nimmt der Anteil des außerschulischen Fremdsprachenlernens zu. In dieser Situation wollen die Sprachreise-Veranstalter Partner der Institution Schule sein – Partner, die mit speziellen Jugendreiseangeboten den schulischen Fremdsprachenunterricht von der Unterstufe bis hin zum Abitur wirkungsvoll unterstützen und ergänzen. Die Sprachreise steht nicht in Konkurrenz zur Schule, und sie ist auch keine pädagogische Wunderwaffe, die die drohende Fünf über Nacht in eine Vier oder gar in eine Drei verwandelt. Sprachreisen wenden sich nicht vorrangig an »schlechte Schüler«, sondern sind durchaus auch für »gute Schüler« gedacht.

Der Erfolg einer Schülersprachreise ist eher langfristig und vielseitiger angelegt: Der Schüler erwirbt einen neuen Zugang zur Fremdsprache. Er erlebt vor Ort wirkliche Kommunikation, ist in die Kultur des Zielsprachenlandes eingebettet und lernt eine andere Welt kennen. Er wird mit neuen Methoden und Themen konfrontiert. Schulischer Notendruck und Disziplinierung über Klassenarbeiten und Tests sind vergessen; der Lehrer erweist sich als Partner, der den Schüler für die Sache selbst, für die Sprache und für die Kultur, zu interessieren sucht. Der Schüler findet durch eigene Erfahrungen zu einem (neuen) Weltbild: Er lernt kulturelle Alternativen kennen, er dringt ein in andere Lebensweisen und eine andere Sicht der Dinge. Dies fördert die soziale und interkulturelle Kompetenz junger Menschen. Im Rahmen der Exkursionen, die stets integrativer Bestandteil der Schülersprachreisen sind, erhält der Jugendliche einen lebendigen Eindruck vom Alltagsleben und der Geschichte des Landes. Aus diesen Gründen ist die Sprachreise keineswegs nur etwas für „schwache" Schüler.

Schülersprachreisen sind jugendgerechte und betreute Reisen. Neben den Fremdsprachenlehrern wirken dabei die Gastfamilien und die Reisebegleiter mit. Dass auch für die Hin- und Rückreise eine kompetente Betreuung vorhanden ist (bei Flugreisen ab/bis Zielflughafen), versteht sich für verantwortungsbewusste Veranstalter von selbst.

Es gibt Schülersprachkurse, bei denen ein deutscher Fremdsprachenlehrer vor Ort anwesend ist, um mit den Schülern speziell jene Bereiche zu bearbeiten, die in der deutschen Schule gefordert werden, wie z. B. Grammatik, Übersetzungen oder abiturspezifische Textanalysen. Auch wenn sie für die Kommunikationsfähigkeit im späteren Leben vielleicht nicht so bedeutsam sind: Im Abitur sind sie es.

Überlegungen vor der Buchung einer Schülersprachreise:

- Welche Aussagen macht der Veranstalter zu den Altersunterschieden der Schüler in den Lerngruppen (je geringer die Unterschiede, desto besser).
- Gibt es vor Ort deutschsprachige Mitarbeiter, an die sich die Schüler bei Bedarf wenden können?
- Macht die Organisation Aussagen über Inhalte und Lernziele des Unterrichts?
- Welche Lehrmaterialien werden verwendet? Verbleiben diese im Besitz der Schüler oder werden sie leihweise zur Verfügung gestellt?
- Sind die Lerngruppen mehrsprachig zusammengesetzt oder teilen die Schüler die gleiche Muttersprache?
- Welche Ausflüge, Besuche, Sport- und Freizeitaktivitäten sind vorgesehen und im Reisepreis enthalten? Die Programmbeschreibung sollte hier auch exakte Angaben zu Eintrittsgeldern und Transportkosten enthalten.
- Welche zusätzlichen außerschulischen Aktivitäten sind am Kursort möglich?
- Welche Betreuung des Kursprogramms ist vorgesehen? Wie ist das Zahlenverhältnis von Betreuern zu Schülern?
- Wie ist die Reise von Kurs- und Reiseleitern begleitet? (Abholung am Zielflughafen absolut erforderlich)
- Welches Transportmittel und welche Reiseroute benutzt der Veranstalter?

Weitere Informationen unter: http://fdsv.de/sprachreisen/ratgeber-fuer-sprachreisen/

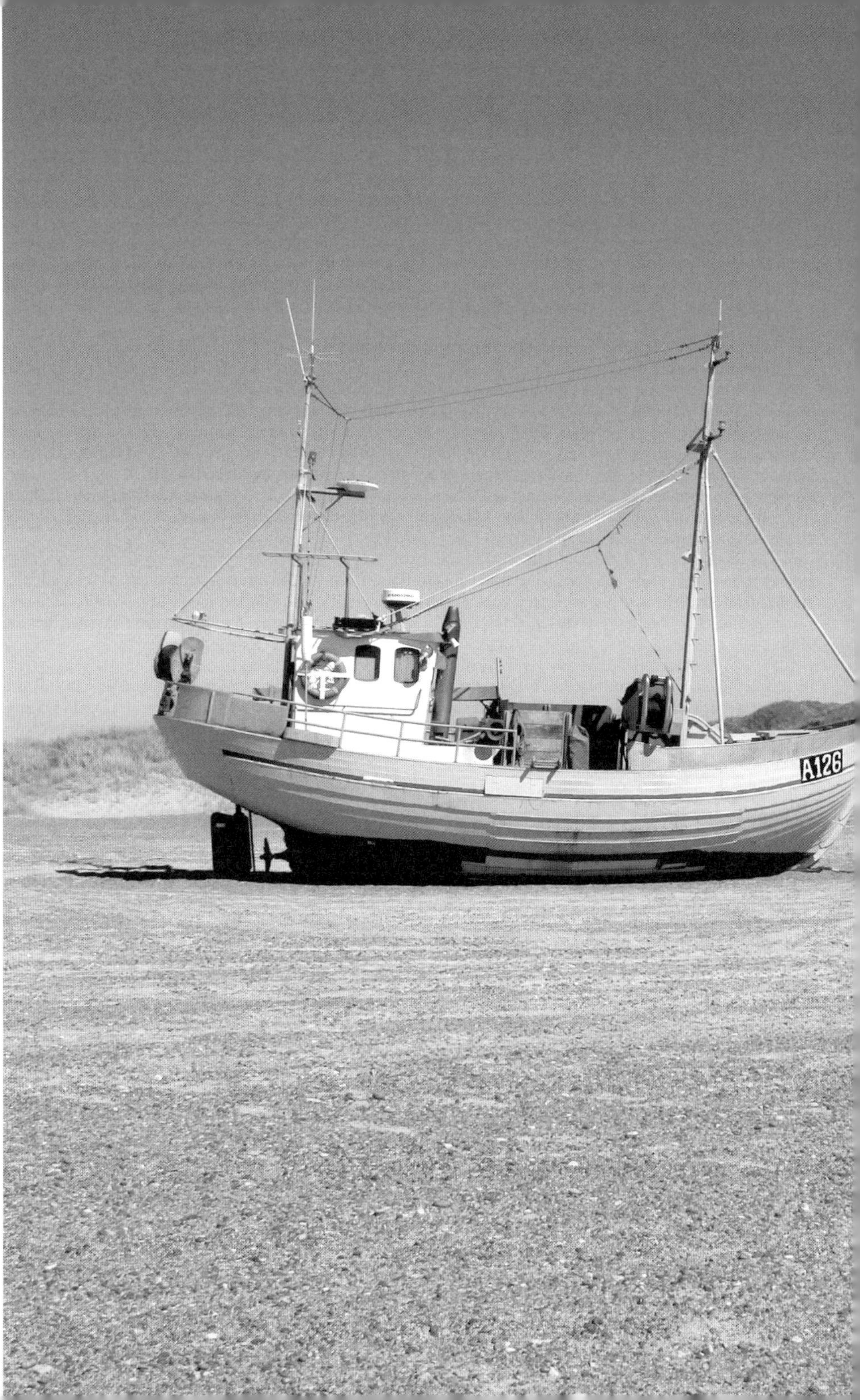
A126

„Technisch gutes Englisch ist nicht gut genug!"

HOMESTAY / INTERKULTURELLE BEGEGNUNGEN

HOMESTAY / INTERKULTURELLE BEGEGNUNGEN

In der Welt zu Gast bei Freunden

Wenn die Dänen Weihnachten feiern, dekorieren sie den Baum mit vielen kleinen rot-weißen dänischen Fähnchen und tanzen um den Baum. Das gehört zu den Dingen, die in keinem Schulbuch stehen und an keiner Universität gelehrt werden. Man muss sie einfach erleben.

Homestay bedeutet, dass man in einem fremden Land in eine Gastfamilie aufgenommen wird. Manchmal für ein paar Tage und manchmal auch länger. Die Idee, die dahinter steckt, ist, eine bessere Völkerverständigung zwischen unterschiedlichen Kulturen zu entwickeln. Die interkulturelle Kommunikation wird gefördert. Es geht vordergründig nicht um eine Sprachreise oder Au-pair. Es ist nicht einfach eine billige Unterkunftsmöglichkeit. Es wird erwartet, dass der Gast aktiv am Familienleben teilnimmt. Homestay lässt sich somit auch hervorragend mit anderen Auslandsaktivitäten wie Sprachschulen, Praktika usw. verbinden.

Die vermittelnden Organisationen arbeiten meist gemeinnützig und ehrenamtlich. Die Angebote beziehen sich sowohl auf Kinder und Schüler für die Dauer der Schulferien, als auch auf Erwachsene.

Erfahrungsbericht: Gastfamilienaufenthalt Irland

Schon seit vielen Jahren bin ich von Irland, der grünen Insel, fasziniert und konnte Land und Leuten bereits in mehreren Urlaubsaufenthalten begegnen. Dieses Mal aber entschied ich mich für einen mehrwöchigen Aufenthalt in einer Gastfamilie. Das Angebot von Experiment e.V. schien mir genau richtig- hier wurden meine individuellen Wünsche berücksichtigt.

Mitte Juli begann mein Experiment in Irland. In dem gemütlichen Dorf Oughterard, nahe der lebendigen Studentenstadt Galway, empfing mich meine Gastmutter an der Bushaltestelle. Kurz darauf lernte ich ihre drei Kinder kennen. Anfangs musste ich mich wirklich an den Trubel im Haus und die anderen Familiengewohnheiten gewöhnen. Ich war sehr froh über mein eigenes kleines Zimmer, das mein Gastbruder extra für mich geräumt hatte. Schon nach einer Woche fühlte ich mich wie zu Hause und unternahm erste Ausflüge alleine oder in Begleitung meiner Familie in der wunderschönen Connemara Region.

Einer meiner Lieblingsstellen war das Ufer des Corrib Sees mit seinen zahlreichen baumbewachsenen Inseln und dem glasklaren Wasser. Schon beim kleinsten Sonnenstrahl kamen Besucher hierher. Schnell kam ich mit Einheimischen ins Gespräch, die fast alle großes Interesse gegenüber Fremden mitbrachten. Von der Offenheit und Freundlichkeit der Iren wurde ich in den verbleibenden Wochen noch oft überrascht. So lud mich eine Frau spontan zu einer cup of tea ein, nachdem wir uns zuvor auf der Straße unterhalten hatten. Bald hatte ich keine Scheu mehr, englisch zu sprechen und den irischen Akzent hatte ich ohnehin längst liebgewonnen. Die Tage vergingen wie im Fluge und auf dem Programm standen u.a. Castle- und Städtebesichtigungen, malerische Gärten, Spaziergänge, Einkäufe mit meiner Familie, Kino- und Pubbesuche.

Natürlich gab es auch schwierige Momente, z.B. wenn ich mit meinem Englisch nicht weiterkam, die Jungs auf der Straße mich ärgerten oder ich meine Freunde hin und wieder vermisste. Die intensiven Gespräche mit meiner Gastmutter, das Zusammenleben mit meinen Gastgeschwistern, das Erleben von der irischen Verbindung aus Tradition und Moderne zeigten mir jedoch, dass sich dieser Aufenthalt in jeder Hinsicht lohnte.

Viel zu schnell verstrich die Zeit und nach fünf Wochen hieß es dann leider Abschied nehmen. Da allerdings meine Dankbarkeit für all die schönen Erlebnisse überwog und noch 10 Tage Irlandurlaub mit meinen Freunden auf mich warteten, überkam mich letztlich doch ein freudiges Gefühl.

Ich hatte die persönliche Herausforderung eines selbstgeplanten, längeren Irlandaufenthaltes mit Hilfe von Experiment e.V., erfolgreich gemeistert und die irische Lebensweise noch mehr kennen und lieben gelernt. Nur gut, dass ich während meines Aufenthaltes ein Reisetagebuch geführt und eine Menge Fotos gemacht habe - so werde ich immer Erinnerungen wachrufen und anderen zu einem solchen Experiment raten können. Und eines steht sowieso fest: Ich komme wieder.

Simone Lechner war mit Experiment e.V. unterwegs

Deutsche Gesellschaft für internationale Kinder- und Jugendbegegnungen
CISV
Berlin

Weltweit stattfindende internationale Kinder- und Jugendbegegnungen. Der Verein arbeitet ehrenamtlich und ist frei von politischen, religiösen oder rassischen Bindungen. Er ist als gemeinnützig anerkannt. Themenschwerpunkte der Aufenthalte: Friedenserziehung, Völkerverständigung und Förderung von interkulturellen Freundschaften.

2. Name:
Der Verein heißt in Deutschland: Deutsche Gesellschaft für Internationale Kinder- und Jugendbegegnungen e.V., Int.: CISV – Children's International Summer Villages

3. Anschrift:
Dorfstraße 71,
23684 Gronenberg

4. Telefon / Telefax / E-Mail / Homepage:
Tel: 0049 (0)1637738404
Email: secretary@de.cisv.org;
www.cisv.de (CISV Deutschland), www.cisv.org (CISV Int.)

5. Kontakt:
Wiebke Millfahrt, Nationale Geschäftsstelle

6. Altersbegrenzung:
Teilnehmer: ab 11 Jahre / Begleiter: ab 21 Jahre

7. Spezielle Voraussetzungen:
CISV ist KEIN Reiseunternehmen, welches Kinder/Jugendliche zum Erlernen einer Fremdsprache ins Ausland schickt, sondern hat das Ziel ein besseres Verständnis für die Völker unserer Erde zu entwickeln und ein friedliches Zusammenleben zu fördern.

Für Betreuer sind gute englische Sprachkenntnisse unbedingt erforderlich, ein offenes und kontaktfreudiges Wesen außerdem die Bereitschaft fremde Kulturen kennenzulernen und gerne mit vielen Kindern zu spielen, leben und arbeiten. Teilnehmer sollten auch Englisch sprechen können und Interesse am Austausch mit Menschen aus vielen anderen Nationen haben. Bei jüngeren Kindern sind Englischkenntnisse nicht erforderlich.

8. Dauer des Aufenthalts:
Je nach Programm 1-4 Wochen

9. Abreisezeitpunkt:
Sommer: Anfang Juli / Winter: Ende Dezember

10. Anmeldefrist oder Bewerbungsfrist:
Im November für das darauffolgende Jahr

11. Kosten:
Je nach Programm und Reiseziel unterschiedlich zwischen 500 EUR und
1.500 EUR (inkl. der Reisekosten!)

12. Lohn während des Aufenthalts:
Betreuer bekommen keinen Lohn, müssen aber auch nichts bezahlen, weder Kost, noch Logis noch Reisekosten. Teilnehmer müssen die Reisekosten tragen

13. Kosten während des Aufenthalts:
Minimal, Versicherungen übernimmt der Verein, nur Taschengeld erforderlich. Da es in allen Programmen Vollverpflegung gibt und auch Ausflüge im Preis enthalten sind, braucht man nicht viel Taschengeld

17. Länder / Gebiete des Aufenthalts:
62 Länder weltweit

Experiment e.V. Bonn

Experiment e.V.
THE EXPERIMENT IN INTERNATIONAL LIVING

Experiment e.V. ist eine gemeinnützige Organisation mit Sitz in Bonn, die sich seit über 85 Jahren den Austausch zwischen Menschen aller Kulturen, Religionen und Altersgruppen zum Ziel gesetzt hat. Der Verein bietet eine große Bandbreite an interkulturellen Programmen in über 70 verschiedenen Ländern an, u. a., Schüleraustausche, Freiwilligendienste, Ferienprogramme, Praktika und Sprachreisen. Experiment e.V. ist Gründungsmitglied des „Arbeitskreises gemeinnütziger Jugendaustauschorganisationen" (AJA) und legt großen Wert auf die Qualität der Austauschprogramme. International Homestay: Experiment e.V. vermittelt Gastfamilienaufenthalte weltweit für Menschen von 15 bis 50 Jahren. Im Programm sind auch einige Specials, zum Beispiel der Aufenthalt auf einer Ranch/Farm in den USA oder Kanada sowie ein Sprach- und Sportprogramm in Frankreich. Es ist zudem möglich, einen Gastfamilienaufenthalt und einen Sprachkurs zu kombinieren.
Siehe auch unter „Au-pair", „Soziale Arbeit", „weltwärts" und „Schulaufenthalt".

2. Name:
Experiment e.V. – The Experiment in International Living

3. Anschrift:
Gluckstraße 1, 53115 Bonn

4. Telefon / Telefax / E-Mail / Homepage:
Tel.: 0228 95722-0, Fax: 0228 358282
E-Mail: info@experiment-ev.de, Internet: www.experiment-ev.de
Gesonderte Notrufnummer für aktive Teilnehmende

5. Kontakt:
Eva Kirch, kirch@experiment-ev.de

6. Altersbegrenzung:
Ab 18 (zum Teil ab 15)

7. Spezielle Voraussetzungen:
Grundkenntnisse der Landessprache

8. Dauer des Aufenthalts:
1 bis 4 Wochen

9. Abreisezeitpunkt:
Ganzjährig

10. Anmeldefrist oder Bewerbungsfrist:
8 Wochen vor dem gewünschten Abreisedatum

11. Kosten:
Ab 490 EUR, je nach Dauer und Reiseland, inkl. Unterkunft und Verpflegung, Betreuung vor Ort

12. Lohn während des Aufenthalts:
Unterkunft und Verpflegung frei

13. Kosten während des Aufenthalts:
Flug, Taschengeld und Versicherungen

15. Träger von FSJ, DJiA, FÖJ, EFD, IJFD u.ä:
Europäischer Freiwilligendienst (EFD), Internationaler Jugendfreiwilligendienst (IJFD), weltwärts

16. Bestimmte Staatsangehörigkeit vorausgesetzt:
Angebote offen für alle.

17. Länder / Gebiete des Aufenthalts:
Ecuador, Frankreich, Großbritannien, Irland, Japan, Kanada, Südafrika, USA

SERVAS Germany e.V.
Berlin

SERVAS ist eine internationale Friedensorganisation, die unter den Völkern der Erde ein besseres Verständnis durch persönliche Kontakte schaffen will. Das Ziel von SERVAS ist es, durch Begegnungen von Mensch zu Mensch Vorurteile unter den Völkern abzubauen, zu einem besseren Verständnis der gegenseitigen Probleme zu gelangen und dadurch einen Beitrag zum (Welt)-Frieden zu leisten. SERVAS bringt Menschen unterschiedlicher Herkunft und Gesinnung, verschiedenen Glaubens und unterschiedlicher Hautfarbe zusammen, damit sie sich gegenseitig kennenlernen. Weltweit öffnen Gastgeber den SERVAS-Reisenden ihre Türen, um ihnen für einige Tage einen Einblick in ihren Alltag zu geben.

SERVAS ist auf allen Kontinenten der Erde vertreten. Nach den politischen Veränderungen Ende der 80er Jahre ist auch der Anteil osteuropäischer SERVAS-Kontaktmöglichkeiten gestiegen.

2. Name:
SERVAS Germany e.V.

3. Anschrift:
Servas Germany e.V.
O'Swaldstr. 32
22111 Hamburg

4. Telefon / Telefax / E-Mail / Homepage:
E-Mail: info@servas.de
Homepage: www.servas.de
International: www.servas.de

5. Kontakt:
Die regionalen Koordinatorinnen und Koordinatoren

6. Altersbegrenzung:
ab 18. Für Jugendliche zwischen 14 und 18 Jahren, die gemeinsam mit ihren Eltern schon Servas-Erfahrungen gesammelt haben, gibt es die Möglichkeit, mit einem speziellen „Letter of Introduction for Young Members" zu reisen

7. Spezielle Voraussetzungen:
Kein Gastgeber ist verpflichtet, Reisende zu jedem Zeitpunkt aufzunehmen. Der Reisende verlässt mit dem Gastgeber die Wohnung, wenn dieser z.B. zur Arbeit geht.
Ausnahmen werden nur vom Gastgeber angeboten.
Verwechseln Sie Reisen mit SERVAS nicht mit einem Hotelaufenthalt! Ihre Gastgeber möchten Sie kennenlernen und sich mit Ihnen über Ihr Land und Ihre Erfahrungen austauschen.
Aufnahme in das Servas-Host-System

8. Dauer des Aufenthalts:
In der Regel 2 Tage pro Besuch, sofern die Gastgeber nicht mehr anbieten. Die Dauer der Reise ist unbegrenzt

9. Abreisezeitpunkt:
Keine Vorgaben

10. Anmeldefrist oder Bewerbungsfrist:
Aufnahme ist ständig möglich.
Verfahrensdauer 4-6 Wochen

11. Kosten:
Alle Mitarbeiter von SERVAS arbeiten ehrenamtlich. Trotzdem fallen Kosten an z.B. für den Druck der Gastgeberlisten, Telefon, Büromaterialien usw.
Außerdem wird ein Teil der Einnahmen zur Finanzierung der internationalen Kontakte und zur Unterstützung von SERVAS-Vertretungen, die noch im Aufbau begriffen sind, an SERVAS INTERNATIONAL weitergeleitet.
Die Gebühr für die Ausstellung eines LOI beträgt derzeit 20 EUR pro Person, mitreisende Kinder unter 18 zahlen nichts. Reisende und Gastgeber haben bei SERVAS GERMANY e.V. den Status eines Fördermitglieds. Der Fördermitglieds-Beitrag von 10 EUR wird bei den Gastgebern jährlich mit der Aktualisierung der Gastgeberliste fällig. Die Reisenden zahlen diesen jährlichen Beitrag zusätzlich zu der LOI Gebühr bei der Ausstellung eines neuen LOI.

16. Bestimmte Staatsangehörigkeit vorausgesetzt:
Alle können teilnehmen

17. Länder / Gebiete des Aufenthalts:
120 Länder in allen Kontinenten

Terre des Langues e.V.
Regensburg

HOMESTAY / Leben mit einer Gastfamilie

Siehe auch unter „Praktikum"

2. Name:
Terre des Langues e.V.

3. Anschrift:
Pflanzenmayerstr. 16
93049 Regensburg

4. Telefon:
Tel: 0941 / 56 56 02
Fax: 0941 / 56 56 04
E-Mail: Terre des Langues@t-online.de
Homepage: www.Terre-des-Langues.de

5. Kontakt:
Frau Petra Schmidt

6. Altersbegrenzung:
12-18 Jahre

7. Spezielle Voraussetzungen:
Die Teilnehmer sollten freiwillig den Entschluss fassen, eine zeitlang bei einer ausländischen Familie zu leben, sich dort als Mitglied der Familie zu fühlen und alles mitzumachen, was von den Gasteltern angeboten wird. Sie sollten Interesse haben, andere Kulturen kennen zu lernen, Offenheit und Toleranz zeigen. Die Familien in den USA, Mexiko, Frankreich und Russland laden Sie unentgeltlich ein. Sprachkenntnisse sind erforderlich.

8. Dauer des Aufenthalts:
1-12 Wochen

9. Abreisezeitpunkt:
Dieses Programm ist während des ganzen Jahres nach Terminabsprache verfügbar.

10. Anmeldefrist oder Bewerbungsfrist:
Die Teilnehmer möchten sich bitte möglichst frühzeitig bewerben. Kurzfristige Anmeldungen können nur nach Rücksprache mit unseren ausländischen Partnern angenommen werden

11. Kosten:
Z.B. Florida, Virginia,
North Carolina und Montana.

2-3 Wochen 2.850 EUR
4 Wochen   2.950 EUR

inkl. Flug, Transfers zw. Flughafen und Gastfamilie, Unterkunft und Verpflegung bei einer Gastfamilie als einziger Deutsch sprechender Gast, Betreuung vor Ort

13. Kosten während des Aufenthalts:
Taschengeld

17. Länder / Gebiete des Aufenthalts:
Australien, USA, Kanada, Frankreich, England und Russland

In Frankreich, England und Russland haben die Teilnehmer die Möglichkeit, zusammen mit dem Kind der Gasteltern die Schule zu besuchen

Links und Informationen zum Thema

Lions Club

Fürs Leben lernen – kulturübergreifend und weltweit
Jedes Jahr können junge Menschen im Rahmen des internationalen Lions-Jugendcamp- und Austauschprogramms ins Ausland reisen und andere Kulturen kennenlernen. Jeder Jugendaustausch beinhaltet einen längeren Aufenthalt, bei dem einer der vielen internationalen Clubs der Gastgeber ist.

Als Teilnehmer werden Sie
- bei einer Gastfamilie in einem anderen Land leben
- Leute von überall her in Ihrem Alter kennenlernen
- etwas darüber lernen, was uns alle verbindet und was uns unterscheidet – und dass wir Unterschiede respektieren müssen, egal wo wir herkommen und wo wir leben

Jugendcamps und Jugendaustausch
Ein Austausch kann in Hunderten von Ländern und Orten organisiert werden; überall dort wo es Lions-Clubs gibt. Die meisten Austauschprojekte laufen über einen Zeitraum von vier bis sechs Wochen, wobei die Teilnehmer (zwischen 15 und 21) während dieser Zeit bei einer oder auch mehreren Gastfamilien im Gastland untergebracht sind.

Jugendcamps laufen über einen Zeitraum von ein bis zwei Wochen und verfolgen das Ziel, junge Menschen (zwischen 16 und 22) aus der ganzen Welt zusammenzubringen. Mit der Teilnahme am Jugendcamp ist in der Regel ebenfalls ein Aufenthalt in einer Gastfamilie verbunden, der sich über ein bis vier Wochen erstrecken kann. Die Lions veranstalten jährlich in ca. 40 Ländern mehr als 100 Jugendcamps. Die Teilnehmer besuchen dabei Orte, die von kulturellem oder allgemeinem Interesse sind, und nehmen an Sportereignissen oder landeskundlichen Veranstaltungen teil, die von den Campteilnehmern selbst organisiert werden.

https://www.lions.de/jugendprogramme

Rotary Club

Der rotarische Ferienaustausch bietet dir die Möglichkeit, für 3 bis 6 Wochen in Familien in einem Gastland zu leben. Der Austausch ist kein touristischer Aufenthalt, sondern will Jugendlichen einerseits die Möglichkeit geben, ein neues Land, seine Bevölkerung und Lebensgewohnheiten, seine Kultur kennenzulernen, und andererseits als Botschafter im Gastland über seine Heimat berichten zu können. Du wirst in einer Gastfamilie wohnen und deine Familie wird für die gleiche Aufenthaltsdauer Gastgeschwister aufnehmen.

Die Ziele unseres Ferienaustausches oder auch „family-to-family"-Austausch sind die Förderung des internationalen Verständnisses und des guten Willen durch Ausweitung der internationalen Kommunikation auf der persönlichen Ebene.

http://www.rotary-jd.de/

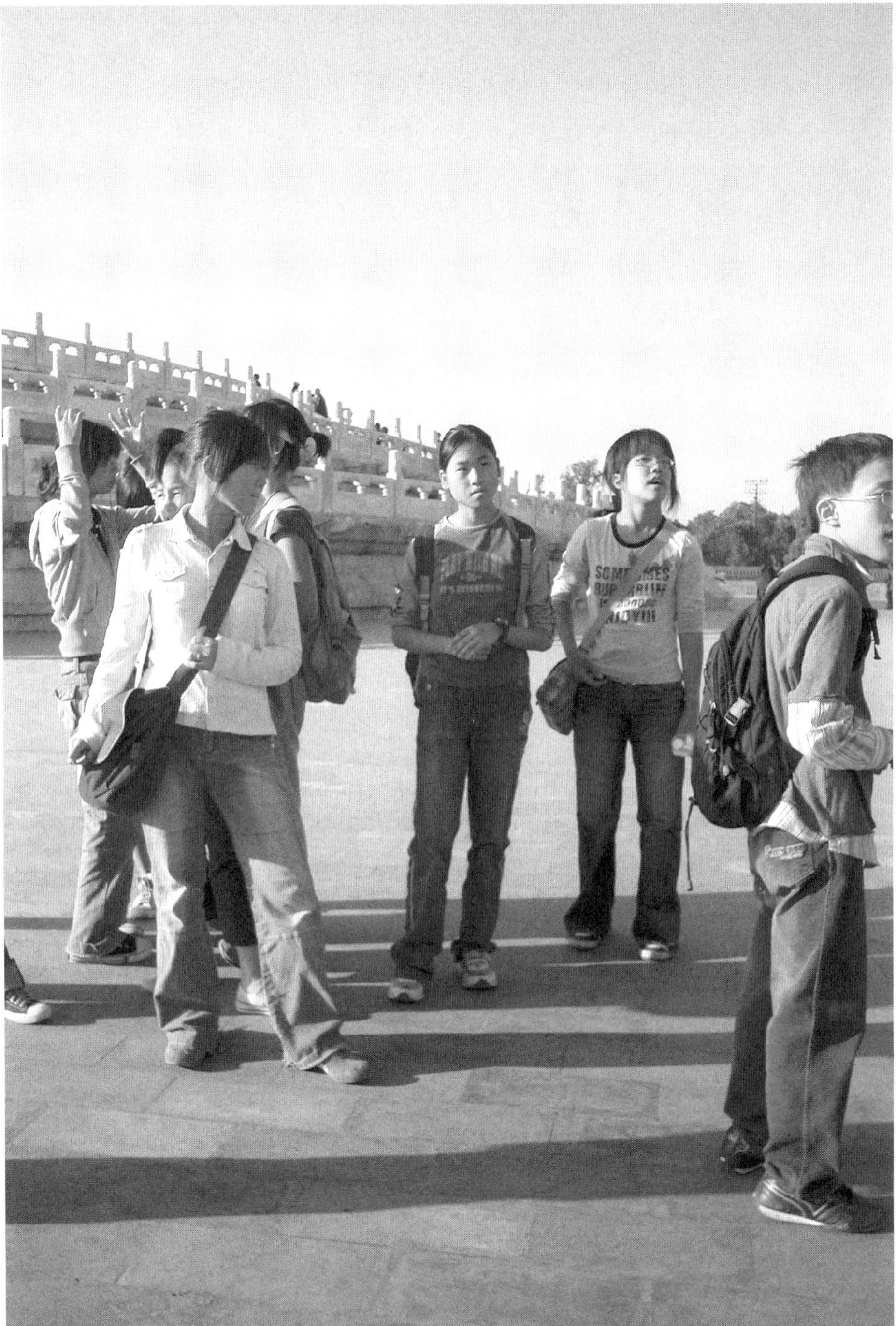

HOMESTAY / INTERKULTURELLE BEGEGNUNGEN

ERLEBNISREISEN

„You can feel it!"

ERLEBNISREISEN

Abenteuer erleben

Abenteuer in der inneren Mongolei, Safari durch das Hinterland in Australien, Trekking in Südafrika, in 80 Tagen um die Welt - Expeditionen rund um den gesamten Erdball - oder ganz ausgefallen: Crewmitglied bei einer Yachtüberführung. Der Name ist bei diesem Auslandsaufenthalt Programm. Sozusagen der Freestyle unter den Auslandsreisen. Alles ist möglich - Nichts ist unmöglich. Um so wichtiger ist eine gute Vorbereitung und Planung der Aktivitäten. Ob als Auszeit oder als Verlängerung eines Arbeitsaufenthaltes im Ausland.

Menschen, Natur, Land und Leute kennen lernen. Mit einer guten Portion Abenteuerlust. Das sind die Voraussetzungen für eine Erlebnisreise. Sicher nicht für jedermann. Man lernt seine Grenzen kennen und macht sich fit für neue Herausforderungen des Lebens.

Gute körperliche Verfassung und Willensstärke gehören genauso dazu wie Teamgeist und Enthusiasmus. Fit for fun eben.

Adventure Alternative Ltd.
Belfast
Irland

Erlebnisreisen in Kenia und Nepal. Safaris, Bergsteigen, die Einwohner kennenlernen und helfen. Außerdem: Expeditionen nach Russland sowie Wüstensafari in Marokko.

2. Name:
Adventure Alternative Ltd.

3. Anschrift:
2a Church Street, Portstewart, Northern Ireland, BT55 7AH
Correspondence:
PO Box 14, Portstewart, Northern Ireland BT55 7WS

4. Telefon / Telefax / E-Mail / Homepage:
Tel/Fax: 0044 28708 31258
Email: office@adventurealternative.com
Homepage: www.adventurealternative.com
www.russianadventures.ru

5. Kontaktperson:
Gavin Bate
oder Chris Little

6. Altersbegrenzung:
Ab 16 Jahre

7. Spezielle Voraussetzungen:
Grundkenntnisse Englisch. Die Kinder in Kenia sprechen und lernen Englisch. In Nepal ist es etwas schwieriger aber man kann mit Englisch gut kommunizieren. Es ist deswegen notwendig, dass jeder Bewerber ein Formular für das Auswahlverfahren ausfüllen muss.
Keine anderen Anforderungen außer Enthusiasmus und Offenheit.

8. Dauer des Aufenthalts:
1 Monat Keniaexpedition, 3 Monate Unterrichtspraktikum, 6 Wochen Krankenpflege/Medizinalpraktikum. Bergsteigerexpeditionen von unterschiedlicher Länge. Nach jeder Expedition oder jedem Unterricht ist es möglich, für eine individuelle Reise im Land zu bleiben. Wir können bei der Planung und Umsetzung behilflich sein.

9. Abreisezeitpunkt:
Die Keniaexpeditionen beginnen im Juli und August. Die Praktika und alle anderen Expeditionen finden das ganze Jahr über statt. Für die aktuellen Reiserouten rufen Sie uns bitte an.

10. Anmeldefrist oder Bewerbungsfrist:
3-6 Monate vor Reisebeginn.

11. Kosten:
1 Monat Keniaexpedition - 1.345 GBP.
6 Wochen Krankenpflege/Medizinalpraktikum in Nepal oder Kenia - 950 GBP
Individuelle Expeditionen auf Anfrage. Zusätzliche Kosten für eigene Versicherung, Visum, persönliche Ausgaben.
Kosten beinhalten alle Aktivitäten, Unterkunft, Verpflegung, Betreuung und Material

13. Kosten während des Aufenthalts:
Taschengeld

17. Länder / Gebiete des Aufenthalts:
24 Reiseziele weltweit

AIFS
American Institute For Foreign Study
Bonn

AIFS ist eine der ältesten und größten Organisationen für kulturellen Austausch weltweit und ein führender Anbieter im Bereich Jugend- und Bildungsreisen. Mit AIFS sind Surfcamps in den USA, Australien, Neuseeland, Südafrika und auf Bali möglich. Die Kurslänge variiert dabei je nach Land von einem viertägigen Schnupperkurs bis zu einem dreimonatigen Surf Instructor Kurs. Die Surfkurse sind direkt mit weiteren AIFS Programmen kombinierbar.
Siehe auch unter „Au Pair", „Work & Travel", „Camp Counselor", „Soz. Arbeit/Dienste", „Schule", „Studium" und „Sprachreisen".

2. Name:
AIFS (American Institute For Foreign Study)

3. Anschrift:
Friedensplatz 1
53111 Bonn

4. Telefon / Telefax / E-Mail / Homepage:
Tel.: +49 (0)228.95730-0
Fax: +49 (0)228.95730-110
E-Mail: info@aifs.de
www.aifs.de/www.aifs.at/www.aifs.ch

5. Kontakt:
Kristina Winter

6. Altersbegrenzung:
ab 18 Jahre

7. Spezielle Voraussetzungen:
Schwimm- und Englischkenntnisse;
Surfkenntnisse werden nicht vorausgesetzt

8. Dauer des Aufenthalts:
4 Tage bis 3 Monate

9. Abreisezeitpunkt:
ganzjährig

10. Anmeldefrist bzw. Bewerbungsfrist:
spätestens 7 Wochen vor Kursbeginn

11. Kosten:
USA: 7 Tage Surfcamp: 950 EUR; Australien: 5 Tage Surfcamp: ab 390 EUR, Ausbildung zum Surflehrer (3 Monate): 3.490 EUR; Neuseeland: 4 Tage Surfcamp: 230 EUR; Südafrika: 8 Tage Surfcamp: 280 EUR; Bali: 3 Tage Surfcamp: 280 EUR, 5 Tage Surfcamp: 420 EUR

13. Kosten während des Aufenthalts:
Hin- und Rückflug, private Ausgaben während des Aufenthaltes; Neuseeland: Verpflegung

16. Bestimmte Staatsangehörigkeit vorausgesetzt:
Deutschland, Österreich, Schweiz

17. Länder / Gebiete des Aufenthalts:
USA, Australien, Neuseeland, Südafrika, Bali

Austravel
Crawley, England

AUSTRAVEL

Komm nach Australien und erlebe dieses einzigartige Land zusammen mit gleichgesinnten Abenteurern in einer kleinen Gruppe. Wir versprechen nicht nur kleine Gruppen – wir garantieren es sogar. Auf unseren Standard Touren sind nie mehr als 14 Teilnehmer, um dir so die Flexibilität, Freiheit, Sicherheit und Zeit zu geben, deinen Urlaub „Down Under" so richtig zu geniessen.

2. Name:
Austravel (ozXposure)

3. Anschrift:
Origin One,
108 High Street,
Crawley, West Sussex,
RH10 1BD
England

4. Telefon / Telefax / E-Mail / Homepage:
Tel: 0044 2800 988 46 76

E-Mail: traveldesigners@austravel.com
Homepage: www.austravel.com

6. Alterbegrenzung:
Für 18- bis 38-Jährige

7. Spezielle Voraussetzungen:
Da die Teilnehmer aus vielen Ländern der Welt kommen, wird auf den Touren Englisch gesprochen

8. Dauer des Aufenthalts:
Von 4 bis 42 Tagen

9. Abreisezeitpunkt:
Über 100 Abreisetermine jährlich

10. Anmeldefrist oder Bewerbungsfrist:
So schnell wie möglich, da der gewünschte Abreistermin sonst ausgebucht sein kann

11. Kosten:
Beispiel 4 Tage Red Centre Safari, von Alice Springs nach Alice Springs: ab 845 AUD
In den Kosten sind Folgende Leistungen enthalten:
- Transport in einem Deluxe Maxivan für 15 Passagiere
- Erfahrene Reiseleiter
- Camping- und Kochausrüstung (außer Schlafsack)
- Eintritt in alle Nationalparks, die unter dem Reiseverlauf angegeben sind
- und viele zusätzliche Aktivitäten

13. Kosten während des Aufenthalts:
Reiseversicherung, `Food Kitty´ (Essenkasse), einige Aktivitäten sind nicht im Preis mitinbegriffen, wie beispielsweise Kamelreiten

17. Länder / Gebiete des Aufenthalts:
Australien und Neuseeland

Basecamp Group Ltd.
England

Base Camp Group Snowsports Programme sind eine fantastische Möglichkeit, Ski oder Snowboardlehrer für eine Saison zu werden. Dieses Programm ist das erste seiner Art in der EU, und ideal für jeden, der ein freies Jahr, eine Pause oder einen Karrierewechsel machen möchte. Werde ein Ski oder Snowboard Instruktor: Off-piste, freestyle, freeride, racing and mogul training, Lawinen-Soforthilfe und Ski/Snowboard Tuning Clinics. Alles in den größten Skigebiete der Welt: Mt. Ruapehu, Banff, Meribel und Val d'Isere Resorts.

2. Name:
Basecamp Group Ltd.

3. Anschrift:
Queensgate House
48 Queen Street
Exeter EX4 3SR
Großbritannien

4. Telefon / Telefax / E-Mail / Homepage:
Tel: 0044 (0)208 789 9055
E-Mail: hello@basecampgroup.com
Homepage: www.basecampgroup.com

6. Altersbegrenzung:
Keine Altersbegrenzung, aber wenn du jünger als 18 bist, müssen deine Eltern den Vertrag unterschreiben.

7. Spezielle Voraussetzungen:
Es ist zu empfehlen, dass du bereits einige Ski- oder Snowboard-Erfahrung hast.

8. Dauer des Aufenthalts:
Zum Beispiel 10 Wochen Ski All Mountain oder 7 Wochen Ski Instructor Course in Frankreich

9. Abreisezeitpunkt:
Anfang Januar

10. Anmeldefrist oder Bewerbungsfrist:
Wir empfehlen nicht später als Ende des Sommers.

11. Kosten:
Für Frankreich (10 Wochen): ab 195 GBP. Folgende Leistungen sind inklusive: Persönliche Entwicklung, Off-piste, Moguls, Racing, freeride und Snowpark Training / Vorbereitung für alle Instructor Prüfungskurse / Snow Systems Instruction (6 Stunden pro Tag, 5 Tage in der Woche) / Registrierung als ein BASI Mitglied /Trainee Ski Instructor Course oder Trainee Snowboard Instructor Course (7 Wochen) ab 5.995 GBP: Les 3 Vallees' season lift pass (7 Tage pro Woche) / BASP Erste-Hilfe-Kurs / Lawinen- und Berg-Kenntnis-Kurs / Ski und Snowboard Tuning Clinics / Französisch Sprachkurs / Unterkunft / Continental breakfast und Abendessen (5 Tage pro Woche) / Flughafen - Meribel Transfer.
Nicht inklusive sind: Transport Deutschland - Frankreich hin/zurück, Versicherung, Wintersportausstattung sowie Base Camp Group Ski oder Snowboard Bekleidung.

13. Kosten während des Aufenthalts:
Taschengeld, Verpflegung am Wochenende.

17. Länder / Gebiete des Aufenthalts:
Frankreich, Schweiz, Neuseeland und Kanada

Flying Fish
Isle of Wight
England

Kombinierte Erlebnisreise und Ausbildung. Flying Fish bildet Wassersport-Lehrer und Yachtskipper aus. Seeleute, Taucher, Surfer und Windsurfer, die bei Flying Fish geschult werden, haben Zugang zu einem Jobvermittlungsservice.

2. Name:
Flying Fish

3. Anschrift:
5 Birmingham Road, Cowes,
Isle of Wight PO31 7BH
England

4. Telefon / Telefax / E-Mail / Homepage:
Tel: +44 1983 280641
Fax: +44 1983 281821
E-Mail: mail@flyingfishonline.com
Homepage: www.flyingfishonline.com

5. Kontakt:
Training Adviser

6. Altersbegrenzung:
18 +

7. Spezielle Voraussetzungen:
Muss schwimmen können, sowie Interesse an Wassersport haben.
Fließend Englisch.

8. Dauer des Aufenthalts:
Variiert von 2 Wochen bis 4 Monate. Viele Kurse sind maßgeschnitten für Anfänger, andere sind für Fortgeschrittene

9. Abreisezeitpunkt:
Kurse fangen das ganze Jahr an

10. Anmeldefrist oder Bewerbungsfrist:
Jederzeit, so lange es freie Plätze gibt

11. Kosten:
Da die Kurse und Preise sehr unterschiedlich sind, bitte direkt anfragen

13. Kosten während des Aufenthalts:
120-150 GBP pro Woche

16. Bestimmte Staatsangehörigkeit vorausgesetzt:
Das Angebot gilt für alle

17. Länder / Gebiete des Aufenthalts:
Griechenland, Australien, Kanada und Großbritannien

Reliance Yacht Management
Hampshire / England

Seetüchtig? Abenteuerlustig? Für alle, die es mal erleben möchten, wie das Leben auf einen Yacht als Mannschaft oder Matrose ist - was man dort macht und mal probieren will, wie es ist, die Weltmeere zu überqueren. Yacht Deliveries Worldwide – nur für Volontäre.

2. Name:
Reliance Yacht Management

3. Anschrift:
1st Floor Suite
127 Lynchford Road
Farnborough
Hampshire
GU14 6ET, ENGLAND

4. Telefon / Telefax / E-Mail / Homepage:
Tel: +44 (0) 1252 378 239
Fax: +44 (0) 1252 521 736
info@reliance-yachts.com
www.relianceyachtmanagement.com
Montag – Freitag
9:00 – 17:30 Uhr

5. Kontakt:
Mr. Nick Irving (Managing Director)

6. Altersbegrenzung:
Ab 17 Jahren, gute körperliche Verfassung

7. Spezielle Voraussetzungen:
Wir verlangen keine Segelscheine, aber die Crew sollte entsprechende Vorbildung und Erfahrung mitbringen.
Alle zusätzlichen Fähigkeiten bezogen auf traveling & sailing sind immer willkommen und wertvoll (fischen, kochen, Sprachen, Segelflicken oder die Fähigkeit einen guten Kaffee zu kochen).

8. Dauer des Aufenthalts:
Wir haben eine jährliche Mitgliedschaft. In dieser Zeit bekommt jedes Crewmitglied soviel Angebote wie möglich vermittelt. Normale Trans Atlantik Überfahrten auf einer Segelyacht dauern 5-6 Wochen.
Normale Mittelmeer Überfahrten auf einer Segelyacht dauern 14 Tage.

9. Abreisezeitpunkt:
Wir haben das ganze Jahr über Yachtüberführungen.

10. Anmeldefrist:
Keine Begrenzung. Crewmitglieder können sich jederzeit anmelden, sollten aber einige Monate verfügbar sein, damit es sich lohnt. Unser Anmeldeformular auf Reliance website.

11. Kosten:
Die Reisekosten Deutschland- Yachthafen müssen selbst getragen werden. Nur in einigen Fällen werden kosten von der Firma übernommen. Unterkunft auf der Yacht ist frei im Gegenzug zur Mithilfe auf der Yacht. Falls die Yacht nicht rechtzeitig verfügbar ist sind die Kosten für Unterkunft vor Ort selbst zu tragen.

13. Kosten während des Aufenthalts:
Alle Ausgaben an Bord wird von Reliance gedeckt. Die Crewmitglieder haben Ausgaben in den Häfen auf der Route. Sie benötigen eine Krankenversicherung (vor Reiseantritt).
16. Bestimmte Staatsangehörigkeit vorausgesetzt:
Alle können mitmachen

17. Länder / Gebiete des Aufenthalts
Weltweit

TravelWorks Münster

Erlebnisreisen

Siehe auch unter „Au Pair", „Praktikum", „Work & Travel", „Soz. Arbeit", „Schule", „Sprachreisen", „Summer School" und „Studium im Ausland".

1. Name:
TravelWorks

3. Anschrift:
Münsterstr.111, 48155 Münster

4. Telefon / Telefax / E-Mail / Homepage:
Tel: 02506-8303-400, Fax: 02506-8303-230
E-Mail: info@travelworks.de
Homepage: www.travelworks.de
Öffnungszeiten: 09:00 Uhr bis 18:00 Uhr

5. Kontakt:
Carina Zölzer, Kathryn Voigt, Christina Gebhardt

6. Altersbegrenzung:
Ab 18 Jahren. Indien und Südafrika: ab 17 Jahren.

7. Spezielle Voraussetzungen:
Ggf. gute Englischkenntnisse.
Costa Rica: körperliche Fitness.
Spanien und Ecuador: gültige Auslandsreiseversicherung.
Südafrika: ggf. Gewicht von maximal 85kg (Pferdeprojekt), ggf. erweitertes polizeiliches Führungszeugnis.
Indien: ggf. erweitertes polizeiliches Führungszeugnis.

8. Dauer des Aufenthalts:
1 bis 12 Wochen.

9. Abreisezeitpunkt:
Abhängig vom Programm, aber grundsätzlich im gesamten Jahr.

10. Anmeldefrist oder Bewerbungsfrist:
Mind. 6-8 Wochen vor Ausreise.

11. Kosten:
Fidschi 990 EUR. Andalusien ab 1.440 EUR. Australien 2.040 EUR. Costa Rica ab 1780 EUR. Ecuador ab 990 EUR. Dominikanische Republik 1.140 EUR. Südafrika 1.740 EUR (Discover Cape Town), ab 1.490 EUR (Pferdeerlebnis), ab 2.240 EUR (Swasiland & Mosambik). Vietnam 990 EUR. Thailand 690 EUR. Indien ab 1.420 EUR. Sri Lanka 1.180 EUR. Bali 670 EUR. Enthaltene Leistungen, z.B. Südafrika Discover Cape Town: Transfers vom/zum Flughafen; Orientierungsveranstaltung; Unterkünfte im Mehrbettzimmer (Hostels, Gastfamilie, Zelte) und Teil der Mahlzeiten; geführte Sightseeing Tour durch Kapstadt; dreitätige Garden Route Tour; Township Tour; Robben Island Tour; Tour über die Halbinsels des Kaps der Guten Hoffnung; Besuch eines Löwenschutzprojektes; Fahrradtour und Weinprobe in Stellenbosch; Ausflug zum Tafelberg; Surfunterricht (ein Vormittag) und Paragliding; Betreuung von einer festen Programmkoordinatorin vor Abreise; Englischsprachige Ansprechpartner vor Ort; 24-Stunden-Notrufnummer uvm.

16. Bestimmte Staatsangehörigkeit vorausgesetzt:
EU- oder Schweizer Staatsangehörigkeit

17. Länder / Gebiete des Aufenthalts:
Spanien, Australien, Costa Rica, Ecuador, Dom. Republik, Südafrika, Vietnam, Thailand, Indien, Sri Lanka, Indonesien, Fidschi.

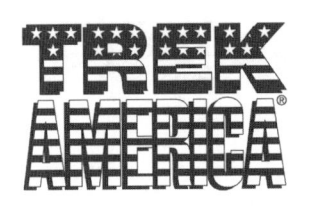

TrekAmerica Travel Ltd.
London, England

Seit 35 Jahren ist TrekAmerica darauf spezialisiert, in ihre Abenteuerreisen das Beste zu packen, das Nordamerika zu bieten hat. Reisen in kleinen Gruppen für 18- bis 38-Jährige. Jeder Tag wird optimal genutzt, um jene unvergesslichen Erlebnisse zu schaffen, die ein Leben lang bleiben. Der echte Geist von Reise und Abenteuer...

2. Name:
TrekAmerica Travel Ltd.

3. Anschrift:
TrekAmerica
16/17 Grange Mills
Weir Road
LONDON, SW12 0NE
England

4. Telefon / Telefax / E-Mail / Homepage:
Tel: 0044 208 772 3758
Fax: 0044 870 444 8728

E-Mail: info@TrekAmerica.com
Homepage: www.TrekAmerica.com

6. Altersbegrenzung:
Für 18- bis 38-Jährige

7. Spezielle Voraussetzungen:
Da die Teilnehmer aus vielen Ländern der Welt kommen, wird auf den Touren von TrekAmerica Englisch gesprochen.

8. Dauer des Aufenthalts:
Von 7 bis 64 Tagen

9. Abreisezeitpunkt:
Über 1000 Abreisetermine jährlich

10. Anmeldefrist oder Bewerbungsfrist:
So schnell wie möglich, da der gewünschte Abreisetermin sonst ausgebucht sein kann.

11. Kosten:
Ab 500 EUR (ohne Flug)

In den Kosten sind folgende Leistungen enthalten:

- Transport in einem Deluxe Maxivan für 15 Passagiere
- Erfahrene Reiseleiter
- Camping- und Kochausrüstung (außer Schlafsack)
- Eintritt in alle Nationalparks, die unter dem Reiseverlauf angegeben sind
- Und viele zusätzliche Aktivitäten

13. Kosten während des Aufenthalts:
Reiseversicherung, `Food Kitty´ (Essenskasse), einige Aktivitäten sind nicht im Preis mitinbegriffen.

17. Länder / Gebiete des Aufenthalts:
Nord- und Südamerika, Australien und Neuseeland

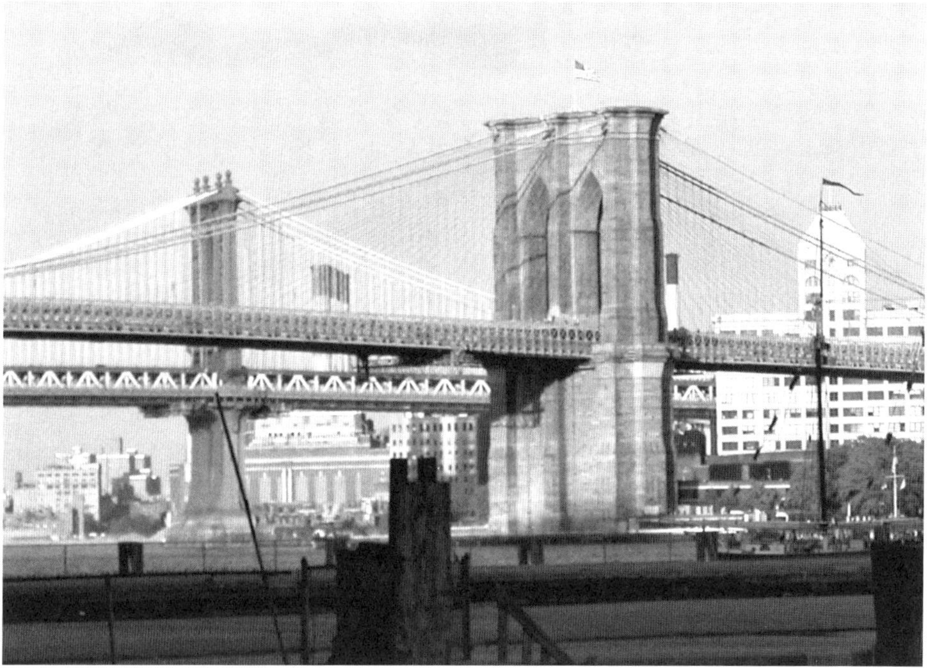

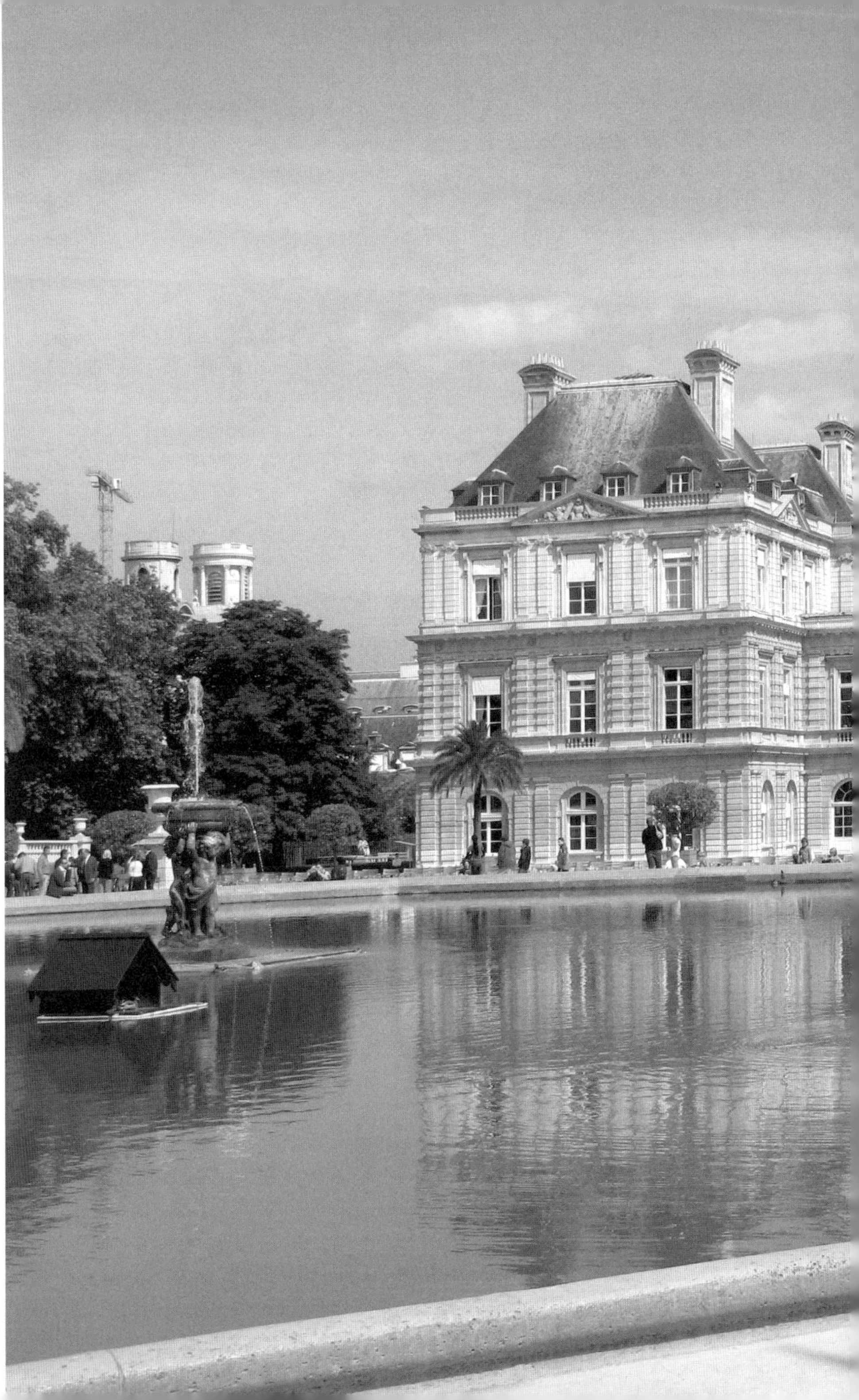

FINANZIERUNG EU-FÖRDERUNG

„*Verlässliche Quellen.*"

Förderungsmöglichkeiten für Auslandsaufenthalte

Zur Wahl der richtigen Auslandsreise gehört auch die Frage nach der Finanzierung. Natürlich kostet auch der Lebensunterhalt in Deutschland Geld, aber nicht jeder kann sich ein Studium oder den Aufenthalt im Ausland aus eigener Tasche leisten oder hat eine finanzkräftige Familie hinter sich. Viele jobben deswegen in ihren Ferien und der Freizeit als Teil der Vorbereitung, um die Reisekasse zu füllen. Es ist daher empfehlenswert, die Planung für eine Auslandsreise ein Jahr im Voraus zu beginnen. Wenn die finanziellen Mittel fehlen, muss dies nicht unbedingt ein Hindernis auf dem Weg ins Ausland bedeuten. Im Folgenden werden einige Fördermöglichkeiten und EU-Förderprogramme vorgestellt

Mit welchen Kosten sind zu rechnen:

- Reisekosten zum Zielort und zurück, aber auch die Reisekosten vor Ort: Flug, Bahn, Bus etc.
- Kosten für die Unterkunft, Lebensmittel und andere Lebenshaltungskosten
- Kosten für Krankenversicherung im Ausland oder auch eine Reiseversicherung: Impfkosten
- Kosten für touristische Aktivitäten: Eintrittsgelder etc.
- Gebühren der Agentur, die den Aufenthalt ins Ausland vermittelt
- Schul- und Studiengebühren, Kosten für Sprachkurse und Sprachtests
- Seminar- und Betreuungskosten
- Gebühren und Bearbeitungskosten für Visum, Reise- und Arbeitsgenehmigungen

Vor Antritt des Aufenthalts im Ausland sollte man sich möglichst umfassend über das Zielland und die oben genannten Kosten informieren, damit es vor Ort zu keinen bösen Überraschungen kommt.

Was sind die wichtigsten Bereiche einer Förderung:

Es gibt unterschiedliche Programme und Institutionen in Deutschland und Europa, die Auslandsaufenthalte fördern. Die EU-Programme fördern die allgemeine und berufliche Bildung der Jugend. Daneben gibt es Auslands BAföG und die unterschiedlichsten Stiftungen, die finanzielle Unterstützung leisten. Allen gemein ist das begrenzte finanzielle Kontingent, sodass eine Auswahl bei der Vergabe der Plätze vorgenommen wird. Die Auswahlkriterien sind meist leistungsbezogen.

Die wichtigsten Bereiche einer Förderung sind:
- finanzielle Förderung
- Förderung bei der Auswahl von Studien- und Praktikumsplätzen

Je nach Status und Programm des Auslandsaufenthaltes gibt es unterschiedliche Ansätze zur Finanzierung:
- Finanzierung von Freiwilligenarbeit und Soziale Dienste im Ausland
- Finanzierung von Arbeitsaufenhalten wie Praktika, Work & Travel, Au Pair etc.
- Finanzierung von Schulaufenthalten bei Schüler, Studenten und Auszubildenden

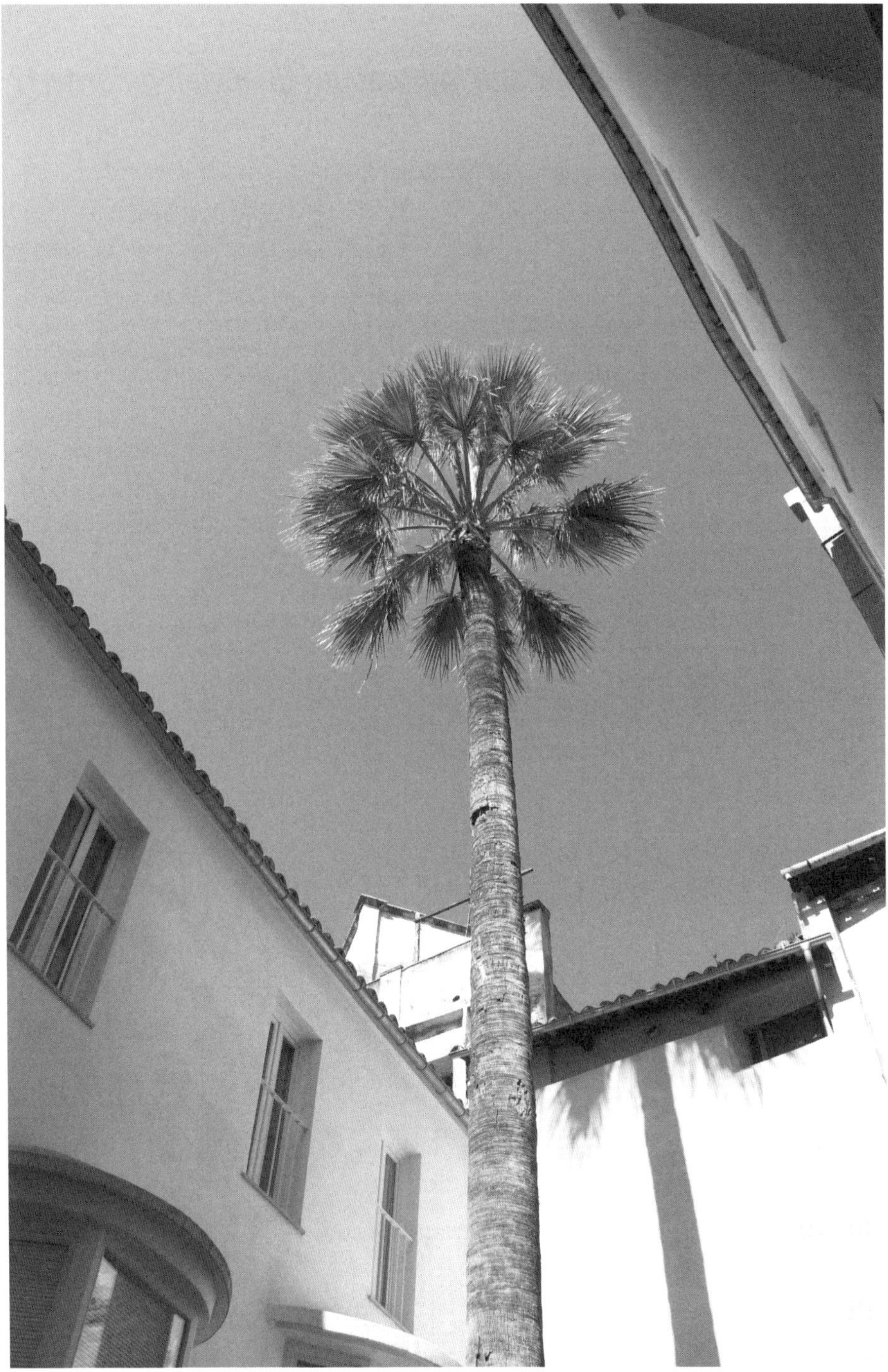

Wie werden Arbeitsaufenthalte im Ausland finanziell gefördert?

Freiwilligenarbeit -
Es gibt geförderte und nicht geförderte Freiwilligenarbeit und Freiwilligendienste.

Freiwilligendienste mit Förderung
Das Freiwillige Soziale / Ökologische Jahr (FSJ/FÖJ), weltwärts, kulturweit, IJFD (Internationaler Jugendfreiwilligendienst) und der Europäische Freiwilligendienst (EFD) werden vom Staat bzw. von der EU gefördert, d.h. die ganzen oder ein großer Teil der Kosten, die für den/die Freiwillige/n entstehen, werden übernommen; das Kindergeld wird bis zu einem Jahr weiterbezahlt. Deshalb sind diese Stellen auch sehr begehrt und knapp. Die Förderprogramme haben zum Teil unterschiedliche Zielsetzungen, d.h. konkret: Sie fördern Aufenthalte in unterschiedlichen Erdteilen und Ländern und unterschiedliche Formen des Engagements. Nicht jedes Programm kommt also für die gesuchte Wunschstelle in Frage. Die Aufenthalte dauern mindestens 6 Monate.

Die Förderung besteht darin, dass es Vorbereitungs- und Begleitseminare (Bildungstage) gibt, und dass Unterkunft und Verpflegung übernommen werden. In Bezug auf Taschengeld, Reisekosten, Versicherungen, muss man sich erkundigen und vergleichen; im Idealfall übernimmt der Träger alles, oft gibt es nur Zuschüsse.

Selbst bei den geförderten Stellen können für ein ganzes Jahr einige tausend EUR anfallen. Das Geld wird entweder als einmalige Gebühr bezahlt oder in monatlichen Raten durch einen Förderkreis gesammelt.

Förder-/Unterstützerkreis:
Der Aufbau eines Förderkreises/Spendenkreises/Unterstützerkreises, der vor allem bei kirchlichen Organisationen üblich ist, kann die Kosten etwas im Rahmen halten: Der/die Freiwillige wirbt Familienmitglieder, Freunde oder Bekannte, die für die Dauer des Dienstes einen monatlichen Betrag (z.B. 5 - 10 EUR) für das Projekt spenden, in dem er/sie sich engagiert. Als Gegenleistung erhalten die Förderer dann regelmäßige Informationen über die Freiwilligentätigkeit.

Weitere Infos und Tipps (z.B. zum Aufbau eines Förderkreises) gibt es z.B. bei rausvonzuhaus unter:
http://www.rausvonzuhaus.de/Finanzierung

Freiwilligendienste ohne Förderung
Freiwilligendienste ohne Förderung haben meistens den Vorteil, dass die Vermittler ein riesiges, globales Angebot haben, aber oft ist der eigene Kostenanteil entsprechend hoch. Zudem kommen die Freiwilligen oft direkt von der Schule und müssen betreut und angelernt werden, was einen höheren Arbeitsaufwand bedeuten kann. Die Kosten entstehen dadurch, dass die meisten Projekte an ihrer Arbeit nichts verdienen und keine staatlichen oder kirchlichen Zuschüsse bekommen. Freiwilligendienste bei nicht für die Durchführung zugelassenen Organisationen werden nicht als FSJ oder FÖJ anerkannt. Auch bei nicht geförderten Diensten bietet sich natürlich die Möglichkeit an, einen Förder-/Unterstützerkreis aufzubauen.

Kein selbstverständlicher Anspruch auf Kindergeld.
Bei einem nicht-geförderten Freiwilligendienst wird das Kindergeld nicht unbedingt weiter gezahlt, da der Bildungsanspruch, den gesetzlich geregelte und geförderte Freiwilligendienste haben, nicht unbedingt immer erfüllt ist. Deswegen muss nachgewiesen werden, dass der soziale Dienst im Ausland ähnliche Rahmenbedingungen (regelmäßige soziale Mitarbeit, pädagogische Begleitung und Seminarangebote) wie die gesetzlich geregelten Dienste hat. Dies ist in der Regel problemlos möglich, wenn die Kindergeldstelle in die Planung mit einbezogen wird.

Zu beachten gilt, dass kurze Dienste unter 6 Monaten nicht gefördert werden, auch wenn die Trägerorganisationen üblicherweise geförderte Freiwilligendienste anbieten.

Praktika, Work&Travel, Au pair, Camp Counselor, Tourismusjobs und Co.

Bei Aufenthalten wie Work&Travel, Au pair, Camp Counselor und Tourismusjobs ist die Unterkunft, Lebensmittel und andere Lebenshaltungskosten in der Regel ganz oder zum größten Teil durch das Arbeitsentgeld gedeckt, weil es hier um bezahlte Arbeit geht. Als Au pair bekommt man zwar „nur" Taschengeld, wohnt und lebt aber kostenlos bei der Familie. Es ist trotzdem eine gute Idee ein kleines finanzielles Polster vorab zu haben, um Extrakosten wie Freizeit und touristische Aktivitäten zu decken. Oder wie es bei Work & Travel durchaus vorkommen kann, dass man eine Woche ohne Arbeit da steht, weil man irgendwo ist, wo man gerne länger bleiben möchte, aber gerade kein Job in Aussicht ist. Für diesen Fall hat man dann besser eine finanzielle Reserve für Kost und Logis.

Bei vielen Auslandspraktika bekommt man keinen Lohn. Das hängt sehr stark von den eigenen Fähigkeiten und Vorkenntnissen ab. Auf den ersten Blick scheint diese Art der Arbeitsaufenthalte im Ausland ziemlich kostenintensiv zu sein. Es gibt aber einige Fördermöglichkeiten.

Fahrtkostenzuschüsse:
Der DAAD hat sein Programmangebot für deutsche Studierende neu strukturiert und ermöglicht deutschen Hochschulen über das Programm PROMOS, selbst Akzente in der Auslandsmobilität zu setzen. Weitere Informationen zu PROMOS sind über die Akademischen Auslandsämter erhältlich. Für Praktika im Ausland können Fahrtkostenzuschüsse dann gewährt werden, wenn die Besetzung der Praktikumsplätze über die Austauschorganisationen IAESTE, AIESEC, Bvmd, ZAD und DCGM erfolgt. Richtlinien und Antragsformulare sind über die IAESTE- oder AIESEC-Lokalkomitees oder im Downloadbereich erhältlich. Studierende der Wirtschaftswissenschaften bewerben sich über die AIESEC, Studierende der Humanmedizin direkt bei der Bundesvertretung der Medizinstudierenden in Deutschland e.V. (bvmd), Studierende der Zahnmedizin über den Zahnmedizinischen Austauschdienst (ZAD). Siehe auch im Kapitel „Praktikum" für die entsprechende Anlaufstellen.

BAföG-Förderung für Auslandspraktika:
Studierende, die keine Inland-BAföG-Förderung erhalten, können unter bestimmten Voraussetzungen eine BAföG-Auslandsförderung für ihren praxisbezogenen Auslandsaufenthalt erhalten. Zuständig hierfür sind besondere, von den Bundesländern bestimmte kommunale Ämter. Nähere Informationen erteilen das Studentenwerk bzw. das zuständige BAföG-Amt - siehe auch Auslands BAföG in diesem Kapitel.

Bildungskredit:
Für die Teilnahme an einem in- oder ausländischen Praktikum - auch außerhalb Europas - können Studierende in fortgeschrittenen Studienphasen einen zeitlich befristeten, zinsgünstigen Kredit, den sogenannten Bildungskredit beantragen. Der Bildungskredit ersetzt nicht die BAföG-Förderung und kann sogar neben dem BAföG in Anspruch genommen werden. Ein Rechtsanspruch auf den Bildungskredit besteht allerdings nicht, da es sich, anders als beim BAföG, um ein Programm mit einem vorgegebenen Budget handelt. Ist die Jahressumme überschritten, entscheidet das Datum des Antrageingangs beim Bundesverwaltungsamt.

Kurzstipendien für Praktika in deutschen Außenvertretungen oder in internationalen Organisationen, an deutschen Schulen im Ausland, Deutschen Geisteswissenschaftlichen Instituten im Ausland (DGIA) gibt es in der Stipendiendatenbank des DAAD.

Weitere Informationen unter: https://www.daad.de/ausland/praktikum/stipendien/de/

FINANZIERUNG UND EU-FÖRDERUNG

Die 6 wichtigsten Möglichkeiten und Anlaufstellen für Schüler und Studenten sind:

1. Erste Adresse ist die Heimatschule und Heimatuniversität, da deren Partnerschaften von der EU gefördert werden. Vorteil: Qualität der ausländischen Partnerschulen und Universitäten sind bekannt und die Anerkennung der Leistungen sind meist geregelt (schriftliche Bestätigung einholen). Ansprechpartner sind zum Beispiel Akademisches Auslandsamt und Deutscher Akademischer Austauschdienst (DAAD www.daad.de)

2. Ausland BAföG basiert auf einer gesetzlichen Grundlage und gewährt jedem unter bestimmten Vorraussetzungen einen Förderbetrag analog dem Inland BAföG (www.bafoeg.bmbf.de). BAföG-Empfänger können auch während ihres Stipendiums BAföG beziehen. Das Stipendium wird in monatlichen Raten ausgezahlt.

3. Bildungskredit – Ergänzend zur BAföG-Finanzierung steht Studenten die Möglichkeit offen, zur Bezuschussung der Kosten durch den Aufenthalt im Ausland einen Bildungskredit zu nutzen. Der Bildungskredit ist ein zeitlich befristeter, zinsgünstiger Kredit, der unabhängig vom Einkommen und Vermögen der Studenten und ihrer Eltern ist. Er kann zusätzlich zum Auslands-BAföG beantragt werden. Die Höhe der monatlichen Raten kann 100, 200 oder 300 EUR betragen, die Finanzierung erfolgt monatlich im Voraus durch die KfW gezahlt. Somit können maximale Kosten von 7.200 EUR für das Studium im Ausland bewilligt werden.

4. Stipendien – Eine Reihe von Stiftungen und staatlichen Einrichtungen vergibt Stipendien an Studenten, die von einem Aufenthalt im Ausland träumen. Der bekannteste Anbieter von Stipendien für Semester im Ausland ist der Deutsche Akademische Austausch Dienst (DAAD). Der DAAD bietet eine Stipendien-Datenbank, in der Studenten gezielt nach einer Übernahme der Kosten durch ein Stipendium suchen können. Die Auslandsstipendien des DAAD werden nach fachlicher Qualifikation und persönlicher Eignung vergeben. Die Studenten müssen sich zum Zeitpunkt der Bewerbung mindestens im zweiten Semester ihres derzeit studierten Fachs an einer Hochschule in Deutschland befinden. Bachelor Absolventen stehen die Programme für Graduierte offen. Neben den genannten staatlichen/EU Förderprogrammen gibt es eine Reihe Stiftungen und Gesellschaften, die den Kulturaustausch und die Bildung fördern. Träger sind politische Parteien, staatliche Stellen und private Förderkreise. Zu nennen sind hier z.B.: Fulbright-Kommission (www.fulbright.de), Rotary-Club, Dr. Carl Duisberg Stiftung (Bayer AG). Siemens AG, Friedrich Ebert-Stiftung e.V. (SPD nahe Stiftung), Friedrich Naumann-Stiftung (FDP nahe Stiftung), Konrad-Adenauer Stiftung c.V. (CDU nahe Stiftung), Heinrich Böll Stiftung (Die Grünen nahe Stiftung) Auskünfte erteilen der Stifterverband der deutschen Wissenschaft (www.stifterverband.de), die Akademischen Auslandsämter (AAA) an den Hochschulen und das Deutsche Studentenwerk.

5. Allgemeine Studienförderung in Deutschland fördert auch zeitlich begrenzte Studienabschnitte im Ausland. Z.B.: Begabtenförderung wie das Plus-Stipendium - Begabtenförderung im Hochschulbereich. Zwölf vom Bundesministerium für Bildung und Forschung (BMBF) unterstütze Begabtenförderungswerke vergeben Stipendien an junge Menschen. (www.stipendiumplus.de)

6. Jobben neben dem Studium
Manche Auslandsprogramme ermöglichen den Studenten vor Ort einen Job auszuüben und so ein bisschen Geld für die anfallenden Kosten dazu zu verdienen. Allerdings sollte man sich nicht darauf verlassen, da natürlich keine Garantie besteht, dass der Student im Ausland tatsächlich eine Stelle findet. Wichtiger Hinweis: Grundsätzlich ist darauf zu achten, nicht ohne Arbeitsgenehmigung, Aufenthaltsgenehmigung sowie gültigen Arbeitsvertrag im Ausland (speziell USA, Australien) zu arbeiten. Die Gefahr, ausgenutzt bzw. ausgewiesen zu werden ist nicht zuletzt auch für den beruflichen Lebenslauf eher hinderlich, von den persönlichen Gefahren ganz abgesehen.

Besondere Möglichkeiten für die Finanzierung eines Schulaufenthalts

Einige Veranstalter, die Schulaufenthalte organisieren, bieten auch finanzielle Hilfe. Anforderungen und Fristen sollte man bei der Anmeldung erfragen.

Auch viele Stiftungen unterstützen Schulaufenthalte finanziell. Infos unter: www.stiftungen.org

Außerdem sollte man Verbände aufsuchen, wie z.B. der Deutsche Fachverband High School e.V. (DFH), der jährlich 12 Vollstipendien für ein High-School-Jahr in den USA vergibt. Infos unter: http://www.dfh.org/

Der Deutsche Bundestag unterstützt durch das Parlamentarische Patenschaftsprogramm den Schulaufenthalt in den USA für ein Jahr, unter: http://www.bundestag.de/bundestag/europa_internationales/internat_austausch/ppp/

Wer in Deutschland Anspruch auf BAföG hat, erhält möglicherweise auch für sein Auslandsschuljahr BAföG.

Der gegenseitige Schüleraustausch
Der gegenseitiger Besuch von Schülern verschiedener Ländern finden in der Regel in Gruppen statt und wird von Partnerschulen oder Partnerstädten durchgeführt. Normalerweise dauert ein solcher Austausch höchstens 3-4 Wochen. Hier müssen die eigene Schule oder die örtlichen Gemeinde/Stadtverwaltung angefragt werden, ob es entsprechende Partnerschaften gibt und ob man als Schüler/-in bzw. Bürger/-in an Austauschmaßnahmen teilnehmen kann.

Eine weitere Möglichkeit ist es, den lokalen Rotary-Club (http://www.rotary-jd.de) zu kontaktieren. Der Verein hat spezielle Programme zur Förderung von gegenseitigen Schüleraustausch-Aufenthalten.

Der Bayerische Jugendring fördert den individuellen Schüleraustausch nach Australien, Kanada, Neuseeland England und Frankreich mit einem zwei- bis dreimonatigen individuellen Austausch auf Gegenseitigkeit.
Internet: http://www.bjr.de/themen/internationales/individueller-schueleraustausch.html

Weitere Programme:

USA und Kanada Programm für Studierende und Doktoranden
Ziel: Bildung und Forschung
Ansprechpartner: DAAD unter www.daad.de/ausland/de/
www.daad.de/stipendien/de/index.html

Go East: Initiative zur Förderung deutscher Studierender und Graduierter. Aus Mitteln des Bundesministeriums für Bildung und Forschung startete der DAAD im Frühjahr 2002 die Initiative „Go East". Ziel ist es, den akademischen Austausch mit den Ländern Mittel-, Südost- und Osteuropas sowie den Ländern der GUS zu fördern.
http://goeast.daad.de/

Carlo-Schmid-Programm für Studierende und Graduierte: Förderung länderspezifischer Vollstipendien für Studierende und Graduierte und diverse Praktikumsplätze
https://www.daad.de/ausland/studieren/stipendium/de/18040-1-ausschreibung-zum-carlo-schmid-programm/

Weitere Stipendien und Förderungen über DAAD und Akademische Auslandsämter an den Hochschulen
Auslandsstipendien für Studierende über Stiftungen im Stifterverband der deutschen Wirtschaft.
Suche nach Austauschprogrammen: www.hochschulkompass.de

Auslands BAföG

Für die Ausbildung im Ausland wird eine Förderung beim Vorliegen besonderer Voraussetzungen gewährt.

Berechtigter Personenkreis:
Deutsche und sonstige Ausländer, die im Inland nach § 8 Abs. 2 BAföG förderungsberechtigt sind.

Förderungsvoraussetzungen im Einzelnen sind:

Ausbildungsstätten:
Eine Ausbildung in Ausländischen Ausbildungsstätten, die den Gymnasien ab Klasse 11, höheren Fachschulen, Akademien, Hochschulen oder bestimmten Berufsfachschulklassen gleichwertig sind.

Sprachkenntnisse:
Ausreichende Kenntnisse der Unterrichts- und Landessprache. Vorraussetzungen siehe BMBF

Fallgruppen der Auslandsförderung:
Zum Teil ist eine einjährige Ausbildungsphase im Inland erforderlich. Genaue Informationen über: www.bafoeg.bmbf.de
- Studienaufenthalte in einem Land der Europäischen Union
- Studienaufenthalte außerhalb der Europäischen Union
- Grenzüberschreitende integrierte Studiengänge

hier sollte das Auslandsamt rechtzeitig um Informationen gebeten werden.

Auslandspraktikum:
Ein im Rahmen eines Studiums durchgeführtes Auslandspraktikum mit einer Mindestdauer von 12 Wochen kann gefördert werden. **Praktika außerhalb Europas** werden nur gefördert, wenn sie besonders förderlich sind.

Leistungshöhe:
- die notwendigen Studiengebühren (bis zu 4.600 EUR)
- Reisekosten (einmalig Hin- & Rückreise)
- ggf. Zusatzleistungen für die Krankenkasse
- und für eine Ausbildung im EU-Ausland einen je nach Land unterschiedlichen Auslandszuschlag (zwischen 60 EUR und 255 EUR monatlich)

Die Leistungen nach der BAföG-Auslandszuschlagsverordnung erhaltet ihr prinzipiell als Zuschlag und brauchen deshalb nicht zurückgezahlt werden. Ihr solltet, auch wenn ihr kein „ Inlandsbafög " bekommt, einen Antrag auf Auslandsbafög stellen, weil sich hier etwas Unterstützung für euch ergeben könnte, da die höheren Förderungssätze im Ausland Zuschüsse für die Ausbildung ermöglichen. Diejenigen unter euch, die BAföG als Bankdarlehen erhalten, bekommen auch den Auslandszuschlag als Bankdarlehen.

Internetlink: www.auslandsbafoeg.de

Neben dem BAFöG kann ein **Bildungskredit** für Auslandsaufenthalte beim Bundesverwaltungsamt in 50728 Köln unter folgenden Adressen beantragt werden:
https://www.bva.bund.de/DE/Themen/Bildung/Bildungskredit/bildungskredit-node.html

FINANZIERUNG UND EU-FÖRDERUNG

Auslands-BAföG für Schüler:
Für Schüler werden keine Zuschläge nach der BAföG-Auslandszuschlagsverordnung geleistet. Bei einer Ausbildung im europäischen Ausland erhalten Schüler von Gymnasien und Berufsfachschulen jedoch innerhalb eines Kalenderjahres die notwendigen Aufwendungen für Hin- und Rückfahrten zu der Ausbildungsstätte ersetzt (§ 12 Abs. 4 BAföG).

Wichtiger Hinweis: Die hohen zusätzlichen Kosten einer Ausbildung im Ausland können dazu führen, dass auch solche Auszubildende während des Auslandsaufenthaltes nach dem BAföG gefördert werden, die im Inland wegen der Höhe des Einkommens ihrer Eltern keine Förderung erhalten.

Förderung vollständiger Auslandsausbildungen:
Grundsätzlich kann eine vollständig im Ausland durchgeführte Ausbildung nach dem Bundesausbildungsförderungsgesetz nicht gefördert werden.
Eine Ausnahme besteht nur
- für deutsche (Grenzpendler);
- für deutsche Auszubildende mit ständigem Wohnsitz im Ausland (Auslandsdeutsche), denen ausnahmsweise nicht zugemutet werden kann, ihre Ausbildung in Deutschland durchzuführen (z.B. minderjährige Schüler). Ausbildungsförderung für eine vollständige Ausbildung im Ausland wird auch Deutschen geleistet, die der dänischen Minderheit angehören.

Antragsverfahren:
Mindestens 6 Monate vor Beginn des Auslandsaufenthaltes bei dem zuständigen Amt für Ausbildungsförderung gestellt werden. Hierfür sollte dem Amt für Ausbildungsförderung mindestens vorgelegt werden:
- Formblatt 1
- Formblatt 6
- schulischer und beruflicher Werdegang
- Nachweis ausreichender Sprachkenntnisse
- letzter BAföG-Bescheid in Kopie

Ein Anspruch auf „Inlands-BAföG" besteht während des Auslandsaufenthaltes nicht.

Zuständig für die Förderung im Ausland sind die folgenden Ämter, denen jeweils ein bestimmter Länderbereich zugeordnet ist:

Ägypten, Algerien, Angola, Äquatorialguinea, Äthiopien, Benin, Botsuana, Burkina-Faso, Burundi, Côte d'Ivoire, Dschibuti, Eritrea, Gabun, Gambia, Ghana, Guinea, Guinea-Bissau, Kamerun, Kap Verde, Kenia, Komoren, Kongo (Demokratische Republik), Kongo (Republik), Lesotho, Liberia, Libyen, Madagaskar, Malawi, Mali, Marokko, Mauretanien, Mauritius, Mosambik, Namibia, Niger, Nigeria, Ruanda, Sambia, Sao Tome und Principe, Senegal, Seychelles, Sierra Leone, Simbabwe, Somalia, Südafrika, Sudan, Swasiland, Tansania, Togo, Tschad, Tunesien, Uganda, Zentralafrikanische Republik, Fidschi, Kiribati, Marshallinseln, Mikronesien (Föderierte Staaten von), Nauru, Neuseeland, Papua-Neuguinea, Samoa, Timor-Leste, Tuvalu
Studentenwerk Frankfurt (Oder),Tel.: 0335 / 5650 922,
E-Mail: bafoeg@studentenwerk-frankfurt.de
Internet: http://www.studentenwerk-frankfurt.de

Albanien, Bosnien und Herzegowina, Griechenland,

Kroatien, Mazedonien, Montenegro, Serbien, Slowenien, Zypern, Australien
Studentenwerk Marburg, Tel.: 06421 / 296 – 0
E-Mail: bafoeg@studentenwerk-marburg.de
Internet: http://www.studentenwerk-marburg.de

Bahamas, Barbados, Belize, Costa Rica, Dominica, Dominikanische Republik, El Salvador, Grenada, Guatemala, Haiti, Honduras, Jamaika, Kuba, Mexico, Nicaragua, Panama, St. Kitts und Nevis, St. Lucia, St. Vincent und die Grenadinen, Antigua und Barbuda, Argentinien, Bolivien, Brasilien, Chile, Ecuador, Französisch-Guayana, Guyana, Kolumbien, Paraguay, Peru, Suriname, Trinidad und Tobago, Uruguay, Venezuela
Senatorin für Bildung und Wissenschaft, Bremen
Tel.: 0421 / 361 – 11993
E-Mail: auslands-bafoeg.lfa@bildung.bremen.de
Internet: http://www.bildung.bremen.de

Bulgarien, Estland, Lettland, Litauen, Moldau, Polen, Rumänien, Russische Föderation, Slowakei, Tschechische Republik, Ukraine, Ungarn, Weißrussland, Armenien, Aserbeidschan, Georgien, Kasachstan, Kirgisistan, Tadschikistan, Turkmenistan, Usbekistan
Studentenwerk Chemnitz-Zwickau
Tel.: 0371 / 5628 – 450
E-Mail: auslands.bafoeg@swcz.de
Internet: http://www.studentenwerk-chemnitz-zwickau.de

Großbritannien, Irland
Region Hannover, Fachbereich Schulen
Tel.: 0511 / 616 -22252
E-Mail: bafoeg@region-hannover.de
Internet: http://www.bafoeg-region-hannover.de

Dänemark, Island, Norwegen
Studentenwerk Schleswig-Holstein
Tel.: 0431 / 8816 – 168
E-Mail: gs.kiel@studentenwerk-s-h.de
Internet: http://www.studentenwerk-s-h.de

Finnland
Studentenwerk Halle
Tel.: 0345 / 6847 – 113
E-Mail: bafoeg.finnland@studentenwerk-halle.de
Internet: http://www.studentenwerk-halle.de

Frankreich, Monaco
Kreisverwaltung Mainz-Bingen, Amt für Ausbildungsförderung
Tel.: 06132 / 787 – 0
E-Mail: kreisverwaltung@mainz-bingen.de
Internet: http://www.mainz-bingen.de

Belgien, Luxemburg, Niederlande
Bezirksregierung Köln, Dezernat 49
Tel.: 0221 / 147 – 4990
E-Mail: Auslandsbafoeg@bezreg-koeln.nrw.deInternet: http://www.bezreg-koeln.nrw.de

Italien, Vatikanstadt
Bezirksamt Charlottenburg-Wilmersdorf von Berlin
Tel.: 030 / 9029 -10
E-Mail: bafoegitalien@charlottenburg-wilmersdorf.de
Internet: http://www.berlin.de/ba-charlottenburg-wilmersdorf/org/buergerdienste/auslands_bafoeg.html

Kanada
Studentenwerk Thüringen
Tel.: 03677 / 692 – 752
E-Mail: fri@stw-thueringen.de
Internet: http://www.stw-thueringen.de

Malta, Portugal
Universität des Saarlandes, Amt für Ausbildungsförderung
Tel.: 0681 / 302 – 4992
E-Mail: bafoeg-amt@studentenwerk-saarland.de
Internet: http://www.studentenwerk-saarland.de

Österreich
Landeshauptstadt München, Referat für Bildung und Sport
Tel.: 089 / 233 – 96266
E-Mail: afa.rbs@muenchen.de
Internet: http://www.muenchen.de/afa

Schweden
Studentenwerk Rostock
Tel.: 0381 / 4592 – 878
E-Mail: auslands-bafoeg@studentenwerk-rostock.de
Internet: http://www.studentenwerk-rostock.de

Liechtenstein, Schweiz
Studentenwerk Augsburg
Tel.: 0821 / 598-4930
E-Mail: augsburg@bafoeg-bayern.de
Internet: http://www.studentenwerk-augsburg.de

Spanien
Studentenwerk Heidelberg
Tel.: 06221 / 54 54 04
E-Mail: foe@stw.uni-heidelberg.de
Internet: http://www.studentenwerk.uni-heidelberg.de

USA
Studierendenwerk Hamburg
Tel.: 040 – 41902-0
E-Mail: bafoeg@studierendenwerk-hamburg.de
Internet: http://www.studierendenwerk-hamburg.de/

Afghanistan, Bahrain, Bangladesch, Bhutan, Brunei Darussalam, China, Indien, Irak, Iran, Israel, Japan, Jemen, Jordanien, Kambodscha, Katar, Korea (Demokratische Volksrepublik), Korea (Republik), Kuwait, Laos, Libanon, Malaysia, Malediven, Mongolei, Myanmar, Nepal, Oman, Pakistan, Saudi Arabien, Singapur, Sri Lanka, Syrien, Taiwan, Thailand, Türkei, Vereinigte Arabische Emirate, Vietnam, Indonesien, Philippinen
Studentenwerk Tübingen-Hohenheim
Tel.: 07121 / 9477-0
E-Mail: auslandsbafoeg@sw-tuebingen-hohenheim.de
Internet: http://www.tuebingen-hohenheim.de

Bildungsprogramme bei der EU
(Generaldirektion allgemeine und berufliche Bildung, Jugend und Kultur)

Die EU-Programme fördern die allgemeine und berufliche Bildung der Jugend in Europa. Innerhalb der EU werden alle EU-Studenten gleichgestellt bezüglich der erhobenen Studiengebühren. Der Vorteil ist, dass die Anerkennung der Leistungen meist geregelt sind. Trotzdem am besten eine schriftliche Bestätigung einholen. Die allgemeinen Ziele der Bildungsprogramme ist die gesellschaftliche Förderungswürdigkeit, die Chancengleichheit, die Würdigung besondere Leistungen. Die Förderung bezieht sich auf Teilstipendium, Vollstipendium, Studienplatzförderung.

Erasmus+

Erasmus+ hat zum 1. Januar 2014 das Programm für lebenslanges Lernen (PLL) abgelöst. Mit einem Budget von 14,8 Milliarden EUR können mehr als vier Millionen Bürgerinnen und Bürger Zuschüsse erhalten, um im Ausland zu studieren, zu arbeiten oder eine Freiwilligentätigkeit auszuüben.

Das auf sieben Jahre angelegte Programm der Europäischen Kommission soll Kompetenzen und Beschäftigungsfähigkeit verbessern und die Modernisierung der Systeme der allgemeinen und beruflichen Bildung voranbringen. Ein wichtiges Ziel ist die Bekämpfung der Jugendarbeitslosigkeit in Europa, indem junge Menschen die Möglichkeit erhalten, ihre Kompetenzen und Fähigkeiten durch Auslandserfahrungen zu erweitern.

Erasmus+ vereint alle derzeitigen EU-Programme für allgemeine und berufliche Bildung, Jugend und Sport, darunter das Programm für lebenslanges Lernen (Erasmus, Leonardo da Vinci, Comenius, Grundtvig), Jugend in Aktion und fünf internationale Kooperationsprogramme (Erasmus Mundus, Tempus, Alfa, Edulink und das Programm für die Zusammenarbeit mit Industrieländern). Förderanträge sollen erleichtert und Zugangsmodalitäten verbessert werden.

Die Aktionen werden innerhalb der jeweiligen Bildungssektoren Berufsbildung, Erwachsenenbildung, Schulbildung und Hochschulbildung umgesetzt. Zusätzlich besteht auch die Möglichkeit, sektorübergreifende Aktivitäten zu planen.

Hochschulbildung

Internationale akademische Mobilität wird immer wichtiger. Mit dem Erasmus+ Programm bietet die Europäische Kommission seit mehr als 25 Jahren eine effiziente Förderung von Studienaufenthalten und Praktika in mittlerweile 33 Ländern.

Das Erasmus+ Programm fördert unter anderem den Austausch von Studierenden von zwei bis zwölf Monaten Länge (für ein Praktikum) und drei bis zwölf Monaten Länge (für ein Studium).

Es steht Studierenden aller Fachrichtungen und allen Hochschularten (auch Musik- und Fachhochschulen) offen. Als Erasmus+ Stipendiat zahlt man im Ausland keine Studiengebühren, erworbene Leistungen werden anerkannt, zudem erhält man eine monatliche Förderung von bis zu 500 EUR (Studium) bzw. 700 EUR (Praktikum). Die Förderungshöhe richtet sich nach drei Ländergruppen (erstellt nach Lebenshaltungskosten), die die EU-Kommission eingerichtet hat. Die Hochschulen in Deutschland legen innerhalb dieser Gruppen ihre Fördersätze für Studium und Praktikum fest.

Übrigens: Erasmus+ Stipendien sind kombinierbar mit BAföG und Deutschlandstipendium. Studierende, die ihre Kinder mit ins Ausland nehmen, erhalten ebenso wie behinderte Studierende eine zusätzliche Förderung.

Bewerbungen für ein Erasmus+ Stipendium sind direkt an die eigene Hochschule zu richten (bei Praktika manchmal auch an ein Hochschulkonsortium). Bitte wenden Sie sich für Informationen zum Bewerbungsverfahren an das Akademische Auslandsamt oder die Erasmus+ Koordinatoren Ihrer Hochschule.

Weiter Informationen unter:
https://www.daad.de/ausland/studieren/stipendium/de/118-das-erasmus-programm-der-europaeischen-union/

Berufsbildung und der Erwachsenenbildung

Die NA beim BIBB ist in Deutschland für die Umsetzung von Erasmus+ für den Bereich der Berufsbildung und der Erwachsenenbildung zuständig: http://www.na-bibb.de/bildungsprogramme/erasmus_fuer_bildung_jugend_und_sport.html

Zielgruppen:

Lernende
- Personen in nichttertiären, beruflichen Aus-und Weiterbildungsgängen, zum Beispiel:
- Auszubildende
- Berufsschüler und –schülerinnen
- Berufsfachschüler und –schülerinnen
- Personen in formal geordneten Weiterbildungsgängen nach Landes- oder Bundesrecht (z.B. zum Meister/zur Meisterin, Staatlich Geprüften Techniker/Staatlich Geprüften Technikerin)
- Absolventinnen und Absolventen der genannten Bildungsgänge bis 12 Monate nach Abschluss
- Personen in der Berufsausbildungsvorbereitung, wenn der Bildungsgang auf eine sich anschließende Berufsausbildung angerechnet werden kann

Dauer des Aufenthalts: zwischen 2 Wochen und 12 Monaten

Bildungspersonal
- Personen im Bereich der Berufsbildung, zum Beispiel:
- Ausbilderinnen und Ausbilder
- Lehrkräfte
- Berufsberaterinnen und -berater
- Leiterinnen und Leiter von Ausbildungseinrichtungen
- Personen, die für die Ausbildungsplanung, Personalentwicklung und die berufliche Orientierung zuständig sind.

Dauer des Aufenthalts: zwischen 2 Tagen und 2 Monate

Auslandsaufenthalte für das Bildungspersonal werden gefördert zum Zweck des Lernens (z.B. berufliches Praktikum, Hospitation oder Jobshadowing, neue Technik lernen) und zum Zweck des Lehrens. Dabei soll die Mobilität Teil der Personal- und Organisationsentwicklung der Einrichtung sein und entsprechend begründet werden.

Weitere Informationen unter: http://www.erasmusplus.de/erasmus

„Checklisten sind langweilig, aber manchmal überlebenswichtig, um den richtigen Pfad zu finden, wie es gemacht wird!"

VERSICHERUNG, REISE, TRANSPORT UND CHECKLISTEN

VERSICHERUNG
REISE
TRANSPORT
CHECKLISTEN

Versicherungen

Obligatorisch bei einem Auslandsaufenthalt sind Kranken- und Unfallversicherung. Bei der Krankenkasse sollte nachgefragt werden, ob ein Auslandskrankenschein (in der EU) oder eine Zusatzversicherung notwendig ist. Haftpflichtversicherung und Reisegepäckversicherung sollten nach Bedarf ebenfalls abgeschlossen werden. Letzteres macht nur bei Wertgegenständen wirklich Sinn.

Dr. Walter GmbH
Versicherungsmakler
Eisenerzstraße 34
53819 Neunkirchen-Seelscheid
Tel.: (0) 2247 9194 -0
Fax: (0) 2247 9194 -40
E-Mail: info@dr-walter.com
Homepage: www.dr-walter.com

Europäische Reiseversicherung AG
Rosenheimer Straße 116
81669 München
Tel.: (0 89) 4166 - 1102
Fax: (0 89) 4166 - 2717
E-Mail: contact@reiseversicherung.de
Homepage: www.reiseversicherung.de

finanzen.de
In Zusammenarbeit mit dem GKV-Spitzenverband, dem Verband der Privaten Krankenversicherung e.V., dem DAAD, dem ADAC und weiteren Experten geben wir jungen Menschen alle notwendigen To-Do's an die Hand, die sie vor ihrer Abreise brauchen. Die Hinweise machen sie #abenteuersicher und bereiten sie optimal auf das Leben in der Ferne vor. Außerdem erfahren die Au-pairs, Praktikanten und Studenten, welche Infos vor Ort unbedingt notwendig sind und was nach der Rückkehr nach Deutschland wichtig ist. Weitere Infos unter:
www.krankenversicherung.net/abenteuersicher

HanseMerkur Reiseversicherung AG
Siegfried-Wedells-Platz 1
20352 Hamburg
Tel.: (0 40) 41 19 - 15 01
Fax: (0 40) 41 19 - 30 40
E-Mail: reiseservice@hansemerkur.de
Homepage: www.hmrv.de

rds Reisedienst Deutscher Studentenschaften GmbH
Grindelallee 114
20146 Hamburg
Tel.: (040) 41 46 49-0
Fax: (040) 41 46 49-44
E-Mail: contact@isic.de
Homepage: www.isic.de

„Welche Versicherungen sind für einen Auslandsaufenthalt wichtig"

Grundsätzlich gilt:
Der Versicherungsschutz in der Heimat endet mit Verlassen des Heimatlandes. Daraus ergibt sich mindestens die Notwendigkeit eine Reise-Krankenversicherung für die gesamte Aufenthaltsdauer abzuschließen.

Folgende Leistungen sollten enthalten sein:
- ambulante Behandlungskosten
- stationäre Behandlungskosten
- Operationen und Röntgen
- Arznei- und Verbandmittel
- schmerzstillende Zahnbehandlung
- Krankentransporte
- Medizinisch sinnvoller Rücktransport in die Heimat
- Überführungskosten
- Im Falle einer Transportunfähigkeit Nachhaftung bis zur Wiederherstellung der Transportfähigkeit
- Keine Begrenzung der Leistungshöhe für den Gesamtvertrag. Manche Versicherer begrenzen die Gesamtleistung des Vertrages.

Wichtig sind auch Serviceleistungen des Versicherers. Ein weltweiter Notrufservice ist unverzichtbar, wenn im Ausland etwas passiert, benötigt man Hilfe rund um die Uhr. Grundsätzlich sollte eine direkte Abrechnung mit Ärzten/ Krankenhäusern im Ausland möglich sein.

Reise-Haftpflichtversicherung- Deckung mindestens 1.0 Mio.EUR
- Haftpflichtgefahren des täglichen Lebens
- Mietsachschäden, wenn ich gemietete Sachen beschädige
- Berufshaftpflicht, wenn ich als Praktikant oder work and traveler unterwegs bin

Besonders junge Leute sind im Rahmen einer Familienhaftpflichtversicherung bei den Eltern versichert. Hier kann man rechtzeitig vor Reisebeginn nachfragen, ob die Versicherung auch im Ausland für die gesamte Aufenthaltsdauer gilt und ob derartige Risiken versichert sind.

Daneben können sinnvolle Ergänzungen eine
- Reise-Unfallversicherung
- Reise-Gepäckversicherung
- Notfallversicherung

Quelle: HanseMerkur Reiseversicherung AG

Visum

Visumpflicht

In den Mitgliedstaaten des Schengener Abkommens benötigt man kein Visum. Folgende Staaten wenden die Bestimmungen des Schengen-Acquis vollständig an (sog. Schengen-Vollanwenderstaaten). Man sollte aber immer den Personalausweis oder Reisepass bei sich haben:

Belgien, Deutschland, Frankreich, Griechenland, Italien, Luxemburg, Niederlande, Portugal, Spanien, Österreich, Dänemark, Finnland, Island, Norwegen, Schweden, Estland, Lettland, Litauen, Malta, Polen, Slowakei, Slowenien, Tschechien, Ungarn, Schweiz

Dänemark, Irland, Vereinigtes Königreich, Island, Norwegen, Andorra, Liechtenstein, San Marino, Bulgarien, Rumänien und Zypern sind nur zum Teil, oder gar nicht mit dabei - oder sie sind unter Vorbehalt dabei.

Bei Ländern außerhalb der EU sollte man sich vor Reiseantritt beim Auswärtigen Amt über Visum- und sonstige Reisebestimmungen erkundigen.

Reisen in die USA, nach Kanada, Asien oder Australien unterliegen strengen Richtlinien, vor allem, wenn es um Arbeitsaufenthalte geht.

Hinweise unter www.auswaertiges-amt.de

Telefonzentrale: (24-Stunden-Service): 03018-17-0
Bürgerservice: (Mo bis Fr 9.00 bis 15.00 Uhr): 03018-17-2000

Impfungen

In einigen Ländern und Regionen ist eine Impfung dringend zu empfehlen. Welche dies im Einzelnen sind, sollte mit dem Hausarzt besprochen werden. Bei einigen Reisen, wie z.B. bei den Erlebnisreisen, sollte vor Reiseantritt ohnehin ein Gesundheitscheck durchgeführt werden.

Informationen des Gesundheitsdienstes

Der Gesundheitsdienst des Auswärtigen Amts informiert Sie umfassend zum Thema Reisen und Gesundheit. Die Informationen können jedoch ein Gespräch mit dem Hausarzt oder einem Facharzt nicht ersetzen.

Infos unter:
https://www.auswaertiges-amt.de/de/ReiseUndSicherheit/reisemedizin

Weitere Informationen findet man unter www.crm.de

CRM Centrum für Reisemedizin gibt auf diesen Seiten aktuelle Informationen rund um die Gesundheitsvorsorge für mehr als 200 Länder und Regionen weltweit: Man erfährt, welche Impfungen man haben muss und welche man haben sollte. Hier kann man nachlesen, was in die Reiseapotheke gehört und wie man sich vor Malaria und Mücken schützen kann.

Tropeninstitute sind in Sachen „Impfung" ebenfalls eine gute Anlaufstelle

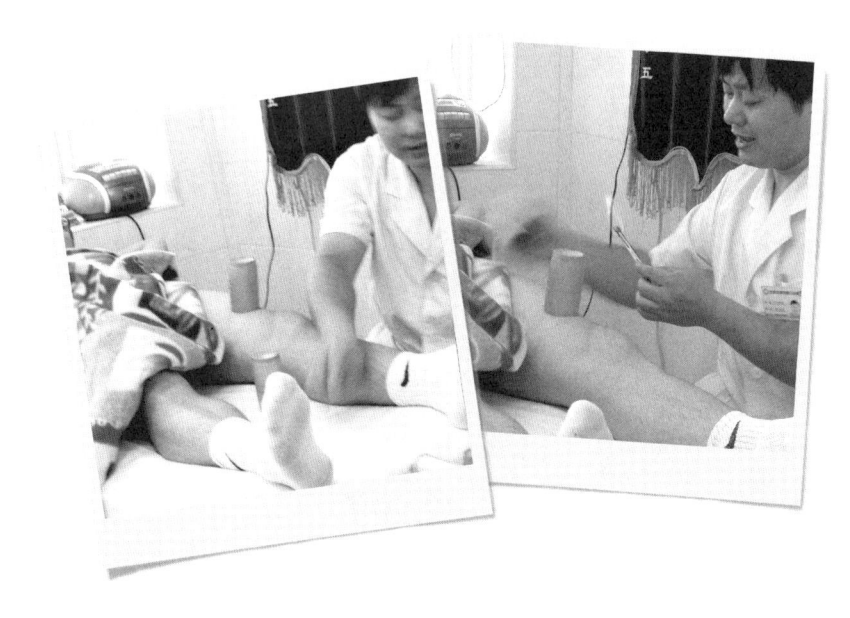

Transport

Die schnellste, beste und günstigste Anreise ist eine Kunst für sich.

Bei dem klassischen **Interrail** unter **www.bahn.de** kommt es auf die Zonen an, für wie viel Geld man wie lange unterwegs sein kann. 30 europäische Länder einschließlich der Türkei. Es gibt InterRail-Pässe für Jugendliche zwischen 12 - 25 Jahre, für Erwachsene ab 26 Jahre. Kinder (4 - 11 Jahre) erhalten eine Ermäßigung in Höhe von 50% auf den Preis für die InterRail-Pässe für Erwachsene

Ein anderer Klassiker ist die **Busreise**. Eurolines (Die Deutsche Touring Gesellschaft) hat ca. 500 Haltestellen in Deutschland und fährt in 35 Länder.
Eurolines, Servicetelefon: (069) 79 03 - 501, Homepage: www.eurolines.de

Für Jugend- und Studentenreisen gibt es eigene Reiseveranstalter wie **STA TRAVEL** mit 250 Reisebüros weltweit, die bei der Planung, Umbuchung und Durchführung von Angeboten, Überland-Tickets und Round-the-World-Flügen behilflich sind. Servicetelefon: (069) 74 30 32 92, Homepage: **www.statravel.de**

Die **Mitfahrzentrale** ist eine gute Möglichkeit für diejenigen, die günstig, nicht alleine (Leute kennen lernen wollen) und umweltfreundlich reisen wollen.
Auf der Homepage **www.mitfahrzentrale.de** findet man Mitfahrgelegenheiten für Ziele in Deutschland und Europa

Billigflieger und Internet
Für europäische Strecken empfiehlt sich der Blick ins Internet. **Billigflieger** bieten tagesaktuell kleine Kontingente besonders günstiger Flüge an. Die Buchungskosten und Flughafengebühren sollten aber nicht vergessen werden.
Auf der Homepage: **www.travelstart.de** werden Angebote von mehreren „Billig"- Anbietern verglichen, um das günstigste Angebot zu finden.

Bargeld oder Karte

Was ist das richtige Zahlungsmittel im Ausland

Wie weit ist es zum Bankomat? Das kommt natürlich auf die Bevölkerungsdichte an. In Großstädten kann man sich problemlos mit der Kreditkarte bewegen. In bestimmten Ländern und abseits von Städten ist Bargeld erforderlich. Da gilt es dann abzuwägen wieviel wirklich benötigt wird. Aus Sicherheitsgründen sollte man Bargeld möglichst unauffällig mit sich führen, eventuell vor dem Bezahlen das benötigte Geld unauffällig abzählen.

In einigen Ländern ist eine Kreditkarte für die Buchung von Hotelzimmer, Mietwagen oder Flutickets notwendig. Onlinbuchungen können ebenfalls das Leben leichter machen. Wichtig ist, immer die Sicherheit- und Datenschutzhinweise beachten.

Bargeld bedeutet Flexibilität und Unabhängigkeit. Leider verlangen ausländische Banken bei Bargeldabhebungen im Ausland fast immer hohe Gebühren. In Ländern der europäischen Gemeinschaftswährung sind dies meistens Gebühren, die durch den Karteneinsatz an „fremden Geldautomaten" erhoben werden. In Ländern ohne Euro fallen zusätzlich noch besondere Umtauschgebühren an. Meist ist der Umtauschkurs vor Ort der bessere.

Das Schülerkonto ist zum bargeldlosen Zahlen, Sparen, Überweisen oder Geld abheben schon in jungen Jahren sinnvoll. Ob fürs Taschengeld, dem Azubi-Gehalt, dem Weihnachtsgeld von der Oma oder dem Lohn aus dem Ferienjob – ein Girokonto für Schüler macht es leichter und unkomplizierter mit seinem Geld umzugehen. Mit dem Schülerkonto kannst Du bspw. Geld abheben, in der Schulmensa bargeldlos bezahlen oder Dein Taschengeld verwalten.

Die Konditionen der Schülerkonten unterscheiden sich enorm. Wir haben die kostenlosen Girokonten für Schüler analysiert und bewertet. Es fallen also keinerlei Kontoführungsgebühren an.

Wüstenrot Top Giro young

Postbank Giro start direkt

Targo Bank Starter Konto

Top-Girokonto der norisbank

DKB Cash U18

Jugendkonto der netbank

Sparda Young+ Konto

http://www.mystipendium.de/studienfinanzierung/schuelerkonto

Die zehn Gebote

Anhand von Checklisten kann man vor der Reise überprüfen, ob man an alles gedacht hat: Hier unsere „10 Gebote" für die Planung in den Monaten / Wochen vor Abreise:

1. Welche Auslandsreise ist die richtige: Sprachreise oder Erlebnisreise? Sind die Voraussetzungen erfüllt. Z.B. Numerus Clausus, Toefl-Test?

2. Wie wird der Aufenthalt finanziert: Gibt es BAföG oder ein Stipendium?

3. Mit welcher Organisation soll verreist werden: Direktkontakt in Eigenregie oder All inclusive, Welche Unterkunft vor Ort?

4. Welche Impfungen werden benötigt oder gefordert? Ist ein Gesundheits-Check notwendig?

5. Habe ich alle notwendigen Versicherungen?

6. Wurden alle Einreisebestimmungen beachtet: Visum, Reisepass oder Personalausweis, Dokumente für Drittländer?

7. Reisegepäck: nicht zu viel, nicht zu wenig?

8. Nützliche Adressen vor Ort sammeln: Kontaktadressen nicht nur für den Notfall

9. Wurden alle Formalitäten berücksichtigt: z.B. amerikanischer oder internationaler Führerschein?

10. Ist die Rückreise organisiert?

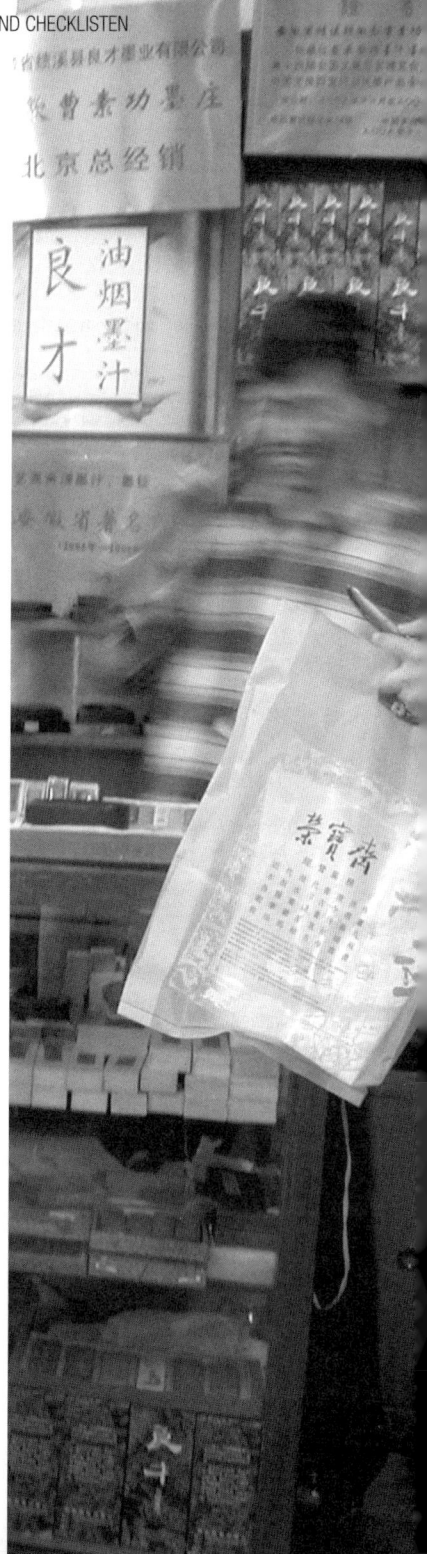

Checkliste

Hier noch einige Extratipps, die vielleicht hilfreich sein können:

Für das Handgepäck:
- Reisepass
- Visa
- Impfausweis
- Alle Fahrscheine
- Versicherungsnachweis
- Reiseschecks
- Alle Notfallnummern
- Passfotos (mind. 6 Stk.)
- Studentenausweis
- ISIC Karte (internationaler Studentenausweis)
- Stifte
- „Moneybelt"

Hardware:
Uhr, Reisewecker, Taschenlampe, Batterien, Taschenmesser (nicht im Handgepäck bei Flugreisen), Kamera mit Ladegerät, Speicher-Karten und Kabel, Handy / Smartphone / Organizer mit Ladegerät und Kabel, MP3-Player / Radio mit Batterien / Akkus / Ladegerät(e), Gehörschutz, Adapter für Elektrostecker.

Fotokopien für den Notfall:
Für den Notfall (Diebstahl) ist es die halbe Rettung, wenn man vor der Abreise, Fotokopien von den wichtigsten Dokumente gemacht hat - und Kopien davon bei den Eltern oder bei Freunden deponiert (idealer Weise sollte man die Kontaktdaten von dieser Person auswendig können):

Führerschein, Botschaftsadressen, Seriennummer von Fahrscheinen, Internationaler Führerschein, Rezept für Brillen / Kontaktlinsen, Passnummer und Datum, Seriennummer von Reiseschecks, Seriennummer bei Wertgegenständen wie Kamera, alle Ausweise und Mitgliedskarten, alle Versicherungsdetails und Notfallkontaktrufnummern bei Versicherungsfirmen, Kreditkartennummern und Telefonnummern für Sperrung von Konten.

Bücher:
Phrasenbuch, Wörterbuch, Adressbuch, Tagebuch, Guide Bücher

Für Jobsuche und um Leute im Ausland kennen zu lernen:
Arbeits- und andere Zeugnisse (Fotokopien und/oder als Dateien), Fotos von der Familie und dem Leben zu Hause.

Medikamente:
Soweit erforderlich eine ausreichende Anzahl von rezeptpflichtigen Arzneimitteln mitnehmen.

...llo ist die beste Party...

WICHTIGE KONTAKTE

einstieg

Messen für Ausbildung, Studium & Gap Year

→ Online-Test zur Vorbereitung

→ Vereinbare vorab Termine mit Ausstellern!

→ Triff die Autorin des Buchs „die auslandsreise"!

Termine 2018

Frankfurt, 04. + 05. April
Dortmund, 14. + 15. September
Karlsruhe, 05. + 06. Oktober
Berlin, 09. + 10. November
München, 23. + 24. November

einstieg.com

Messen

Messen sind eine gute Gelegenheit, Kontakte zu Organisationen und Veranstaltern zu knüpfen und sich ein eigenes Bild vom Markt zu machen. Hier kann man viele Anbieter in kurzer Zeit vergleichen, sich mit anderen Jugendlichen austauschen, Tipps holen und den richtigen Auslandsaufenthalt wählen.

Hier die wichtigste Auswahl an Messen in 2018 (sowie 1. Vierteljahr 2019, wenn von den Veranstalten beim Redaktionsschluß veröffentlicht. Stand: März 2018:

azubi- & studientage - and more
Homepage: www.azubitage.de
27.04. - 28.04.2018 in Koblenz, CGM ARENA
25.05. - 26.05.2018 in Wiesbaden, RheinMain Cong.Center
07.09. - 08.09.2018 in Kassel, Messe Kassel
09.11. - 10.11.2018 in Leipzig, Leipziger Messe
22.03. - 23.03.2019 in München, MOC München

Berufsinfomesse (BIM) in Offenburg
Homepage: www.berufsinfomesse.de/
20.04. - 21.04.2018

Bildungsmesse didacta
Homepage: www.didacta-stuttgart.de
19.02. - 23.02.2019 in Köln

Chance in Gießen
Homepage: www.chance-giessen.de
27.01. - 28.01.2019 Hessenhallen Gießen

Chance in Halle
Homepage: www.chance-halle.de
11.01. - 12.01.2019 Messe Halle

Messen

EINSTIEG Abi
Homepage: www.einstieg.com
Abiturientenveranstaltungen:
04.04.- 05.04.2018   EINSTIEG Abi Messe in Frankfurt
14.09. - 15.09.2018   EINSTIEG Abi Messe in Dortmund
05.10 .- 06.10.2018   EINSTIEG Abi Messe in Karlsruhe
09.11. - 10.11.2018   EINSTIEG Abi Messe in Berlin
23.11. - 24.11.2018   EINSTIEG Abi Messe in München
08.02.- 09.02.2019   EINSTIEG Abi Messe in Köln
22.02. - 23.02.2019   EINSTIEG Messe in Hamburg

Schülermessen:
16.11. - 17.11.2018   Berufe live Köln
08.03. - 09.03.2019   Berufe live Düsseldorf

Literaturtipp: Buss, Denis und Tillmann, Anke
„Aus dir wird was! - Alles zur Studien- und Berufswahl"
EINSTIEG. 2014. ISBN 978-3-00-044683-2

EXPOLINGUA Berlin 2018
Homepage: www.expolingua.com
Internationale Messe für Sprachen und Kulturen
16.11. - 17.11.2018   in Berlin

horizon –
die messe für studium und abiturientenausbildung
Homepage: www.horizon-messe.de
03.03. - 04.03.2018   Freiburg
10.03. - 11.03.2018   Berlin
08.09. - 09.09.2018   Leipzig
22.09. - 23.09.2018   Hamburg
06.10. - 07.10.2018   Bochum
01.12. - 02.12.2018   Mainz
09.02. - 10.02.2019   Stuttgart
23.02. - 24.02.2019   Bremen
09.03. - 10.03.2019   Münster
30.03. - 31.03.2019   Freiburg
Frühjahr 2019   Berlin

StudyWorld2018
Homepage: www.studyworld2018.com
12.05. - 13.05.2018   in Berlin

Messen

Jugendbildungsmessen (JUBI)
Homepage: www.weltweiser.de

03.03.2018 Frankfurt	10.03.2018 Nürnberg
10.03.2018 Berlin	17.03.2018 Münster
17.03.2018 Erfurt	07.04.2018 Hamburg
14.04.2018 Leipzig	21.04.2018 Freiburg
26.05.2018 Darmstadt	02.06.2018 Bremen
09.06.2018 Kiel	16.06.2018 Dortmund
16.06.2018 Berlin	23.06.2018 Stuttgart
23.06.2018 Köln	30.06.2018 München
18.08.2018 Frankfurt	25.08.2018 Oldenburg
01.09.2018 Dresden	01.09.2018 Hamburg
08.09.2018 Potsdam	15.09.2018 Essen
22.09.2018 Osnabrück	22.09.2018 Köln
29.09.2018 Mannheim	06.10.2018 Erlangen
06.10.2018 Düsseldorf	13.10.2018 Stuttgart
13.10.2018 Berlin	20.10.2018 München
27.10.2018 Hamburg	03.11.2018 Hannover
10.11.2018 Bochum	17.11.2018 Bonn
17.11.2018 Karlsruhe	24.11.2018 Münster
01.12.2018 Frankfurt	01.12.2018 Bremen
08.12.2018 Düsseldorf	08.12.2018 Regensburg

Auf in die Welt: Die Messe für Auslandsaufenthalte und internationale Bildung der Deutschen Stiftung Völkerverständigung
Homepage: www.aufindiewelt.de

03.03.2018 Köln	17.03.2018 Stuttgart
24.03.2018 Hamburg	14.04.2018 Bremen
21.04.2018 Heidelberg	26.05.2018 Kiel
02.06.2018 Hannover	09.06.2018 Frankfurt
09.06.2018 München	16.06.2018 Hamburg
16.06.2018 Köln	25.08.2018 Hannover
01.09.2018 Berlin	08.09.2018 Köln
08.09.2018 Wiesbaden	15.09.2018 Braunschw.
15.09.2018 Münster	22.09.2018 Ahrensburg
22.09.2018 Bremen	29.09.2018 Stuttgart
07.10.2018 München	20.10.2018 Nürnberg
27.10.2018 Frankfurt	27.10.2018 Hannover
03.11.2018 Hamburg	03.11.2018 Leipzig
10.11.2018 Düsseldorf	17.11.2018 Ingolstadt
17.11.2018 Köln	24.11.2018 Berlin
24.11.2018 Stuttgart	01.12.2018 Hamburg

WICHTIGE KONTAKTE

Wenn man sich z.B. über das Schulsystem oder die Jobmöglichkeiten in einem bestimmten Land informieren will, sind die einzelnen Botschaften und Kulturinstitute in Deutschland gute Anlaufstellen.

Weitere Botschaftsadressen und Konsulate findet man im Internet unter:
http://www.auswaertiges-amt.de/DE/AAmt/Auslandsvertretungen/Botschaften_node.html

Australische Botschaft
Wallstr. 76-79
10179 Berlin
Tel. 030 880088-0
Homepage: www.germany.embassy.gov.au

Kgl. Dänische Botschaft
Rauchstr. 1
10787 Berlin
Tel: 030 50 50 20 00
Homepage: www.daenemark.org

Französische Botschaft
Pariser Platz 5
10117 Berlin
Tel: 030 590 03 90 00
Homepage: www.botschaft-frankreich.de

Botschaft von Italien
Hiroshimastr. 1
10785 Berlin
Tel: 030 25 44 00
Homepage: www.ambberlino.esteri.it

Botschaft von Japan
Hiroshimastraße 6
10785 Berlin
Tel: 030 210 940
Homepage: www.de.emb-japan.go.jp

Botschaft von Kanada
Leipziger Platz 17
10117 Berlin
Tel : 030 203120
Homepage: www.dfait-maeci.gc.ca/canadaeuropa/germany

Botschaft von Neuseeland
Friedrichstrasse 60
10117 Berlin
Tel: 030 20621 0
Homepage: www.nzembassy.com

Botschaft von Schweden
Rauchstr. 1
10787 Berlin
Tel 030 50 50 60
Homepage: www.schweden.org

Spanische Botschaft
Lichtensteinallee 1
10787 Berlin
Tel. 030 25 40 07 0
Homepage: www.spanischebotschaft.de

Britische Botschaft
Wilhelmstr. 70
10117 Berlin
Tel: 030 20 45 70
Homepage: www.britischebotschaft.de

Amerikanische Botschaft
Pariser Platz 2
10117 Berlin
Tel: 030 83050
Homepage: www.usembassy.de

Bayerisch-Amerikanisches Zentrum im Amerika Haus München e.V.
Karolinenplatz 3
80333 München
Tel.: 089 55 25 37 0
Homepage: www.amerikahaus.de

CIDU Institut Francais
Kurfürstendamm 211
10719 Berlin
Tel: 030 88 59 02 85
Homepage: www.kultur-frankreich.de

The British Council
Alexanderplatz 1
10178 Berlin
Tel.: 030 31 10 99 0
Homepage: www.britishcouncil.de

Information vom Auswärtigen Amt für Reisende vor Abreise:

Aktuelle „Reisehinweise" für die meisten Länder und Visumerfordernisse für Deutsche können im Auswärtigen Amt schriftlich, telefonisch (030-1817 0) oder im Internet: www.auswaertiges-amt.de abgerufen werden.

Für Österreicher:
www.bmeia.gv.at/reise-aufenthalt/reiseinformation/laender/

Für Schweizer:
www.eda.admin.ch/eda/de/home/vertretungen-und-reisehinweise.html

Eine Auslandsvertretung ist weder eine Filiale eines Kreditinstituts oder Reisebüros, noch eine Zweigstelle der AOK. Es gibt also keinen Urlaub auf Steuergelder. Die Hilfe muss in Deutschland umgehend wieder erstattet werden.

Die Auslandsvertretungen helfen bei:

Verlust von Geld und Papieren:
rückzahlbare finanzielle Hilfe und Ausstellung von Reiseausweisen

Konkursen von Reiseveranstaltern:
Betreuung und eventuell rückzahlbare Finanzhilfen

Unfällen:
Betreuung von Opfern, Benachrichtigung der Anghörigen

Schweren Erkrankungen:
Organisation des Transports nach Deutschland

Überfällen:
Betreuung

Entführungen:
Vermittlung zwischen Entführern, Angehörigen und Gastland

Inhaftierungen:
Vermittlung eines Rechtsanwalts, Besuche und Betreuung im Gefängnis

Bürgerkrieg / Unruhen:
Evakuierung

Flugzeugabstürzen:
Kontakt mit Angehörigen, Identifizierung und Überführung von Verstorbenen, Hotline für Angehörige

Vermisstenfällen:
Nachforschungen

Todesfällen:
Mitwirkung bei der Überführung

WICHTIGE KONTAKTE

Für Informationen über Zielländer von der geplanten Auslandsreise sowie Adressen von Vertretungen der Bundesrepublik sind die Homepages von deutschen Vertretungen im Ausland oft hilfreich.

Ägypten, Kairo
www.kairo.diplo.de

Algerien, Algier
www.algier.diplo.de

Argentinien, Buenos Aires
www.buenos-aires.diplo.de

Armenien, Eriwan
www.eriwan.diplo.de

Äthiopien, Addis Abeba
www.addis-abeba.diplo.de

Australien, Canberra
www.canberra.diplo.de

Bangladesch, Dhaka
www.dhaka.diplo.de

Belgien, Brüssel
www.bruessel.diplo.de

Bolivien, La Paz
www.la-paz.diplo.de

Bosnien und Herzegowina, Sarajewo
www.sarajewo.diplo.de

Brasilien, Brasilia
www.brasilia.diplo.de

Brunei, Bandar Seri Begawan
www.bandar-seri-begawan.diplo.de

Bulgarien, Sofia
www.sofia.diplo.de

Chile, Santiago de Chile
www.santiago.diplo.de

China, Peking
www.peking.diplo.de

Costa Rica, San José
www.san-jose.diplo.de

Côte d'Ivoire, Abidjan
www.abidjan.diplo.de

Dänemark, Kopenhagen
www.kopenhagen.diplo.de

Dom. Republik, Santo Domingo
www.santo-domingo.diplo.de

Ecuador, Quito
www.quito.diplo.de

Kanada, Ottawa
www.ottawa.diplo.de

Kasachstan, Almaty
www.almaty.diplo.de

El Salvador, San Salvador
www.sansalvador.diplo.de

Estland, Tallinn
tallinn.diplo.de

Finnland, Helsinki
www.helsinki.diplo.de

Frankreich, Paris
www.paris.diplo.de

Georgien, Tiflis
www.tiflis.diplo.de

Ghana, Accra
www.accra.diplo.de

Griechenland, Athen
www.athen.diplo.de

Großbritannien, London
www.london.diplo.de

Guatemala, Guatemala-Stadt
www.guatemala.diplo.de

Guinea, Conakry
www.conakry.diplo.de

Honduras, Tegucigalpa
www.tegucigalpa.diplo.de

Indien, New Delhi
www.new-delhi.diplo.de

Indonesien, Jakarta
www.jakarta.diplo.de

Iran, Teheran
www.teheran.diplo.de

Irland, Dublin
www.dublin.diplo.de

Israel, Tel Aviv
www.tel-aviv.diplo.de

Italien, Rom
www.rom.diplo.de

Japan, Tokyo
www.tokyo.diplo.de

Jemen, Sanaa
www.sanaa.diplo.de

Kambodscha, Phnom Penh
www.phnom-penh.diplo.de

Kamerun, Jaunde
www.jaunde.diplo.de

Kenia, Nairobi
www.nairobi.diplo.de

Kirgisistan, Bischkek
www.bischkek.diplo.de

Kolumbien, Bogotá
www.bogota.diplo.de

Kroatien, Zagreb
www.zagreb.diplo.de

Kuba, Havanna
www.havanna.diplo.de

Kuwait, Kuwait
www.kuwait.diplo.de

Lettland, Riga
www.riga.diplo.de

Libanon, Beirut
www.beirut.diplo.de

WICHTIGE KONTAKTE

Litauen, Wilna
www.wilna.diplo.de

Luxemburg, Luxemburg
www.luxemburg.diplo.de

Madagaskar, Antananarivo
www.antananarivo.diplo.de

Malawi, Lilongwe
www.lilongwe.diplo.de

Malaysia, Kuala Lumpur
www.kuala-lumpur.diplo.de

Malta, Valletta
www.valletta.diplo.de

Marokko, Rabat
www.amballemagne-rabat.ma

Mexiko, Mexiko-Stadt
www.mexiko.diplo.de

Moldau, Chisinau
www.chisinau.diplo.de

Namibia, Windhuk
www.windhuk.diplo.de

Nepal, Kathmandu
www.kathmandu.diplo.de

Neuseeland, Wellington
www.wellington.diplo.de

Nicaragua, Managua
www.managua.diplo.de

Niederlande, Den Haag
www.den-haag.diplo.de

Nigeria, Abuja
www.abuja.diplo.de

Lagos
www.lagos.diplo.de

Norwegen, Oslo
www.oslo.diplo.de

Österreich, Wien
www.wien.diplo.de

Pakistan, Islamabad
www.islamabad.diplo.de

Panama, Panama
www.panama.diplo.de

Paraguay, Asunción
www.asuncion.diplo.de

Peru, Lima
www.lima.diplo.de

Philippinen, Manila
www.manila.diplo.de

Polen, Warschau
www.warschau.diplo.de

Portugal, Lissabon
www.lissabon.diplo.de

Rumänien. Bukarest
www.bukarest.diplo.de

Rusland, Moskau
www.moskau.diplo.de

Saudi-Arabien, Riad
www.riad.diplo.de

Schweden, Stockholm
www.stockholm.diplo.de

Schweiz, Bern
www.bern.diplo.de

Senegal, Dakar
www.dakar.diplo.de

Serbien und Montenegro, Belgrad
www.belgrad.diplo.de

Singapur, Singapur
www.sing.diplo.de

Slowakei, Pressburg
www.pressburg.diplo.de

Slowenien, Laibach
www.ljubljana.diplo.de

Spanien, Madrid
www.madrid.diplo.de

Sri Lanka, Colombo
www.colombo.diplo.de

Südkorea, Seoul
www.seoul.diplo.de

Syrien, Damaskus
www.damaskus.diplo.de

Tansania, Daressalam
www.daressalam.diplo.de

Thailand, Bangkok
www.bangkok.diplo.de

Trinidad und Tobago, Port-of-Spain
www.port-of-spain.diplo.de

Tschechische Republik, Prag
www.prag.diplo.de

Tunesien, Tunis
www.tunis.diplo.de

Türkei, Ankara
www.ankara.diplo.de

Ukraine, Kiew
www.kiew.diplo.de

Ungarn, Budapest
www.budapest.diplo.de

Uruguay, Montevideo
www.montevideo.diplo.de

USA, Washington
www.germany-info.org

Usbekistan, Taschkent
www.taschkent.diplo.de

Vatikan, Heiliger Stuhl-Rom
www.vatikan.diplo.de

Venezuela, Caracas
www.caracas.diplo.de

Vereinigte Arabische Emirate, Abu Dhabi
www.abu-dhabi.diplo.de

Vietnam, Hanoi / Ho-Chi-Minh-Stadt
www.hanoi.diplo.de

Zypern, Nikosia
www.nikosia.diplo.de

Wenn dich im Ausland das Heimweh packt, du Lust hast, mal wieder Deutsch zu sprechen, Weihnachten unter „gleichgesinnten" zu feiern oder einfach nur soziale Kontakte zu knüpfen. Überall auf der Welt gibt es deutsche Kirchengemeinden, die sehr gerne Besucher aus dem deutschsprachigen Raum begrüßen.

Deutsche Seemannsmission - Deutsche Evangelische Kirche im Ausland

Die Seemannsmission wurde eigentlich gegründet, um Seefahrern fern ab der Heimat Kontaktmöglichkeiten zu ihren Familien und Nachrichten aus der Heimat zu vermitteln. Heute ist die Seemannsmission auch Anlaufstelle für "Landratten". Jeder ist herzlich willkommen. Adressen findet man unter: **www.seemannsmission.org**

Deutsche Seemannsmission e.V.
Geschäftsstelle, Jippen 1, 28195 Bremen
E-mail: headoffice@seemannsmission.org

Auslandsgemeinden der Evangelischen Kirche Deutschland

Weltweit weit über 100 mit der EKD verbundenen Gemeinden. Informationen für alle, die mit und ohne Familie – im Ausland leben oder auf Urlaubsreise gehen. Teilnahme an Gottesdiensten, Gespräche über andere Religionen und Kultur und Geselligkeit im Gemeindeleben vor Ort.

Auf der Homepage der Evangelischen Kirche Deutschland findet man eine Liste über deutsche Auslandsgemeinden Von Abano bis Wladiwostok ... unter:
http://www.ekd.de/international/index.html

Deutschsprachige katholische Gemeinden im Ausland

Auf allen Kontinenten und in vielen Ländern der Erde gibt es deutschsprachige katholische Gemeinden und Seelsorgestellen. Eine Liste, sortiert nach Ländern, wo Interessierte vor oder während dem nächsten Auslandsaufenthalt Kontakt aufnehmen können:
www.kath.de/kasdbk/adress/index.html

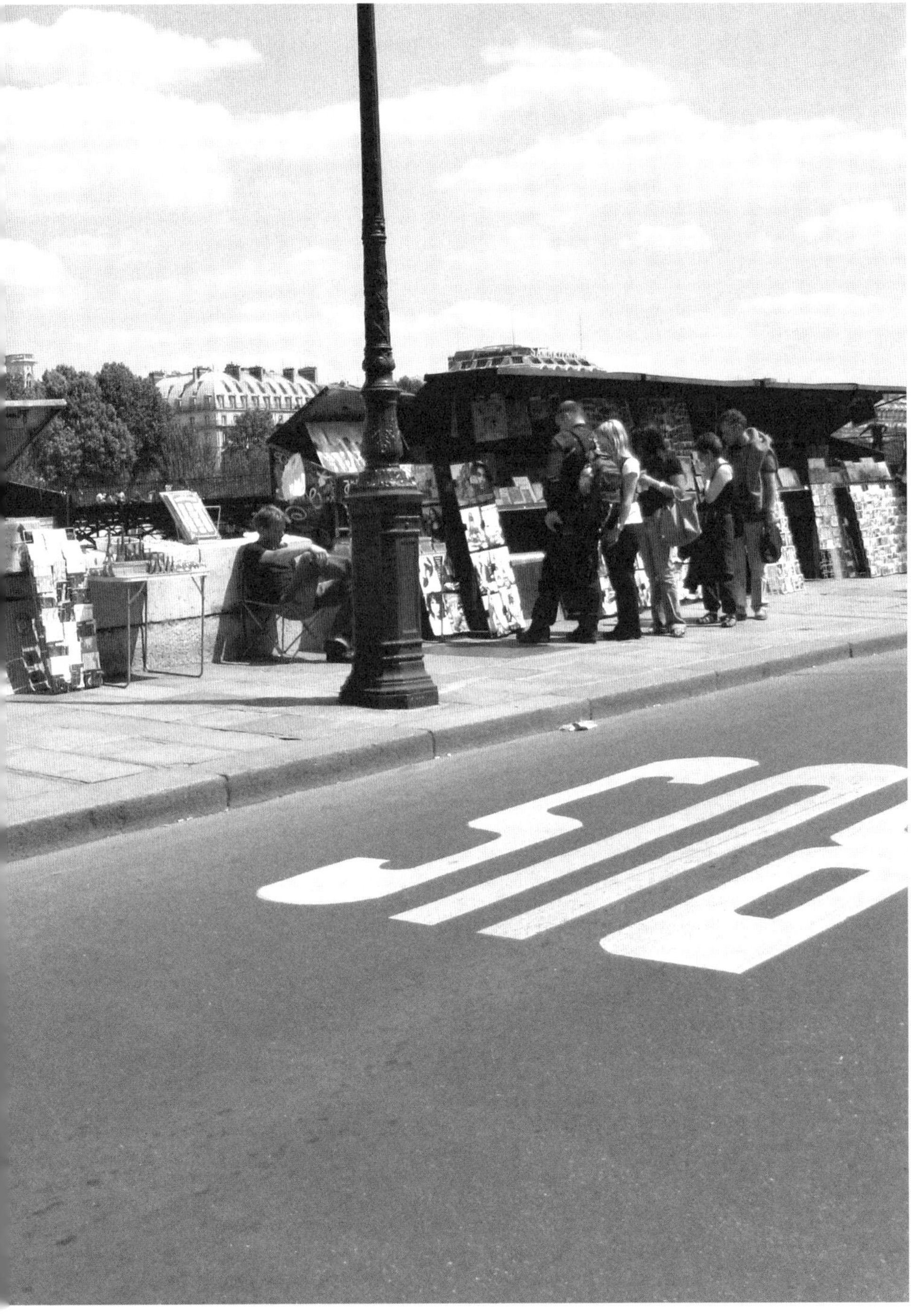
BUS

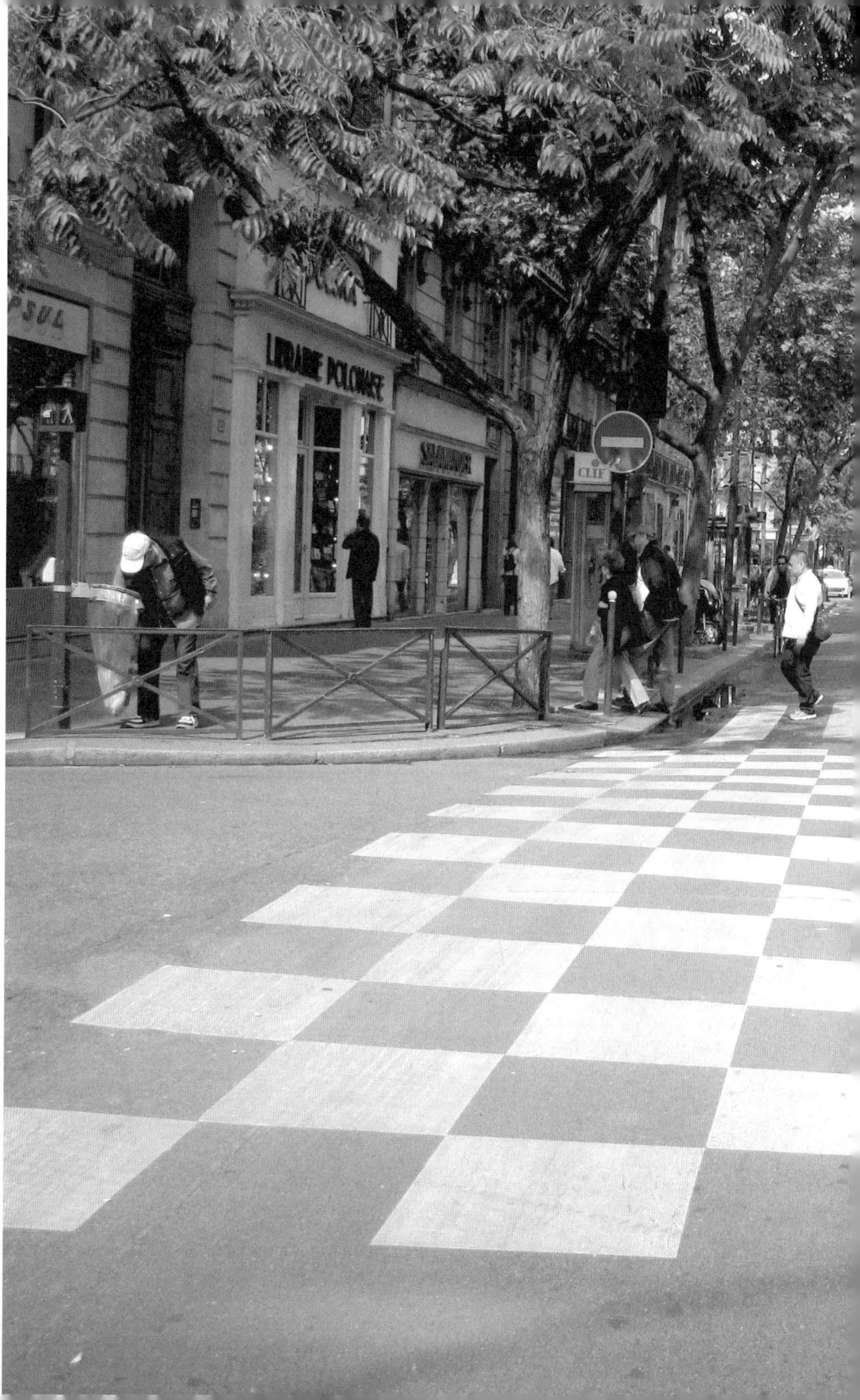
LIBRAIRIE POLONAISE
CLIF

REGISTER

REGISTER

A

AbroadConnection 22, 180
Abroad Study Down Under Margit Fahrländer 181
Academic Embassy 222
Academy of European Studies & Communication 223
active abroad 23, 39, 64, 109, 139, 246
Acttiv Leisure Projects S.L. 83
Adventure Alternative Ltd. 285
AFS Interkulturelle Begegnungen e.V. 110, 156, 182
Ägypten 86, 182, 249, 251, 252
AIESEC (Deutsches Komitee der AIESEC e.V.) 40
AIFS (American Institute For Foreign Study) 24, 65, 77, 111, 183, 224, 247, 286
AJA (Arbeitskreis gemeinnütziger Jugendaustauschorganisationen) 202
Aktion Sühnezeichen Friedendienste (ASF) 112
Anderer Dienst im Ausland - ADiA 131
Anerkennung von ausländischen Schulabschlüssen in Deutschland 203
Arbeitsagentur 101f
Arbeitsaufenthalt im Ausland 15f
Archaeological Institute of America 174
Archäologische Ausgrabungen 171f
Argentinien 41, 44, 47, 48, 49, 50, 51, 65, 85, 110, 114, 115, 116, 118, 119, 120, 123, 144, 159, 163, 182, 184, 187, 188, 190, 191, 192, 197, 200, 249, 251, 252, 256, 257, 259
Armenien 118, 142, 161
Aserbaidschan 200
ASSE Germany GmbH 25, 184, 225
Äthiopien 51, 120
Au-Pair / Demi-Pair 15f
Au-pair Society e.V. 33
Aupair World 33
Auslands BAföG 303
Australien 23, 24, 27, 28, 30, 31, 39, 41, 44, 47, 49, 50, 52, 55, 64, 65, 66, 69, 70, 71, 72, 73, 110, 111, 115, 119, 123, 124, 126, 139, 143, 144, 160, 180, 181, 182, 183, 184, 186, 187, 188, 189, 190, 191, 192, 195, 197, 198, 199, 200, 224, 227, 246, 247, 249, 251, 252, 255, 256, 257, 258, 259, 266, 270, 279, 286, 287, 289, 291, 292
Austravel (ozXposure) 287
Aus- und Weiterbildung im Ausland 205f

B

Bali 50, 111, 119, 124, 144, 286
Barbados 249
Basecamp Group Ltd. 288
Belgien 110, 112, 113, 114, 142, 182, 188, 190, 200, 249, 250, 255, 269
Belize 51, 120
Benin 115, 159
Berufsausbildung im Ausland 214
Bildungsprogramme bei der EU 306
Bildungsurlaub 260
Bolivien 51, 110, 114, 116, 120, 123, 158, 182, 249, 257
Bosnien und Herzegowina 110, 158, 182
Botschaftsadressen und Konsulate 324
Brasilien 110, 115, 116, 123, 182, 184, 188, 197, 200, 249, 251, 255, 257
Breidenbach Educational Consulting GmbH 185
Brüssel 43
Bulgarien 142, 200

C

Camp Counselor 75f
Camphill Village Trust International 128
Carl Duisberg Centren gemeinnützige GmbH 41, 66, 186, 266
Caudera-Preil, Susanne 21
Checklisten 316, 317
Chile 23, 30, 31, 41, 44, 49, 50, 52, 72, 73, 85, 110, 115, 119, 123, 124, 126, 141, 144, 159, 182, 187, 188, 190, 192, 200, 249, 251, 257
China 23, 24, 44, 47, 49, 51, 72, 110, 120, 123, 124, 182, 184, 187, 188, 197, 200, 222, 249, 251, 252, 255, 257, 259, 269
Club Med 84
Coral Cay Conservation (CCC) 140
Costa Rica 44, 47, 50, 51, 110, 115, 116, 119, 120, 123, 124, 126, 144, 182, 187, 188, 189, 190, 192, 195, 198, 199, 200, 224, 249, 251, 252, 255, 256, 257, 259, 270, 291
Council for British Archaeology (CBA) 175
C.S.I.E.T. (Council on Standards for International Educational Travel) 203
Cultural Care Germany GmbH 26

REGISTER

D
Dänemark 110, 114, 182, 184, 187, 197, 200, 208, 232, 249, 269
Deutsche Gesellschaft für Internationale Kinder- und Jugendbegegnungen e.V. 276
Deutsche Gesellschaft zur Förderung der Unterwasserarchäologie e.V. 175
Deutsche Seemannsmission 328
Deutsches Youth For Understanding Komitee e.V. (YFU) 163, 200
Deutsche UNESCO-Kommission 152
Deutsch-Kanadische Gesellschaft e.V. (DKG) 42
DFH (Deutscher Fachverband High School e.V.) 202
Die besten 100 Universitäten weltweit 238
Dominikanische Republik 110, 116, 126, 182, 249, 251, 252, 259, 291
DSJW (GSAYA) (Deutsch-Südafrikanisches Jugendwerk e.V.) 157
Duale Studiengänge, internationale 241

E
Earthwatch Institute (Europe) 141, 174
Ecuador 27, 44, 50, 51, 115, 116, 118, 119, 120, 123, 126, 144, 159, 161, 163, 182, 187, 200, 249, 252, 257, 259, 277, 291
EducationUSA (Diplomatische Vertretung der USA in Deutschland) 201
EIRENE Internationaler Christlicher Friedensdienst e.V. 113, 158
ENFOREX Internationale Sommer Camps 267
England 23, 28, 30, 39, 44, 46, 49, 50, 52, 54, 72, 183, 184, 186, 188, 190, 194, 212, 224, 246, 247, 249, 251, 252, 254, 256, 258, 279
Entwicklungsdienst 131

Erasmus+ 306
Erlebnisreisen 283f
ESL Sprachreisen 249
Estland 142, 184, 187, 200
Europäische Kommission 43
Europäischer Freiwilligendienst - EFD 133
Evangelische Freiwilligendienste gGmbH, 114
Evangelische Kirche im Ausland 328
Experiment e.V. (The Experiment in International Living) 27, 115, 159, 187, 277

F
Fabrica Spa (Benetton research and Development Communication Centre) 207
Fachverband Deutscher Sprachreise-Veranstalter e.V. (FDSV) 261
Farmstays International (INTERSWOP) 143
fee Sprachreisen 250, 268
Fidschi 50, 51, 111, 119, 120, 123, 124, 126, 144, 291
Finanzierung und EU-Förderung 295f
Finnland 116, 182, 184, 187, 200, 249
Flying Fish 289
FÖJ (freiwilliges ökologisches Jahr) 130
Fontys International Campus in Venlo, Universitiy of Applied Sciences 226
Frankreich 22, 23, 28, 29, 32, 44, 46, 49, 85, 110, 112, 113, 114, 116, 142, 182, 184, 187, 188, 190, 192, 197, 200, 209, 210, 246, 249, 250, 251, 252, 255, 256, 257, 258, 259, 266, 269, 277, 279, 288
Freiwilligenarbeit- und Dienste 105f
Freiwilligendienst kulturweit 152, 153, 175
FSJ (freiwilliges soziales Jahr) 130

G
Galapagos-Inseln 123
Georgien 142, 249

Ghana 50, 51, 110, 115, 116, 119, 120, 121, 126, 144, 161
GLS Sprachenzentrum 44, 188, 251
GO international Work and Travel Providers 45, 67
GOstralia!-GOzealand! 227
Griechenland 86, 114, 123, 142, 249, 251, 289
Großbritannien 22, 27, 29, 31, 32, 41, 55, 73, 85, 110, 112, 114, 116, 182, 187, 189, 192, 195, 197, 198, 199, 200, 231, 250, 255, 257, 259, 266, 268, 269, 270, 277, 289
Guadeloupe 249
Guatemala 50, 115, 119, 126, 144, 257
Gütegemeinschaft Au pair e.V. 33

H

Hallo AuPair 28
HiCo Education – High School &
  College Consulting 189
Højskolen Østersøen 208
Homestay / interkulturelle Begeg-
  nungen 273
Hongkong 182, 251
Horizon international e.V. 46

I

IBO, Internationaler Bauorden 142
IB VAP Internationaler Bund Südwest
  gGmbH 160
ICJA Freiwilligenaustausch weltweit
  e.V. 116
iE international Experience e.V. 190
Impfungen 313
Indien 41, 44, 47, 50, 110, 115, 116,
  119, 123, 124, 126, 144,
  159, 161, 182, 187, 200,
  210, 249, 252, 257, 291
Indonesien 110, 116, 123, 126, 161,
  182, 291
Industrie- und Handelskammer Aachen
  209
Internationale Jugendgemeinschaftsdienste ijgd 161
Internationaler Jugendfreiwilligendienst
  - IJFD 132
Interswop Auslandsaufenthalte Sprach-
  und Bildungsreisen GmbH
  47, 68
IN VIA Deutschland e.V. 29, 117
Irland 22, 23, 27, 28, 29, 30, 32, 39,
  41, 44, 46, 49, 50, 52, 55,
  65, 72, 115, 182, 183, 186,
  187, 188, 189, 190, 191,
  192, 194, 195, 197, 198,
  199, 200, 228, 231, 246,
  249, 251, 252, 255, 256,
  257, 258, 259, 266, 269,
  270, 277
Island 30, 64, 72, 116, 139, 182
Israel 46, 112, 115, 116, 168
Israel Antiquities Authority 174
Italien 23, 28, 29, 32, 44, 49, 51, 87,
  110, 114, 115, 120, 142,
  182, 184, 187, 188, 190,
  192, 197, 200, 207, 210,
  228, 246, 249, 251, 252,
  255, 256, 257, 259, 269

J

Jamaika 51, 120
Japan 44, 49, 65, 69, 110, 116, 182,
  184, 187, 188, 200, 249,
  251, 252, 255, 257, 259,
  269, 277
Jobsuche im Ausland 89f
Jordanien 249, 251

K

Kambodscha 47, 51, 120, 123, 124
Kamerun 110
Kanada 23, 24, 27, 41, 42, 44, 45,
  46, 47, 49, 50, 52, 55, 64,
  65, 66, 67, 69, 70, 71, 72,
  73, 85, 110, 111, 119, 123,
  124, 126, 143, 144, 180,
  182, 183, 185, 186, 187,
  188, 189, 190, 191, 192,
  194, 195, 197, 198, 199,
  200, 222, 224, 225, 231,
  246, 247, 249, 250, 251,
  252, 255, 256, 257, 258,
  259, 266, 268, 269, 270,
  277, 279, 288, 289
Katholische Gemeinden im Ausland
  328
Kenia 51, 110, 116, 120, 124, 161
Kibbuz und Moschaw 165f
Kolumbien 110, 116, 182, 249
Korea 255, 269
Kosovo 114
Kroatien 116, 142, 182
Kuba 126, 249, 251, 252, 257, 259

L

LAL Sprachreisen GmbH 252
Laos 115, 123, 124, 126
La Réunion 255
Lettland 182, 200, 222, 249, 251
Lions Club 280
Litauen 142, 200
Luxembourg 43
Lynn Univ Study Abroad 228

M

Madagaskar 51, 120, 124
Malaysia 110, 123, 124, 182, 227
Malta 44, 49, 52, 197, 246, 249,
  251, 252, 253, 254, 255,
  256, 257, 258, 259, 266,
  269
Maltalingua School of English 253
MAP MUNICH ACADEMIC PROGRAM
  GMBH 191
Marokko 51, 115, 116, 120, 142,
  158, 249, 251
Martinique 246, 249, 259
Mauritius 111, 115
Messen 321f
Mexiko 50, 51, 110, 115, 116, 119,
  120, 123, 124, 144, 159,
  161, 182, 188, 200, 249,
  251, 252, 256, 257, 259
Moldawien 142, 161, 184, 200
Monaco 249
Mongolei 51, 120, 184
Montesserrat 140
Mosambik 116, 126
Myanmar 51, 120

N

Namibia 50, 119, 121, 123, 124, 126, 144
Nepal 51, 110, 111, 115, 116, 118, 120, 121, 123, 124, 126
Neuseeland 23, 24, 27, 28, 30, 31, 32, 39, 41, 44, 47, 49, 50, 52, 53, 55, 64, 65, 66, 69, 70, 71, 72, 73, 111, 115, 116, 119, 123, 124, 126, 139, 143, 144, 160, 180, 181, 182, 183, 186, 187, 188, 189, 190, 191, 192, 195, 197, 198, 199, 224, 227, 246, 247, 249, 251, 252, 255, 256, 257, 258, 259, 270, 286, 287, 288, 292
New York Film Academy 210
NHL Stenden University of Applied Sciences 229
Nicaragua 115, 116, 158, 161
Niederlande 32, 110, 112, 182, 184, 200, 223, 226, 229, 233, 249
Nordirland 113, 249
Norwegen 30, 31, 72, 73, 110, 112, 182, 184, 187, 193, 200, 211, 249

O

Ökologische Arbeit / Dienste, Farmstay, Wildlife Experience 135f
Open Door International e.V. (ODI) 118, 192
Österreich 87, 142
OUTDOOR COLLEGE 193

P

Panama 110, 126, 182, 249, 257, 259
Panke Sprachreisen GmbH 254
Paraguay 110, 163, 182, 200
Partnership International e.V., ehemals Fulbright Gesellschaft (PI) 194
Pasantias Argentinas (INTERSWOP) 48
Pasvik Folkehøgskole (Volkshochschule) 211
Pauschert, Kaike Johanna 220

Peru 49, 50, 51, 110, 111, 115, 116, 119, 120, 123, 124, 126, 144, 182, 249, 251, 257
Philippinen 51, 110, 116, 120, 123, 124, 140, 182, 249
Polen 112, 114, 182, 200, 249, 251, 255, 269
Portugal 73, 114, 142, 182, 184, 246, 249, 251, 252, 259
PractiGo GmbH – Sprachen erleben 49, 69, 85
PRAKTIKAWELTEN 50, 70, 119, 144, 195
Praktikum 35f
Projects Abroad I Projekte weltweit 51, 120

R

Rainbow Garden Village (RGV) 121
Reisehinweise vom Auswärtiges Amt 325
Reliance Yacht Management 290
Rotary Club 280
Rotary Jugenddienst Deutschland e.V. (RJD) 196
Rumänien 51, 113, 114, 120, 142, 184, 200
Russland 44, 110, 112, 142, 182, 200, 249, 251, 252, 255, 259, 269, 279

S

Sambia 123, 124, 126
Samoa 51, 120
Sansibar 50, 111, 119, 144
Schottland 28, 46, 49, 188, 190, 246, 249, 251, 252, 258
Schulaufenthalt im Ausland 176f
Schule auf dem Schiff 197
Schule, Studium und Weiterbildung 176f
Schul- und Studienberatung Hauser 197, 255, 269
Schweden 32, 182, 184, 187, 200, 249
Schweiz 29, 87, 110, 182, 200, 249, 288
Senegal 51, 120
Serbien 182, 200
Service Civil International - Deutscher Zweig e.V. (SCI) 122, 145, 162
Seychellen 123, 124, 126
Simbabwe 123
Singapur 227, 252
Slowakei 114, 182, 184, 200
Slowenien 182
Soziale Arbeit/Dienste im Ausland 105f
Spanien 22, 23, 28, 29, 30, 31, 32, 39, 44, 46, 49, 50, 83, 85, 86, 114, 115, 116, 123, 141, 182, 184, 187, 188, 190, 191, 192, 197, 198, 200, 222, 246, 249, 250, 251, 252, 255, 256, 257, 258, 259, 266, 267, 269, 291
Sprachdirekt GmbH 256
Sprachen lernen im Ausland 243f
Sprachreisen und Sprachschulen 243f
Sri Lanka 41, 50, 51, 111, 118, 119, 120, 121, 123, 124, 126, 144, 291
STA Travel GmbH 71, 123, 257
Stepin GmbH (Student Travel & Education Programmes International) 30, 52, 72, 124, 198, 258
St. Lucia 118
Stratford-upon-Avon College of Further Education 212
Studium im Ausland 217f
Study Nelson Ltd - Auszeit Neuseeland 53
Südafrika 23, 39, 41, 44, 46, 47, 50, 51, 109, 110, 111, 114, 115, 116, 118, 119, 120, 121, 123, 124, 126, 141, 143, 144, 157, 159, 161, 182, 184, 187, 188, 189, 190, 192, 195, 199, 200, 222, 224, 246, 247, 249, 251, 252, 256, 257, 259, 277, 286, 291
Südkorea 114, 116, 246, 249
Summer School 263f
Swasiland 124, 126

T

Taiwan 116, 249
Tandem - Koordinierungszentrum deutsch-tschechischer Jugendaustausch 125
Tansania 51, 110, 116, 118, 120, 121, 123, 124, 126
Tawfik, Amir 82
Tawfik human resources 86
Terre des Langues e.V. 54, 279
Thailand 41, 50, 51, 110, 111, 119, 120, 121, 123, 124, 126, 144, 163, 182, 187, 197, 200, 249, 291
The Emirates Academy of Hospitality Management 230
Togo 51, 116, 120, 121, 161
Tourismus 79f
Transport 314
TravelWorks 31, 55, 73, 126, 199, 231, 259, 270, 291
TrekAmerica Travel Ltd. 292
Tschechische Republik 112, 114, 125, 142, 182, 184, 197, 200, 249
TUI Service AG 87
Türkei 115, 121, 182, 249, 251, 257

U

Uganda 116, 121, 158
Ukraine 112, 114, 142, 161, 184, 249
Ungarn 110, 114, 182, 200, 249
University College South Denmark 232
University of Delaware-English Language Institute 248
Uruguay 200
USA 22, 23, 24, 25, 26, 29, 30, 31, 41, 44, 47, 49, 50, 55, 77, 112, 113, 114, 115, 119, 123, 124, 143, 144, 160, 180, 182, 183, 186, 187, 188, 189, 190, 191, 192, 194, 195, 197, 198, 199, 200, 210, 222, 224, 225, 231, 246, 247, 248, 249, 250, 251, 252, 255, 256, 257, 258, 259, 266, 268, 269, 270, 277, 279, 286, 292

V

Vereinigte Arabische Emirate 197, 210, 230, 249
Vereinigte Kibbutzbewegung 168
Versicherungen 310
Versicherung, Reise, Transport und Checklisten 309f
Vertretungen der Bundesrepublik im Ausland 326
Viaa (Christian University of Applied Sciences) 233
Vietnam 41, 51, 115, 116, 118, 120, 123, 124, 126, 159, 182, 227, 291
vij (Verein für Internationale Jugendarbeit Bundesverein e.V.) 32
Visum 312

W

Weißrussland 112, 142, 161
weltwärts 154
weltwärts, kulturweit 149f
Wichtige Kontakte 319f
Work & Travel 60f
World Wide Opportunities on Organic Farms (WWOOF) 146

Z

Zahlungsmittel im Ausland 315
ZAV (Zentrale Auslands- und Fachvermittlung) 102
zis Stiftung für Studienreisen 213